MALLORCA

MALLORCA

Cultura y placer

Editado por Ute Edda Hammer,
Tonina Oliver y Frank Schauhoff

Fotografías de Günter Beer,
Carlos Agustín y Belén Tánago

Con textos de Susanne Birnmeyer y Susanne van Cleve
y la colaboración de Raphel Pherrer

KÖNEMANN

Contenido

382 Migjorn

432 Llevant

486 Anexo

Mallorca

Un sueño de isla
Mallorca

Un cosmos en sí mismo, un minicontinente, un paisaje y una sociedad separados del mundo exterior por el agua: una isla es siempre algo especial. No en vano la gente, entre nostálgica y aventurera, suele soñar con una isla cuando necesita unas vacaciones, o bien se imagina qué libro, fotografía u objeto absolutamente imprescindible se llevaría consigo a una isla desierta. Las islas entregan y encierran. Reducen el área de los movimientos y al mismo tiempo alumbran horizontes más amplios que los que pueden contemplarse desde sus costas. Una isla es un punto sobre la i en el mar y, en el caso de Mallorca, es además un signo de admiración.

Doble página anterior: Mallorca, un lugar de encuentro de la tierra y el mar, de la exuberante vegetación del llano y del árido mundo de la montaña.

Las callejuelas en ángulo y las escaleras estrechas conforman la imagen de las poblaciones mallorquinas, incluida Palma.

¡Mallorca! Con sus 3.640 kilómetros cuadrados de superficie, cabría siete veces en Sicilia y quintuplica el tamaño de su hermana menor, la isla de Menorca. Con una distancia máxima, desde Sant Elm a Cap de Formentor, de aproximadamente 110 kilómetros y con una anchura que oscila entre los 60 y los 90 kilómetros, se extiende en el Mediterráneo como un trapecio recortado con cierta torpeza, a unos 200 kilómetros de distancia de Barcelona, de Valencia y de Argel, tan cerca y tan lejos de Europa como de África.

Acercándose a la isla por vía aérea –como las aves migratorias, que se detienen en ella en primavera y en otoño, y como la mayoría de los cerca de diez millones de turistas que la visitan cada año– se advierten inmediatamente los tres rasgos fundamentales que definen Mallorca. En primer lugar, una luz asombrosamente clara, con su punto mediterráneo de corporalidad, como si el cielo hubiera tejido un velo de seda más sutil que un soplo y lo hubiera extendido sobre toda la isla. En segundo lugar, la certeza de que una isla no excluye las montañas; en el caso de Mallorca son hasta dos las sierras que discurren paralelamente de norte a sudoeste y de este a sudeste. Y en tercer lugar los molinos de viento. Centenares de ellos rodean el aeropuerto de Son Sant Joan, como si de ellos dependiera la estabilidad de las corrientes ascendentes, aunque en realidad son molinos de agua que entre otras cosas resecan los terrenos del aeropuerto. Algunos dejan caer tristemente sus aspas, otros son simples muñones, pero los hay que, recién pintados en azul y blanco, despliegan soberbiamente contra el viento su rueda segmentada. En Mallorca, los molinos de viento son una compañía si no fija, sí constante, excepto en las sierras, y se han convertido en un verdadero emblema de la isla, pues a pesar del turismo de masas estas construcciones funcionales tan típicamente agrarias descubren la principal característica de la mayor isla balear: excluida su capital, Palma, Mallorca es rural.

La palma de la victoria, la ciutat, Palma

Tanto más sorprendente, y mucho más en una isla, es su capital, una metrópoli junto al mar. Saluda al *mare nostrum* con su tarjeta de visita, La Seu, la catedral, resplandecientemente dorada al atardecer, gracias a la piedra mallorquina *marès,* una mezcla muy prensada de arena y cal. Desde 1230, año en que se inició su construcción en agradecimiento y cumplimiento de voto por la conquista cristiana de la isla, a través de su deslumbrante rosetón y de las filigranas de su torre envía al mundo un mensaje: ésta es *la ciutat*, la *Medina Mayurka* de los árabes, la gran ciudad, ahora en manos cristianas, que aspira a no dejarse intimidar por nada ni por nadie.

La ciutat: así denominan los mallorquines a su capital, tanto si son de Palma como si vienen de la *part forana*, del resto de la isla, por más que desde el siglo XX se la designe oficialmente con el nombre de Palma de Mallorca en recuerdo a la denominación que le dieron los ocupantes romanos en el año 122 a.C.: *Palmeria*, la palma de la victoria. Unos 350.000 mallorquines viven actualmente en ella; es decir, uno de cada dos de los 650.000 insulares reside en la capital. Palma no es una ciudad presumida, sino auténtica. Con congestionadas *avingudes*, avenidas, de cuatro o seis vías y con problemas de aparcamiento, con paseos de plátanos y con acogedoras zonas peatonales, con amplias plazas rodeadas de cafeterías y con las callejuelas sombreadas y angulosas del

casco antiguo, de más de 770 años de antigüedad, que se abren una y otra vez a las obras por excelencia de la arquitectura civil de Mallorca: los patios interiores.

Uno de los castillos medievales más hermosos de España domina la ciudad por el sudoeste. Se trata del Castell de Bellver, circular y ceñudo por el exterior y todo un juego resplandeciente de elegantes columnas y de soleadas galerías por el interior. Abajo, junto al *passeig marítim*, se mecen en los muelles barcos de vela y embarcaciones a motor, barcos mercantes y transbordadores descargan cajas, contenedores y pasajeros y, en medio, se desliza hábilmente al término de la jornada un *llaüt*, el típico pesquero balear.

Imprescindible para invasores

Palma es la única ciudad de Mallorca que da al mar. En la *part forana* sólo hay pequeños puertos, llamados invariablemente "port de" la población correspondiente, situada un par de kilómetros tierra adentro. La experiencia de 2.500 años de invasiones e incursiones de piratas ha llevado a los mallorquines a no exponer junto al mar su riqueza ni siquiera su pobreza.

Todos los grupos étnicos y todas las culturas de Mallorca han llegado desde fuera en el curso de la historia, incluidos los primeros habitantes, los cuales, sin embargo, no llegaron como conquistadores, sino,

En Palma viven 350.000 mallorquines, más de la mitad de la población de la isla.

según la versión moderna de la prehistoria mallorquina, impulsados por el hambre y la necesidad. Se supone que llegaron a la isla desde el sur de Francia en el VI milenio a.C. a bordo de sencillas embarcaciones, para encontrar en ella cuevas donde alojarse, así como animales y plantas en abundancia. El arqueólogo menorquín Joan Ramis dio un nombre a esta cultura. Se trata de la cultura del *talaiot* en atención a las sorprendentes y enigmáticas torres, *atalaya* en árabe, que los primeros habitantes construyeron a partir del año 3000 a.C. en adelante dentro o cerca de sus aldeas. En Mallorca todavía subsisten dos de estos poblados, Capocorb Vell en el sur y Artà en el nordeste.

Se supone que disfrutaron de paz hasta el año 300 a.C. La noticia de la abundancia de recursos naturales de la isla y de la extraordinaria belleza de su paisaje se propagó ya en la Antigüedad por el *mare nostrum*. Los griegos dieron al archipiélago el nombre de *gimnesias* dada la costumbre de sus habitantes a andar semidesnudos, como los deportistas del *gymnasion* griego. Los fenicios crearon centros comerciales a partir del año 300 a.C., pero no fundaron poblados. Para ambas culturas los antiguos mallorquines eran mercenarios muy apreciados por su cualidad de *balearides* (honderos), palabra derivada del griego *ballein*, "lanzar", que ha dado nombre al archipiélago hasta la Edad Moderna. La impertinente piratería de los mallorquines, que tan pertinazmente alteraban la *pax romana*, terminó lanzando a los soldados del imperio a la conquista de la isla en el año 123 a.C. Apenas romanizada, Mallorca contó con sus primeras vías, teatros, mercados, templos, villas o casas rurales. Los romanos que se habían cansado de vivir en la ciudad se trasladaban a la isla voluntariamente desde el corazón del imperio, a diferencia de los desterrados, quienes tenían que hacerlo por obligación, como señalaba Diodoro en el siglo I d.C. Pero comparada con otras provincias, Mallorca no era en absoluto el lugar de destierro menos grato. Durante la época romana se explotaron por primera vez las riquezas naturales de la isla de un modo sistemático; surgieron viñedos, campos de cereales y olivares, que dieron lugar a una economía floreciente. En la romana *Pollentia,* la actual Alcúdia, la vanguardia de la moda tejía y cosía togas tan elegantes que pronto se convirtieron en un artículo muy solicitado en el imperio.

En el siglo V los vándalos, acaudillados por Genserico, invadieron Mallorca y en poco tiempo destruyeron la mayor parte de la infraestructura romana. Alguna ciudad, Manacor por ejemplo, fue arrasada. Durante casi cien años los vándalos saquearon Mallorca, hasta que en el año 534 el emperador de Oriente Justiniano incorporó la isla a su reino. En cualquier caso, las basílicas bizantinas de Son Peretó y de Sa Carrotxa no son los primeros vestigios cristianos; la Cova de Sant Martí, iglesia acondicionada en una cueva de Alcúdia, demuestra que en Mallorca ha habido cristianos desde el siglo II.

Tras varios intentos de aproximación, los árabes se establecieron en Mallorca en el año 902. Observando y paladeando detenidamente, todavía se encuentran numerosas huellas de su presencia, por más que después de 1229 los conquistadores catalanes hicieran todo lo posible por borrarlas. Del periodo de las tres culturas —musulmanes, judíos y una minoría cristiana— persisten los perfectamente concebidos sistemas de riego en agricultura, que con sus terrazas, sus canales y sus pozos de palanca accionados por asnos sacaban el máximo partido de la escasa y valiosa humedad de la isla, y también las extensas plantaciones de albaricoqueros, vides, higueras y olivos. La afición de la cocina mallorquina al toque de comino, a las uvas pasas y a las almendras hasta en los platos picantes establece la diferencia de paladar entre Oriente y Occidente.

De 1229 en adelante sopló otro viento en Mallorca. Quien no estaba dispuesto a abjurar de Yahvé o de Alá podía escoger entre el exilio —con un poco de suerte— o la hoguera. La isla, en la que antes los campesinos cultivaban independientemente sus propios campos, pasó a manos de grandes propietarios. En el *repartiment,* Jaime I el Conquistador distribuyó la tierra entre sus partidarios y la Iglesia y reclutó a nuevos colonos procedentes de Cataluña, Italia, Rosellón y Provenza. Esta medida favoreció la supervivencia del *mallorquí* a lo largo de los tiempos; se trata de un dialecto del catalán con elementos del francés y del italiano antiguos.

El olivo se cultivaba en Mallorca ya en la época romana. Este olivar de Galilea, en el sudoeste, cubre la tierra con su verde plateado durante todo el año.

Y prácticamente se ha mantenido hasta la Edad Moderna el sistema de la enfiteusis, del feudalismo, que durante siglos sometió a la opresión y a la pobreza a la mayor parte de la población, aunque el reino que lo fundaba desapareció en 1349, en la batalla de Llucmajor, y Mallorca pasó a formar parte de Aragón primero y, consecuentemente, del futuro reino de España después.

Momento estelar de la creación

¿Qué fue lo que tan irresistiblemente atrajo a fenicios, a romanos, a vándalos, a árabes y a catalanes? Un minicontinente creado casi a la perfección por la naturaleza, un sueño de isla. Aquí se encuentran todas las formas imaginables de paisaje costero: desde los acantilados vertiginosos del litoral de la Serra de Tramuntana en el noroeste, pasando por las románticas calas rocosas con pequeñas alfombras de arena de la costa oriental y las amplias playas abiertas de Palma en el sudoeste y de la bahía de Alcúdia en el norte, hasta las dunas del *migjorn*, el *midi* de Mallorca, el mediodía, el sur profundo. En el interior se halla la *garriga*, el bosque mediterráneo de lentisco, retama, pino carrasco y hierbas aromáticas de toda clase, que se alterna con campos cultivados desde hace miles de años. En efecto, con sus 300 días de sol al año Mallorca disfruta de un clima subtropical moderado, en el que llegan a alcanzarse los 20 grados centígrados en invierno durante los días de sol, que los insulares califican agradecidos de *petit estiu*, "veranillo", con oscilaciones de la temperatura diurna del orden de los siete grados. Y cuando entre junio y septiembre el sol ataca, puede dar lugar a sudorosos mediodías de más de 30 grados.

Por el contrario, de marzo a mayo y de septiembre a diciembre domina en Mallorca la estación más bella del año, la primavera, o bien la *primavera de s'hivern*, la primavera del invierno. En efecto, en cuanto en el mes de octubre caen las primeras gotas de lluvia sobre la tierra calcinada por el sol, el pardo cede ante el verde de la nueva vitalidad y empieza el baile de la floración, que alcanza su punto culminante en marzo: alrededor de siete millones de almendros aparecen con flores suavemente rosas en sus desnudas ramas. Viene a continuación el perfume dulce del azahar, que se desprende en oleadas pesadas del oscuro verdor perenne de las hojas, cuyas ramas sostienen todavía los frutos de la floración del año precedente como bolas del árbol de Navidad.

Al mismo tiempo las higueras, desnudas en invierno, cubren la grotesca desnudez de sus ramas grises, caídas como brazos fláccidos, con muestras de color verde claro de las hojas a las que, desde la Edad Media, ha recurrido la pintura para ocultar la desnudez de Adán y de Eva. La tierra ferrosa de Mallorca brilla profundamente roja hasta que millones de margaritas y de amapolas extienden su alfombra primaveral reproduciendo a través de la fantasía el jardín del Edén.

Sólo el cielo riega el paraíso

Sin embargo, es imposible crear tal esplendor en un instante. Sin duda alguna, Mallorca se formó en un momento estelar de la creación, pero hay dos elementos que recibió en proporciones muy escasas o que incluso nunca llegó a recibir. El agua por ejemplo. Ni un solo río suministra a Mallorca el elixir de la vida y de las únicas fuentes independientes de las aguas subterráneas, Font Santa y Font Sa Bassa, en Campos, en lugar de agua potable brota de la tierra un agua medicinal a 38,7 grados centígrados, sulfurosa y ligeramente radioactiva. En Mallorca el agua

Fachadas de piedra, tiestos de flores y forjas artísticas definen la imagen de las aldeas y de las ciudades.

potable cae del cielo y la calcita porosa la almacena en cisternas subterráneas. En el norte de la isla la pluviosidad alcanza los 1.500 milímetros cúbicos por metro cuadrado al año, que en las cimas más altas, como Puig Major, de 1.443 metros, y Puig de Massanella, de 1.348 metros, se depositan en forma de nieve. Hasta que se inventó el frigorífico, los *nevaters*, los hombres de la nieve, recogían durante el invierno el oro frío de estas cumbres y lo guardaban en *cases de neu*, casas de nieve, para venderlo durante el verano. Por el contrario en el seco sur la pluviosidad anual media es una tercera parte de la del norte y la nieve sólo existe en los cuentos, que tradicionalmente comienzan diciendo "mucho antes de que nevara en Mallorca...".

Con estas condiciones resulta realmente sorprendente que la isla se "permita" un terreno pantanoso, S'Albufera, en el noroeste, entre Alcúdia y Can Picafort. Ahora bien, las 2.400 hectáreas, que desde 1985 son zona protegida y ofrecen un refugio permanente o de paso a más de 200 especies de aves, sólo representan una tercera parte de la extensión inicial. Desde el siglo XVII se han venido desecando partes de la albufera para ganar terreno útil –ha habido incluso intentos de cultivo intensivo de arroz y se ha establecido en ella una fábrica papelera– y también para hacer frente a la malaria, a través de la cual la albufera propagaba la enfermedad y la muerte.

Un segundo humedal, en el sur profundo, constituye un biotopo totalmente distinto y muy adecuado para quien quiera echarle sal a la vida, pues en Ses Salines el mar inunda el suelo en primavera y el sol deposita en verano una costra que desde la época romana el hombre aprovecha para obtener sal.

Balidos, mugidos, gruñidos y relinchos en los campos del sol y del viento

Es evidente que entre tales extremos no existe un país de Jauja. La agricultura alimentó prácticamente en exclusiva a la isla hasta los años cincuenta del siglo XX, cuando en pocos años el turismo se convirtió en la principal fuente de ingresos. Todavía hoy se cultivan casi tres cuartas partes de su superficie, pero sólo once de cada cien mallorquines se dedican a las tareas agrícolas, que representan el 2,5% del producto nacional bruto. El 75% procede del turismo y el 10% corresponde al ramo de la construcción: todo un mundo al revés en comparación con los setecientos años anteriores.

Hasta hace pocas décadas, la prosperidad o la pobreza de la isla dependían de que lloviese, de que el pescador estuviese seguro de volver a casa con la pesca, de que la vaca pariera, de que el burro accionase un año más el pozo de palanca y soportase el peso de los cestos y serones de la cosecha, de que las gallinas pusieran huevos, de que las cabras diesen leche y de que las ovejas produjesen una cantidad suficiente de lana. Como siempre, estos animales útiles continúan llenando el aire mallorquín con sus voces y la cocina tradicional con sus productos, desde las cálidas llanuras del Migjorn hasta la Serra de Llevant y las cumbres de la Serra de Tramuntana, pasando por el fértil corazón de la isla: el Pla y Raiguer.

Esta casa de campo de Bunyola facilita una cita inesperada con el modernismo.

Cruces de camino como ésta, la *Creu d'en rebassa,* en Sineu, se alzan en toda la isla; invitan a un momento de recogimiento, señalan los límites y constituyen un símbolo de protección.

Aunque actualmente en Mallorca los límites comunales son estables, se mantiene la división tradicional de la isla en *comarques,* división introducida probablemente por los árabes. Las *comarques* responden, también en su denominación, no a circunstancias políticas, sino a condiciones naturales. En Mallorca se designan según los puntos cardinales o las direcciones de los vientos y se habla de *Ponent* por el oeste, de *Llevant* por el este, de *Migjorn* (mediodía) por el sur y de Tramuntana (tras los montes), en cuanto *pars pro toto,* por el viento frío del norte, o bien se tienen en cuenta las circunstancias del paisaje, como en el *Pla,* el llano. Únicamente el nombre de la zona fronteriza entre la Tramuntana y el Pla, el *Raiguer,* carece de una referencia específica.

Una red de piedras y cruces

A pesar de las diferencias existentes entre las *comarques,* se aprecian ciertos denominadores comunes, aunque en este caso creados por el hombre. Entre ellos están, por ejemplo, las cruces de los caminos, que se encuentran a miles en las intersecciones vecinales o de las carreteras. Tanto si son de hierro forjado como si son de piedra o de madera e independientemente de que lleven o no algún azulejo, además de cumplir la función geográfica de señalar los límites comunales o los de las fincas o propiedades, siempre esconden un significado religioso que puede entenderse como esperanza en la protección divina, mano de bendición extendida sobre los campos e invitación a los transeúntes a pensar en sí mismos y en el mundo.

Muchas de las cruces no son exentas, sino que se alzan de los *marges,* tapias. Estos muros de piedra de mampostería, en los que no existe aglomerante, recorren la isla como una red de mallas gruesas. Consistentemente dispuestas, estas piedras toscas y pesadas se convierten en muros que protegen los sembrados y las cosechas del viento y de intrusos hambrientos. La alta escuela de los *marges* protege con muros perfectamente

trabajados los campos en terrazas y construye paredes de casas de una belleza tan autóctona como elegante –gracias a la dorada piedra de *marès,* que decora al mismo tiempo palacios y casas de campesinos–.

Los imponentes muros de piedra fueron a lo largo de los siglos la única protección posible frente a los bandidos del mar, bien en forma de murallas, como en Alcúdia y en Santanyí, bien en forma de anillo de 85 atalayas, las *talaies,* que a partir del siglo XVI se construyeron alrededor de la isla, o bien en forma de fortalezas de carácter defensivo, como en Artà y en Capdepera.

Tras la roca, invariablemente, una isla sin mar

Si se incluyen los piratas como invasores de periodos cortos de tiempo, no resulta sorprendente la convicción, profundamente arraigada en Mallorca, de que, prescindiendo del pescado y de las algas utilizadas como abono, del mar no puede venir nada bueno.

Donde hay trabajo de campo, hay burros. Hasta la fecha estos animales de carga son imprescindibles en Mallorca.

Numerosos puertecillos sirvieron de lugar de transbordo de las mercancías procedentes del interior y como punto de partida de la flota de los *llaüts*. *Estem sempre darrere sa roca*, "estamos siempre detrás de la roca", era el lema de la sociedad insular.

El desdén por el mar llegó al extremo de que en la partición tradicional de la herencia el hijo mayor heredaba la finca o la granja del interior y sus hermanos menores las poco rentables tierras de la costa. Sólo la última invasión invertiría con enorme ironía este desequilibrio del interior hacia el exterior.

Efectivamente, cuando en los años sesenta del siglo XX el turismo adquirió por primera vez proporciones masivas –en el año 1966 se superó la frontera mágica del millón de turistas por año–, un terreno en la costa era garantía de riqueza y una finca en el interior era un vestigio de los tiempos del hambre y de la peste, que de todas maneras se conservaba y se aprovechaba durante los fines de semana como lugar de descanso. En pocos años el perfil de Mallorca, contemplado desde el mar, sufrió un cambio radical; lo que antes aparecía como una costa poco menos que deshabitada por falta de edificios se convirtió en un muro de cemento atiborrado de camas, cuanto más cerca del agua mejor. Entonces se dio el caso de que algunos municipios, que en otros tiempos podían ser los más pobres de Europa, como Calvià en el Ponent, en

poco tiempo pasaron a ser de los más ricos gracias a las urbanizaciones costeras de Magaluf, Santa Ponça y Peguera.

Los invasores de bermudas y bolsas de playa aportaron a la isla cantidades de dinero que hubieran mareado a los propios piratas, introduciendo de este modo un cambio profundo de valores. No solo perdieron valor de la noche a la mañana las viejas aldeas y poblaciones, sino también los antiguos modos de vida. El plástico y la madera prensada sustituyeron a los cestos de fibra de palma y a los muebles de madera de pino, las cortinas sintéticas desplazaron a la *roba de llengua* de cáñamo, las patatas fritas y las hamburguesas arrinconaron el *frit mallorquí*, las *sopes* y el *pa moreno* en el último reducto de la cocina. Sin embargo, pocos años antes de iniciarse el tercer milenio una nueva conciencia nacional ha desempolvado y revalorizado la inapreciable tranquilidad de las viejas formas de vida. Pero hasta que los centroeuropeos no compraron y restauraron miles de fincas y de casas urbanas, los mallorquines no descubrieron el valor de las mismas, no solo en dinero, sino como herencia cultural.

Playa y cemento

Hasta entonces, los mallorquines venían atendiendo a los turistas con pragmatismo y con amabilidad, pero con ciertas reservas, a la medida de sus deseos: cerveza alemana, té inglés, autopistas y un aeropuerto que en verano soportaba un movimiento de vuelos superior al de los restantes aeropuertos europeos y en cuya terminal de salida se advertía en varios idiomas que los pasajeros debían caminar hasta 20 minutos para llegar a la puerta de embarque. Con casi 400.000 unidades, la cuarta parte de las camas de hotel o de apartamento existentes en España está en Mallorca. También se sucedieron uno tras otro los campos de golf, sin tener en cuenta los problemas ambientales que los mismos planteaban en una isla con poca agua. Se trataba sobre todo de ofrecer a los huéspedes el bienestar de sus casas y de dejarlos en paz. Cuando al final hubo que traer en barcos el agua de la península, cuando otros lugares de sol y playa empezaron a ofrecer mejores servicios, más confort y precios más favorables que Mallorca, la isla se despertó de una especie de borrachera que empezaba a convertirse en modorra.

El turismo de calidad es ahora el objetivo irrenunciable de las empresas turísticas, con el consiguiente abandono del triple salto mallorquín de la cala, la excavadora y el cemento. En su lugar la piqueta ha podido derribar algunas de las mayores aberraciones de la construcción, el turismo rural empieza a atraer a nuevos clientes, en las aglomeraciones de S'Arenal, Calvià y Alcúdia los paseos, las playas, los hoteles y los edificios de apartamentos son sometidos a "tratamientos de belleza" y sólo pueden construirse hoteles nuevos en sustitución de los viejos bloques. En el año 1998 llegaron más de seis millones de turistas, alrededor de 50.000 extranjeros viven permanentemente en la isla y todavía no se han alcanzado los límites del crecimiento.

Los viajeros no se mueven de la playa

Algunos turistas se reservan uno o dos días para realizar una excursión en autobús a la Tramuntana, y seguir así los pasos de uno de los primeros que se exiliaron por su propia voluntad y por amor a Mallorca, el archiduque Luis Salvador de Habsburgo-Toscana (1847–1915), quien pasó más de la mitad de su vida en las montañas que rodean Deià. A Valldemossa, para seguir de cerca en su monasterio las huellas de la

En este campo de golf próximo a un poblado de *talaiots* se dan cita la cultura de la vivienda arqueológica y la sociedad posmoderna del tiempo libre.

relación que retuvo aquí durante un invierno a la escritora George Sand y al compositor Frédéric Chopin. Al monasterio de Lluc, para contemplar a la Virgen negra y pedirle un regreso seguro al hogar. A Sa Calobra, para morirse de miedo a lo largo de los 12 kilómetros de la carretera con más curvas de Europa. Hacen acaso un paseo musical en barca por el gran lago subterráneo de las cuevas del Drac, en Portocristo, o van de compras a Inca y Manacor, para lucir en casa sus nuevos zapatos o sus nuevos collares.

Pero en la actualidad, la gran mayoría no alquila ninguno de los más de 70.000 coches de alquiler ni explora el corazón de la isla, la antigua capital Sineu con su mercado de ganado de los miércoles, ni sabe nada del reformador religioso Ramon Llull en el monte de Randa ni de la única santa de la isla, Catalina Tomàs. Desconoce asimismo que la ciudad de Felanitx ha sido señalada como cuna de Cristóbal Colón y que en ella nació el pintor español más famoso del momento, Miquel Barceló. La maldición y la bendición del cultivo de la vid en Binissalem permanecen tan intactas como la reserva hermética de la sociedad rural de Pina.

Por tanto en la misma isla coinciden y se suceden vivencias y percepciones de mundos totalmente distintos. Los romanos la calificaron de *luminosa*. El escritor catalán Santiago Rusiñol se enamoró de la calma de esta isla, *l' illa de la calma*. Como isla de flores y de sol, Mallorca es sinónimo de un producto de marca sin igual destinado al turismo de masas. El mismo turismo de masas y sus clientes le concedieron el título de "isla de mujeres de la limpieza" durante los años de la sinfonía de cemento en las más hermosas playas del Mediterráneo. Poco antes del nuevo milenio los inversores e inmobiliarias extranjeros, sobre todo alemanes, han acuñado su nuevo y equívoco lema: "Mallorca, la mejor Alemania", señalaba en tono burlón una revista informativa alemana. En cualquier caso tanto los que adoran Mallorca como los que la aborrecen coinciden en que la isla no deja indiferente a nadie.

Cocina mallorquina
Comer y disfrutar

Toda Mallorca conoce la historia del escritor catalán Josep Pla que casi llegó a ponerse de rodillas, pero no ante una belleza del pueblo de Porreres por haberse enamorado sino ante un tabernero de Pollença por estar muerto de hambre. En realidad, no estaba pidiendo nada especial, sino todo lo contrario; solamente quería tomar unas *sopes*, algo tan sencillo como un potaje de legumbres con berza. Pero el dueño del restaurante se resistía a servírselas, pues aquélla era una comida de pobres y constituía por aquel entonces un tabú absoluto en un buen restaurante mallorquín. Finalmente se dejó convencer, pero sólo por un día y sólo como excepción. Gracias a Dios aquellos tiempos pasaron y la auténtica cocina mallorquina aparece en la carta de cualquier restaurante que se precie. Actualmente nadie tiene que arrodillarse por unas *sopes*.

Aunque reciban este nombre, las *sopes mallorquines* no son en realidad una sopa, sino un potaje. En este caso, las *sopes* hacen referencia a las finas rebanadas de pan seco que cubren el plato antes de servirse sobre ellas el potaje de berza. El potaje de legumbres es uno de los platos típicos de la isla. Otro clásico de la cocina mallorquina, esta vez sin pan, es el *tumbet*. Se prepara con calabacines, berenjenas, pimientos troceados y patatas. Una vez fritos por separado, los ingredientes se colocan por capas en una fuente refractaria y se vierte sobre ellos una sabrosa salsa de tomate. A continuación, el *tumbet* se hornea durante 10 minutos.

Hermosa presentación sobre un mantel mallorquín: empanadas con relleno de carne.

Tesoros de la cocina mediterránea, sección vegetariana; las huertas de Mallorca dejan pocas opciones a los importadores de fruta y de verdura.

Una carta multicultural

Prácticamente todos los conquistadores, comerciantes y viajeros que visitaron Mallorca contribuyeron de algún modo a su cocina, aportando legumbres, frutas y especias o bien recetas completas que poco a poco dejaron su huella en la cocina mallorquina o la enriquecieron. Los mallorquines acogieron favorablemente sus sugerencias.

Por su situación insular los mallorquines recurrieron a las variedades autóctonas y a los animales del país y, en el verdadero sentido de la palabra, "consumieron" todo lo que crecía en la isla. De ahí que agradeciesen cualquier variante.

Acaso por esta razón las variantes son lo habitual en la cocina mallorquina. Durante mucho tiempo, las recetas tradicionales no fueron consignadas por escrito, sino que pasaron "en herencia" de madres a hijas. Este hecho tuvo y todavía tiene como consecuencia la existencia de una enorme variedad en lo que a la preparación de los diversos platos se refiere; en cualquier parte aparece una pequeña diferencia, un ligero cambio típico de una familia o de una región determinadas. Muchas recetas de cocina acusan influencias árabes, por lo que resulta muy frecuente mezclar albaricoques, almendras, piñones y uvas pasas con canela, alcaparras y anís, con resultados espléndidos para los paladares finos.

En Mallorca la carne por excelencia es la de cerdo. El cerdo negro, *porc negre*, procede del cruce de la raza celta *Sus scorfa Ferns* y de la ibérica *Sus scorfa mediterraneus*. Antiguamente la matanza anual, *sa matança*, era un acontecimiento de primer orden y del cerdo cebado se aprovechaba prácticamente todo. Ahora bien, como la humedad del clima no les permitía secar el jamón al aire libre, los mallorquines tuvieron la idea de secar en la bodega los embutidos sazonados con pimentón y así descubrieron la *sobrassada*. En la actualidad la sobrasada se fabrica también industrialmente, con un contenido en ocasiones algo dudoso. En efecto, sólo donde aparece la etiqueta de *Sobrasada de*

La fruta y la verdura crecen solas y un campesino se encarga de vigilar cada día que todo esté en orden.

Mallorca de cerdo negro hay cerdo negro de Mallorca, pimentón, sal, otras especias naturales y nada más.

Este apreciado embutido, con su inofensivo moho blanco, se toma crudo y untado en el pan o también asado; si bien algunos mallorquines insisten en que resulta mucho más sabroso con un poco de miel encima.

Además del cerdo, se suele preparar también en horno de leña el sabroso cordero de Mallorca, aromatizado con hierbas frescas tales como romero, tomillo y ajo. Para la carne de conejo y de pollo de granja existe una infinidad de recetas, como por ejemplo la del *conilt amb ceba*, conejo con cebolla.

La oferta de postres es casi inagotable. Una suculenta comida suele terminar casi siempre con la famosa *ensaïmada* mallorquina o con una tarta de almendra con helado de almendra. Para el almendrado no se utiliza harina. Es preferible no preguntar por la cantidad de huevos que aterrizan en el molde para servir de aglutinante en sustitución de la harina ni tampoco por la cantidad de azúcar que ha de llevar el helado de almendra. Como en casi todo el litoral español, después de una comida también son típicos los refrescantes *granissats*, hielo molido con zumo de naranja, de limón o de otras frutas, que a pocos grados bajo cero es poco fluido. Las cartas de casi todos los restaurantes incluyen el flan, postre de enorme aceptación en toda la península Ibérica.

Pero por encima de todo están los dulces. Los escaparates de las *pastisseries* y *xocolateries* de Mallorca están llenos de turrones de chocolate de elaboración casera, de frutas escarchadas, de *marrons glacés* y de mazapanes. Una vez más los árabes transmitieron a los mallorquines la afición por el azúcar concentrado, en tanto que el cacao se importó del Nuevo Mundo.

Pizza a la mallorquina: *la coca* puede llevar ingredientes dulces o picantes.

Tramuntana

escribió una declaración de amor que hoy es un éxito de ventas en las librerías de la isla: *Un invierno en Mallorca.*

Justo 35 años después, un vástago apátrida de la familia imperial austríaca empezó a comprar cerca de Deià terrenos, pedregales según los naturales del lugar, desechos sin valor alguno, para hacer con todos ellos una patria que durante 41 años fue digna de su amor casi maníaco. El archiduque Luis Salvador de Habsburgo-Toscana lo legó a la posteridad de muchas maneras; dedicó a Mallorca más de una docena de libros de los más de sesenta volúmenes que escribió a lo largo de su vida, entre ellos el famoso resumen *Las Baleares,* que es un inventario riguroso del archipiélago.

Sus propiedades, entre ellas Son Marroig, S'Estaca, Son Moragues y Miramar, todavía se mantienen en la actualidad. Concretamente, Son Moragues constituye un testimonio singular de aquel amor tan desesperado como dichoso: a la preocupación del archiduque por la

Concierto de rocas, viento y mar
La Tramuntana

La Tramuntana, en el noroeste de la isla, es una zona peligrosa. Una simple advertencia: aunque en la actualidad las incursiones de los piratas son cosa del pasado y en los apartados caminos de montaña nadie corre el peligro de ser una víctima de los *bandolers,* los bucaneros de las cumbres, existen otros peligros característicos de estos paisajes que siguen acechando con toda su gravedad.

Está en primer lugar todo lo que tiene que ver con las leyes de la gravedad formuladas por Newton. Y si uno no se cae –ni por una fuerte pendiente del Torrent de Pareis, ni al mar desde un acantilado, ni de un resbalón por culpa de un matojo suelto en la hendidura de una roca–, puede encontrarse con que algo le cae en su cabeza: piedras, guijarros sueltos, ramas desgajadas por el viento o la presa de un águila pescadora.

La fuerza del amor

El otro peligro es más sutil, pero impone a los hombres un tributo permanente. La mayoría cae en la trampa, sin posibilidad de inmortalizar sus nombres. Por el contrario, el amor de ciertas víctimas, pocas pero ilustres, ha pasado a formar parte de la memoria de la isla y de Europa. En efecto, en el amor está el segundo peligro, que sorprende a su víctima como antes los *bandolers,* la envuelve como un manto para no soltarla jamás, para no permitirle el olvido.

En 1838 sucumbió al amor la escritora francesa George Sand durante un invierno en Mallorca, en la pintoresca Valldemossa, donde se refugió, en la soledad de un antiguo monasterio, en compañía de su amado, el compositor Frédéric Chopin. Y mientras, enfermo de tuberculosis, Chopin sufría accesos de tos en la húmeda y fría Valldemossa, George Sand se dejaba cautivar por el paisaje hasta el punto de que le

En las montañas de la Tramuntana las sorpresas en forma de flor se suceden a lo largo del camino.

La región de la Tramuntana es la más húmeda de Mallorca. Los aproximadamente 1.000 milímetros anuales por metro cuadrado hacen que algunos jardines colgantes rezumen agua.

Doble página anterior: la vista se prolonga en dirección sur a lo largo de la costa montañosa de la Tramuntana.

En primavera miles de almendros abren el baile del esplendor floral mallorquín.

siglo XIX de una pequeña central hidroeléctrica para accionar los tornos de hilar y los telares de su primera fábrica de tejidos.

El exuberante verdor perenne de la Tramuntana constituye un índice elocuente de la abundancia de agua. Se debe a los encinares, olivares y pinares, que se extienden hasta donde alcanza la vista. Exceptuado los olivos, todos ellos forman parte del mundo vegetal natural de la Tramuntana, que a lo largo de los siglos el hombre ha venido ampliando con el cultivo de las plantas necesarias para vivir en este paisaje.

La fórmula mágica de esta arquitectura agraria se resume en dos principios y todavía puede admirarse entre Estellencs y Banyalbufar: crear llanos donde la naturaleza no ha previsto ninguno y dirigir el agua de acuerdo con la ley de la gravedad. De esta forma surgieron terrazas, destinadas a frutas, verduras y cereales, protegidas, defendidas por tapias de piedra y magistralmente regadas: los árabes canalizaron el

En verano hace calor hasta en las sierras. Pero gracias a la lluvia recogida en los estanques naturales el agua prácticamente no se agota nunca.

conservación de la naturaleza tal como la conformó la creación debe la posteridad uno de los pocos espacios naturales vírgenes de la isla, el parque de Son Moragues.

Su amor, como el de los escritores británicos Robert Ranke Graves y D.H. Lawrence, vino a arder en un paisaje mediterráneo absolutamente singular. Y además en una isla, pues pocas disponen de una variedad tan incalculable. La Serra de Tramuntana se impone no por la espalda ni por sorpresa, sino abiertamente, sin marcha atrás, simplemente porque no puede hacer otra cosa. Esta cadena de montañas es un concierto sinfónico de primerísima categoría. Como obertura se alza sobre el Cap de Formentor un solo de violín, se detiene asombrado un momento y se lanza con nuevos bríos en dirección a Puig Major, que con su altura récord de 1.445 metros y con sus colegas vecinos golpea rítmicamente el timbal para inmediatamente dar paso a la dulce queja de un oboe cuando el mar ve estrellarse sus olas contra las rocas.

Entretanto, una flauta celebra su alegría en los huertos de Banyalbufar, dispuestos en terrazas de distintos niveles y cubiertos de olivos, de naranjos y de almendros. Y mientras un arpa se recrea en la belleza de los parques árabes de Alfàbia y Raixa y en el crepitar del carbón vegetal en una carbonería, el sonido triunfal de los trombones y de las trompetas sobrevuela el verde jugoso, los pueblos recortados en las faldas rocosas y el viento, que encuentra aquí más escondrijos que en ninguna otra parte de la isla.

Regular la abundancia de agua

A diferencia de los áridos terrenos de salinas situados al sur de la isla o de las extensas llanuras del Pla, la Tramuntana es la región con más agua de Mallorca. Las cumbres del Puig Major, Teix, Massanella y Tomir se cubren de nieve en invierno, en Bunyola se registra el récord mallorquín de lluvia con hasta 1.000 milímetros por metro cuadrado al año y la villa montañesa de Esporles llegó a disponer a finales del

En otoño se disfruta el sol del atardecer entre los árboles, cada vez más desnudos, del acantilado.

agua de las lluvias y de los deshielos, la condujeron a cada terraza mediante pilas de desagüe y finalmente la acercaron al pueblo. Las esclusas y las cisternas facilitan todavía hoy una distribución equitativa, pues hasta en la Tramuntana los veranos son cálidos y con ausencia casi total de lluvias.

Dando y quitando en las montañas

Por muy idílico que resulte todo esto, hasta el siglo XX la vida aquí fue cualquier cosa menos un paseo despreocupado por el autoservicio de la naturaleza. Fuera del agua y de las bellotas para los cerdos, la montaña no daba voluntariamente nada, al contrario, quitaba mucho: libertad de movimiento; ovejas, cabras, cerdos y mulas se despeñaban por las grietas de las rocas; vidas humanas reclamadas por los cantos rodados estrepitosamente desprendidos, despeñadas y lanzadas por olas furiosas contra las rocas. Para sobrevivir aquí había que soportar la soledad, llevarse bien con los vecinos y reconocer inmediatamente el carácter amistoso u hostil de cada soplo de viento, de cada nube, de cada gota de lluvia.

En este ambiente apareció una profesión que sólo podía asentarse en un entorno de tales características. Se trata de los *nevaters*, de los hombres de la nieve, los cuales durante el invierno recogían en las cumbres de las montañas nieve y hielo para después conservarlo en casas de nieve, *cases de neu*, específicamente construidas con este fin, y canjear, durante el verano, frío por dinero en el valle. A principios del siglo XX las primeras fábricas de hielo dejaron sin ingresos a estos profesionales.

En las mismas montañas, junto a los expertos del frío, trabajaban los hombres del calor. Con leña de pino y de encina, los carboneros preparaban en sus *sitges*, carboneras, el combustible que convertiría en cálido hogar la fría cocina rural. Al imponerse la electricidad también este oficio desapareció, aunque no de una forma tan contundente como en el caso de los *nevaters*.

Poco después de la Reconquista, la vida en las montañas conoció un nuevo esplendor. Es cierto que los cristianos destruyeron todas las construcciones árabes, pero su legado agrario permaneció intacto. Bunyola siguió viviendo de sus ricos olivares y elaboró en sus propias prensas el aceite más refinado de Mallorca. Sóller, cuyos alrededores recibieron el nombre de "valle de oro" precisamente por este oro líquido de los olivos, se centró en otro producto que también está a la altura de este nombre. Con sus nubes de dulces fragancias y el resplandor de sus frutos entre las hojas de color verde oscuro, los naranjos dotan a este lugar de un aspecto singular y paradisíaco.

Los cerdos, las ovejas, las cabras y las vacas se criaban perfectamente en los pastos jugosos y fuertes de las montañas, en tanto que las cabras salvajes, las liebres y los conejos facilitaban unos ingresos a los cazadores. Tras el *repartiment*, el reparto de la tierra que Jaime I hizo entre sus partidarios, surgieron grandes fincas que enriquecieron rápidamente a sus propietarios. Estas fincas se conservan prácticamente en su totalidad; muchas siguen cultivándose y algunas son actualmente museos. La más famosa es Sa Granja de Esporles, una especie de lección de historia rural, con sus establos, con sus talleres, con sus recibidores, con sus habitaciones y, de la época de la Inquisición, con sus cámaras de tortura en el sótano.

Esta riqueza no tardó en llamar la atención de envidiosos y de parásitos y durante siglos enteros la Tramuntana fue un objetivo de los ataques de los piratas y un refugio de contrabandistas. Prácticamente no existe una población o un puerto que no haya sufrido un ataque brutal de los piratas y que no recuerde su triunfo contra los bucaneros incluso en plena Edad Moderna, como por ejemplo Port de Pollença y Port de Sóller. Así, del siglo XVI en adelante se vinieron construyendo en esta zona torres de vigilancia, *talaies*, visibles la una desde la otra, circulares, señales defensivas de advertencia dirigidas a los piratas: ¡No lo toleraremos! Todavía subsisten algunas de estas torres defensivas y otras, como el

"Utilice cadenas en las carreteras altas de la Tramuntana". En invierno no es raro encontrar una indicación de este tipo.

En la bahía de Estellencs se pueden seguir los movimientos de los peces sobre el fondo del mar.

"mirador de las almas" en Banyalbufar, se han integrado en el paisaje de una forma tan sobrecogedora que uno puede llegar a sentirse mareado bien porque le zumban los oídos, bien porque es difícil concebir tanta belleza.

Aparecen la industria y el exilio

Pero en algún momento empezó, también aquí, la Edad Moderna. En el siglo XIX llegaron a la isla los primeros extranjeros que no se dedicaban al comercio ni pretendían llenar con sus mercancías las cuevas de los contrabandistas, sino que buscaban paz, un hogar, distanciamiento de su mundo, refugio para su espíritu. Poblaciones como Deià, Pollença, Valldemossa y Sóller se convirtieron en refugios políglotas de una sociedad centroeuropea que advertía ya la presión de las masas y la pérdida de los vínculos con la naturaleza.

El retiro que buscaban no tardó en convertirse definitivamente en un problema. Llegaron las primeras industrias, aparecieron las primeras

fábricas de hilados y de tejidos. En 1912 los habitantes de Sóller lograron el tendido de una línea de ferrocarril a Palma para poder transportar sus naranjas con rapidez y en buenas condiciones. El gobierno de la isla reclutó ingenieros de caminos, que veían en las montañas una exigencia, no un obstáculo.

El italiano Antonio Paretti fue uno de ellos; su carretera de Port de Pollença a Cap de Formentor y su obra maestra, la "culebra" a Sa Calobra, son parada obligada para todos los visitantes. En lugar de eliminar fríamente todos los obstáculos, Paretti escuchó atentamente a la Tramuntana y captó su canto; donde había una pendiente demasiado escarpada propuso con gran clarividencia un arco inverso en vez de lanzarse ciegamente hacia adelante. Cada vez que apartaba una roca acumulaba la masa en otro lugar como relleno. El resultado fueron unas carreteras que se adaptan al macizo montañoso como lazos de seda que se dejan caer.

Desde que Sóller –población a la que hasta la década de 1990 se accedía exclusivamente a través de un paso de montaña– se unió al mundo exterior por un túnel, en principio la Tramuntana no parece guardar ya ningún secreto. En principio. Pues a un kilómetro escaso de la carretera serpenteante de Paretti se abre el Torrent de Pareis, "el torrente del paraíso", un cañón excavado por el agua en la piedra caliza, de cuatro kilómetros de largo; a pesar del avance de la locomoción regular, para recorrerlo se necesitan sentido común, un buen equipo, buenas piernas, valor y mucho tiempo. La recompensa es un trozo de arquitectura paisajística moldeada directamente por la creación, una tocata de la partitura de la Tramuntana que aquí, lejos del asfalto y de la ciudad, puede hacer sonar todos los tonos, tanto los fuertes como los suaves.

Derecha: bajo un techo de parra y entre amigos una comida festiva puede durar horas enteras.

Doble página siguiente: finca abandonada en la sierra de Tramuntana.

Como bajo un cielo de farolillos de papel escarban las gallinas buscando comida a la sombra de los naranjos.

Encrucijada de los vientos
Cap de Formentor

Las escaleras, los muros, los caminos y el faro de Cap de Formentor se construyeron en el año 1862 en plena roca y con total garantía de seguridad, a pesar de lo cual no dejarán de asustar a quien sienta el más mínimo vértigo. La visión a distancia desde el Finisterre de Mallorca alcanza, por lo menos en los días claros, hasta Menorca por el este y hasta Cala Figuera por el oeste, en tanto que por el sur Alcúdia se repantiga en su playa de arena. Pero mirando roca abajo, hasta el más templado dudará de la fiabilidad de sus rodillas al contemplar un mar que brama 300 metros más abajo. Y por si esto no fuera suficiente, en este lugar, situado en el extremo nororiental de la isla, se dan cita las fuerzas de los vientos: la *tramuntana*, el *ponent*, el *migjorn* y el *llevant*, los cuatro hermanos mayores, con sus primos el *gregal*, el *mestral*, el *llebetx* y el *xaloc.*

En una isla como Mallorca, que hasta el siglo XX vivió fundamentalmente de la pesca y de la agricultura, era de importancia vital conocer los vientos como si fueran miembros de la familia. ¿Cuál es el viento de la lluvia, el que quema los brotes tiernos, el que encrespa peligrosamente el mar? ¿Qué viento acaricia y enfría el rostro, plancha la ropa, seca para la trilla el cereal cortado, garantiza al pescador un regreso seguro a su casa? ¿Amigo, enemigo, enfriamiento, catástrofe natural?

La fría *tramuntana* del oeste y del norte habrá de medir sus fuerzas con las montañas a las que da nombre y lanzar grandes olas contra los acantilados antes de precipitarse sobre el Raiguer y el Pla. Además, se venga agradablemente del insolente calor del verano. Durante el invierno sus colegas *ponent* y *llevant* pueden llegar a ser huracanados, sobre todo si no vienen en línea recta del este o del oeste, sino que se extienden sobre la isla describiendo una ligera curva hacia el norte, pues en tal caso no encuentran ningún obstáculo ni a lo largo ni a lo ancho. Por el contrario, el *migjorn* procede del sur, llena de luz y calor los días imprecisos de primavera y de otoño y convierte los días de verano en una sauna al aire libre.

El viento y el agua han conformado caprichosamente el extremo septentrional del mundo mallorquín.

Captando vistas y capturando peces
Port de Pollença

Como si quisiera extender un brazo protector sobre el puerto de Pollença, una lengua de tierra rodea con elegante arco el pequeño puerto pesquero del extremo septentrional de la bahía de Pollença. El puerto necesita protegerse, incluso sin que haya peligro de incursiones de piratas, pues, visto desde el norte, es uno de los primeros baluartes de la civilización; por detrás sólo está un Cap de Formentor batido por las tormentas y por delante empieza el concierto de la Tramuntana.

Desde que en el año 1929 Agatha Christie pasó aquí algunas semanas e integró el puerto de Pollença en la literatura universal a través de su novela *Problema en Pollensa*, sin olvidar la turbadora belleza de su luz, los detectives británicos no tardaron en acudir aquí para veranear, como también lo hicieron personalidades tan destacadas como Winston Churchill o el multimillonario armador Aristóteles Onassis, entre otros. Todavía queda algo del viejo *gentleman flair* y la playa recuerda ligeramente a las pequeñas e idílicas calas de Cornualles. El Port de Pollença no tardó en ponerse al alcance de los no millonarios y tras la Segunda Guerra Mundial se convirtió en una de las primeras playas de interés turístico de la isla. Hasta hoy, los visitantes anglófonos copan el puerto a primera vista, aunque no hay que olvidar al ilustre público de la península que se cita aquí para charlar de política, para llegar a un acuerdo en cuestión de negocios o para encontrarse con los amigos.

A pesar de las ventajas del turismo, muchas veces discutibles, el Port de Pollença ha sabido preservar su carácter propio. Imitando el estilo de la mejor modestia británica, el lugar se ha

Agatha Christie pasó aquí algún tiempo y ambientó una historia de amor en la bahía de Pollença.

permitido el lujo de no estropear su extensa playa, de engalanar su centro con comercios tentadores pero no pretenciosos y de transformar, a finales del siglo XX, su paseo marítimo en un atractivo paraíso de paseantes, captadores de vistas y amantes de la meditación mediterránea. Se pueden pasar horas enteras en un café del Passeig Anglada Camarasa viendo a los pescadores remendando sus redes o en el Club Náutico contemplando a los orgullosos propietarios de yates baldeando la cubierta, o bien se pueden recorrer los casi dos kilómetros del Passeig Voramar bajo los ancestrales árboles paseando junto a casas señoriales y simpáticamente anticuadas, junto a atraques de barcos y junto a pequeñas playas. Al final del paseo, una pequeña fortaleza vela desde el año 1634 por la seguridad del puerto; en sus ruinas se construyó en fechas posteriores un faro. A espaldas de la larga y ancha playa se alza en vertical la Serra de Cavall Bernat; tras ella, la playa de Cala Sant Vicenç recurre a la paleta de colores de la naturaleza para los tonos beis y oro de la arena y para los diversos matices de turquesa del mar. En los días claros, ni siquiera hace falta llegar hasta Cap de Formentor para enviar un saludo a la hermana pequeña de Mallorca, ya que desde el faro se divisan Ciutadella y el cabo Punta Nati de Menorca.

Los barcos se balancean suavemente en el agua hasta que Eolo los obsequia con vientos más propicios.

El hotel Formentor viene acogiendo a turistas extranjeros desde los años veinte.

Espetones contra alfanjes
Moros i cristians

"Moros a terra", sueltan los altavoces de Sóller, Pollença y Andratx, e inmediatamente se desata el infierno. Los de las espadas de madera se lanzan contra los de los sables curvos. Las capas se enredan con los calzones, los turbantes vuelan por el aire y la arena acaba llena de bigotes negros.

Moros i cristians es la festividad que conmemora las luchas de moros contra cristianos. De corsarios, como en las películas de piratas, y de mallorquines vestidos con trajes regionales típicos, como en las películas de capa y espada, luchando encarnizadamente entre sí por la ciudad. Los trajes no están documentados históricamente, pero sí lo está el final de la batalla. Tras una brutal carnicería los árabes fueron vencidos y reducidos a prisión.

El grito de terror "moros en la costa" es el preludio del espectáculo anual en el que la población costera se entrega a furiosos simulacros de combate. El fondo y el origen de la fiesta están en las constantes incursiones de los piratas que, entre los siglos XIV y XVII, caían sobre los mallorquines casi siempre de noche. Generalmente tomaban rehenes, que o bien eran vendidos como esclavos en los mercados del norte de África, o bien eran rescatados por sus familias previo pago de una elevada cantidad de dinero. Los mallorquines se defendían a muerte; los habitantes de la población capaces de manejar una espada tenían que intervenir en el combate.

Luchaban no solo con espadas, sino también con espetones y con sartenes. Según la

Este pequeño corsario observa atentamente cómo los cristianos, armados con horcas, se imponen progresivamente.

Con frecuencia se agarra por el cuello hasta a los santos.

leyenda, las mujeres estaban tan familiarizadas como sus maridos en el manejo de las armas y con su valor y su ardor bélico contribuían decisivamente a que el combate se decantara del lado de los mallorquines.

La tarde del día de fiesta se celebran misas en todas las iglesias; en ellas se describen cada año minuciosamente todos los pormenores de las luchas de los cristianos y se citan los nombres y la posición social de los héroes de la Reconquista. La principal atracción de la fiesta consiste en la repetición del episodio bélico correspondiente.

En Pollença el desembarco de los piratas árabes tuvo lugar el 30 de mayo de 1550, cuando los mallorquines vencieron a las tropas de Dragut, bucanero turco y compañero de armas al mismo tiempo del pirata Barbarroja y de Solimán el Magnífico, sultán de Constantinopla. Pero desde mediados del siglo XIX la fiesta se celebra el 2 de agosto. Sus protagonistas son hombres mallorquines que van armados con palos y visten camisas de dormir, pues se supone que fueron sorprendidos en pleno sueño a altas horas de la madrugada. No obstante, los valientes hombres de la isla de Mallorca son invencibles incluso cuando luchan semidormidos.

En Sóller, la fiesta de *Es Firó,* que se celebra en el mes de mayo, conmemora una dramática incursión sufrida en el año 1561 y, desde 1852, dura toda una semana. Según la leyenda, el 11 de mayo atacaron la ciudad 1.700 piratas dirigidos por Ochalí, corsario y —en sus ratos libres, por así decirlo— bajá de Túnez, con la esperanza de hacerse con un botín fácil. Pero no contaron con el decidido capellán de Santa Catalina, que blandiendo la cruz defendió su santuario de los paganos asesinos. Menos esperaban todavía a las dos mujeres que con sus cuchillos, hachas y otros utensilios de cocina defendieron con éxito hasta la muerte su casa de Ca'n Tamany.

Según parece los enemigos sufrieron más de 500 bajas, lo cual permite hacerse una idea del elevado número de piratas asaltantes, y naturalmente también del valor de las defensoras. Las heroínas recibieron el título de "mujeres valientes": *valentes dones de Ca'n Tamany,* y posteriormente la ciudad les dedicó un relieve conmemorativo.

También fueron dos mujeres, y en este caso además dos hermanas, quienes el 2 de agosto de 1578 se enfrentaron en Andratx valientemente a los piratas. Por lo que parece, eran siempre integrantes del llamado "sexo débil" las que con su extraordinario valor desmoralizaban a los agresores árabes. Por el contrario, las malas lenguas aseguran que a los árabes aquellas furias sin velos y vestidas con viejas ropas les parecían espectros horribles, por lo que se daban precipitadamente a la fuga...

En la salvaje carnicería algunos pierden de vista al "verdadero enemigo".

Subir las escaleras sí, pararse no
Pollença

La destrucción era el sino de las ciudades de Mallorca que, como Pollentia, estaban cerca de la costa. En el año 440 d.C. la invasión de los vándalos no solo dio lugar al saqueo, sino también a la destrucción total de la ciudad, que posteriormente fue reconstruida ya con el nombre de Alcúdia. Los supervivientes de Pollentia levantaron un nuevo poblado a unos cinco kilómetros de la costa, que conservó el nombre de la Pollentia destruida, nombre que posteriormente derivó en Pollença por la influencia de diversas lenguas.

La nueva Pollentia se encontraba cerca de una vía rural romana, de la que dos mil años después todavía existe un recuerdo en el Pont Romà a las puertas de la ciudad; se trata de uno de los dos puentes romanos existentes en Mallorca. Los dos arcos ligeramente distintos tendidos sobre el Torrent de Sant Jordi, los pilares de sustención y la calzada están tan bien conservados que en cualquier momento puede esperarse la aparición de una elegante toga.

Piratas, templarios, jesuitas

A pesar de sus escasos 12.000 habitantes, Pollença es sin duda una ciudad. Esta impresión y esta imagen global corresponden en buena medida a los árabes, que sentaron las bases de las intrincadas callejuelas, de las escaleras y de las casas de mampostería con sus cálidos tonos amarillos y casi rojos. Una vez expulsados los árabes, los belicosos templarios se hicieron con las riendas de la ciudad y construyeron en 1236 la iglesia de Nostra Senyora dels Àngels. A un lado de la iglesia, junto a la Font des Gall, símbolo de Pollença, con un gallo en la parte superior, está el palacio de los Templarios. Se cree que San Vicente Ferrer repartió alimentos a los pobres y predicó junto a esta fuente.

Mucho tuvieron que trabajar los romanos para contener el Torrent de Sant Jordi. Creyeron incluso que era imprescindible un rompeolas.

A unos pocos pasos de allí se encuentra la iglesia de Monti-Sion, una fundación –esta vez no intervino la espada, sino la palabra, afortunadamente– de hombres combativos que, al igual que los templarios, también fueron expulsados de España, aunque sólo temporalmente. Los jesuitas construyeron la iglesia en el año 1697 y trabajaron en ella hasta muy avanzado el siglo XVII. En la actualidad, alberga el ayuntamiento y la escuela gracias a una iniciativa del poeta Miquel Costa i Llobera.

La imagen actual de la ciudad procede en su mayor parte del siglo XVI, pues los corsarios incendiaron Pollença hacia 1550. Hoy Pollença es una isla de paz y de belleza con sus casas de piedra de encendido rojo naranja, con sus graciosos balcones y ventanas de hierro forjado y con sus plazas en la sombra.

Sin embargo, a pesar de los numerosos palacios urbanos, iglesias y callejuelas románticas que encuentra el visitante a su paso, Pollença nunca ha llegado a ser realmente turística. Es posible que, después de la mala experiencia con los piratas, los pollensines estén hartos de los visitantes; en cualquier caso la población carece prácticamente de hoteles y los turistas, que escalan el famoso Calvario bien para contar si su rectilínea escalera tiene realmente 365 peldaños, o bien para disfrutar de una vista magnífica sobre los valles y el mar, no tienen más remedio que marcharse al atardecer. Sucede lo mismo incluso en Pascua, cuando la ciudad rebosa de visitantes. En estas fechas, los pollensines celebran en la escalera del Calvario la fiesta del *Davallament*. En esta representación a la mallorquina los actores actualizan la Pasión de Cristo con todos los detalles, y lo hacen de un modo solemne, esplendoroso, trágico, turbadoramente bello.

La Virgen radiante

Enfrente, en el Puig de Santa Maria, de 333 metros de altura, en el siglo XIV empezó a brillar de noche la hierba, lo cual fue observado desde el Calvario por tres mujeres piadosas con una mezcla de preocupación y de fascinación. Una expedición nocturna, con el párroco al frente, encontró entre las rocas la obligada estatua de la Virgen, acompañada por el Niño Jesús con un pájaro en su mano. Como tantas otras veces, la estatua se mostró abiertamente caprichosa; al intentar trasladarla a la iglesia de Pollença adquirió de repente tanto peso que ocho hombres jóvenes curtidos por el trabajo fueron incapaces de moverla. Se comprendió el motivo, se construyó una capilla en la parte superior de la roca y las piadosas descubridoras, iluminadas de noche por así decirlo, fundaron un monasterio con una escuela adosada.

Otro convento, el de los dominicos, ha proyectado el conocimiento y la fama de Pollença más allá de los límites de Mallorca. No se trata tan sólo de su estilo, arcaizantemente románico a pesar de haberse construido en 1578, es decir, en el barroco temprano. Se trata de que entre junio y septiembre se celebran conciertos en el marco de las semanas internacionales de música de Pollença, generalmente en el patio interior del claustro. Siempre que puede la reina Sofía, gran aficionada y con grandes conocimientos de música, protectora del festival, ocupa uno de los asientos de primera fila. Pero también ella tiene que marcharse al atardecer y abandonar una Pollença sumamente hospitalaria, siempre y cuando sus huéspedes no se empeñen en pasar la noche en ella.

Los árabes se refugiaron en 1230 en el Castell del Rei huyendo de los conquistadores cristianos dirigidos por Jaime I. Al cabo de 113 años, Jaime III se atrincheró en el castillo que domina Pollença para defenderse de las tropas aragonesas.

La meta anual de las procesiones de Viernes Santo es esta capilla barroca de peregrinación, que corona el Puig del Calvari, de 170 metros de altura.

Estruendoso final de Cuaresma
Pascua de Resurrección

Quien haya subido hasta arriba, habrá disfrutado sin duda de una maravillosa vista de la bahía de Pollença, con el pueblo a sus pies y los huertos, *hortes*, que se extienden hasta el mar, con el Port de Pollença y con el Cap de Formentor. Pero también sabrá que, al hacerlo, ha dejado tras de sí un peldaño por cada día del año. En efecto, son exactamente 365 los peldaños del camino que asciende desde la Font des Gall, la fuente del gallo, en el centro de Pollença, hasta el Puig del Calvari. La colina tiene 170 metros de altura y desde ella puede contemplarse el paisaje.

En otros tiempos la colina perteneció a los enigmáticos templarios, recordados en Pollença por el Carrer Temple, la calle de los templarios. En el año 1314, tras la disolución de la orden de los Templarios, a quienes el Papa consideraba demasiado misteriosos y sobre todo demasiado poderosos, la colina pasó a manos de los caballeros hospitalarios de San Juan. El camino escalonado asciende entre cipreses, a cuya sombra puede uno sentarse a descansar, y pasa junto a casas de mampostería en las que hay tiendas y restaurantes, donde afortunadamente puede uno reponerse un poco para el resto de la subida.

Una vez al año, sin embargo, la vista desde arriba carece de interés para quienes suben a la colina. Mientras los turistas se alegran de haber coronado la ascensión, los creyentes sienten una cierta pesadumbre. En efecto, como se desprende del nombre de la colina, en Semana Santa tiene lugar allí una ceremonia, concretamente en su día más triste. El día de Viernes Santo todos, jóvenes y viejos, naturales y residentes, corren al calvario para presenciar el espectáculo del *Davallament*. En esta fiesta se sigue el último capítulo de la Pasión de Cristo con el descendimiento de la Cruz. En la cima de la colina hay una capilla, que es la meta de la procesión pascual de cada año, la cual continúa bajando por la colina hasta la iglesia parroquial de Nostra Senyora dels Àngels, del siglo XIII, y concluye con una misa solemne de medianoche.

A diferencia del norte europeo, en el sur la religión, más que "interior" y asunto privado, es una cuestión pública en la que se hace abiertamente una demostración de la religiosidad personal. Especialmente en el sur de España, y sobre todo en Semana Santa. Mallorca no es una excepción. También aquí la mayor fiesta cristiana transcurre fundamentalmente en el exterior. La victoria de Cristo sobre la muerte se celebra en casi todas las poblaciones con procesiones y con fiestas.

La celebraciones empiezan ya el domingo de Ramos y no concluyen el Domingo de Pascua, sino que generalmente se mantienen con brío total durante la semana pascual. Por fin es posible entregarse sin freno a los placeres corporales y hacer acopio de fuerzas para prolongar la fiesta hasta la mañana siguiente.

Los cipreses y su sombra bordean la escalera de 365 peldaños que conduce al Puig del Calvari en Pollença.

Representación de la Pasión de Cristo en Pollença.

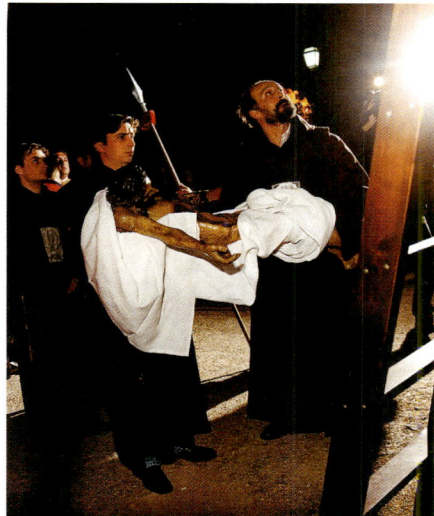

Los creyentes permanecen estupefactos ante la Cruz.

típicos de las procesiones, y al atardecer, entre redobles de tambores, pasean la pesada imagen de Cristo por toda la ciudad. Esta procesión, de seis horas de duración, es la única en que intervienen todas las *confraries* de la isla.

El día de Viernes Santo tiene lugar en Pollença el *Davallament*, del que ya se ha hablado, y el martes de Pascua se celebra en la localidad de Sa Pobla una peregrinación a la capilla de Crestatx, en la que se trata fundamentalmente de la bendición del pan, *pancaritat*. Después de salir de la iglesia y atravesar la ciudad se consumen cantidades ingentes de *panades*. La fiesta alcanza su punto culminante con el concurso de *tonades*, cantos de trabajo, en el que se premia la mejor interpretación. Naturalmente el vino suelta previamente las cuerdas vocales de los cantantes. También en esta ocasión se olvida rápidamente la dura Cuaresma precedente.

A lo largo de estas fiestas, los adultos se obsequian con empanadas de carne, *panades*, y los niños reciben entusiasmados una figura artística de repostería, *la mona de Pasqua*.

Las celebraciones pascuales tienen su preludio en la misa que se celebra el Domingo de Ramos en la capital de la isla, una semana antes de Pascua; en ella los mallorquines se hacen bendecir las palmas adquiridas en el mercado. En este último domingo de cuaresma anterior a la Pascua de Resurrección se celebra en Sant Joan la *Festa del Pa i del Peix*, la fiesta del pan y del pescado. Tras la procesión se toman en abundancia tortitas de pan sin levadura recordando la milagrosa multiplicación de los panes que realizó Jesús.

A partir de Jueves Santo parecen no tener fin las innumerables procesiones de las distintas hermandades cristianas. En cualquier parte de la isla imágenes grandes y pequeñas, llenas de colores y doradas, con ricos adornos y vestidos, recorren los pueblos y las ciudades; cada una de las escenas de la Pasión de Cristo pasa por delante de las numerosas personas que llenan las calles. En Mallorca, formar parte de una de las más de 50 *confraries* es un honor. Para llegar a disfrutar de este privilegio hay dos vías: o bien los hijos heredan de sus padres la condición de socio —todavía hoy es muy poco frecuente que la hereden las hermanas— o bien pagan por entrar en ella.

En Jueves Santo se venera en Palma la imagen de Cristo crucificado y lleno de sangre que se guarda en la iglesia del antiguo hospital. En la procesión del Santo Cristo de la sangre, *Processó del Sant Crist de la Sang*, los penitentes llevan ropas que les llegan hasta los tobillos y capuchas terminadas en punta, los capirotes

Solemne escenificación de la lamentación por la muerte de Cristo.

La Virgen de las minorías
Santuario de Lluc

Poco después de la Reconquista, cuando los cristianos, comandados por el rey Jaime I, lograron arrebatar Mallorca al islam, un matrimonio árabe tuvo que entregar su granja, situada en lo alto de la Serra de Tramuntana, a los nuevos señores. Para sobrevivir, no tardaron en abrazar la fe cristiana y bautizar asimismo a sus hijos. Uno de ellos, el pequeño Lluc, Lucas, se encargaba de llevar a las montañas el rebaño de cabras y ovejas de su padre para que se alimentasen allí. Un día Lluc observó una extraña luz entre los espesos matorrales del *massís*. Movido por la curiosidad, se adentró en ellos y descubrió una pequeña figura de la Virgen María que sobresalía a duras penas del suelo. Sin embargo, lo que realmente le causó

sorpresa fue que la Virgen tuviera una piel tan oscura como la suya propia.

La Virgen jugando al escondite

Preso de una gran excitación, el joven pastor llevó la figura al párroco de la iglesia de Sant Pere d'Escorca, cuya primera referencia documental data del año 1247. El párroco destinó al valioso hallazgo un puesto de honor en la pequeña iglesia, pero al día siguiente, cuando los vientos de la Tramuntana habían difundido la noticia y llegaban fieles para venerarla, la Virgen había desaparecido.

Ese mismo día por la tarde, Lluc volvió a encontrarla exactamente en el lugar del día anterior. Se la volvió a llevar al párroco, quien la colocó de nuevo en su hornacina para comprobar con gran asombro al día siguiente que había vuelto a desaparecer. Este juego del escondite continuó hasta que al párroco se le

Cuando se dio a conocer por primera vez, la Virgen negra de Lluc tenía una morada pintoresca en una hondonada de la Tramuntana. El santuario es el lugar de peregrinación más visitado de la isla.

encendió una luz: la Virgen quería estar en el lugar en que, con su resplandor, llamó por primera vez la atención del pastorcillo Lluc e inmediatamente se construyó allí una capilla.

Ésta es la versión romántica y poética y quien se resista a lanzarse en los brazos del racionalismo moderno –aceptando, por ejemplo, la versión más prosaica de que en mallorquín *lluc* significa bosque, que todavía abunda en el lugar y que, por tanto, el pequeño Lluc es una invención piadosa con un sobrenombre adecuado– hará bien en creerla a pies juntillas. Así lo hizo y continúa haciéndolo el pueblo, pues inmediatamente empezaron a afluir peregrinos con tal intensidad que en el

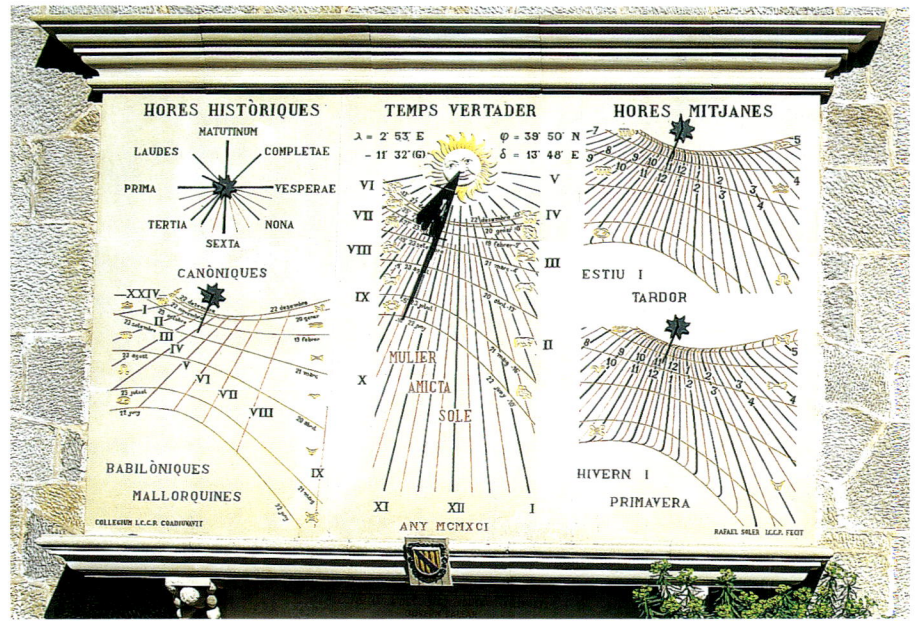

El reloj de sol del camino del calvario muestra en el centro el tiempo real, a la izquierda la medición del tiempo en la Antigüedad y a la derecha las medias horas.

año 1260 se puso la primera piedra de la ermita de Nostra Senyora de Lluc, regida entonces por la orden de los Agustinos; posteriormente, la construcción se amplió con un seminario y en la actualidad residen en ella y la atienden monjes del Sagrado Corazón.

¿Celda o habitación doble?
Estancia monacal mallorquina

Al escoger como domicilio la escarpada región peñascosa de la Serra de Tramuntana, la Virgen negra demostró un gusto excepcional; su santuario se encuentra en una suave depresión, hundida como una cama del alma, entre los montes más altos de Mallorca. Tres viejas rutas de peregrinación conducen hasta aquí desde Sóller, Pollença e Inca; todavía se utilizan en la actualidad, aun cuando obviamente muchos peregrinos suben a la *serra* con sus coches para encontrar paz y aislamiento.

Como manda la tradición fraternal, el monasterio de Lluc dispone de habitaciones para huéspedes que necesitan descansar; aquí no se rechaza a nadie. Según las diferentes necesidades, los hermanos ofrecen desde sencillas celdas monacales hasta habitaciones dobles y

realmente confortables equipadas con ducha e incluso apartamentos que disponen de cocina, aunque ¿para qué utilizar la cocina si en la tienda del santuario sirven los hermanos consistentes comidas caseras?

El monasterio de Lluc adapta su impresionante planta rectangular a la depresión del terreno y está cubierto y protegido en casi todos sus lados por pinos. A través de un hermoso

parque y de jardines muy bien cuidados el camino conduce hasta la iglesia pasando por los antiguos establos y talleres, ocupados en la actualidad por tiendas de recuerdos y por una pequeña cafetería. A derecha e izquierda del camino se encuentran cruces de piedra, cuyos finos cincelados son ya difícilmente reconocibles en la superficie erosionada por la acción del tiempo, así como medallas conmemorativas en recuerdo permanente de peregrinos agradecidos.

Además de ser el lugar de peregrinación más importante de la isla, el Monestir de Lluc puede presumir de ser, junto a la catedral de Palma y a las casas de Sóller, la tercera muestra importante del modernismo mallorquín. El mismo Antoni Gaudí y, posteriormente, su discípulo Joan Rubió renovaron el interior de la iglesia y decoraron el *Calvari* de Lluc, situado detrás del monasterio, con cinco obras escultóricas cuyos temas se centran en los misterios del Rosario.

La fachada de la iglesia del monasterio es unos 300 años posterior a los primeros muros, que datan del siglo XIII. En el interior, el altar mayor procede del Renacimiento. La figura de la *Moreneta*, la Virgen negra, encontró por fin

Tras esta fachada barroca se encuentra *La Moreneta*, "la Morenita", que es como llaman cariñosamente los mallorquines a su Virgen.

La cúpula, fastuosamente adornada y pintada, es la única fuente de luz de la iglesia de la peregrinación.

El monasterio, que lleva el nombre de un niño árabe bautizado, es también un internado de música en el que residen alrededor de 60 muchachos de entre nueve y 14 años de edad. En España el coro de *Els Blavets* –así llamados por su uniforme azul– es tan famoso como en otras partes puedan serlo los Niños cantores de Viena o el Cambridge Choir. Cada mañana ofrecen un ejemplo de su arte a los oídos, a no ser que estén de vacaciones, pues a diferencia del pequeño Lluc ellos sí las tienen.

un lugar que ya no volvería a abandonar, y se encuentra en un nicho de honor –ya no una mesa cualquiera– situado en una de las capillas posteriores de la iglesia.

La Moreneta en su casa

Aquí, a los pies de la imagen de la Virgen más querida y más visitada de Mallorca, se detiene todo el bullicio profano de los turistas que a tan sólo unos metros de la puerta de la iglesia transmitía cualquier cosa menos una reflexión sosegada. Por el contrario, una vez se encuentra en el interior de este lugar, donde la luz del día llega a la nave principal a través de una cúpula luminosa, y donde por tanto domina una semioscuridad cálida y difusa que invita al recogimiento y a la oración, el visitante susurra de un modo automático, a no ser que el respeto le haga enmudecer.

De acuerdo con su probable fecha de creación, anterior al siglo XIII, la *Moreneta*, como la llaman cariñosamente los naturales de la isla, resulta a primera vista muy estática. Pero a los pocos minutos adquiere tal vida a través de su fina sonrisa, del brazo firme pero elegante con que rodea al Niño Jesús y de la

corona de estrellas, casi frívola, de su cabeza que da la impresión de poder ponerse a hablar de un momento a otro. Tal vez por esto o, tal vez, porque su piel oscura simboliza una vinculación profunda con las minorías, son muchas las personas, que, creyentes o agnósticas, se sienten muy a gusto en este lugar.

Derecha: cuando el pequeño Lluc, hijo de un árabe converso, la descubrió en el bosque próximo al santuario, la *Moreneta* se negó rotundamente a marcharse de allí. Finalmente en el mismo lugar del descubrimiento se construyó primero una capilla y un santuario después.

En el claustro y en el museo los cuadros votivos se repiten constantemente. En éste un pescador, que estuvo a punto de zozobrar, muestra su agradecimiento por la protección de la Virgen de Lluc.

La meta está cerca y, sin embargo, lejos: pocos metros antes de la salida del desfiladero la naturaleza tiene preparadas todavía un par de sorpresas.

Peligroso paraíso
Torrent de Pareis

Desde que el paraje costero de Sa Calobra está unido al mundo exterior por una carretera, que no solo es la vía que conduce hasta allí sino que además se incluye en el programa turístico como parada obligatoria, cabe dudar de la afirmación, tantas veces repetida, de que todavía existe la Mallorca virgen, auténtica, natural. Bien, ¿pero dónde? Justo a la vuelta de la más bella de todas las carreteras y con la misma meta: el segundo desfiladero en cuanto a dimensiones de toda la cuenca mediterránea, el Torrent de Pareis, se abre a un kilómetro escaso al este de la serpenteante carretera que desciende hasta la cala de Sa Calobra. Pero a diferencia de una cala idílica, de una finca pintoresca, de un campo lleno de almendros en flor, este paraje garantiza a quienes se le acercan los mayores éxtasis. El Torrent de Pareis constituye una señal de alarma en rojo; devorará sin contemplaciones a quien no lo tome en serio.

Delante del paraíso, las inclemencias de San Pedro

No en vano al comienzo de este "desfiladero del paraíso", en una de las iglesias más antiguas y más pequeñas de la isla, vela desde 1247 San Pedro, señor del cielo y de sus inclemencias, y señales de aviso en varios idiomas previenen contra la ilusión del paraíso: ¡Atención! ¡Peligro de muerte! Teniendo en cuenta los accidentes mortales que se registran cada año, consecuencia siempre de imprevisiones absurdas, estas advertencias deben tenerse muy en cuenta. El Torrent de Pareis es un paraíso sólo en la medida en que realmente ofrece uno de los pocos restos de paisaje absolutamente virgen. Quien haya estado en él sabrá por qué. Y quien quiera llegar a él que sepa que nunca deberá hacerlo solo. Nunca sin un buen equipo de escalada. Los novatos del cañón nunca sin guía. Nunca cuando los planes de San Pedro no están claros; en verano un chaparrón fuerte convierte el Torrent en una trampa mortal. Y desde luego nunca en invierno, cuando la lluvia hace de las placas de roca verdaderas pistas de patinaje lisas como espejos.

Cuatro kilómetros y medio separan Sant Pere de la refrescante cala de Sa Calobra. Hasta llegar allí hay 600 metros de un descenso a trechos a través de tajos en el rostro de la isla que alcanzan los 400 metros de profundidad. En ellos viene trabajando la lluvia desde hace millones de años. Las paredes calizas del desfiladero, casi blancas en ocasiones y de tono gris claro con frecuencia, documentan el éxito de esta operación de lavado y de pulimentación. Nada más iniciarse el camino, después de pasar

Tras cuatro kilómetros y medio de descenso, la playa pedregosa de Sa Calobra espera a los agotados vencedores del desfiladero.

un tranquilo encinar, se descubre una soberbia escultura natural; como si del marco de un cuadro se tratara, un arco excavado en la roca ofrece la primera vista del cañón.

Sólo los artistas de la supervivencia tienen posibilidades

Tras una hora de descenso, el Torrent de Lluc y el Torrent de Sa Fosca se unen con el Torrent de Pareis. Los arbustos y matorrales que pueblan la *macchia* de media montaña han derivado en plantas espinosas, verdaderas artistas de la supervivencia, que se arrastran por doquier en las hendiduras de las rocas, donde no pueden ahogarlas otras piedras. En la grieta de Entreforc cabe incluso una persona, que tendrá que seguir avanzando "entre rocas" para llegar al jardín del Edén de piedra.

El Torrent de Sa Fosca sólo es transitable en una pequeña parte, aunque la suficiente para comprender su nombre: oscuridad. Las paredes rocosas se acercan progresivamente; pronto sólo queda una pequeña hendidura de 50 metros sobre el fondo del desfiladero que

al final termina cerrándose. La suave luz de Mallorca desaparece hasta llegar al pie de la presa de Gorg Blau. Imposible seguir sin la compañía de un profesional.

Veleros en la catedral de la luz

En el Torrent de Pareis, por el contrario, siempre es posible ver el cielo, unas veces con un palmo de anchura, otras veces como una catedral de la luz alzada a mucha altura sobre el desfiladero. Aquí tiene su nido y su zona un extraño habitante alado, el buitre negro, que con sus alas de hasta tres metros de longitud planea sobre las paredes rocosas buscando su botín, en ocasiones una cabra imprudente que no conoce bien el Torrent y en otras una liebre despeñada o una oveja perdida. En efecto, a diferencia del águila pescadora, que también se deja ver por estos parajes, el buitre negro no caza, sino que busca cadáveres. Todavía viven en Mallorca 50 ejemplares de esta especie. Y eso que esta ave carroñera no tiene una descendencia nada fácil, ya que la hembra pone sólo un huevo y únicamente una vez al año.

Con el desfiladero del paraíso a la espalda, las rocas de la cala de Sa Calobra recuerdan las dificultades superadas.

En el desfiladero del paraíso el aire huele al mar cercano, pero todavía no se agotan las maravillas de la naturaleza. De repente se abre, como una nave de iglesia, la Cova de Romagueral, a la que se accede tambaleantemente por el valle transversal de Sa Fonteta. Desde allí la vegetación emprende definitivamente la retirada. Hasta las hierbas más tenaces se dan por vencidas y las paredes rocosas, desnudas y en parte verticales, descubren con sus claros surcos de erosión la altura fatal que puede alcanzar aquí el agua. Incluso en verano algunas pequeñas cuencas tienen agua en la parte inferior del desfiladero y desde las fuentes de la roca manan por las paredes pequeñas corrientes de agua fría y refrescante.

El mar está cerca, pero ¿dónde?

Como resistiéndose al triunfo de sus dominadores, poco antes de llegar a sus últimos

metros el desfiladero cierra el camino con grandes peñascos. Insuperables a primera vista. Después, a la segunda vista de quien lleva cuatro horas de escalada, se abre una nueva posibilidad de superar esta última exigencia.

En efecto, justo detrás están el mar cargado de promesas, el Morro de Sa Vaca, una singular formación de piedra, y la cala semicircular de Sa Calobra, con su crujiente playa de guijarros. Con un poco de suerte no estará abarrotada de turistas que han llegado en cómodos coches, aunque con la cabeza ligeramente mareada y con el estómago revuelto a causa de las serpentinas del señor Paretti. En realidad, comparada con los caminos del paraíso de las rocas la carretera más bella de Mallorca es simplemente una carretera. Y evidentemente el *signor* Paretti lo sabía.

De la oscuridad a la luz. Los distintos matices de azul del mar son como una iluminación de la naturaleza.

Superado el difícil camino del desfiladero, queda el azul claro del mar.

La carretera más peligrosa de Mallorca cuenta con doce curvas de horquilla en sus cuatro kilómetros de descenso a Sa Calobra.

El camino es la meta
La carretera de Sa Calobra

Hasta 1932 en la minúscula Sa Calobra, al final del Torrent de Pareis, no vivían ni veinte personas. Sólo se podía salir de la aldea por mar o bien subiendo directamente la montaña, atravesando el Torrent entre dificultades y peligros. La población más próxima era Escorca, que carecía de centro y sólo contaba con una pequeña iglesia del siglo XIII y un par de casas rurales dispersas. ¿Qué sentido tenía aquella carretera? Evidentemente no se trataba de puro altruismo a favor de la *gent de Sa Calobra*, ni tampoco de ponérselo más fácil a los contrabandistas. ¿Se trataba, acaso, de crear puestos de trabajo? ¿O simplemente de construir sin máquinas, sólo con la mano del hombre, la carretera de las carreteras, un ejemplo clásico de *l'art pour l'art*?

Mareos y más mareos

Esta carretera, la más famosa de todas las mallorquinas, empieza su escalofriante descenso hasta el mar poco después del embalse de Gorg Blau, cuya "cuenca azul" recoge una de las reservas de agua más importantes de la isla. Un conductor normal está ya mareado desde que deja Sóller para volver a contemplar la ciudad desde arriba, desde el Mirador de ses Barques, a una altura de vértigo. Pero las verdaderas curvas empiezan ahora, cuando se continúa el viaje a través de las mil caras del relieve mallorquín: el Puig Tossals, a cuyos pies otro embalse, el Embassament de Cúber, almacena agua para las épocas de sequía, el Tossals Verds, el Puig Roig y finalmente el más alto de todos, el Puig Major. Entonces se encuentra con el frescor verde claro del Gorg Blau, que refleja el Puig de Massanella, bálsamo para los ojos y para el espíritu, el último idilio antes de partir a la locura.

Rumbo norte, más de doce veces dirección sur

Hasta Sa Calobra, cuatro kilómetros en línea recta y 12 kilómetros de carretera rumbo norte. Pero en la obra maestra del ingeniero italiano Antonio Paretti la dirección se curva en horquilla doce veces hacia el sur, para volver de nuevo al norte. ¿Es esto posible? Lo es. Había dos cosas que Paretti no toleraba: estropear algo tan sublime, tan reposado en sí mismo como los montes –por suerte para la gran mayoría de personas– y las curvas bruscas de fuerte pendiente.

Como su carretera no admite una velocidad superior a los 20 kilómetros por hora, quien desciende por ella dispone de tiempo suficiente para seguir metro a metro las escrupulosas ideas que defendía Paretti en la construcción de carreteras y para dejar de comprender el mundo; casi desde cada metro de trayecto se tiene la impresión de que son un mínimo de cuatro las cintas viarias que recorren la montaña; en el espejo retrovisor aparecen trayectos que quedan muy lejos y hacia adelante serpentea el asfalto que acaba de pisarse.

La inspiración del corbatín

Sin embargo, este aparente caos es el que hace posible los suaves declives, que era justamente lo que más interesaba a Paretti para la que es sin duda su obra maestra. Desde las alturas de Sa Moleta parece que no existe más posibilidad que la de excavar en la roca una curva para poder abordar la siguiente. Se dice que el ingeniero italiano encontró la solución por la mañana, mientras se anudaba la corbata. Hacia adelante es imposible el descenso, pero ¿hacia atrás? Entonces hizo que la carretera girase sobre sí misma sin pilares de apoyo, sólo con un puente, bajo el cual el Nus de Sa Corbata, el "nudo de la corbata" efectuase su curva de 360 grados. Por el contrario las paredes, verticales en muchos casos y de hasta 200 metros de altura, situadas a derecha e izquierda de las ventanas laterales, son casi una concesión.

De acuerdo con lo que se proponía quien la ideó, esta carretera tiene un trazado que no lesiona la masa de las montañas; los obreros retiraron 31.000 metros cúbicos de roca y los depositaron allí donde la carretera necesitaba un poco de relleno. Como adhesivo se utilizó únicamente alquitrán.

En el embalse de Cúber quedan pocos metros hasta la ramificación al mar.

La obra maestra de ingeniería de caminos del *signor* Paretti empieza en el tranquilo Gorg Blau, "estanque azul".

El oro blanco de las montañas
Los hombres de la nieve y sus casas

Quan a les altes montanyes
Els cims blanquejen de neu,
També les planes blanquejen
Amb la flor dels ametllers.

Finales de enero y principios de febrero, una época del año a caballo entre el invierno y la primavera: cuando las cimas de las montañas están blancas por la nieve, los llanos están blancos por la flor de los almendros. A partir de ahora todo sucederá de una manera muy rápida. No pasará mucho tiempo, dos o tres días, una semana tal vez si el invierno ha sido especialmente duro, hasta que el hielo y la nieve se derritan y el agua arrastre en los *torrents* todo lo que encuentre a su paso. Duro trabajo el de los hombres de la nieve. Todavía los había cuando Tomàs Forteza escribió en 1869 estos versos sobre Mallorca.

Un *nevater*, hombre de la nieve en mallorquín, realiza la fatigosa labor de recoger y conservar nieve para suministrársela después a restaurantes, carnicerías, pescaderías y casas

NEVATER

Los *nevaters* recogían en invierno la nieve de las cumbres más altas de la Tramuntana y la vendían en verano para producir frío.

Montañas de Mallorca nevadas, según la ilustración del libro sobre Baleares del archiduque Luis Salvador.

particulares. Aunque más apropiado sería decir que realizaba, pues desde el año 1927 ya no hay *nevaters* en la isla.

Los *nevaters* ascendían a las cimas de las montañas más altas –Puig Major, Massanella, Teix o Tomir– para recoger nieve y hielo que acarreaban hasta las llamadas *cases de neu*, las casas de nieve. Al llegar la primavera y aumentar las temperaturas, empezaban a trasladar su mercancía desde las montañas hasta el valle. La primera etapa del trayecto, el descenso de la montaña hasta la carretera más cercana, era la más dura de todas y se efectuaba a lomos de mula; desde allí la nieve se trasladaba en carros hasta el consumidor final.

Efectivamente, hasta que el hombre aprendió a refrigerar por medio de la electricidad, la

única fuente de frío era la propia naturaleza. Antes de instalarse en Mallorca la primera fábrica de hielo, eran los *nevaters* quienes se ocupaban de recoger nieve y hielo en las cumbres de la Tramuntana, de conservarlos todo lo posible hasta la llegada del verano y de acercarlos después al valle.

Para ello construían sus *cases de neu* en lugares fríos y sombreados, lógicamente orientados al norte. Estas construcciones, tan sorprendentes para los ojos actuales, sobresalían del suelo sólo de manera que hubiese lugar para una ventana por la cual se pudiese introducir la nieve. El cuerpo de la casa de nieve tenía que excavarse en la tierra fría y dura. Generalmente presentaba una planta rectangular u ovalada. Para aislar el techo de la mejor manera posible, los *nevaters* empleaban *càrritx*, cañas atadas con juncos, o bien una combinación de cañas y tejas, *canó i teulls*, y en ocasiones también cinc. Aquellas neveras naturales no se utilizaban ni

para dormir ni para vivir; los *nevaters* habitaban en las aldeas más cercanas.

Existen documentos históricos según los cuales la técnica de recolección y de conservación de la nieve era conocida en Mallorca como mínimo desde 1564. En los documentos aparecen citadas 42 *cases de neu*, más de la mitad de las cuales se encontraban en el Puig Major y el Puig de Massanella. No obstante, también las había en el Teix, en la Serra d'Alfàbia y en el Tomir. Un buen caminante que se proponga coronar la cumbre del Teix desde Valldemossa, aún encontrará alguna de estas casas de nieve.

La última casa de nieve de Mallorca estuvo operativa hasta 1927, pero entonces ya habían aparecido las primeras fábricas de hielo. Los *nevaters* y sus *cases de neu* primero estuvieron de más y después cayeron en el olvido. Hoy sólo unas pocas paredes derruidas en lugares apartados de la Tramuntana recuerdan aquel oficio tan duro y cargado de privaciones.

Paraísos artificiales
Los jardines de Alfàbia y de Raixa

Los paseos cubiertos por un verdor denso, las fuentes susurrantes y los estanques serenos en medio de una flora subtropical cautivan en la antigua finca árabe de Alfàbia incluso a los visitantes menos interesados por la jardinería. Una avenida con plataneros a ambos lados recorre en línea recta la distancia hasta la florida puerta principal. En la torre de la puerta puede leerse un dicho árabe que da gracias a Dios por su creación, que ha hecho posible la existencia de aquel jardín paradisíaco: "Alá es la ley. Alá es grande. De Alá procede la gracia. Sólo hay un Dios. Toda la riqueza está en Alá".

Quien haya visitado este parque comprenderá por qué la "religión del desierto", el islam, ha hecho del verde su color. En definitiva, el verde es muy escaso en el desierto y todas las caravanas sueñan con el oasis más cercano y con su agua fresca; no es de extrañar, por lo tanto, que ambas imágenes se hayan convertido en los símbolos del paraíso. Al igual que la Biblia, el Corán describe el jardín de Dios como un lugar de paz y de alivio, un paisaje con árboles que dan sombra y con fuentes perennes de las que brota agua. Los diseñadores de los jardines árabes –cuyos ejemplos más magníficos se encuentran en los Reales Alcázares de Sevilla y en el Generalife de la Alhambra de Granada– tuvieron en cuenta este sueño y pretendieron en su momento trazar unos jardines que ofreciesen armonía, paz y alivio.

Para ellos todo esto estaba relacionado con el verde como el color de la vida. Así, en estos lugares predominaban generalmente las plantas de hoja perenne, que deberían instaurar en su terreno la venturosa primavera eterna del edén: palmeras, cipreses, espliego, oleandro, romero, boj, hiedra, laurel, acanto, mirto o tomillo. El verde se esponjaba y se revitalizaba con las manchas de color estratégicamente dispuestas de flores como el alhelí amarillo, el clavel, la rosa, la retama, el íride, la miosota, la melisa, el lirio, el aciano, la violeta o el pensamiento, pero también con árboles frutales como naranjos y limoneros, cuyo perfume llenaba de vida el aire. Escaleras, nichos, tapias, rejas, estatuas de animales y bancos dividían el jardín en compartimentos diferenciados y daban lugar, si fuera preciso, a ámbitos privados o íntimos.

Los paraísos artificiales, tan espléndidamente dispuestos en muchos casos, vivían como es natural del agua y del juego de sus múltiples formaciones. Las fuentes y las cascadas, los pequeños estanques y los grandes depósitos,

Desde la antigua propiedad árabe de Raixa la vista se alza sobre los olivos hasta el Puig des Teix.

las norias y los canales no solo regaban los parques, sino que constituían además un elemento de configuración al que se recurría para intensificar los efectos deseados: el agua fresca refrescaba el ambiente y al mismo tiempo, reflejando los árboles y las flores, ofrecía nuevos estímulos a los ojos.

Lo mismo puede decirse de los jardines de Alfàbia. Las palmeras se mecen al compás de la brisa y sus apretadas palmas evocan imágenes de un oasis en medio del desierto. Y también aquí, como es natural, el agua goza de un protagonismo absoluto. Los canales estrechos, las fuentes hondas y los surtidores murmurantes no solo resultan decorativos, sino que aseguran además la existencia de los numerosos naranjos, cipreses y palmeras, así como de los perfumados arriates del jardín. Los estanques de nenúfares, en los que se reflejan los bambúes, y la galería de 72 columnas con surtidores a ambos lados, originaria del siglo XVIII, son dignas de verse. En Alfàbia las arquitecturas paisajistas árabe y europea se funden en una sinfonía en verde.

No muy lejos de Alfàbia se encuentra la finca Raixa. Inicialmente árabe, en el año 1797 pasó a manos del cardenal Don Antoni Despuig i Dameto, miembro de una de las familias nobles más importantes de la isla, los condes de Montenegro. El cardenal, gran conocedor y amante del arte antiguo, hizo remodelar el jardín a su estilo.

En esta época, la nueva configuración del paisaje estaba fuertemente influida por tendencias de corte italiano. Y al igual que este príncipe de la Iglesia, sumamente aficionado al arte, otros muchos propietarios de fincas residentes en Palma eligieron elementos barrocos y neoclásicos para configurar el aspecto de los jardines de sus *possessions*, las propiedades de las que hacían ostentación en el campo. Formas geométricas rigurosas ensombrecían los arriates que los jardineros árabes habían desarrollado del modo más natural posible; la simetría era la exigencia suprema del momento. Por todas partes aparecieron espléndidas escaleras de piedra, muy similares a la que todavía hoy domina los jardines de Raixa. Alrededor de ellas, los arriates, las galerías y los caminos de grava formaban círculos, cuadrados o rectángulos de proporciones perfectas.

Los jardines de Alfàbia y de Raixa son una especie de inventario de la flora mediterránea. Estos gladíolos amarillos alegran los sentidos con sus flores...

... las lilas derraman desde sus umbelas pesadas nubes de fragancia sobre los visitantes...

... mientras el palmito mediterráneo mantiene en sombra el monte bajo.

La Alfàbia mantiene la preferencia de los jardineros árabes por el verde en forma de jungla combinado con lugares de ensueño junto al agua.

A derecha e izquierda se encontraban surtidores y estanques que se integraban con gran precisión en el cuadro de conjunto, al que columnas y estatuas proporcionaban un último toque de distinción. Despuig, cuya afición era la arqueología y financió excavaciones en la isla, fue especialmente pródigo en la colocación de estatuas; en la actualidad, sin embargo, no quedan más que unas pocas –situadas delante de la famosa escalera– debido a que a principios del siglo XX su sucesor, el conde de Montenegro, decidió vender la mayor parte de ellas a la ciudad de Palma.

De ahí que la escalera central de los jardines de Raixa, con sus 63 escalones y con su marco verde oscuro de cipreses, continúe siendo un objeto que merece la pena contemplar. El escritor mallorquín Llorenç Villalonga se inspiró en ella y en los jardines de Raixa para su obra *Bearn o la sala de las muñecas.* Esta novela, que ha sido comparada con *El gatopardo,* de Tomasi di Lampedusa, describe el ocaso de la noble familia de los Bearn a finales del siglo XIX y refleja de este modo la decadencia de la aristocracia en Mallorca.

Independientemente de la forma que personalmente se prefiera, no hay duda de que un

jardín sin agua resulta del todo inconcebible. Con sus más de 100 metros de longitud, el estanque de forma rectangular de Raixa fue durante muchos años el mayor depósito de agua de toda Mallorca. En el siglo XIX, el estanque barroco adquirió todavía mayor importancia a

Al pie de una suave colina la fachada renacentista de esta residencia señorial brilla en el parque.

través de los numerosos caminos, románticamente recubiertos, que conducían hasta él.

De este modo, Raixa se inscribía en las tendencias de la época; el retorno romántico a la naturaleza, un rasgo distintivo de la jardinería europea del siglo XIX, introdujo en las creaciones paisajísticas de la isla cambios que todavía hoy seducen a aficionados procedentes de todo el mundo. Grutas artificiales, jardines de piedra y saltos de agua configuran la imagen de estos exuberantes jardines, que sustituyen la simetría racionalista por un paisaje de desarrollo incontenible.

Despuig mostró en Raixa su preferencia por lo pintoresco. En unas ruinas remodeladas con gran fantasía insertó una ventana medieval auténtica procedente de un monasterio derruido de Palma. En su afán por la "naturalidad artística" los jardines volvieron a parecerse de pronto a sus predecesores árabes y el juego perfectamente conseguido entre "la armonía italiana" y "la espontaneidad inglesa" hacen que los jardines de Raixa sean unos de los más notables de toda España.

Sólo unas pocas estatuas de la colección del arqueólogo aficionado Despuig adornan los 63 peldaños de esta escalera de Raixa.

Desde la galería de la residencia señorial de Raixa la vista se pierde en un paraíso mediterráneo.

De Palma a Sóller en el "expreso de la vitamina C"

Se podría correr a su lado a una moderada velocidad de *jogging*, al menos durante un trayecto corto. En efecto, el tren de Palma a Sóller, popularmente llamado el "rayo rojo", necesita toda una hora para cubrir 27 kilómetros. Pero, ¡qué hora! El tren rueda tranquilo por la zona más hermosa de la Tramuntana, pasando por los olivares de Bunyola y recibiendo después el saludo cercano de los jardines románticos de Alfabia. Aquí el terreno es tan escarpado en ocasiones que el paisaje, que pasa al ralentí, es la única prueba de la marcha del tren. Y, efectivamente, se mueve.

El "rayo rojo" no es el ferrocarril más antiguo de Mallorca, pero sí es el más agradable y encantador. Y el que tiene un nombre más falso; no se trata sólo de que no alcanza la velocidad del rayo, sino que tampoco es rojo, sino de color chocolate. Cuando fue inaugurado el 16 de abril de 1912 y, adornado con flores, fue recibido con muestras de júbilo en la flamante estación modernista de Sóller, el tren de Palma a Inca llevaba ya 37 años de funcionamiento. Todavía sigue funcionando hoy, pero, como dicen los *sollerics*, sólo como un triste automotor. Desde el año 1929 una locomotora eléctrica, en vez de la vieja máquina de vapor, arrastra el "rayo rojo" del *Ferrocarril de Sóller*, pero por lo demás todo sigue tal como a principios del siglo XX

Una brillante placa resplandece en la puerta del vagón.

imaginaron su ferrocarril los vecinos de Sóller, que lo financiaron colectivamente y lo encargaron en Inglaterra: primera clase con asientos de cuero, recubrimiento de caoba y una resistente red de correas de cuero para equipajes; en segunda clase asientos de madera, duros pero envejecidos y despintados con honor y, como servicio especial, un departamento para perros entusiastas del tren.

El hecho de que Sóller se decidiese por la construcción del ferrocarril se debió a lo que entonces era el producto de exportación estrella de la ciudad: la naranja. El viaje a Palma por carretera duraba hasta diez horas y resultaba peligroso sobre todo en invierno, la principal época de recolección de la naranja. Era absolutamente necesario disponer de un medio de transporte rápido que permitiese transportar en un solo viaje la mayor cantidad posible de mercancía. En efecto, a principios de siglo se descubrió la vitamina C con todas las ventajas que reportaba a la salud, por lo que se disparó la demanda de cítricos.

Por todos estos motivos, los vecinos de Sóller decidieron aportar 3,5 millones de pesetas, una suma entonces inimaginable. Prácticamente todas las familias compraron alguna de las 7.000 acciones, a 500 pesetas la acción, de la Sociedad del Ferrocarril. Se consiguió. En tres años estuvieron a punto las vías y el tren: desde la estación de Sóller, en la Plaça d'Espanya, hasta la estación Eusebi Estada en Palma. Y a la inversa.

Cuando a mediados del siglo XX el transporte de mercancías volvió a la carretera, en algún momento se tuvo la impresión de que el

Desde 1912 el "expreso de la naranja" recorre los 27 kilómetros de distancia entre la modernista estación de Sóller y Palma.

El revestimiento de caoba y los asientos de cuero están en servicio desde el viaje inaugural del "rayo rojo".

Sólo el motor se mueve desde 1929 por electricidad y no por vapor.

"expreso de la vitamina C" ya no merecía la pena. Fue una falsa impresión, pues los primeros turistas encontraron en el simpático tren un soberbio programa especial. Mientras los niños cuentan los túneles para al final exclamar ¡13!, los adultos disfrutan del espléndido paisaje que se divisa desde las ventanillas. Y una vez al día, durante el "viaje especial" del tren turístico, pueden disponer de una parada única de diez minutos en una plataforma especialmente construida con este fin para apretar el disparador de sus cámaras: la vista que se ofrece desde el Mirador des Pujol d'En Banya es sencillamente espectacular.

En el valle del oro
Sóller

¿Puede haber un "valle del oro" en una isla que, a excepción de algún yacimiento de lignito, carece de riquezas del subsuelo? Y a pesar de ello, el oro en que pensaban los árabes al bautizar esta población con el nombre de "Sulliar" procede del suelo, aunque indirectamente. No se trata de los extensos naranjales; el oro de los árabes era líquido y procedía de los dilatados olivares que rodeaban Sóller en la época de su dominación.

En cualquier caso la comarca de Sóller, con su enorme *horta*, sigue siendo un "valle del oro". Según fuentes distintas el nombre de Sóller deriva de la palabra con que los árabes designaban la pechina, y también esta forma de señalar la población y su valle es adecuada: rodeado, separado del interior de la isla por cuatro cumbres de mil metros, Sóller es como una pechina a orillas del mar.

Franceses en los "jardines de España"

Hasta muy entrado el siglo XX, Sóller y su economía no podían concebirse sin sus naranjas. A finales del siglo XVIII, huyendo de una Francia sacudida por la Revolución, se refugiaron en esta comarca campesinos, viticultores, fabricantes de paños y comerciantes franceses que no tardaron en organizar envíos de esta fruta hacia Francia.

En el país vecino, los familiares o conocidos de los "franceses de Sóller" abrieron con el sugestivo nombre de *Jardin d'Espagne*, jardín frutal de España, las primeras tiendas de frutas meridionales, formando una red independiente al estilo de una cooperativa que muy pronto traspasó las fronteras de Francia.

Lo que inicialmente proporcionó riqueza y poder a Sóller sufrió un cambio radical en 1860. Un parásito atacó los árboles y sus frutos y la próspera región se precipitó desde las luminosas alturas de la prosperidad al profundo valle de la crisis. Esta circunstancia afectó sobre todo a los labradores que acababan de adquirir nuevas tierras y también a los que acababan de comenzar, la mayoría de los cuales partió, si no

La iglesia de Sant Bartomeu contempla desde el siglo XVI a través de su afiligranado rosetón la intensa actividad de la plaza del mercado de Sóller.

Fueron inmigrantes franceses quienes, en el siglo XIX, internacionalizaron el negocio de las naranjas de Sóller.

Los *sollerics* no solo entienden de fruta, sino también de pastas. Es difícil pasar de largo de una *pastisseria* como ésta.

a Francia, a Latinoamérica, sobre todo a países como Cuba, Puerto Rico o Venezuela.

El esplendor de los que se quedaron y de los que volvieron

De ahí que, en Sóller, las fachadas de las casas sean tan distintas y reflejen las vicisitudes de sus propietarios. Los que decidieron no moverse durante la crisis y después, al descubrirse la vitamina C e incrementarse consecuentemente la demanda de los frutos meridionales, se instalaron de nuevo en la prosperidad, perfeccionaron su estilo tradicional, caracterizado por fachadas de piedra *marès,* entradas y patios elegantes,

puertas artísticas, marcos de ventana y trabajos de hierro forjado.

Por el contrario, quienes regresaban del Caribe tenían que demostrar de forma visible que su segundo intento en ultramar había constituido todo un éxito. Construyeron palacios urbanos en el mejor estilo colonial y se sumergieron en el neobarroco y en el neoclasicismo con sus columnas, sus pináculos, sus carísimas fachadas de mampostería y sus costosas decoraciones de forja, tal como se observa a lo largo de la Gran Via.

Quienes emigraron a los países europeos se inspiraron en la moda del cambio de siglo, en

el modernismo. Junto a Palma, Sóller es la segunda ciudad en importancia del modernismo mallorquín, por ejemplo con la fachada de la iglesia parroquial de Sant Bartomeu, obra de Joan Rubió i Bellver, discípulo de Antoni Gaudí y autor también de la fachada del Banco Santander Central Hispano, o con la Villa Ca'n Prunera, en el Carrer de Sa Lluna.

Aparte de estas consecuencias urbanas, la crisis tuvo otro aspecto positivo. Un banco convirtió una finca en bancarrota situada en los límites de Sóller, Camp d'En Prohorn, en el único jardín botánico de la isla. Actualmente aquí se congelan por choque las semillas de 1.700 plantas autóctonas, es decir, exclusivamente naturales de Mallorca. Como un manual de botánica, los jardines muestran las especies de las que proceden los vegetales más diversos de la isla, entre ellos un gran número de plantas medicinales.

Ojo de aguja y punto delicado: el puerto

Hasta que los habitantes de Sóller no dispusieron con su famoso ferrocarril de 1912 de una ruta interior cómoda y relativamente rápida, su situación los aislaba completamente del mundo. De este modo el puerto de Sóller era un ojo de aguja hacia el exterior y también un punto delicado de la ciudad, pues los "veleros de la naranja", como se llamaban sus barcos de exportación con

A su regreso, los emigrantes demostraban con sus suntuosos palacios urbanos que habían hecho carrera en el Caribe.

Izquierda: Fornalutx triunfa siempre en los concursos convocados para premiar el pueblo más bonito de España.

Inferior: por el contrario en el Port de Sóller no se busca la belleza, sino la protección y la seguridad frente a los piratas.

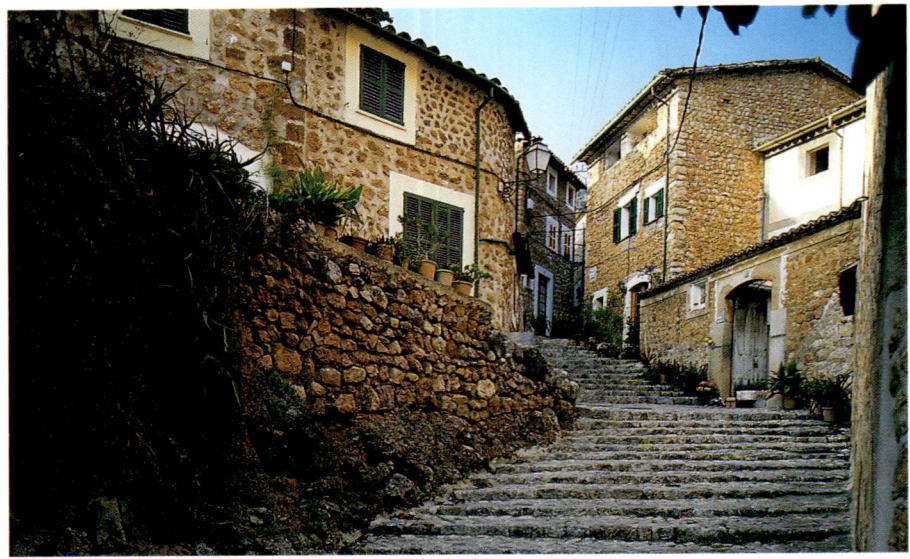

rumbo a Francia, regresaban muy cargados a aquella bahía protegida y casi circular; los *sollerics* importaban de Francia muebles, vasijas, vehículos y maquinaria agrícola. Aquella "compra a distancia" era la única alternativa racional a los caminos a través de las montañas y a las diez horas de navegación que exigía el trayecto hasta Palma.

Y los piratas nunca estaban lejos de donde había riqueza. La incursión del año 1561, que redujo a escombros y cenizas el puerto, fue la gota que colmó el vaso e incitó a los *sollerics* a

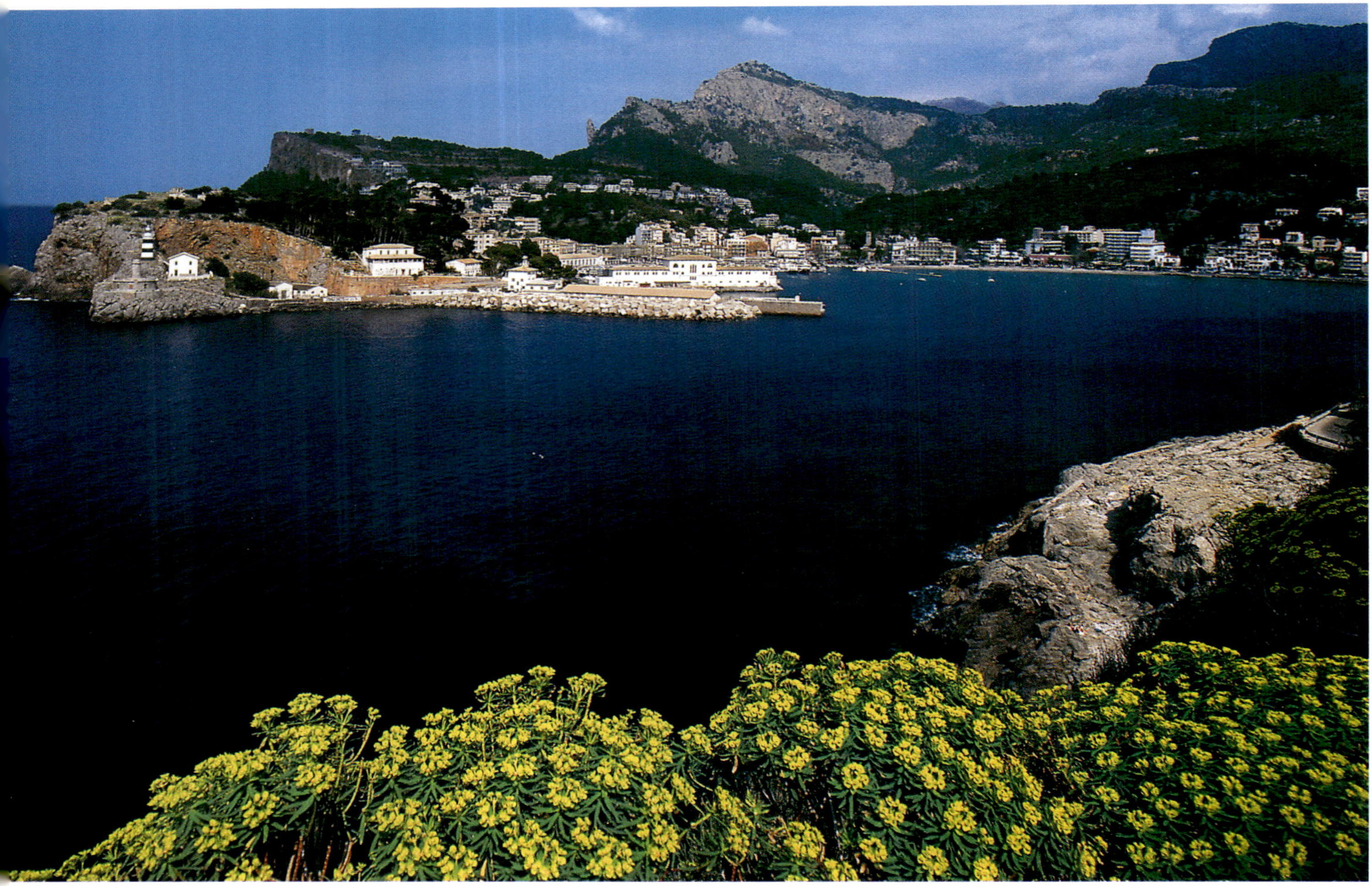

construir un baluarte resistente. El hecho de que se pudiesen rechazar los ataques se conmemora cada año, tanto en el Port de Sóller como en el Port de Pollença, con el espectáculo de *moros i cristians*, en el que a lo largo de una semana se reproduce en forma carnavalesca la batalla en las calles de la ciudad.

Asimismo, las dos poblaciones de montaña de Fornalutx y Biniaraix, ninguna de las cuales dista más de cuatro kilómetros de Sóller, cantan una canción relacionada con las incursiones de los piratas, por más que en la actualidad prácticamente nada se las recuerde. En los concursos convocados para designar la población más bella de España, Fornalutx destaca por sus empinadas escalinatas, sus restauradas casas de piedra, sus balcones llenos de flores y la perfecta blancura de los marcos de sus puertas y ventanas. Biniaraix acoge en el mes de abril el tradicional encuentro de pintores, la *Trobada de Pintors des Barranc*.

Una grieta en la pechina

En el puerto, sin embargo, no se buscaba la belleza, sino la seguridad. El puerto de Sóller era una versión reducida en agua de la pechina de Sóller. La bahía es un círculo casi perfecto. Flanqueada en ambos extremos por instalaciones defensivas y por faros, atracan en ella barcos mercantes, barcos de pesca, yates y barcos de la marina, que los numerosos visitantes contemplan asombrados.

En efecto, el aislamiento de Sóller es cosa del pasado. Desde mediados de los años noventa del siglo XX se puede acceder a Sóller por una vía rápida, concretamente por un túnel. Su construcción estuvo acompañada por un escándalo, que en 1995 costó el cargo al Presidente del Gobierno balear, Gabriel Canyellas. Hay una carretera más larga, con 36 curvas cerradas, que alcanza los 500 metros de altura en el Coll de Sóller. Hay también otra carretera por la costa, que pasa por Deià y Valldemossa, interminable, infinitamente bella. A pesar de todo, sin contemplar las protestas de los residentes y de los ecologistas, en 1995 se inició la perforación del túnel. Tras más de ocho siglos de aislamiento la pechina honda del "valle del oro" se encontró con una grieta.

El tren de Sóller a Port de Sóller se abre paso entre los cafés a golpe de campanilla.

La fabulosa fragancia del sur
Naranjas

En los boschs naixen alsines,
En los plans arbres fruyters,
En la vall llargues rengleres,
D'olorosos tarongers...

... Puede leerse en la *Loa a Mallorca* que en el año 1869 escribió Tomás Forteza. El poeta habla de las encinas de los bosques de la isla, de los árboles frutales de los llanos y de las largas hileras de olorosos naranjos en los valles. Se está refiriendo al *sulliar* de los árabes, al "valle del oro" próximo a Sóller. El ferrocarril de Port de Sóller, el "expreso de las naranjas", pasa tan cerca de los naranjos en la huerta de Sóller que prácticamente es posible coger las naranjas con la mano.

Todo está aquí en función de los cítricos. Hasta son tristemente responsables del modernismo de Sóller. Cuando hacia el año 1860 se extendió por la *horta* una enfermedad de las plantas que devastó los naranjales, muchos campesinos arruinados se vieron obligados a ganarse su pan en Francia, en Bélgica y en Suiza. Allí conocieron el modernismo y se entusiasmaron con él. Al regresar a Sóller tras haber recuperado su nivel de prosperidad, recurrieron a arquitectos catalanes para construir sus casas según las últimas tendencias arquitectónicas europeas.

Ya en el siglo XI los árabes cultivaron naranjos amargos, *Citrus aurantium*, como adorno de los patios interiores de sus palacios y de sus suntuosos jardines. Se sentían atraídos por su embriagadora fragancia, el azahar, y por su belleza de leyenda. En el año 1523 las verdes hojas y las blancas flores del *taronger*, del naranjo de hoja perenne, cautivaron al duque

Como si se encontrase en el jardín del Edén, esta finca solitaria reposa en medio de fragantes naranjales.

de Borbón, francés, hasta tal punto que adquirió directamente un naranjo cultivado por Leonor de Castilla y lo llevó a Fontainebleau, para iniciar con él la famosa *Orangerie*.

Pero la naranja amarga se utilizó también con fines médicos. Así, por ejemplo, se mascaba su corteza para suavizar el aliento, su fragancia hacía desaparecer el ambiente espeso de las habitaciones mal ventiladas y en el siglo XVII se recurría a su zumo para combatir los "arranques de los accesos de rabia".

La naranja dulce, *Citrus sinensis*, procede del sudeste asiático. Esta fruta de agradable aroma llegó a la península Ibérica y a Mallorca entre 1520 y 1530 a través de Portugal. Desde entonces se cultiva en los valles de Sóller, Andratx y Valldemossa siempre al amparo del viento.

La isla se convirtió en pionera de la exportación española de naranjas desde el momento en que a finales del siglo XVIII llegaron desde Sóller a Toulon y Marsella y poco después a los puertos alemanes los primeros "veleros de la naranja". La demanda de la aromática esfera creció tan rápidamente que en el siglo XIX se cultivaron naranjos en grandes extensiones de la costa continental desde Tarragona hasta Alicante, cuya producción muy pronto superó a la de los cultivadores mallorquines.

En todo el mundo existen más de cien variedades de naranja dulce. En la isla de Mallorca, esta variedad del fruto se sigue cultivando según el sistema de pequeñas plantaciones desarrollado en el siglo XVIII. Es cierto que algunos exportadores disponen de plantaciones propias, pero la mayor parte de la naranja se recolecta en campos cuya superficie, en el 80% de los casos, no es superior a una hectárea. Esta estructura minifundista ha dado lugar a una respuesta sorprendentemente ágil a las vicisitudes de la demanda. Durante los últimos cincuenta años, en muchas fincas se han cultivado hasta seis variedades distintas aplicando técnicas de injerto o efectuando nuevas plantaciones.

El cultivo y la recolección de este anaranjado cítrico se realizan siguiendo un proceso muy similar al de los viejos tiempos. En primavera, cuando los naranjales se encuentran ya en la fase de echar brotes, los compradores de las empresas exportadoras viajan a la "tierra de los naranjales", estudian la futura cosecha y efectúan sus compras no solo en la población, sino directamente a pie de árbol. En esta ocasión cultivadores y compradores apalabran la atención a la fruta "alquilada" hasta el momento de la recolección.

En septiembre, cuando las *taronges* están ya maduras, llegan los equipos recolectores de las empresas exportadoras. Una vez desaparecido el rocío de la mañana, los recolectores empiezan a llenar cestos y cajas. Tienen que trabajar contra reloj y pensando en la evolución del tiempo, pues la recolección se interrumpe inmediatamente con las primeras gotas de lluvia. Esta delicada fruta en ningún caso puede meterse húmeda en cajas, pues se estropearía.

Los mallorquines disponen de centenares de recetas basadas en la naranja. Utilizan la naranja en ensaladas, en platos de carne y de pescado, en helados, en flanes y *mousses*, en mermeladas o en tartas. O simplemente la cogen del árbol, pelan hábilmente su olorosa corteza e hincan voluptuosamente sus dientes en la bola rezumante de jugo.

Una ensalada de naranja troceada estimula el apetito, redondea el gusto y es la culminación perfecta de una cena española.

Durante la recolección, las brillantes esferas de vitamina C se recogen con todo cuidado en cestos.

Ensalada de taronja

Ensalada de naranja

Ingredientes
4 naranjas maduras medianas
2 ramitas de menta fresca
sal, azúcar, pimienta blanca recién molida
aceite de oliva
100 g de aceitunas negras pequeñas

Corte en rodajas las naranjas bien peladas y colóquelas en una fuente. Sazone con sal, pimienta recién molida y un poco de azúcar blanquilla.

Pique las hojas de menta fresca finas y espárzalas sobre las rodajas de naranja. Vierta abundante aceite de oliva. Antes de servir mantenga en maceración la ensalada en el frigorífico al menos durante media hora.

Esta ensalada constituye un primer plato excepcional, un remate maravillosamente ligero de una cena o simplemente un tentempié refrescante entre horas.

La aldea universal
Deià

Si no quiere permanecer de pie toda la eternidad, evite morir en Deià. O al menos ser enterrado allí. Efectivamente, –títulos nobiliarios por aquí, artistas por allá– en el cementerio de Deià todos los muertos están enterrados en posición vertical. Por razones de espacio. Así explican al menos los naturales del lugar las minúsculas losas funerarias.

Lo cual, sin embargo, no impide a muchos seguir el ejemplo del escritor británico Robert Graves y descansar en Deià no solo en vacaciones, sino también en la muerte. En definitiva el cementerio, que está situado en lo alto, constituye una atracción por sí mismo. Una pequeña placa conmemorativa, con la inscripción "Robert Graves, Poeta", atrae cada año a fieles admiradores de este autor de grandes éxitos que fue tan poco convencional. El universalmente conocido autor de *Yo, Claudio,* sin el cual Deià no sería lo que hoy es, descansa desde 1985 en su cementerio, a los pies del Teix, la quinta montaña más alta de la isla. El pintor alemán Bruno Neuhaus, la baronesa Gloria Victoria Ramírez, emparentada con la Casa Real española, y otros muchos muertos ilustres lo acompañan en su última morada. Verticalmente.

Robert Graves, que fijó aquí su residencia a principios de los años treinta del siglo XX, no fue el primer extranjero famoso. Ya en 1878 un guía de turismo convocó en Deià una reunión de extranjeros notables y excéntricos. Los "foráneos", parcialmente establecidos en Deià en su segunda o tercera generación, como la familia Graves, pertenecían casi en su totalidad al grupo de librepensadores que, jóvenes o viejos, se proponían realizar allí su filosofía personal de la vida. Atraídos por la fama de la primera colonia de artistas intentaron establecerse en la población y, casi sin proponérselo, descubrieron una forma de turismo distinta de la que durante tanto tiempo venían ofreciendo las Baleares con sus famosas playas.

Desde los primeros años del siglo XX, artistas como escritores, pintores y músicos se fueron estableciendo progresivamente en el que todavía sigue siendo el quinto municipio más pequeño de Mallorca. Después de Graves, llegaron, para estancias más o menos largas, europeos y americanos con inclinaciones artísticas diversas –Anaïs Nin, Ava Gardner, Alec Guinness, Peter Ustinov, Gabriel García Márquez, Kingsley Amis, Alan Sillitoe, Anthony Burgess–, todos ellos buscando tranquilidad,

Desde finales del siglo XIX pintores y escritores acuden a la pintoresca soledad de Deià en busca de inspiración.

descanso e inspiración en una de las poblaciones más apartadas de la isla.

El mundo de la aldea

Hace mucho tiempo que se ha perdido la tranquilidad, y sin embargo Deià continúa siendo una población apartada debido a una peligrosa

carretera que serpentea audazmente a través de los desfiladeros de la costa occidental de Mallorca.

El nombre de Deià deriva del árabe *ad daia*, que significa "aldea", que es justamente lo que hoy es. En sus terrazas, los árabes cultivaron sobre todo frutas y verduras. Después de la

Reconquista tuvieron que subir a 600 metros de altura, donde cultivaron olivos y cítricos; la pesca y el ganado lanar completaban el menú de los moradores. Para defenderse mejor de las incursiones de los piratas y protegerse de los vientos del norte la aldea se extendió de espaldas al mar. Así continúa.

Entre la montaña y el mar, Deià goza del sol en medio de verdes bosques.

En la pequeña colina, de tan sólo 211 metros de altura que, para simplificar, se llama sencillamente Es Puig, "el monte", las casas de piedra y de color tierra contemplan desde sus

No puede haber mayor contraste; a unos centenares de metros de Deià la oveja tiene todo el monte para ella sola.

Muchos se ganan un sobresueldo con el oro naranja de las montañas que rodean Deià.

contraventanas luminosamente verdes el mar y la bahía de Deià, una de las más inaccesibles y al mismo tiempo más hermosas de la costa noroeste. En la parte alta de la colina se encuentra el centro de la población, la iglesia barroca de Sant Joan Baptista, y alrededor de ella se agrupan las casas. En el interior de la población son caminos de fuerte pendiente los que guían hasta las casas, construidas con un marcado carácter defensivo con el objeto de protegerse de los corsarios. Las vides trepan por las paredes de las casas, cuidadosamente restauradas por sus nuevos propietarios, las buganvillas introducen en el cuadro manchas de tonos rosa y naranja, las palmeras y los cipreses se mecen al viento. La pequeña población es un paraíso en la tierra y sus habitantes lo saben muy bien. Y están decididos a que así sea. A paso de tortuga se mueven por Deià los autobuses repletos de turistas, pues no pueden aparcar. Deià no tiene ninguna intención de ser una estación de autobuses, quiere que todo continúe como está. Afortunadamente. Para Deià, por supuesto. Pues con su obstinación en relación con las plazas de aparcamiento de autobuses y con las licencias de obras, los habitantes de Deià han hecho mucho por su pintoresca población, que, aupada en su colina al pie del Teix, mantiene la misma autenticidad que tenía cuando la vio Robert Graves en el año 1927 por primera vez.

Deià: riqueza y belleza

Mientras que en el año 1838 los habitantes de la cercana Valldemossa todavía se escandalizaban por la forma de vivir de George Sand y, aunque le vendían todo doblemente más caro, querían que se marchase cuanto antes, apenas cien años después los habitantes de Deià aprendieron a apreciar lo que los extranjeros aportaban a la población: dinero. Muchos estaban encantados y no dudaron en vender sus propiedades a los recién llegados. Las consecuencias no tardaron en hacerse notar y todavía perduran: en Deià, y no solo durante los meses de verano, la lengua habitual es el inglés mezclada con algo de mallorquín; una buena tercera parte de los residentes son extranjeros.

Pero con ellos ya está cubierto el cupo, por lo que en la actualidad, a diferencia de lo que sucedía en la época del escritor Robert Graves, a los extranjeros les resulta mucho más difícil establecerse en Deià. A no ser que se trate de una estrella de Hollywood y además tenga –o haya tenido– una esposa de origen mallorquín; en ese caso tal vez logre adquirir alguno de los pocos y carísimos inmuebles puestos a la venta en el término de Deià. Michael Douglas tuvo esa suerte cuando adquirió a los herederos de la propiedad de Son Marroig la apartada residencia de S'Estaca, construida imitando el estilo árabe por el *arxiduc*, el archiduque Luis Salvador. En efecto, las casas de la famosa colonia de la costa son muy caras y únicamente se obtiene licencia para construir a partir de 15.000 metros cuadrados de terreno, cuya propiedad deberá acreditarse.

En consecuencia, la falta de suelo no solo existe entre los que ya han pasado a mejor vida, sino también entre los vivos deseosos de sol que se han propuesto fijar su residencia de vacaciones en la romántica población de Deià. Para sus 600 habitantes, el turismo de masas es una expresión extraña y las pocas casas y habitaciones hoteleras que se alquilan durante el verano cuentan ya con una clientela fiel: escritores, pintores y actores de todo el mundo, dispuestos a pagar precios de escándalo.

Algunos hablan del "gueto de la aristocracia del dinero": ricos y bellas conforman el carácter, decadente en ocasiones, de Deià. Tiendas selectas, galerías ocultas, dos alojamientos de lujo y espléndidos restaurantes, a los que acuden con cierta frecuencia las cabezas coronadas de España durante sus tradicionales vacaciones en Mallorca, fiestas exclusivas y otras "obligaciones inexcusables" les proporcionan el escenario con que sueñan para su autorrepresentación.

Junto a un notable museo de arqueología, Deià ofrece durante los meses de julio y agosto un festival de música, el llamado *Festival de Deià*. No se hace ninguna propaganda de los artistas que participan en el festival, aunque, por otra parte, tampoco es necesaria dado el buen funcionamiento del boca a boca. Los bancos de madera de la iglesia parroquial se llenan cada tarde hasta los bordes con gente que, en muchos casos, no ha asistido en toda su vida a una misa.

En la playa de Deià hay cuevas utilizadas como garajes de barcos.

El poeta de Deià
Robert Ranke Graves

Una humilde placa funeraria, con la sencilla inscripción de "Poeta", distingue su tumba, perdida en el cementerio rural, nada fácil de encontrar, muy cerca de la iglesia. A veces hay flores sobre ella. Lo que esta inscripción revela, de una forma modesta a la vez que exigente, es una vida entendida como una empresa arriesgada. Como si se tratara de caminar por la cima de la Sierra del Norte, sin despeñarse y a la vez permaneciendo en alguna parte entre el sentimiento y la cursilería, entre la confesión y el sermón, entre el sueño y la realidad.

Cuando murió en 1985, a los noventa años de edad, Robert Ranke Graves era un escritor universalmente conocido desde mucho tiempo atrás. Nacido en Wimbledon, Inglaterra, en el año 1895, empezó estudiando Filosofía e Historia en la Universidad de Oxford, tal y como correspondía a la burguesía culta inglesa. Volvió de la Primera Guerra Mundial con el grado de oficial y con algunas experiencias traumáticas, ya que, tras ser gravemente herido, estuvo a punto de ser enterrado vivo. A continuación empezó su carrera de escritor como poeta experimental y de la naturaleza, hasta que en el año 1929 le llegó el triunfo de la mano de su autobiografía satírica de la guerra *Adiós a todo eso*.

Por aquellas fechas, Graves vivió durante tres años un triángulo amoroso con su esposa Nancy Nicholson por un lado, una feminista con la que tuvo cuatro hijos, y con la excéntrica escritora norteamericana Laura Riding por otro. Finalmente, su amiga Gertrude Stein lo convenció para que se decidiera por una de las dos mujeres y así, tras una tentativa frustrada de suicidio de su amante, huyó con ella de Inglaterra, donde se lo acusaba de intento de asesinato, a la isla de Mallorca.

En 1929, tras tan sólo unos días de estancia en el lujoso Gran Hotel de Palma, compró a la salida de Deià una casa que inmediatamente bautizó con el nombre de Ca n'Alluny, "casa alejada". Utilizando una prensa de imprimir remitida desde Inglaterra, Graves y Riding publicaron sus obras en su pequeña editorial *The Seizin Press*.

Robert Ranke Graves llegó a Mallorca en 1929 y vivió allí hasta su muerte en 1985.

Una sencilla placa con la inscripción de "Poeta" recuerda en el cementerio de Deià al famoso escritor de Wimbledon.

Hoy en día todavía existe aquella prensa manual, con la que trabaja en Deià Thomas, el hijo menor de Graves.

Su amante Laura Riding se convirtió así en su musa, aunque sus implacables críticas lo precipitaron hacia crisis sucesivas. En Graves no tardó en aflorar la idea de haberse equivocado al decidirse por la mujer que no le convenía, pues Laura se fue convirtiendo progresivamente en una tirana que no tenía una palabra amable ni para su persona ni para su actividad creadora. En el año 1931 expresó esta duda personal en su poema *To whom else?*, en el que reconoce haberse convertido en un extraño para su amante.

La relación no superó las vicisitudes de la Guerra Civil española, durante la cual la pareja tuvo que salir de España. En 1939, Riding se decidió en Estados Unidos por otro hombre y Graves se hundió en una desesperación profunda de la que no salió hasta que se enamoró de Beryl Pritchard, con la que se casó.

De Mallorca hacía ya mucho tiempo que estaba enamorado. Al término de la II Guerra Mundial volvió con su esposa a Deià, esta vez para siempre. Su segundo matrimonio y su segundo intento de establecerse en la isla se vieron coronados finalmente por el éxito. Graves había alcanzado la paz y se había encontrado a sí mismo.

Una casa en el campo

Por otra parte en los años cincuenta del siglo XX Graves obtuvo el reconocimiento internacional. Con los ingresos que le proporcionaban regularmente sus publicaciones podían vivir perfectamente él, su esposa Beryl y los cuatro hijos que tuvo con ella. Mientras éstos se encontraban todavía en edad escolar, Graves residía alternativamente en Deià y en Palma, donde compró dos apartamentos en una "construcción prefabricada". Durante el curso, él y su mujer vivían en uno de ellos y los cuatro hijos en el otro, de modo que los pequeños pudieron disfrutar de una instrucción escolar regular.

El hecho de que en sus novelas y estudios Graves se especializase en temas históricos se explica tal vez por ser descendiente del historiador alemán Leopold von Ranke. En el año 1934 publicó sus dos novelas históricas más conocidas, *Yo, Claudio* y *Claudio, emperador y dios*. En 1946 publicó *Rey Jesús* y nueve años más tarde, *La hija de Homero*. Un poco antes, en 1944, apareció la novela *El vellocino de oro*, para la cual hubo de estudiar a fondo la mitología y la historia griegas. Sus trabajos científicos sobre las mitologías griega y celta reflejan un profundo conocimiento del tema. En el año 1960 obtuvo un premio por su traducción de Homero. En 1968 recibió la medalla de oro de México por el conjunto de su obra y ese mismo año recibió también la prestigiosa *Gold Medal* por su poesía. Graves fue designado miembro de la *American Academy for Poets* y su nombre

Graves hablando con Alec Guinness a la sombra de los olivos de la filmación de su novela *Yo, Claudio*.

fue propuesto para el Premio Nobel, pero no lo llegó a obtener.

Aunque era conocido sobre todo por este tipo de género, para Graves sus novelas eran más bien la pierna de apoyo que le resolvía los problemas económicos y le permitía trabajar la poesía con su pierna buena. Graves publicó más de 20 poemarios propios y más de 30 tomos de selecciones de sus poemas, que sometía a constante revisión.

Su valoración personal como poeta y no como novelista se refleja también en el hecho de que los temas de sus novelas surgían básicamente en relación directa con la situación de su vida en un momento dado, en tanto que sus poemas constituían una reacción intensa a la misma. A través de ellos accedió a honores académicos y, además de sus múltiples conferencias en Europa y en América, dio clases de poesía en Cambridge, en 1951, y de 1961 a 1966 en Oxford.

Llevaba ya mucho tiempo extendiéndose por los ámbitos artísticos de todo el mundo la fama de la existencia idílica de Graves en Mallorca. Alec Guinness, Peter Ustinov y Gabriel García Márquez se liaron los bártulos y se presentaron en la "casa alejada", en Ca n'Alluny. Se efectuaron lecturas en el pequeño anfiteatro situado en la colina bajo la casa de Graves.

En 1955 llegó a Deià Ava Gardner, la diosa de Hollywood. Graves sintió el hechizo de la elegante actriz y le dedicó el poema *No poder*

La novela *Yo, Claudio* se publicó en 1934, pero sólo el cine dio fama universal a Graves.

dormir, que posteriormente llevó el título de *Brindis a Ava Gardner*, incluido finalmente en su libro sobre Deià titulado *Visión de Mallorca*. En sus relatos Deià aparece con el nombre de *Binijiny* y hasta tal punto el escritor se convirtió en una parte irrenunciable de la población que, rendidos de admiración, sus habitantes lo llamaban Don Roberto.

Pero considerar la casa de Graves como faro de la alta sociedad cinematográfica y literaria no hace justicia a la obra de su vida. A lo largo de toda su existencia luchó por introducir el equilibrio en la vida de poeta. Su poesía es el intento de llegar a un compromiso entre el mirarse fatuamente en el espejo y la autodistancia cínica, entre la inmediatez emocional y el control racional, entre la impulsividad arcaica y la lógica moderna o, para decirlo con palabras de Nietzsche, entre Apolo y Dioniso.

Turismo exclusivista
Valldemossa

La carretera de Palma asciende crudamente y serpentea en dirección a las montañas de Valldemossa. En su recorrido, pasa junto a cipreses de color verde intenso y junto a algarrobos brillantes. De repente, después de la última curva, que alumbra la visión de un fértil valle, se alza al cielo un campanario de color ocre. A su alrededor se agrupan casas de piedra, cuyas contraventanas, pintadas en verde, añaden una nueva nota de color a los tonos verdes del paisaje de huertas que las rodea. Llena de orgullo se alza la población en las estribaciones de la Serra de Tramuntana sobre los numerosos frutales y olivares. El terreno se despliega en forma de terrazas a los pies de esta antigua población rural.

Valldemossa se engalana como un museo al aire libre. Sus visitantes más famosos, Frédéric Chopin y George Sand, no pudieron sustraerse al encanto de su belleza.

Éste debió de ser el aspecto de Valldemossa cuando en noviembre de 1838 la contempló por primera vez la pareja de turistas más famosa de Mallorca. La carretera era acaso algo más estrecha, pues donde antes los cocheros pugnaban por adelantar, hoy se cruzan tranquilamente dos autobuses, aun y así sigue percibiéndose en la zona un aire de romanticismo.

Los clientes extranjeros se lanzan en grupos sobre la idílica Valldemossa, no atraídos desde luego por sus feraces huertas ni por sus casas llenas de flores, sino sobre todo para seguir de cerca el romance que vivieron aquí la escritora francesa George Sand y el compositor polaco Frédéric Chopin.

Sin embargo, tal como ellos la contemplaron, Valldemossa vive únicamente en la parte baja, por cuyas callejuelas, estrechas y empinadas, raras veces pasean los turistas. En ellas cientos de geranios dejan caer su carga roja desde las repisas de las ventanas. El aire rebosa de olores agradables; un panadero acaba de sacar del horno la olorosa ensaimada, que en Mallorca se toma en el desayuno o con el café de la tarde.

La población debe su nombre a la pintoresca disposición de sus cebollares y de sus limonares. *Vall d'en Musa*, valle de Musa, era el nombre que recibía este paisaje en la época de los árabes. Musa, *wâlî* de Mallorca, es decir, el representante de los califas de Córdoba en cuanto señor de la isla, fue en su tiempo propietario de estos terrenos e inició una labor de nivelación total hasta que este valle situado a los pies del Puig des Teix se convirtió en fértiles campos escalonados.

La finca árabe decayó a raíz de la reconquista cristiana. En su lugar, el rey mallorquín Jaime II construyó a principios del siglo XIV en Valldemossa una pequeña residencia de verano

El monasterio, con sus cuidados jardines, estaba previsto para doce monjes. Por una autorización especial contó con un decimotercer hermano, que trabajaba exclusivamente en la farmacia.

Hasta el descubrimiento de la impresión tipográfica, los monjes se dedicaban a copiar viejos textos.

que poco después, en 1349, pasó a manos de los cartujos de Tarragona. Para entonces se había extinguido el reino independiente de Mallorca, la coqueta residencia de verano se encontraba en ruinas y los monjes iniciaron la construcción de su monasterio, que todavía hoy es el más visitado de España.

La farmacia, totalmente restaurada, es una de las joyas más singulares de Sa Cartuja. Frascos y recipientes de todo tipo con preparaciones antiguas llenan sus largos estantes. La comunidad religiosa debía estar formada únicamente por una docena de cartujos, pero gracias a un permiso especial en Valldemossa había un decimotercer monje que atendía a la salud de sus hermanos y que tenía en la farmacia su reino absoluto.

El silencio permanente que se respira en el monasterio de Jesús Natzarè sólo se quebraba, en épocas pasadas, con el sonido rasgado de la pluma cargada de tinta deslizándose sobre el papel, pues los monjes pasaban el tiempo fundamentalmente escribiendo libros. En la actualidad, su valiosa biblioteca contiene un gran número de estas copias manuscritas.

En muchas casas de Valldemossa pueden verse azulejos con la imagen de Santa Catalina, que nació aquí el 1 de mayo del año 1531, concretamente en el Carrer de la Rectoria. Si en la parte alta de la población se imponen los amantes dispares, la parte baja es territorio de la única santa con que cuenta Mallorca, razón por la cual es tan venerada. *Beateta* llaman los mallorquines a la "santa patrona de las muchachas de servicio", recurriendo a una sufijación cariñosa de *beata*, bienaventurada, aunque de hecho fue canonizada hace ya mucho tiempo. La iglesia parroquial de Sant Bartomeu de Valldemossa está dedicada a la vida de Santa Catalina. Inmediatamente detrás de la casa de Dios se oye el murmullo de la fuente de Santa Catalina, y la casa en la que nació es actualmente una capilla.

Catalina Tomàs trabajó como sirvienta en la finca Raixa de Bunyola. Mientras trabajaba en el campo levantó un altar de piedra, tuvo visiones y realizó milagros. Un noble de Palma procuró que la piadosa Catalina recibiera instrucción religiosa hasta que, a los 21 años de edad, ingresó en el monasterio de las agustinas. A pesar de habérsele ofrecido en varias ocasiones, no aceptó jamás el cargo de abadesa. Murió en 1574 como una simple monja. A través del obispo Don Diego de Arnedo de Mallorca, la "secretaria de Dios" ejerció su influencia en el Concilio de Trento, convocado por la Iglesia católica para dar una respuesta a la Reforma protestante. Fue canonizada en el año 1930 y en la actualidad sus restos se veneran en una urna de cristal en la iglesia del monasterio de Santa Maria Magdalena, situado en la Plaça Santa Magdalena de Palma, donde residió hasta su muerte. Valldemossa la recuerda con una estatua de bronce frente a su casa natal.

La única santa de Mallorca, Santa Catalina Tomàs, era natural de Valldemossa. En este cuadro votivo de la colección del monasterio un marinero le da gracias por su feliz retorno.

Éste pudo haber sido el aspecto que el monasterio de Valldemossa ofreció a Frédéric Chopin y a George Sand a su llegada.

a la escritora. Tanto el paisaje como la gente le parecieron ideales para vivir allí una "luna de miel" con el compositor. En sus primeras cartas calificaba a los naturales del lugar como una suma de primitivismo sano y de ingenuidad espiritual. Pero se trataba de un malentendido romántico.

No tuvieron que pasar muchos días para que la mujer de mundo que era George Sand —seudónimo de Aurore Lucile Dupin, baronesa Dudevant de casada— cambiara de opinión. Tuvo que abandonar su domicilio en el barrio Son Vent de Palma, pues el arrendatario temía contagiarse con la tuberculosis que padecía Chopin. Además tuvieron que abonar el mobiliario "contaminado" que el arrendatario quemó. En la apartada Valldemossa, donde terminaron refugiándose, los hombres del interior mallorquín no aceptaban que Geoge Sand vistiese ropas masculinas ni aprobaban su afición, "poco femenina", a los cigarros puros y a la pipa. Pero para la población más conservadora de la montaña la gota que colmó el vaso

Cuando Chopin contemplaba el paisaje desde esta celda, los árboles presentaban la desnudez invernal. Para el compositor, enfermo de tuberculosis, el invierno de las montañas mallorquinas era puro veneno.

Nocturnos solitarios
George Sand y Frédéric Chopin

Ella calificó de monos a los vecinos de Valldemossa, indicando así tan directa como gráficamente que no sentía un aprecio especial por sus anfitriones y que no acababa de sentirse especialmente bien en la isla. "Estábamos en Mallorca como en un desierto y, una vez teníamos cubiertas nuestras necesidades diarias tras luchar con los monos, nos reuníamos en familia junto al fuego y nos reíamos de ellos." Aunque esta estancia de Frédéric Chopin y de George Sand en la isla de Mallorca durante el invierno de 1838–1839 es posiblemente la más famosa, también es —o al menos esperémoslo— la menos típica.

Romanticismo, idilio, felicidad de los amantes, soledad en un paisaje de ensueño: muy poco de todo esto tuvo la estancia mallorquina de la pareja formada por Chopin y Sand. A pesar de todo son innumerables los turistas que quieren tener un conocimiento directo de la relación; llegan grupos enteros en autobuses para, a partir de lo que queda del amancebamiento de dos personalidades, rastrear el significado de la pasión.

Hombres de ciudad y hombres de campo

George Sand se decidió por Mallorca siguiendo los consejos de quienes creían conocer bien las circunstancias de la isla, la población y el clima. Fue un error; así de trivial puede ser el preludio de una tragedia. Sin embargo, todo empezó bien; en su primera visión el paisaje entusiasmó

fue el hecho de que *madame* Sand, acompañada de sus dos hijos, Maurice, de quince años de edad, y Solange, de diez, así como de su doncella Amélie, se instalase, con un amante seis años más joven que ella, en el monasterio de Sa Cartoixa de Jesús Natzarè, que había sido secularizado tres años antes.

En represalia, los lugareños les vendían las zanahorias y las patatas a precios mucho más elevados. George Sand se puso furiosa. En su libro de memorias *Un invierno en Mallorca*, que actualmente se puede adquirir en todas las tiendas de recuerdos de la población, califica a los habitantes de Valldemossa de ladrones codiciosos. El libro –una andanada de odio contra los naturales de la isla y una declaración de amor al paisaje de Mallorca– no se trató en absoluto del relato espontáneo de un viaje ni siquiera fue escrito en el lugar de los hechos, sino redactado unos cuantos años más tarde del resabio de bilis.

En Valldemossa, *madame* Sand solía pasear vestida de hombre y fumaba cigarros puros.

George Sand dejó constancia de sus impresiones en *Un invierno en Mallorca*.

Los espíritus de la música

El compositor polaco y la baronesa francesa se conocieron y se enamoraron en París pocos meses antes de viajar a Mallorca. Concibieron sus vacaciones de invierno en la isla como una especie de "luna de miel", pero la estancia acabó bastante mal.

La pareja tuvo que abandonar precipitadamente la isla el 13 de febrero de 1839. El frío y húmedo invierno de Valldemossa resultó fatal para la débil salud de Chopin. Tosía y tiritaba en las celdas monásticas, que carecían de calefacción, mientras su activa amada daba largos paseos por aquel paisaje de montaña, idílico pero lluvioso. A pesar de las bajas temperaturas, Frédéric Chopin compuso, con dedos agarrotados y con un piano desafinado, muchos de sus maravillosos *Préludes*, entre ellos el famoso

de *Un invierno en Mallorca*, admiran la espiritualizada cabeza en bronce del inmortal sobre su base de caoba, acarician entre la angustia y la osadía los antiquísimos sillones, miran desde la pequeña ventana y se encuentran de nuevo en el exterior.

Las celdas número 2 y 4 son las que, cargadas de significación histórica, aguardan a los visitantes de pago. Pero seguramente ellas no tienen la culpa de este fracaso romántico; es más probable que en aquellos días lejanos de invierno los amantes ocupasen la celda número 3. Ahora bien, el acceso a estas salas –cada celda monástica contaba con tres habitaciones– está prohibido; las paredes que supuestamente contemplaron los abrazos íntimos de Chopin y de Sand escapan a toda mirada, por más que solamente ellas pueden dar fe de la infelicidad que hubo entre las mismas.

El estado en que se encontraba Chopin despertó en Sand serias preocupaciones, no solo respecto de su salud física, sino también de su salud mental. Su fantasía vagaba por un lugar que precisamente en aquella época constituía uno de los escenarios habituales de la novela de terror. "Aunque estuviese de buen humor, para él el monasterio era el lugar de los terrores y de los espíritus. No hablaba de esto, pero yo lo intuía. Cuando regresaba a las diez con los niños de nuestra excursión nocturna por las ruinas del monasterio, lo encontraba sentado frente al piano; estaba pálido, tenía la mirada perdida y daba la impresión de que su pelo estaba erizado. Pasaba algún tiempo hasta que podía reconocernos. Entonces esbozaba una sonrisa forzada y tocaba para nosotros una música soberbia que acababa de componer o, mejor dicho, tocaba la interpretación musical de unas imágenes horribles y torturantes que se habían apoderado de su subconsciente en aquellas horas de soledad, de melancolía y de terror."

Durante su estancia en Mallorca tres médicos distintos diagnosticaron una tuberculosis a su compositor, a un Chopin cada vez más débil, y hablaron de una muerte cercana.

Era un dictamen que la enérgica George Sand se resistía a admitir. El mismo Chopin se burlaba de él y en realidad el músico polaco vivió

Preludio de la gota de lluvia, en el que quedó reflejado el clima de Valldemossa en invierno. Su piano Pleyel quedó retenido en la aduana y no pudo llegar a Valldemossa hasta la víspera de su partida. Los dos pianos se exhiben hoy en al antiguo claustro de Sa Cartuja.

Grandes grupos de turistas ávidos de cultura –en la década de los noventa del siglo XX se registró la visita de 300.000 turistas al año, número que corresponde aproximadamente a la mitad de la población de la isla– pasan por delante de los instrumentos, recorren las celdas supuestamente ocupadas por George Sand y Frédéric Chopin, contemplan asombrados los pocos cuadros, grabados, cartas y documentos originales existentes, entre ellos el manuscrito

todavía diez años antes de sucumbir definitivamente a la tuberculosis en 1848.

Más tarde, cuando ya estaba gravemente
enfermo, George Sand lo cuidó abnegadamen-
te a lo largo de varios años, fiel a su lema "amo,
luego existo", que marcó su relación con el famoso compositor, aunque, como reconoció
posteriormente, no hubo entre ellos "un ero-
tismo vivo".

Para honrar la obra del compositor, el
Festival Chopin congrega todos los años, en los
meses de julio y agosto, a virtuosos de todo el
mundo en la pequeña población montañesa.

Chopin escribió música en el monasterio, pero su piano no le llegó hasta la víspera de su partida.

Hijo de la luz
El archiduque Luis Salvador en Mallorca

El álbum de anécdotas mallorquinas incluye la historia de aquel campesino que en 1873 se puso en camino a Son Marroig para ver cara a cara al hombre, aparentemente loco, que había pagado una cantidad desmesurada de dinero por un trozo de tierra en el noroeste de la isla que para el campesino no tenía valor alguno por estar lleno de piedras. Al llegar al campo, el campesino encontró al archiduque Luis Salvador de Habsburgo, primo del emperador Francisco José de Austria, sentado en una piedra y dibujando.

Allí estaba *s'arxiduc*, como se dice en mallorquín, con apenas 25 años de edad. Cuatro años antes había publicado su primer libro, centrado en Mallorca, mejor dicho, en los insectos de sus queridísimas Baleares.

Luis Salvador de Habsburgo prefirió vivir en Mallorca a vivir en la Corte de Viena. En Son Marroig se hizo instalar una glorieta italiana de mármol.

Para la curiosidad de los campesinos, el archiduque tal vez no fuera más que un lunático inconcebible, con más dinero que inteligencia, un tipo que, Dios sabría por qué motivo, se había entregado a la ociosidad en una isla sin captar ni por aproximación su misterio y su verdadera importancia. El campesino compartía probablemente este punto de vista con la corte imperial vienesa, y se equivocó tanto como ella. En efecto, el archiduque Luis Salvador y Mallorca mantuvieron unas relaciones tan íntimas, tan ricas en detalles y tan extraordinarias en todos los sentidos que todavía hoy la posteridad se limita a mover la cabeza entre el asombro y la veneración. La ciudad de Palma y el Gobierno insular le concedieron en vida el título de "hijo ilustre de la ciudad" y de "ilustre hijo adoptivo de las Baleares", y prácticamente no hay ninguna población que no tenga una calle con su nombre. Con el tiempo, la isla comprendió a quien tanto la amaba.

Un Habsburgo mediterráneo

Terminó en Mallorca porque no pertenecía a ninguna parte. Contra lo que permiten suponer su título y su nombre, Luis Salvador no se sentía arraigado al régimen imperial y real que representaba en Viena su primo emperador; el alemán era sólo una de sus dos lenguas maternas y lo primero que vio al nacer no fue el lluvioso cielo centroeuropeo, sino la sedosa luz de Toscana. Nació en el año 1847 en la ciudad de Florencia. Luis Salvador fue el cuarto hijo del gran duque Leopoldo II de Habsburgo-Toscana, quien se había casado con la archiduquesa real María Antonieta, hija de Francisco I, rey de las Dos Sicilias.

Los doce primeros años de la vida de Luis Salvador transcurrieron en Florencia y fueron los únicos sedentarios, los únicos que vivió en un ambiente familiar. Entonces se extendió por Italia la insurrección garibaldina y la familia archiducal tuvo que refugiarse en la localidad de Brandeis, cerca de Praga.

De este modo no solo acababa una infancia tranquila, teniendo en cuenta su posición social, sino también la libertad de Viena. Luis Salvador fue enviado al colegio Theresianum de la capital austríaca, donde siempre destacó por su extraordinaria facilidad para los idiomas.

El archiduque (posterior derecha), con sus tres hermanos mayores, dirige la mirada hacia horizontes lejanos.

Después, en la Universidad Carlos de Praga no solo estudió derecho y filosofía, como estaba previsto y como correspondía a la corte imperial vienesa, sino también ciencias de la naturaleza y arqueología, como si quisiera con ello aplazar el siguiente capítulo, inevitable, de su formación.

En efecto, por ser el tercero en la línea de sucesión al trono imperial, tenía la obligación de ingresar en la carrera militar. De hecho, ya desde la cuna estuvo al frente del 58º regimiento de infantería; ahora se trataba de que la Academia Militar de San Esteban de Viena hiciera de él un soldado de caballería. Pero Luis, renegando de su estirpe, obstinado, nadó contra corriente, y obtuvo, lejos del mar, el "título de capitán de alta mar para grandes distancias". Viena estaba consternada.

Una antorcha viva lo condujo a Mallorca

Para recuperar a la oveja negra de la familia, el emperador lo nombró, a sus 19 años, lugarteniente de Bohemia y Moravia en el Hradschin de Praga. Durante un desfile militar, al que tuvo que asistir por su condición de comandante del 58º regimiento de infantería, ocurrió un terrible accidente. Su novia, la princesa Matilde, se aburría enormemente en su balcón e intentó fumar un cigarrillo a escondidas. Sus ropas ardieron, pieza a pieza fueron quemándose desde las faldas hasta la ropa interior, en

S'arxiduc fijó su residencia cerca de Deià, en Son Marroig, que actualmente es un museo.

un momento Matilde se convirtió en una antorcha encendida, no hubo tiempo para desatar los cordones, los corchetes ni los lazos, murió entre horribles dolores.

Bien por amor a Matilde o bien porque aquella fue la última prueba que necesitaba para convencerse del todo de su inadecuación a la vida que le estaba reservada, Luis Salvador se apoyó en aquella tragedia para hacer algo para lo cual entonces no había palabras: retirarse. Una enfermedad acudió en su ayuda. El asma que padecía indujo a los médicos de la Corte a aconsejarle que se dirigiera al sur para cambiar de clima.

Así, en 1867 y con apenas veinte años de edad, el archiduque desembarcó en Mallorca como conde de Neuendorf, absorbiendo como un sediento la vida sencilla y embriagándose de ella. Sucumbió por completo a la magia de la isla y se enamoró desesperada y felizmente de las montañas de la Serra de Tramuntana, de las rocas de las calas y de los acantilados, de la infinita paleta de tonos azules del cielo y del mar, de los viejos olivos, de las jóvenes campesinas y hasta de sus colegas masculinos. Transcurrieron como en un paraíso dos años de viajes y estudios, con Mallorca como centro y con un libro sobre los insectos como resultado.

Pensando en su mujer amada, Catalina Homar, Luis Salvador transformó la finca en mal estado de S'Estaca en un palacete árabe.

Años de viajar, años de llegar

Pero la inquietud, la falta de un verdadero hogar y del sentimiento de pertenecer a él lo impulsaron a viajar constantemente, a explorar el mundo. Para Luis Salvador, el viaje representaba una mezcla de pasión y de placer por un lado y una obsesión, un desasosiego insuperable por otro. En una carta calificó esta inquietud de "demonio del instinto ambulatorio". En *Vuelta al mundo sin querer*, escrita en el año 1881, dejó a la posteridad constancia de esta pasión.

Pero de todos los lugares en los que estuvo hubo uno que lo acogió en sus brazos como una amada, que despertó en él el deseo de establecerse y le produjo la sensación de ser hombre: Mallorca. Entonces regresó, inició la exploración del país y empezó a adquirir terrenos en el noroeste, en la Serra de Tramuntana. Estableció su residencia principal en Son Marroig, una finca fortificada por el lado de la montaña y con una torre defensiva, aunque la parte que daba al mar captaba la luz del sur a través de sus románticas galerías y terrazas. Hizo traer de Italia una glorieta de mármol para instalarla en Son Marroig como atalaya frente a la península de Sa Foradada. Desde allí observaba, en pleno arrebato, el *bufador*, el

rugido, el bramido, el estruendo de las olas contra las rocas. Actualmente Son Marroig es una de las tres propiedades del *arxiduc* abiertas al público.

Vino después Estaca, donde en el momento de la adquisición Luis Salvador sólo encontró una casa de campo en pésimas condiciones. La derruyó y en su lugar construyó para la mujer de su corazón un palacete de estilo árabe, luminosamente blanco y almenado. Estaca pasó

más tarde a engrosar las propiedades del actor norteamericano Michael Douglas y de su ex esposa mallorquina Diandra, un matrimonio que –¿desgraciadamente? ¿comprensiblemente?– no sentía demasiado aprecio por los visitantes curiosos.

Y finalmente Miramar, que sigue perteneciendo a su familia y se utiliza los fines de semana y también como coto de caza. Aquí vivió Luis Salvador hasta el último momento de su estancia en Mallorca, en un palacio digno de su título, un sueño de *marès* y mármol, fiel trasunto del sueño vivido de aquel excéntrico exiliado residente en Mallorca.

La naturaleza, naturalmente

Su relación con todo lo vivo constituye uno de los rasgos más característicos del *arxiduc*. Incapaz de ver sufrir o de sacrificar inútilmente cualquier ser vivo, defendía la naturaleza. Enfrentándose al espíritu de la época, con su preferencia por una naturaleza domesticada y recortada, nada le quedaba más lejos que el intento de retocar su trozo de Mallorca. Todo lo contrario. Abrió caminos que se integraban en el paisaje de un modo perfecto, casi invisiblemente. Vigilaba y cuidaba sus bosques como

Su espíritu inquieto y viajero incitó al primo del emperador Francisco I de Austria a lanzarse una y otra vez al mundo desde Mallorca.

si fuesen reductos de alta seguridad. Le encantaban sobre todo los olivos. Utilizando un estilo sorprendentemente eufórico en comparación con sus observaciones, que solían ser objetivas, descriptivas, con escasos comentarios, dejó escrito en su libro *Las Baleares*: "En Mallorca los olivos son muy viejos, y no es difícil encontrar olivares que con toda seguridad proceden de los siglos XVI o XVII. Adoptan por la edad las formas más fantásticas y nudosas, crecen con frecuencia juntos y casi siempre son huecos, aunque están llenos de vida; de ahí la leyenda según la cual es imposible matar un olivo. Algunos alcanzan una altura considerable; el mayor que he encontrado en la isla está en Palma y se llama *s'olivera de sa por* (el olivo del miedo), nombre que puede relacionarse con alguna superstición". La fascinación y el respeto por estos árboles místicos alcanzaron en Luis Salvador tales extremos que bajo ningún concepto admitía que se talaran o simplemente se receparan los ejemplares viejos que habían cubierto honrosamente su cupo de frutos.

De manera similar trataba a los animales. Se hacía con los caballos que iban camino del desolladero y los compraba, al igual que los perros debilitados por la edad, de forma que en sus fincas caballos viejos tropezaban con las reatas y perros de raza, magníficos en otros tiempos, esperaban pacífica y tranquilamente el final natural de su vida. Para Luis Salvador, la naturaleza no era algo de lo que podía adueñarse el hombre, sino todo lo contrario. Su forma y manera de proceder con sus terrenos de Mallorca indican que se sentía muy unido a ellos, más aún, que se sentía como una pequeña parte de un todo grande, grandioso y sabio. La obra maestra de conservación del paisaje que llevó a cabo en Son Marroig dio lugar en fechas posteriores a que esta parte de la isla, virgen y conservada como bajo una campana de cristal, se convirtiese oficialmente en el primer parque natural de Mallorca: el parque de Son Moragues.

De catálogos, hipocorísticos y caravanas

El hecho de dejar la naturaleza a su aire fue y es mérito exclusivo de la estancia del archiduque en Mallorca. Otro mérito suyo fue describir la naturaleza y todo lo que en ella vivía. Un científico y descubridor innato como él no podía hacer otra cosa que consignar por escrito todas sus experiencias sobre el mundo que lo rodeaba, sus investigaciones, sus observaciones, sus análisis. Un nuevo viaje en el barco *Nixe* lo llevó fuera de Mallorca, siguiendo su demonio, para volver con otro libro. Imprimía sus obras en Praga no para venderlas, sino para regalarlas.

Su libro más famoso, titulado *Las Baleares por la palabra y el grabado*, que constaba de nueve tomos en su versión original, le reportó en el año 1899 la medalla de oro en la Exposición Universal de París y actualmente vale su peso en oro en los anticuarios. En esta obra, ya increíble por sus proporciones, Luis Salvador se homenajeó a sí mismo.

Describe las Baleares hasta en los más mínimos detalles desde todas las áreas científicas entonces abiertas: geografía y geología, flora y fauna, agricultura e industria, ganadería y silvicultura, hacienda y comercio, historia del arte y administración. El archiduque dedica singular atención a la población de la isla y a sus formas de vida. Si tratándose de las islas más pequeñas de Ibiza, Menorca y Formentera se limita a lo esencial, los mallorquines le dan pie para un extenso estudio antropológico, etnográfico y social. Constitución y carácter, situación higiénica y educación, lengua y ciencia, religión y superstición, trajes y costumbres, vida familiar y fiestas: nada escapa a sus vigilantes ojos de lince.

Obviamente Luis Salvador estaba muy lejos de extenderse en tópicos y rumores, nada le era

Para Luis Salvador la naturaleza era algo que había que proteger absolutamente. En sus campos no podían talarse olivos ni sacrificarse animales viejos.

Veintidós años de trabajo minucioso y esmerado supuso la obra maestra del archiduque, *Las Baleares,* que en su versión original contaba con nueve tomos.

más ajeno que las generalizaciones o los comentarios poco rigurosos. Estudiaba con objetividad y rigor planta por planta, animal por animal, no descuidaba ni los impuestos especiales de los coches de lujo ni la versión ibicenca de unos aperos de labranza, hablaba de una muchacha campesina vestida de fiesta con el mismo interés que de un clérigo de alto rango vestido con sus soberbias ropas talares. Cuando las palabras eran insuficientes o no se le ocurrían imágenes directas, recurría a la ilustración con dibujos propios, con representaciones arquitectónicas y con grabados detallistas. De este modo se recogen a través de palabras e imágenes, con un realismo casi fotográfico, todo tipo de escenas de la vida rural, útiles propios de la casa, de la granja y del campo, muebles, entradas de casas, patios interiores e incluso animales útiles. El resultado es un inventario gráfico de la isla a finales del siglo XIX inexistente hasta la fecha. Hojeando, asombrándose, perdiéndose en este "catálogo"

El archiduque, que tenía el título de capitán, utilizaba el yate *Nixe* para sus viajes de estudio.

de las islas Baleares, más de un lector se preguntará cómo el archiduque consiguió ni siquiera iniciarlo. ¿Se trataba de un poseso maniático perdido entre montañas de notas y de fichas del tipo de "no olvidar"? ¿Era tal vez un cazador y un recopilador de información capaz de atrapar con precisión centroeuropea en series y en líneas la desbordante multiplicidad mediterránea? En cualquier caso, lo cierto es que el archiduque Luis Salvador era un escritor extraordinariamente disciplinado, metódico y concienzudo, pues de otro modo no hubiese logrado escribir este libro o bien sólo lo hubiese escrito de un modo lamentablemente fragmentario.

Trabajó en el libro durante 22 años y al mismo tiempo escribió al menos una veintena más de libros, entre ellos *La ruta de las caravanas de Egipto a Siria* o *Una flor de la tierra del oro* o *Los Ángeles en el sur de California*. Reflejó su amor por Mallorca en más de una docena de volúmenes, aunque también abordó temas tan poco comunes como *Expresiones de afecto e hipocorísticos en friulano*.

Sisí y Artemis de visita

Mientras tanto en la corte de Viena circulaban los rumores más siniestros sobre el automarginado "Don Balearo". Su sobrino, el archiduque Leopoldo Fernando, hablaba de que "como un patriarca" disponía de una "especie de harén" en una sencilla casa de campo con "sus muchas mujeres y sus muchos hijos, que andaban semidesnudos y que a mediodía se reunían en una mesa común a la señal que él mismo daba con el silbato". La emperatriz Sisí fue enviada a Mallorca para intervenir y comprobar a qué se refería el archiduque cuando decía "lo que me he construido en Corfú no es nada en comparación con esto". De las otras cosas que vio no dijo nada en Viena. Lo mismo hizo en su segundo viaje a Mallorca, esta vez en compañía de su corzo favorito Artemis. Ella, la emperatriz desdichada y sumisa, la que durante toda su vida estuvo enemistada con la corte de Viena, fue la única que supo comprender y aun admiró el inconformismo de Luis Salvador, su valor y su afán por vivir la vida a su aire.

En efecto, lo que había visto hubiera supuesto en Viena un escándalo todavía mayor. Luis Salvador, cuya vida en Mallorca estaba fuertemente marcada por su amistad con la población de la isla y por su inclinación hacia las mallorquinas, vivía de hecho en feliz concordia con varias mujeres, que le dieron varios hijos. Lejos de no reconocerlos para no desmerecer de su posición, les cedió parte de los bienes y terrenos de su patrimonio archiducal. En una ocasión se presentó en Viena con su único, verdadero y gran amor, Catalina Homar. Aquella mujer, hija de un carpintero mallorquín, causó una gran impresión –a pesar de todas las reservas– en la vida decadente y aburrida de la corte

Luis Salvador volvía de cada uno de sus viajes con un libro al menos.

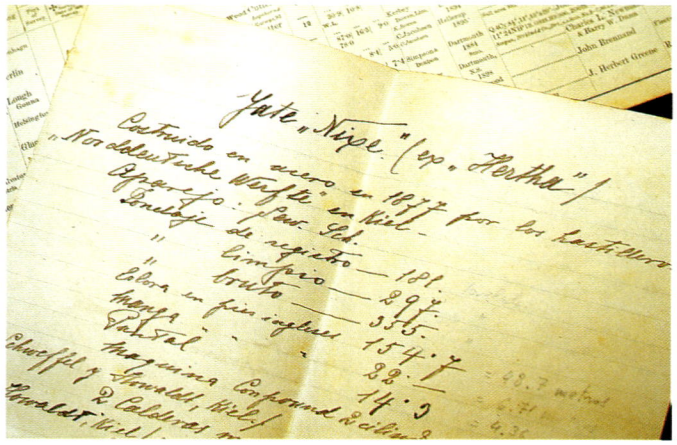

En Son Marroig se muestra el documento de compra del *Nixe*, antes *Hertha*.

En el palacio de Miramar el archiduque realizó su sueño en *marès* y mármol según sus propios planos.

imperial. Y es que no todos los días llegaba al círculo de los Habsburgo una mujer tan sencilla, tan natural y al mismo tiempo tan deslumbrante como Catalina Homar.

Catalina Homar, la guardiana de su corazón

Pero tras su marcha y la de Luis Salvador, todos mostraron su irritación: "Incluso viene con ella, con su concubina, que ni siquiera sabe leer ni escribir". Sabía. En los innumerables viajes que hicieron juntos en el yate *Nixe,* el archiduque le enseñó esto y mucho más: italiano, alemán, francés, griego y árabe y dirección y administración de fincas y viñedos. También ella obtuvo, como el mismo Luis Salvador, una medalla de oro en la Exposición Universal de París por su malvasía. Como si puliese una joya en bruto, Luis Salvador hizo de Catalina un ideal clásico, aunque dejándole ser –como ella a él– lo que realmente era: modesta, natural, enamorada de él. No pudo rechazar el único deseo de ella: una viaje a Tierra Santa. Desgraciadamente, allí contrajo la lepra y durante varios años vivió en Mallorca una muerte lenta y horrible. En 1905, un año después de su despedida de la vida, le dedicó el

Cuando Luis Salvador la conoció, Catalina Homar, hija de un carpintero, no sabía leer ni escribir.
A lo largo de su relación con él, que la Corte de Viena nunca admitió, aprendió varios idiomas y estuvo al frente de las propiedades mallorquinas.

libro *Catalina Homar*, escrito en mallorquín, el primero, entre sus más de 50 obras aparecidas hasta entonces, que llevaba su nombre completo en la cubierta.

De la luz a las tinieblas

Su propio final se acercaba con la Primera Guerra Mundial. Por orden del emperador, el archiduque tuvo que abandonar Mallorca precipitadamente, casi sin equipaje, para exiliarse

allí adonde lo había llevado el primer destierro de su vida, a Brandeis, cerca de Praga.

Como si se hubiese dejado su alma en Mallorca, decayó en menos de un año y murió en 1915, sin haber resuelto la trágica contradicción de su existencia: admirado, venerado, querido por quienes lo conocían; incomprendido, rechazado, despreciado y, en el mejor de los casos, ridiculizado por una familia que ni sabía ni quería forzar el corsé de su época. A su muerte les pagó con la misma moneda; legó casi todas sus propiedades a su secretario, confidente y amigo mallorquín Antoni Vives y reservó un legado para una tal Antonietta Calafat, que afirmaba haber sido la compañera de su vida. Y la familia –probablemente no tenía otra opción dadas las convulsiones políticas y diplomáticas de la Primera Guerra Mundial– volvió a darle otra lección en la hora de su muerte. Aquel hijo de la luz, nacido en Toscana, que fue feliz en Mallorca, encontró su última morada en la oscuridad y el frío de la cripta de los Capuchinos en Viena.

Viviendo arriba, torturando abajo
Esporles y Sa Granja

La carretera de Palma conduce directamente a la villa de Esporles entre naranjos de perenne verdor, nudosos olivos y almendros que están en flor en febrero. Una avenida bordeada de plataneros establece los límites entre la Vila Vella (casco antiguo) y la Vila Nova (ciudad nueva). La población con conciencia de la tradición se estableció alrededor de la iglesia, del siglo XIII, en la parte más antigua de Esporles, donde también se encuentran todos los edificios municipales. Sus palacios, casas y propiedades son de mayor tamaño que los de los "advenedizos" de los siglos XVIII y XIX, que se establecieron en el sur, en la ciudad nueva. Esta parte de Esporles se construyó asimismo alrededor de una antigua alquería, finca árabe, y de su fuente; inicialmente aquí vivían labradores y obreros.

En la actualidad, Esporles es sobre todo residencia y dormitorio de gente que trabaja en la capital, en Palma, a sólo catorce kilómetros de distancia, aunque en las fiestas de verano todavía se advierten las antiguas diferencias sociales entre la Vila Vella y la Vila Nova. Las ceremonias solemnes y la misa mayor constituyen el punto central de las fiestas en la parte más tradicional de la villa, en tanto que en la parte más reciente se trata fundamentalmente de rendir a Baco el culto más generoso posible en un ambiente de camaradería. Todas las familias preparan con motivo de las fiestas manjares especiales para degustarlos entre amigos hasta altas horas de la madrugada. Los modales finos y corteses de la población de la Vila Vella no son demasiado bien vistos aquí. En la Vila Nova el ambiente es más rústico y más tosco.

A pesar de la división de la villa, en la isla sus vecinos son considerados como una casta. En efecto, tanto si lo ha hecho en la parte antigua como en la parte nueva, quien ha abierto los ojos a la luz del mundo en Esporles tiene algo especial, al menos en opinión de los autóctonos. Para los más pobres entre los pobres, los que hayan nacido en el Pla, por ejemplo, sólo hay aquí miradas de compasión. Según los vecinos de Esporles, la gente del llano tiene "una digestión lenta". Probablemente los orgullosos montañeses se refieren con esta expresión a que la población del llano no se enciende tan fácilmente como se hace en su villa natal.

De hecho, los naturales de Esporles son conocidos y tristemente famosos en Mallorca por su agresividad. Se trata de una fama que se remonta a un suceso acaecido en el siglo XVIII. Por aquellas fechas, los monjes paulinos, que residían cerca de la villa en una finca situada en la mitad de la montaña, obtuvieron, en el pleito que mantenían con el municipio en relación con el derecho de aguas, el fallo favorable del tribunal para el aprovechamiento del

valioso líquido de Canet de Sa Granja. Cuando el primer escribiente comunicó a los monjes el fallo del tribunal, que les era favorable, un grupo de mujeres de Esporles se lanzó contra los señores reunidos agrediéndolos no solo verbalmente, sino con piedras. No lograron modificar la sentencia, pero hubo más de un herido entre los monjes.

Calabozos abandonados

Al oeste de Esporles, la carretera, que hasta aquí ha sido recta, de repente empieza a serpentear en dirección a la montaña. Al pasar por la antigua finca árabe de la Alquería Al Pic, atraviesa un fértil valle que aun en verano pocas veces tiene problemas de agua. Ya los romanos paseaban aquí a la sombra de los tupidos árboles y disfrutaban de los placeres de las frescas fuentes que brotan de la tierra. La antigua finca se llama actualmente Sa Granja y, además de contar con uno de los jardines más bellos de la isla, de estilo romántico-inglés, cuenta con un museo etnográfico. Como en Els Calderers de Sant Joan, en la remodelada casa señorial se puede estudiar, a través de unos interiores restaurados con todo esmero y de las más diversas piezas expuestas, la vida de cada día en una granja mallorquina.

Después de la conquista catalana de la isla, Sa Granja pasó a manos del caballero Nunó Sanç, quien diez años más tarde la cedió a una comunidad de monjes cistercienses. Pronto se arrepintió y reclamó su devolución, pero no había contado con el ardor de la Iglesia a la hora de defender sus propiedades. Los monjes se negaron rotundamente a ceder el monasterio, defendieron con armas la propiedad y al final triunfaron. Los nuevos señores instalaron modestas celdas en la enorme finca, que más de 200 años más tarde vendieron a una familia particular. Tras cambiar en varias ocasiones de mano, finalmente Sa Granja pasó en el año 1665 a ser propiedad de la familia Fortuny. Los nuevos propietarios la convirtieron en residencia de verano e introdujeron cambios, la ampliaron y durante los siglos siguientes construyeron en sus terrenos, extensos en otros tiempos, de manera que en el siglo XVIII Sa Granja se había convertido en un conjunto de

La casa señorial, que inicialmente fue un monasterio, ha sido reconstruida en varias ocasiones. Esta graciosa galería-mirador es del siglo XVII.

muros notablemente angulosos que alberga- ban innumerables pasillos, salas y habitacio- nes. De esta forma acoge todavía en la actuali- dad a sus visitantes.

El suntuoso edificio principal, con sus nume- rosas salas, habitaciones y camarines, se ha con- vertido en una especie de museo nacional mallorquín cuya colección está formada por muebles en parte antiguos y en parte sólo vie- jos. En la sala florentina, que no se parece en nada a su predecesora florentina con su sober- bio equipamiento, resplandecen muebles de asiento y mesas de estilo Luis XV. Las herra- mientas de los cobertizos y las baterías de cocina no brillan tanto, pero permiten for- marse una idea de cómo transcurría la vida en

En la vieja cocina de la finca se tiene la impresión de que la cocinera está a punto de llegar.

una granja que en su época de esplendor podía dar trabajo a más de cien hombres.

Tejedoras, cordeleros, alfareros y bordado- ras, todos ellos ataviados con sus trajes tradi- cionales, hacen demostraciones directas dos veces por semana de la antigua artesanía, hoy en día prácticamente olvidada, e incluso el visi- tante tiene ocasión de contemplar la fabrica- ción de calderos de cobre. En el patio interior hay grupos folclóricos que actúan, cantan y bailan. En el restaurante se sirven exquisiteces tradicionales, como el pan de peras, quesos y vinos de producción propia o los famosos *bu- nyols* o buñuelos. Quien quiera disfrutar tran- quilamente de los espléndidos jardines de la finca, deberá evitar los miércoles y los viernes. En cualquier caso no tiene por qué renunciar al pan, al vino o a otras muestras de la gastrono- mía mallorquina.

Ni representación realista ni folclore para la visita al sótano, pues en este caso se trata de tres cámaras de tormento. Un caballete, una silla con clavos y otros instrumentos de tortura hablan de los terribles interrogatorios a los que eran sometidas algunas personas por estos idí- licos paisajes. Todo lo que tienen de hermoso Sa Granja y sus jardines en la superficie, lo tie- nen de terrible las mazmorras de la Inquisición. El recorrido por los fríos calabozos, excavados en roca viva, provoca en algunos visitantes una sensación de angustia. Se siente verdadero ali- vio al abandonar las oscuras salas de tortura para recorrer bajo la filtrada luz del sol los jar- dines que rodean Sa Granja con sus deliciosos juegos de agua.

En las espaciosas salas de la finca los señores se rodeaban de alfombras orientales y de muebles mallorquines...

... en la planta superior los tapetes pintados de seda y los elegantes grupos de sillones crean un delicado intimismo...

... en las frías noches de invierno un *braser*, brasero de carbón rodeado por un armazón de madera, calentaba las mantas bajo el dosel...

... un herrero con taller propio se ocupaba de las reparaciones de la casa y de la finca...

... la lana de las ovejas criadas en la granja se lavaba y se teñía en grandes tinajas...

... en el lavadero se quitaba la suciedad y el polvo a la ropa de toda la finca antes de estrujarla y ponerla a secar.

En alrededor de 800 años los cristianos recuperaron la península Ibérica de norte a sur del poder árabe.

en convivencia pacífica con judíos y cristianos, en el norte los ejércitos cristianos fueron obteniendo sucesivamente nuevas victorias. Hasta 1045 se hicieron con Asturias, Navarra, ambas Castillas, Aragón y León y 200 años después habían recuperado las Baleares y amplias zonas de Andalucía occidental. Únicamente Granada se resistió a los cristianos hasta el año 1492. Tras su reconquista llegó el triunfo de los Reyes Católicos, Fernando II de Aragón e Isabel I de Castilla; con ellos la religión "verdadera" se impuso al paganismo y la antorcha de la Iglesia al fuego del infierno.

Pero lo que habían conquistado era un estado de tres pueblos, de tres culturas y de tres religiones. Había en él más de 200.000 judíos, comerciantes y banqueros en su mayor parte, pues los cristianos tenían prohibidos

En 1487 el papa Inocencio VIII nombró primer gran inquisidor de España a Tomás de Torquemada, confesor de Isabel I de Castilla. La gran persecución de los enemigos de la religión "verdadera" contó con el apoyo de los Reyes Católicos, Isabel I y su esposo Fernando II de Aragón.

Bajo el yugo de la Cruz
Reconquista e Inquisición

La historia de España está marcada desde los viejos tiempos por la invasión de hordas, por los ataques relámpago de ejércitos extranjeros, por cercos interminables y por capitulaciones humillantes. Los invasores –fenicios, romanos, vándalos, árabes y finalmente cristianos– empezaron siempre imponiendo su religión, unas veces por la fuerza, otras veces tolerando creencias distintas y en ocasiones aceptando un ecumenismo pacífico. Algunas de las potencias ocupantes contribuyeron a desarrollar en España un esplendor cultural nuevo, y otras impulsaron el florecimiento económico. Pero nada como la Reconquista marcó de una forma tan determinante la coyuntura de España y su conciencia de sí misma.

Lo que inicialmente significó nada más ni nada menos que una "reconquista" abarca en realidad un capítulo, de varios siglos de duración, marcado por el miedo, la violencia, la opresión y la intolerancia.

Hierro en nombre de la Cruz

Tras su victoria del año 711 sobre el rey visigodo Rodrigo, los invasores árabes iniciaron su marcha triunfal por la península Ibérica, que en el año 720 prolongaron hasta el otro lado de los Pirineos, hasta cerca de Poitiers. Fue allí donde en el año 732 Carlos Martel, abuelo de Carlomagno, frenó su avance y los derrotó. Pero de este lado de los Pirineos, a excepción de las Baleares, España se arabizó. Casi por las fechas empezó la tenaz maniobra de la Reconquista cuando en el año 722 Pelayo obtuvo en Covadonga la primera victoria contra los árabes.

Mientras los árabes crearon, en la mitad sur de España sobre todo, algunas de las ciudades más hermosas de Europa –Sevilla, Córdoba, Toledo o Granada–, conquistaron las Baleares y pusieron en marcha la economía y la cultura

los negocios monetarios, y aproximadamente un millón de musulmanes, mayoritariamente obreros y labradores. Juntos formaban una clase media económicamente poderosa que había que mantener a raya para que el poder cristiano no perdiese la credibilidad ante sus partidarios. Los judíos sobre todo fueron desde el siglo XIII objetivos y víctimas de la envidia, de la rivalidad y de la persecución.

Fuego en nombre de la Cruz

Los nuevos poderes institucionalizaron lo que venía cociéndose desde mucho tiempo atrás en el alma del pueblo. En el año 1478 el Papa sustituyó en Aragón el tribunal medieval por el Santo Oficio, la Inquisición. Designados personalmente por el monarca, los inquisidores se situaban por encima de la jurisdicción ordinaria, disponían de un poder tanto político como religioso y contaban con todo un ejército de espías y de vigilantes. Los "duros interrogatorios" eran siempre rigurosamente secretos y después de la sentencia los bienes del ajusticiado se repartían entre la Corona, la Inquisición y los acusadores, con una perfecta motivación para denunciantes y detractores de todo tipo.

El organizador de la Inquisición española fue Tomás de Torquemada, modelo del gran inquisidor de Dostoievski, que llega a dudar de la ortodoxia del mismo Jesucristo. Era el confesor de los Reyes Católicos, Isabel I y Fernando II, cuando el papa Sixto IV lo nombró en 1483 primer gran inquisidor de Castilla y con el papa Inocencio VIII pasó a ser en 1487 gran inquisidor de toda España. Hasta su muerte en 1498 ejerció libremente su poder durante once años y, de proceso en proceso, recorrió la península en todas direcciones en su temido carruaje negro. Se calcula que durante su mandato acabaron en la hoguera aproximadamente 2.000 personas.

A principios del siglo XVI, cuando la Inquisición inició su expansión en Europa central, llegó a Mallorca el primer inquisidor, que eligió como residencia la "casa de la Inquisición" de Lloret, en el Pla. Su misión consistía en "exterminar la herejía". Y era herejía todo aquello que no estaba en conformidad absoluta con la Iglesia.

La población judía se encontraba ante la disyuntiva de la peste o el cólera. Emigrar, pero ¿a dónde? O bien se bautizaban para quedarse.

Pero tampoco así se libraron de la persecución los aproximadamente 50.000 conversos, que en Mallorca recibían el nombre de *xuetes*. Como prácticamente nadie les había exigido el abandono de la fe de sus mayores, bastaba con afirmar que un *xueta* rezaba en secreto a Yahvé para firmar su sentencia de muerte. En el siglo XVII en Lloret fue encarcelado y entregado a los esbirros de la Iglesia, a la *curia militar*, un grupo

Quien hubiera pasado a manos de la Inquisición tenía muy pocas posibilidades de salir con vida. Las ejecuciones, como la representada en este cuadro de Pedro Berruguete, estaban a la orden del día.

de 250 *xuetes*. Un buen botín, ya que una vez condenados la Iglesia podía incautarse de todos sus bienes. Por esas mismas fechas, en el barrio *xueta* del Call, en Palma, murieron quemadas

Para forzar la confesión, los esbirros de la Inquisición no vacilaban en recurrir a la tortura. Como puede comprobarse en los sótanos de Sa Granja, su cruel fantasía no tenía límites a la hora de idear nuevos instrumentos de tortura.

en la hoguera varias personas, en un espectáculo que las excitadas masas vivían como si se tratase de una fiesta popular.

Los ataques no tardaron en dirigirse hacia la población musulmana. Ante la disyuntiva "Cruz o exilio", aproximadamente un millón de musulmanes eligió la opción del bautismo. Pero ni siquiera el hecho de comer en público carne de cerdo eximía de toda sospecha a los *moriscos* –nombre con que se designaba a los musulmanes convertidos–. En el siglo XVI, la Inquisición expulsó del país a 300.000 moriscos; sus bienes pasaron a manos de la Iglesia y de la Corona.

La política de la Inquisición triunfó porque, con el pretexto de la salvación del alma, convertía a la población cristiana en espía y en denunciante. Quien denunciaba a alguien se mecía en la supuesta seguridad de un alma pura. Supuesta, porque ni los mismos cristianos estaban seguros; la mera sospecha de herejía, de faltas graves como la blasfemia, de bestialismo o de dudosos conocimientos de plantas medicinales conducía directamente, sin acusación y sin juicio, a la cámara de tortura o a la hoguera.

Las sumisas órdenes mendicantes, como las monjas de Loreto en Lloret, actuaban como espías de la moral al servicio de la Inquisición. Se desconoce el número exacto de víctimas que estos religiosos entregaron a los esbirros para su ingreso en cámaras de tortura como las que había en Sa Granja.

En Mallorca se cuentan un gran número de historias relacionadas con esta institución anti-humana. Algunas son fantásticas, otras pertenecen al mundo de la leyenda o del rumor. Por ejemplo, la historia de la fuente situada a la entrada de Lloret, que desde los tiempos de la caza de herejes debía estar unida bajo tierra por un laberinto de pasillos y de senderos con el fin de facilitar la huida a los judíos. También en Palma existen rumores acerca de la existencia de pasillos bajo el Castell de Bellver y en el barrio judío del Call; se han encontrado algunos. Las otras historias son, en su gran mayoría, desgraciadamente verdaderas y están documentadas, pues los tribunales eclesiásticos, los secretarios de Ayuntamiento y las autoridades registraban todo escrupulosamente por escrito.

La Inquisición dominó en España a sangre y fuego hasta el siglo XIX. En 1813 las Cortes, reunidas en Cádiz como consecuencia de la guerra de independencia contra la ocupación napoleónica,

Afiladas puntas de hierro penetraban en los brazos del sometido a tormento para desatar su lengua.

decidieron la supresión de la Inquisición. Pero hubo que esperar a 1965, con el Concilio Vaticano II, para que Roma consumase este avance y cambiase de nombre el "Sanctum Officium", que en lugar de "Congregación para la Inquisición romana y universal" pasó a llamarse desde entonces "Congregación de la fe". Fue el momento en que la Iglesia renunció a la Inquisición.

Este grabado francés de 1541 refleja el modo con que la Inquisición lograba la declaración de culpabilidad de un sospechoso. Atado de pies y manos y tendido en el espacio, el verdugo vertía agua sobre el paño que cubría su rostro. El torturado corría el peligro de ahogarse en un corto espacio de tiempo sufriendo horrorosamente. Aparentemente sin inmutarse, un secretario de la Santa Inquisición tomaba nota puntual del desarrollo del "interrogatorio".

El pueblo de la abundancia
Banyalbufar

Siete eran las maravillas del mundo veneradas en la Antigüedad, bien por las dimensiones de determinados monumentos o construcciones creados por la mano del hombre, bien porque, como en el caso del Coloso de Rodas, parecían comprometer las leyes de la física entonces conocidas, o bien por haberse conseguido en ellos una unión asombrosa y armónica entre la naturaleza y la obra humana. Los jardines colgantes de la reina asiria Semíramis en Babilonia, si verdaderamente los hubo, realizaron a la perfección este prodigio, y la visión de las huertas dispuestas en terrazas de Banyalbufar impone a quien las contempla la evocación de esta maravilla del mundo.

Sea quien sea, el autor de estas maravillas es indudablemente digno de la mayor admiración. En el caso de los jardines de Babilonia existe una creadora, aunque sea mítica. No pueden decir lo mismo las huertas de Banyalbufar. Durante mucho tiempo se mantuvo la versión oficial de que fueron exclusivamente los árabes quienes aplicaron su mano de expertos en arquitectura del paisaje. En las últimas décadas del siglo XX y coincidiendo con una reactivación de la búsqueda de identidad y de una nueva conciencia nacional mallorquina, ha aparecido una nueva interpretación según la cual los primitivos honderos iniciaron la urbanización de estas suaves pendientes. Otras fuentes creen que los fenicios descubrieron y aprovecharon aquí una posibilidad más de impulsar su floreciente comercio mediterráneo.

Postre en Europa: malvasía de Banyalbufar

En cualquier caso no hay duda de que los árabes perfeccionaron lo que encontraron a lo largo de 300 años de ejercicio continuado del poder. Fueron ellos también los que dieron un nombre a la población y a sus huertas: *bany al buhar*, "viñedo junto al mar", a pesar de que el profeta había prohibido el vino a los musulmanes, que a fin de cuentas no debían de bebérselo. Eso sí, de que cultivaban la vid no hay ninguna duda.

En efecto, en esta zona se cultivó la vid desde la época árabe hasta la decadencia de la viticultura mallorquina a finales del siglo XIX. Se cultivaba fundamentalmente la uva malvasía, que permitía elaborar un vino de postre dulce y aromático de gran aceptación en toda Europa. No había banquete ni cena de gala en que no se sirviese una que otra copita de malvasía de Banyalbufar o de las islas Canarias. Falstaff, el personaje de Shakespeare, apreciaba este exquisito vino y en la famosa novela

Las parcelas en terraza descienden hasta el mar cercano como las gradas de un teatro.

Los Buddenbrook, Thomas Mann hace traer de la bodega una "botella de malvasía".

Tampoco el archiduque Luis Salvador se quedó corto al elogiar este vino por su buen sabor y por sus saludables efectos. Aunque en este caso el *arxiduc* no era totalmente imparcial; su amante, Catalina Homar, se encargaba de la elaboración del vino de sus fincas y obtuvo incluso con su malvasía una medalla de oro en la Exposición Universal de París. Como suele decirse, Mallorca debe su reconquista al malvasía, al menos en parte, pues este vino de las terrazas situadas junto al mar fue uno de los principales motivos que indujeron a Jaime I a la conquista de la isla. En definitiva, el malvasía de Banyalbufar fue el vino preferido de la Corte aragonesa.

Los dueños de los botes llegan hasta la playa de Banyalbufar sólo a través de empinadas escaleras.

Con estos estanques colectores se consigue que el excedente de agua no se pierda.

A pesar de su proximidad a los centros de atracción de visitantes que son Deià y Valldemossa, la comarca de Estellencs mantiene su aislamiento.

Regular la sobreabundancia muros abajo

Los árabes sacaron el mayor partido de la protegida situación de Banyalbufar, que se encontraba entre rocas y en suave descenso hacia el mar, creando rellanos, es decir, terrazas, en la pendiente. Volvieron a utilizar en la misma pendiente las piedras y terrones que iban arrancando; al pie de cada nuevo terreno construían con las piedras muros de mampostería, que soportaban la valiosa tierra y frenaban las corrientes de agua en su descenso.

Estas parcelas están atravesadas por zanjas, canales y surcos y cuentan con aljibes angulares y circulares para recoger el agua de las grutas de Puig de Planícia. De acuerdo con el principio del desbordamiento, el agua fluye del aljibe-fuente a la primera parcela, donde se distribuye y llega hasta las plantas reduciendo al máximo la evaporación, para ser recogida al final de la parcela y a continuación fluir a la parcela inferior. Al finalizar su recorrido el agua llega a la población, donde alimenta fuentes y aljibes subterráneos con lo que aún queda de los campos.

Por fácil y divertido que parezca, este sistema activa grandes fuerzas de la naturaleza y sólo funciona si los muros de piedra se conservan en buenas condiciones. En el siglo XX algunos agricultores han intentado utilizar bloques, fabricados industrialmente, para evitar la trabajosa construcción de muros secos, pero el intento no ha cuajado; por la presión del agua y de la tierra, los bloques se resquebrajan antes que los muros secos tradicionales, que son más elásticos.

En el siglo XIX se perdieron viñedos enteros tanto en el Pla como en Banyalbufar. Sólo en la época actual se ha podido iniciar lentamente el cultivo de la uva malvasía. Cuando dejó de cultivarse la vid en Banyalbufar —a excepción de una pequeña cantidad de malvasía destinada al consumo doméstico—, los grandes propietarios se vieron obligados a vender buena parte de las más de 2.000 parcelas en terraza a labradores sin tierras, que entonces se dedicaron a la producción de tomate y de patata y de esta forma contribuyeron a que los "jardines colgantes de Mallorca" continuasen formando parte del paisaje.

Por otra parte, las parcelas no han resultado especialmente castigadas. Las rutas turísticas se concentran en Deià y en Valldemossa, más cerca de la costa, y generalmente pasan por alto Banyalbufar y la cercana población de Estellencs. Sólo se dirigen al Mirador de Ses Ànimes, en las afueras de Banyalbufar, para contemplar desde allí una de las vistas más hermosas y que mejor expresan la relación recíproca entre la montaña y el mar que ofrece la Tramuntana.

Por esta razón la población conserva aún su carácter rural. Aunque no están demasiado

Dada la existencia de un declive natural el agua pasa de una parcela a otra a través de un sistema de escaleras y de canales bien concebido.

lejos los tiempos en que sus vecinos vivían exclusivamente de la pesca y de la agricultura, también ellos cuentan, sólo que en reducidas proporciones, con la nueva fuente de ingresos de la isla, con el turismo. Los mallorquines sobre todo buscan aquí la tranquilidad y la soledad que han dejado de ofrecerles muchos pueblos de la isla: Banyalbufar no tiene nada que ocultar y tiene mucho que mostrar. De la época de los grandes propietarios se conserva una casa señorial, la *Baronia*, desde donde hasta muy entrado el siglo XV se gobernaba el valle de forma casi absolutista; todos los vecinos estaban bajo la jurisdicción civil y criminal de los señores de la *Baronia*.

A su vez las casas de piedra de la población, que están estrechamente encajadas las unas en las otras, presentan espléndidos portales de arco de medio punto y la vida social se concentra en los tranquilos cafés, como el Marisol, que repite el *leitmotiv* de Banyalbufar y parece suspendido en una terraza sobre el mar. Precisamente porque tiene poco que "ofrecer", el pueblo refleja con singular claridad la interrelación entre naturaleza y economía.

Inferior: meditación a la mallorquina entre el cielo y la montaña.

Derecha: el Mirador de Ses Ànimes está suspendido directamente sobre el mar.

Tomates muy apreciados
Tomates de Banyalbufar

En agosto, cuando la fruta alcanza su grado más alto de maduración, las mujeres de la zona fríen cantidades enormes de tomate con cebolla y ajo para preparar el *sofrit*, la "madre de todas las salsas españolas". Tras 15 minutos de cocción, la mezcla se introduce en tarros de cristal y constituirá más adelante la base de numerosas salsas, platos de arroz y potajes.

Aun cuando actualmente nadie le reconoce efectos afrodisíacos, no puede prescindirse del tomate en la cocina autóctona. De hecho, a diferencia de lo que sucedió en buena parte de Europa, en España el tomate no se mantuvo mucho tiempo fuera de la dieta.

La razón está, probablemente, en que fue descubierto por una expedición española. En

A primera vista las plantas de tomate de Banyalbufar parecen vides.

definitiva, fue Cristóbal Colón quien hacia el año 1500 se trajo de América en uno de sus viajes dos tomates, que alcanzarían gran importancia en las huertas y en las cocinas europeas. Si la patata inició inmediatamente su marcha triunfal, el tomate no lo tuvo tan fácil. El intenso aroma que desprende el fruto maduro y su sabor, ligeramente dulce e increíblemente aromático, irritaban antiguamente los nervios gustativos europeos, más habituados a las comidas neutras.

Los españoles, sin embargo, no fueron tan escépticos ante esta planta. Incorporaron

Las ristras colgantes de tomate adornan como una cortina roja las paredes de las despensas mallorquinas.

directamente a su lengua la palabra "tomate", derivada del azteca *tomatl*, y empezaron a poner en conserva los frutos maduros, a rehogarlos, a freírlos o a tomarlos directamente crudos. En la isla de Mallorca, sin embargo, el cultivo del tomate no se inició hasta el año 1840, cuando unos parásitos destruyeron los viñedos hasta el punto de que las grandes terrazas de origen árabe ofrecían una imagen más que lamentable. Prácticamente no quedaba nada del *bany al buhar*, el "viñedo junto al mar" en árabe, que dio nombre a la localidad de Banyalbufar.

Y de esta manera, desde mediados del siglo XIX el cultivo de este carnoso fruto garantizó la supervivencia económica del pueblo de Banyalbufar. Entonces Ferran Cotoner, marqués de Cènia, decidió extender el cultivo una vez que las pruebas efectuadas demostraron que el tomate agradecía el suelo y el soleado clima de aquella región costera. Los labradores modificaron el sistema de las viejas acequias árabes, las *síquies*, y sobre las terrazas y entre ellas dispusieron un elevado número de estanques de agua dulce.

Actualmente el tomate, en todas sus formas, colores y aromas, es imprescindible en la cocina mallorquina. En Banyalbufar se cultiva tanto el tomate de mata, que en la proximidad del mar adquiere un sabor ligeramente salado, como el tomate de palo, más suave. El tomate de mata es más adecuado para las salsas, los concentrados, los purés y los zumos; el tomate de carne más harinosa se destina a ensaladas. *Les tomàtigues de ramellet,* tomates en ristra, que son más pequeños, de color rojo-amarillo y jugosos, se cultivan en seco, es decir, sin agua. Como es fácil que presenten puntos de presión, se colocan en ristras, *ramellets*, que se guardan colgados decorativamente en la despensa o en la cocina de la casa.

Cuando está bien maduro, el tomate goza de un aroma intenso y un gran valor nutritivo. Además de su elevado índice de vitamina C, el tomate contiene mucho caroteno beta, fase previa de la importante vitamina A. Pero el cuerpo humano únicamente puede aprovecharlo en combinación con la grasa. Y entonces aparece en escena el mejor amigo del tomate: el aceite de oliva, que es el detalle final en cuanto al sabor de todos los platos de tomate.

El *pa amb oli*, el pan con aceite de oliva y tomate, se toma en el desayuno, como aperitivo o simplemente entre horas. Por muy simple y fácil que parezca esta receta de pan, existen opiniones encontradas respecto a su preparación.

El enristre del tomate parece ser una tarea tranquila apropiada para las perezosas horas de la tarde.

Pa amb oli

Pan con aceite de oliva (para 6–8 personas)

Ingredientes
8 rodajas de pan moreno, de 2 cm de grosor
4 tomates de mata
1 diente de ajo, al gusto
aceite de oliva, el mejor
sal

Tueste las rodajas de pan, rocíelas con aceite de oliva y frótelas con la mitad de un tomate de mata. Ponga sal y vierta encima un poco más de aceite. Ésta es la manera más frecuente de preparar el *pa amb oli*. Recurra, sin embargo, a todas las variantes.

El *pan moreno*, oscuro y sin sal, es la mejor base de un *pa amb oli*. Pero entonces se plantea el problema fundamental en relación con el tema *pa amb oli*, sobre el cual mallorquines y catalanes pueden pasarse hablando horas enteras: ¿se rocía primero el pan con aceite de oliva y después se frota con *tomàtigues de ramellet* cortados o se frota primero con tomate y después se rocía con aceite de oliva?

Es difícil pensar que pueda haber alguna diferencia entre ambos métodos, pero en realidad se trata de dos variantes no comparables entre sí. Además está la opinión de quienes piensan que lo que primero debe entrar en contacto con el pan no es el tomate ni el aceite de oliva, sino un diente de ajo pelado y crudo que se frota sobre el pan.

Ponent

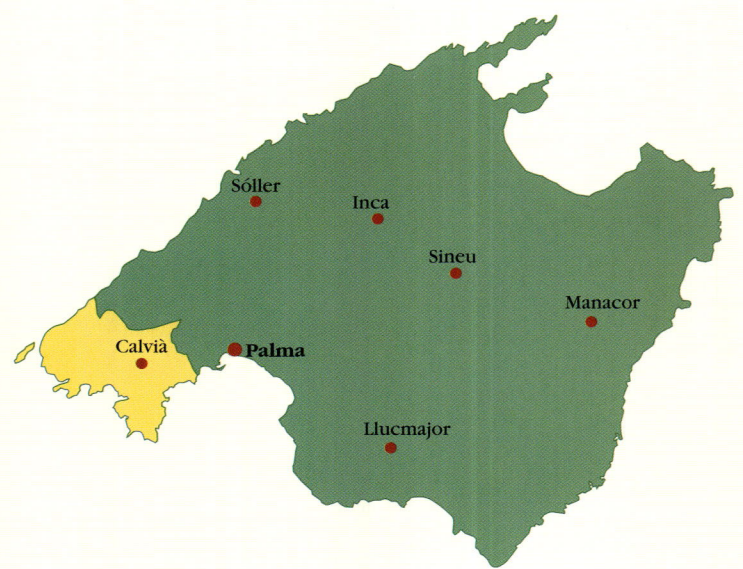

Clase a pesar de las masas
El Ponent

Por su propio nombre Ponent o Poniente designa la puesta del sol en el mar y también un viento del oeste, normalmente suave, aunque en invierno puede resultar huracanado hasta la destrucción. Volubles como el viento, en ninguna otra región de Mallorca se suceden el esplendor y la miseria de los tiempos pasados y actuales con tanta inmediatez como en el extremo sudoccidental de la isla.

Hasta muy entrada la motorizada e industrializada Edad Moderna, el extremo sudoccidental de la isla pertenecía a los perdedores de la historia de Mallorca. Miraba con ojos de envidia a Palma, que se encuentra a un tiro de piedra, a su floreciente vida económica y cultural; veía desde sus grandes y seguros puertos cómo pasaban de largo por la Illa de Sa Dragonera en dirección a Palma barcos mercantes y mercaderes procedentes de todos los países de un lado y otro del Mediterráneo. Por el nordeste le cerraba el paso la Serra de Tramuntana y tanto por el sur como por el oeste el mar se limitaba a lamerlo y acariciarlo en sus calas y en sus playas, a lanzar sobre él hordas de piratas y a sentir la ausencia de pescadores, tesoros de barcos hundidos y conquistadores.

Sólo en una ocasión fue el Ponent centro de la historia mallorquina; lo fue por un tiempo breve y sólo porque el oleaje no permitió la llegada al lugar previsto: cuando en 1229, Jaime I el Conquistador puso rumbo a Mallorca con 143 naves. El primero en saltar a tierra en la playa de Santa Ponça para plantar el estandarte real en el lugar, discutible por otra parte, que hoy recuerda una cruz de piedra, fue Riudemeyer, miembro de la nobleza, quien por su acción fue armado caballero y se hizo

Doble página anterior: bandadas de gaviotas se lanzan contra los barcos de pesca que enfilan Port d'Andratx. Los elegantes veleros del fondo indican que se ha logrado la convivencia entre los viejos pescadores y los nuevos aficionados al mar.

con las tierras que rodean Santa Ponça. Los conquistadores continuaron rumbo a la cercana Palma y sólo cuando se apoderaron de ésta se interesaron por la *part forana,* por la tierra, por las costas.

Peligro para colonos

La importancia del Ponent no estaba en sus recursos naturales, sino en su situación estratégica. Para llegar por mar a Mallorca desde el continente y acercarse a Palma había que pasar necesariamente por el Ponent. Por esta razón el pequeño puerto de Sant Elm interesó tanto a Jaime II, hijo del Conquistador, que en 1229 suscribió una cláusula de aceptación realmente exótica. Mandó construir un hospital para la gente del mar, pues sólo con esta condición estaba dispuesto a renunciar el anterior señor del puerto, Bernat Basset. Pero ni aun disponiendo de un hospital para marineros contó Sant Elm con nuevas donaciones, sino todo lo contrario. Como sucedió en los restantes puertos del Ponent, la población no destinó dinero ni tuvo interés en hacerse con un hogar aquí, al borde del mar.

En la Illa de Sa Dragonera viven toda suerte de animales y plantas protegidos, pero ni un solo dragón.

Cerca de Port d'Andratx el Torrent des Saluet se ha convertido en un garaje de barccs al aire libre.

El puerto de Andratx es uno de los más hermosos del Mediterráneo.

Un puerto era absolutamente necesario, pero también suponía un peligro. Hasta muy entrado el siglo XVII Sant Elm, Port d'Andratx y Santa Ponça sufrieron los ataques de los piratas, hasta el punto de que, como en el caso de Sant Elm, los hombres tenían que vivir con la maleta a punto e incluso abandonar el lugar por largos periodos de tiempo. El puerto no volvió a ser colonizado hasta el siglo XIX y actualmente todavía conserva el encanto especial de la insignificancia perdida en algún lugar del mundo.

A pesar de estar rodeada por el mar, la población del Ponent tenía siempre un ojo puesto en la tierra. El mar solo no podía alimentarlos, pero las escarpadas tierras de las estribaciones de la Tramuntana tampoco. Únicamente tenía posibilidades de sobrevivir aquí quien lograba sacar el máximo partido de ambos. Inmediatamente detrás de la franja costera se alzan las dos montañas más altas del Ponent: el Puig de s'Esclop, de 927 metros, y, dominándolo todo, el mítico Puig de Galatzó, de 1.027 metros de altura. En los valles y depresiones crecen encinas y pinos y los árabes enriquecieron la flora con árboles útiles como higueras, almendros y olivos. Más tarde en las zonas soleadas y protegidas del viento se cultivaron naranjos y limoneros, con los que la *horta* de Andratx hace la competencia al "valle del oro" de Sóller.

Pero donde el hombre no interviene controlando, arando el campo o criando animales, las colinas constituyen otras tantas reservas de

En muchos paseos marítimos de la costa del Ponent, peatones, corredores y ciclistas disfrutan del diálogo entre el cielo y el mar.

unos pobladores especiales: cabras monteses asilvestradas, que a finales del verano se resisten a volver a sus establos en las aldeas; hongos que encuentran las mejores condiciones de crecimiento en el microclima creado bajo las piceas y las encinas; hierbas medicinales destinadas al uso doméstico y a la elaboración de aguardientes –la medicina del pobre durante mucho tiempo–; contrabandistas y presidiarios huidos, que se escondían en aquellas alturas y cuevas apartadas, que por otra parte estaban lo suficientemente cerca del mar como para poder refugiarse en su inmensidad en caso de necesidad.

La maldición de los débiles

Y, de dar crédito al lenguaje popular, algunos espíritus locos, perversos unos, burlones otros. Los últimos son duendes que asustan a los caballos, escupen en los cuencos de leche, desplazan los muebles y además supuestamente proceden de los ángeles. El espíritu más famoso, y no precisamente muy burlón, es el *Comte Mal,* que cabalga de noche por el Galatzó lanzando llamas montado en un corcel verde. Es el espíritu maligno de una figura histórica, Ramón Zaforteza, quien en el siglo XVII era propietario de grandes extensiones de tierra en el Galatzó, y que explotaba implacablemente a la gente sencilla y en los litigios mataba sin ningún miramiento. En consecuencia, la maldición que

recayó sobre él fue una especie de sentencia colectiva impuesta por quienes en vida no pudieron defenderse de sus malas acciones. Quien quiera convencerse de las luces verdes del Galatzó puede hacerlo desde una de las antiguas casas señoriales del perverso conde; en Son Nét, que se alza dominante sobre la población de Puigpunyent, se construyó a finales de los años noventa una residencia de lujo.

Las mejores semanas del año

Con su suntuosidad, tal vez excesiva, el nuevo templo de lujo del Galatzó apunta a una nueva evolución, a un replanteamiento de la industria más importante de Mallorca, que es el turismo. Tras los errores de la primera gran eclosión imparable de los años sesenta y los setenta, al término del siglo los mallorquines han comprendido que no son las masas, sino la clase, la que debe definir el perfil de las dos mejores semanas del año. En el mismo Ponent, el municipio de Calvià es conocido en toda Europa exactamente por todo lo contrario, por el turismo de masas en estado puro. Se trata de un municipio que durante algunos años fue meta de las vacaciones de ensueño para constituirse muy poco después en marca infamante y en ejemplo espantoso. En efecto, todo lo que la población de Calvià había autorizado en sus playas de Magaluf, Peguera y Santa Ponça en cuestión de plazas hoteleras, discotecas ruidosas, comercios de baratijas y comidas rápidas hizo que la población pasara de ser una de las más pobres de Europa a ser una de las más ricas, aunque desafortunadamente. En el año 1995, nada menos que 1,5 millones de turistas hicieron sonar las cajas registradoras, en tendencia creciente, pero también dispararon una serie de señales de alarma.

Así, a las puertas del próximo milenio, Calvià se ha puesto por fin en guardia, cuando estaba a punto de asfixiarse en la basura, cuando sus playas se habían convertido en una ruta forzosa de alcohol y cuando cerraban cada vez más hoteles baratos porque no podían responder a los retos de una competencia más moderna y de superior calidad. Desde entonces la alcaldesa vasca de Calvià, Margarita Nájera, ha derribado 15 hoteles, no ha autorizado nuevos proyectos y ha hecho de la educación ambiental un capítulo fundamental del municipio. Tanto ella como sus colaboradores saben que Calvià seguirá atrayendo a las masas. Pero, con la dolorosa experiencia de los errores del pasado, serán ellos quienes definan qué tipo de masas accederá y a qué precio para un municipio cuyo centro administrativo, el viejo Calvià, situado en el interior, a diez kilómetros de la costa, se ha mantenido totalmente al margen.

Zona protegida e isla custodiada por dragones

En efecto, el Ponent tiene clase, sin duda alguna. Lo demuestran poblaciones como el viejo Calvià o la villa de Andratx, cuyo nombre va unido con frecuencia al de su puerto, Port d'Andratx, provocando la confusión, pues es algo totalmente distinto. Muy cerca de Calvià existe y se conserva una joya del Mediterráneo que ha renunciado a las masas, a las estridentes tiendas de recuerdos y a los grupos de peregrinos en dirección a la playa. Esta renuncia no se funda en el desprendimiento, sino en las abultadas carteras de visitantes y residentes y en la inexistencia de

En las huertas del Ponent se cultivan numerosas variedades de frutas y verduras. En primavera, los árboles frutales se disponen a despertar al menos tanta admiración como los almendros.

Doble página siguiente: increíble, pero cierto. La romántica cala de Portals Vells está a un paso de las playas hormigonadas de Calvià.

A plena luz del sol, el Puig de Galatzó no resulta tan inquietante como dicen las leyendas mallorquinas.

playas multitudinarias. Hasta aquí llegan aficionados al deporte náutico y propietarios de yates que, tras haber arriado las velas y atracado, quieren disfrutar tranquila y sosegadamente de un café o de un cóctel en un bello paseo marítimo para recogerse en una de las villas existentes en el camino a Cap de Sa Mola. Exactamente en el otro extremo.

Pero también aquí el pueblo maneja los hilos cuando se trata, con la ayuda de Dios, de asegurarse un mar tranquilo y pesca abundante para el año siguiente. Una vez al año los pescadores de Port d'Andratx envían al mar a su patrona, *Nostra Senyora del Carme,* entre flores y velas, para que con su gracia y su mano protectora interceda ante los poderes del mar.

Entonces la Virgen dirige una mirada a Sa Dragonera, la deshabitada isla del dragón, donde supuestamente atracó el Arca de Noé para repoblar la tierra. Donde Dios salvaguardó los intereses de la naturaleza, el hombre se ha abstenido sabiamente de destruir la creación; Sa Dragonera es una zona protegida a sólo dos calas de las moles de cemento que en Magaluf y en Peguera se reflejan en el mar en los atardeceres del Ponent.

Espectros y fantasmas
Leyendas de Mallorca

Calles estrechas y empinadas, en las que hay que dar cada paso despacio y pensándoselo mucho, se retuercen entre las casas de piedra de Puigpunyent, en las laderas del Galatzó. A estas salientes rocas el pueblo debe no solo su nombre –Puigpunyent significa "monte en punta"–, sino también su fama; más de uno siente mucho miedo aquí de noche. Hay motivos para ello, pues con sus 1.027 metros de altura el Galatzó es la montaña encantada de Mallorca. Ya de día parece tratar de engañar a quien lo contempla; la nieve que brilla en su parte superior no es más que una cumbre aguda y clara de cal.

Los más inofensivos son los *dimonis bonets,* los demonios buenos, que vagan por estos espacios. Los pequeños duendes hacen toda clase de diabluras: roban vajilla de la cocina, desplazan muebles, sueltan perros, orinan en los sembrados y provocan a los caballos para que éstos, dominados por el pánico, se desboquen con carros y jinetes. Se supone que anteriormente los malos espíritus fueron ángeles buenos, pero en definitiva también Lucifer fue un ángel bueno. Este ejemplo no les sirvió de mucho y ni siquiera las reliquias de San Urbano, mártir, que encontraron su camino desde las catacumbas romanas hasta la iglesia parroquial de Es Capdellà, les hicieron entrar en razón.

El espíritu más conocido de Mallorca ronda a los pies del Galatzó. Se trata del *Comte Mal,* el conde malo de Formiguera, que cabalga sobre su caballo verde despidiendo llamas. El hecho de que su alma no alcance la paz se debe a la especial malignidad que caracterizó en vida al antiguo señor de la comarca, Don Ramón Zaforteza. Con sus excesivas

En la montaña mágica de Mallorca, el Puig de Galatzó, los duendes de buen corazón gastan sus bromas y un conde desasosegado hace de las suyas; así al menos dice la tradición popular.

contribuciones arrebataba a sus súbditos hasta el último céntimo, y cuando por fin éstos lo llevaron a juicio y obtuvieron una sentencia favorable, el malvado conde no dudó ni un momento en matar personalmente a su representante. Tuvo que expiar duramente su acción. Desde su muerte, acaecida en 1694, vaga de noche sin tregua ni descanso por la ladera sur de la montaña, atravesando la reserva del Galatzó, uno de los parques naturales más bellos de la isla.

Por el contrario, el comportamiento de Rotget fue totalmente distinto. Siguiendo el modelo inglés de Robin Hood, el famoso bandido robaba a los ricos y hacía donaciones a los pobres, probablemente para taparles la boca en el doble sentido de la expresión. Para sus audaces atracos el salteador de caminos confiaba en la eficacia de un amuleto que no se quitaba del cuello ni siquiera mientras dormía. Sólo cometió una imprudencia; durante una *festa* en honor de la Virgen de Lluc entregó el talismán a una bella dama y fue inmediatamente capturado. Nadie acudió en ayuda de Rotget, que se defendió ardorosamente; es probable que su generosidad con los pobres fuera simplemente legendaria.

También tiene una base real la historia del *Drac de na Coca.* En tiempos pasados la ciudad de Palma recibía regularmente la visita de un dragón sediento de sangre, que devoraba niños y arrancaba a los adultos los brazos y las piernas. Pero una noche el caballero Bartomeu Coch llegó a la ciudad a horas tardías. Mientras sus pasos resonaban en las calles vacías, se sintió extrañamente observado y descubrió que lo perseguían dos ojos brillantes. Como corresponde a un colega de San Jorge,

empuñó valientemente su espada y se lanzó a la persecución del monstruo, lo alcanzó y lo venció tras una dura batalla en las silenciosas calles de la ciudad.

Los realistas insisten en que en realidad se trata de la historia de un cocodrilo solitario. Probablemente una cría de cocodrilo llegó desde África a las islas Baleares a bordo de uno de los grandes veleros y no hizo más que conservar su vida en las cloacas de la ciudad hasta que cometió el error de probar la carne humana. Actualmente el cuerpo embalsamado de *es Drac* puede contemplarse en el Museu Diocesà de Palma, junto a un cuadro que representa a San Jorge.

Entre los habitantes invisibles se han establecido también mallorquines de este mundo.

La flor del almendro dota al paisaje de un encanto adicional.

Frutos con espinas
Higos chumbos

En su retorno a España los barcos de los conquistadores del Nuevo Mundo debían de parecer huertos flotantes de frutas y verduras. Junto a numerosas plantas, cuyos frutos son actualmente indispensables en nuestra dieta diaria, trajeron a bordo un cacto resistente que produce frutos deliciosos: la chumbera o nopal.

Los mallorquines bautizaron la espinosa planta con el nombre de *figues de moro,* higos de moro, en tanto que los árabes le dieron el nombre de higos de cristiano. La utilizaban y todavía la siguen utilizando como planta decorativa y rodeaban sus casas con setos de nopal, que con sus espinas mantiene a distancia a los intrusos, tanto humanos como animales. Las hojas de la *figuera de moro,* que echan renuevos inconteniblemente y que se inclinan hacia el sol, recuerdan por su forma a las orejas de un elefante alzadas de forma insolente y llenas de curiosidad.

Antiguamente en las hojas del nopal se criaban pulgones de cochinilla, cuyas larvas secas proporcionan un colorante rojo carmín utilizado en cosmética y en bebidas. Hasta el siglo XIX, México exportaba a Europa muchas toneladas del apreciado colorante. Finalmente se plantaron en Canarias grandes nopaleras y la cría de la cochinilla pasó a ser la principal fuente de ingresos de las islas. Sin embargo, el mercado se hundió al aparecer a finales del siglo XIX los colorantes artificiales de anilina. En Mallorca nunca se tomó en serio la cría de la cochinilla, pues la competencia con las islas Canarias, con Argelia y con Sudamérica era demasiado grande.

Se conocen dos tipos de higos chumbos. Además del higo chumbo común, fruto de la auténtica *Opuntia ficus barbarica,* con sus cortas y descoloridas espinas, está el fruto de la *Opuntia dilleni,* perfectamente reconocible por sus espinas, de hasta siete centímetros de longitud, y por sus flores de color amarillo limón.

Los frutos de la *Opuntia* auténtica son en parte de color rojo amarillento, pero a veces son también casi blanquecinos. Las *figues de moro* miden entre cinco y nueve centímetros, alcanzan su plena maduración en agosto y contrastan nítidamente en los bordes más extremos de las "orejas". Los higos chumbos tienen una deliciosa pulpa de color naranja o rojo y de sabor agridulce, y en la época de la recolección suelen consumirse crudos en grandes cantidades. No obstante también son muy apreciados en confituras.

No son alambradas de púas, sino setos de chumberas lo que cierra el paso a los invasores.

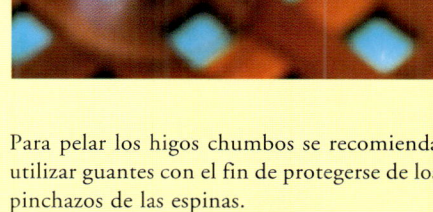

Las chumberas en flor parecen orejas de elefantes con adornos.

Si se consumen crudos, las numerosas semillas que contienen también son comestibles. Con frecuencia estos higos se recolectan cuando todavía no están del todo maduros y se conservan para consumirlos en las cercanas Navidades. Se recolectan con unas tenazas de madera en forma de cuchara, con las que se agarra el higo y se efectúa un movimiento de giro para desprenderlo de la hoja.

Para disfrutar de la sabrosa pulpa, parecida a la del higo, hay que retirar con extremo cuidado la piel que rodea el centro hundido, pues en la corteza hay cientos de minúsculas espinas, casi invisibles, dotadas de peligrosos garfios que penetran rápidamente en la piel para permanecer en ella días enteros. Estos pinchos, llamados "gloquidios", pueden provocar inflamaciones; con sus lenguas coriáceas, sólo los camellos, que tanto gustan de los higos chumbos, están realmente inmunizados contra los gloquidios. Lo más seguro es comprar, para el consumo inmediato, los frutos ya pelados que se venden en los mercados y en las orillas de los caminos.

Los frutos tienen pinchos y suelen arrancarse de la hoja con cuidado cuando todavía no están maduros del todo utilizando unas tenazas de madera.

Sorbet de figues de moro

Sorbete de higos chumbos

Ingredientes
500 g de higos chumbos pelados
30 g de azúcar
3–4 cucharadas de zumo de limón
cava

Para pelar los higos chumbos se recomienda utilizar guantes con el fin de protegerse de los pinchazos de las espinas.

Reduzca a puré todos los ingredientes y páselos por un colador. Proceda a su congelación en una heladora o en el congelador del frigorífico. Sáquelo 15 minutos antes de servir para que el sorbete no esté tan duro.

Monjes y dragones
S'Arracó y la Illa de Sa Dragonera

Más al oeste ya no se pisa tierra. La península de S'Arracó contempla, al otro lado del canal de la Mancha mallorquín, la isla rocosa de Pantaleu y Sa Dragonera, la isla de los dragones, y por detrás el Mediterráneo separa Mallorca del continente. Los árabes poblaron esta península con *alqueries* o fincas pequeñas con el fin de cultivar almendros, higueras y nopales entre los pinares y el mar.

Este paisaje ha sufrido pocos cambios. Tampoco es fácil que pierda la calma la misma población de S'Arracó, tan encantadora como el nombre del valle de que forma parte, Sa Palomera. Se trata de algo sorprendente por cuanto que los puntos calientes del turismo que son Port d'Andratx y Calvià están a tiro de piedra y, sin embargo, quedan infinitamente lejos.

A cierta distancia se encuentra el antiguo monasterio trapense de Sa Trapa, donde, a pesar de la secularización en 1835, todavía puede contemplarse la Virgen de Mármol que los monjes franceses trajeron en el siglo XVIII. En el año 1820 dejaron el monasterio a merced de un destino incierto, deshabitado e incluso quemado, hasta que a finales del siglo XX fue adquirido y reconstruido por el GOB *(Grup Ornitològic Balear)* y los *Amics de la Trapa,* que consiguieron que Sa Trapa y sus alrededores fuesen declarados zona protegida y que actualmente cuidan de las numerosas aves acuáticas que anidan en las rocas costeras existentes bajo el monasterio.

En cualquier caso, una isla de dragones, sin duda

Con buen tiempo y con el correspondiente espíritu deportivo se puede recorrer a nado la distancia entre el hermoso puerto pesquero del cercano Sant Elm y la isla de los dragones. No obstante, también hay embarcaciones que unen regularmente Port d'Andratx y Peguera con la isla.

Según la versión profana sobre el origen del nombre de la isla, éste se debe a que desde una perspectiva aérea, su contorno, de cuatro kilómetros de longitud, recuerda a la forma de la cabeza de un dragón. Según la otra versión, tras el diluvio universal una tempestad arrastró hasta aquí a Noé con su arca.

En realidad, tras haber desembarcado en las costas africanas a su hijo Cam con su esposa para poblar la futura Etiopía, Noé se propuso buscar un espacio vital en el Mediterráneo y avistaba ya la costa de Valencia cuando se interpuso la tempestad. El proyecto estaba a punto de malograrse cuando una isla situada frente a las Baleares actuó de parachoques e impidió que el arca zozobrara. En agradecimiento, Noé dejó en la isla a Drag, hijo de Jafet, con su mujer Onera, que denominaron la isla con sus dos nombres: Drag-Onera.

No tardaron mucho tiempo en encontrar compañeros de juegos para la numerosa descendencia que criaron en la isla. Se trataba de pequeños lagartos nacidos de los huevos que se habían traído y que rápidamente poblaron la isla y la gran isla cercana de Mallorca. De este modo los Drag-Onera no solo concibieron el nombre de la isla, sino también el de los lagartos: *dragons.*

En la actualidad, dos faros automáticos embellecen la deshabitada isla. También hace mucho tiempo que han desaparecido los contrabandistas y los piratas. La isla es una zona protegida, de forma que, exceptuando a unos pocos visitantes, nada ni nadie altera la armonía existente entre la gruesa alfombra de hierbas, lentiscos y pinos y el mundo animal.

El antiguo recinto monástico de Sa Trapa, en la "tierra firme mallorquina", es, como la Illa de Sa Dragonera, zona protegida.

Sobre las rocas de Sa Dragonera, la "isla de los dragones", se deslizan raudas las lagartijas, que en mallorquín se llaman *dragons.*

Monstruos de nueve ojos
Pescado y marisco

*Te conozco, bacalao,
aunque vengas disfrazao*

Canta el pescador en su vieja canción y es que algunos animales marinos dan la impresión de haberse disfrazado. Con su cabeza plana y su boca ligeramente abierta el rape parece algo estúpido; en el caso de la lamprea sería difícil saber desde qué pupila miraría fijamente si no estuviera muerta; el bogavante, todavía vivo, tiene evidentemente problemas con sus voluminosas pinzas, que sin verdadero brío intentan atrapar un calamar pequeño pero inalcanzable; el pez espada ha rendido ya sus armas y la araña de mar, de muchas patas, parece conservarse mejor en un terrario bien cerrado que en el mostrador de un puesto del mercado.

Visitar un mercado de pescado es una de las experiencias más impresionantes de un viaje a Mallorca. En cualquier puerto, pero sobre todo en el Mercat de l'Olivar de Palma, se puede disfrutar de una maravillosa visión global del rico botín que los laboriosos pescadores apresan en el mar en sus salidas nocturnas. Percas, anguilas, sardinas, atunes, caballas, lenguados del Mediterráneo, pintarrojas, rayas, doradas, carpas, rapes, mejillones, cangrejos, bogavantes, langostas, camarones y percebes: todo está a la venta perfectamente expuesto y con los precios marcados. El pescado pronto encontrará compradores, que previamente se habrán asegurado, mirando los ojos todavía claros, de la captura reciente del objeto de deseo.

Aunque se suele decir que en el mar que rodea a Mallorca ya no hay pescado, la amplia oferta de los mercados de la isla indica exactamente lo contrario. Está, por ejemplo, el *jonquillo*, un pez diminuto y casi transparente, que se reboza en una masa y después se fríe en abundante aceite. La merluza, *lluç*, con su finísima carne blanca,

Basta mirar los ojos claros de los peces para cerciorarse de que el pescado mallorquín llega fresco a la mesa.

La pesca se divide en porciones vendibles utilizando un gran cuchillo.

aparece en las cartas de todos los restaurantes; son especialmente deliciosas sus delicadas cocochas. También es relativamente frecuente en Mallorca el *caproig*.

Entre los mariscos están los *musclos* o mejillones, que aparecen en el mercado cuando alcanzan entre siete y once centímetros de longitud. Pero tampoco faltan en una buena carta las almejas, más pequeñas y de valvas acanaladas, que se ocultan en la arena, las navajas, los múrices y otros moluscos. La ostra, que contiene muchos minerales y generalmente se sorbe cruda directamente de la valva, no gusta a todo el mundo, aunque a la reina de los mariscos se le atribuyen efectos afrodisíacos.

Entre las langostas, la de mayor aceptación es la langosta europea, *Palinurus elephas.* Este animal acorazado, de color entre rojizo y lila, alcanza hasta 50 centímetros de longitud y pesa alrededor de 450 gramos. Vive en fondos rocosos, que encuentra en abundancia frente a las costas de Mallorca y en los cuales se alimenta de erizos de mar, de chipirones y de mejillones. Como la langosta consume exactamente lo que los sibaritas saborean en sus platos, su carne, con puro sabor a mar, es muy apreciada.

La morena no es para los que tienen fobia a las serpientes. Este pez tiene aspecto de reptil, puede llegar a medir dos metros de largo y

tiene una carne compacta y grasa, de buen sabor siempre que no se sienta repugnancia y uno se haya habituado a tomarla. También la lamprea, vertebrado pisciforme con nueve orificios a cada lado –órgano del olfato, ojo y siete accesos branquiales– y de 50 centímetros de longitud, puede provocar la retirada de más de uno, pues, parecida a la anguila, no tiene un aspecto especialmente simpático.

También producen una impresión muy singular los *peus de cabra* o pies de cabra, nombre con que se designan los percebes en mallorquín. Miden varios centímetros y viven adheridos a las rocas y a las peñas. Estos crustáceos alargados y cubiertos por placas calizas, que se cuecen y de los que al ser tomados se desprende un líquido de color naranja, recuerdan más los dedos de un extraterrestre que una exquisitez. Para apreciar debidamente estos extraños crustáceos, que alcanzan altas cotizaciones en el mercado, se recomienda vestir ropa de fácil lavado.

El pez espada o emperador se parece al atún y, como éste, suele tomarse frito en rodajas. En los últimos años se ha puesto de moda el *rap*, el rape. Antes su cuerpo ligeramente aplastado provocaba el rechazo, hasta que se descubrió que su carne, blanca y consistente, es deliciosa y se presta a múltiples preparaciones. Por ejemplo, es exquisita en brocheta combinada con tomate y pimiento.

Otra especialidad de pescado en Mallorca es el extraño *raor*. A finales de verano los aficionados al pescado esperan ansiosos los primeros ejemplares de este pescado, muy apreciado y de carne exquisita. Como el *raor* suele esconderse en el fondo del mar, es muy difícil encontrarlo. El *raor* sabe mejor cuando se fríe brevemente en aceite de oliva y se sirve de inmediato.

Los calamares pueden prepararse en su propia tinta o también rellenos con todo tipo de exquisiteces. En este caso, no se ponen límites a la imaginación de los cocineros. Preparados con uvas pasas, con almendras, con carne picada o sólo con verduras, los calamares resultan siempre exquisitos y le hacen a uno olvidar rápidamente los congelados del supermercado.

Cuando no se dispone de pescado fresco, simplemente porque San Pedro ha remitido a los pescadores una tempestad desde el cielo, los mallorquines no pierden la calma, pues la tradición de la conserva del pescado y del marisco cuenta con 2.000 años de antigüedad. Abren una lata de anchoas en aceite, *anxoves,* o recurren al bacalao de la despensa.

En el Mercat de l'Olivar de Palma, el pescado y el marisco hallan su última morada entre capas de hielo.

El pescado y los mariscos frescos se llevan directamente al mercado en cajas de plástico...

... donde se clasifican teniendo en cuenta sus "vínculos familiares". Las lampreas, parecidas a peces, no son precisamente un modelo de belleza...

... en tanto que las "reinas del marisco", las ostras, bien dispuestas en platos de porcelana, destacan de otras especies de inferior calidad...

... y algunos ejemplares de *raor*, que sólo se pesca con tormenta, dan la impresión de haber sido literalmente alcanzados por el rayo. Con varias especies cuenta...

... la familia de las gambas. Los miembros más pequeños, los camarones, se pueden tomar crudos...

... mientras que para poder tomar la exquisita carne del bogavante hay que partir previamente su caparazón.

Sueño reparador tras la anarquía
Andratx

"Andratx, el viejo *Andrachium* de los romanos, está habitado mayoritariamente por gente del mar y refleja sobre todo limpieza y bienestar. Desde cada casa rostros alegres y satisfechos sonríen al visitante; es justamente uno de esos sitios en los que a cualquiera le gustaría vivir." Lo que Luis Salvador escribió en 1867 es básicamente válido para el Andratx actual.

En efecto, a sólo cinco kilómetros de distancia de su puerto, últimamente tan famoso y deseado, Andratx continúa siendo una población rural que, al pie del Puig de Galatzó, parece dormir a finales del siglo XX el sueño encantado de la Bella Durmiente y no tiene ninguna prisa en que la despierte el príncipe con una *besada,* con un beso. Eso es. Efectivamente, aunque por su situación –a diferencia de lo que sucedía con su puerto– se vio libre en gran medida de las obligadas incursiones de los piratas, a lo largo de su historia

Izquierda: en el cementerio de Andratx los muertos mantienen una estrecha vecindad en sus casitas mortuorias durante cinco años antes de reposar definitivamente bajo tierra.

Inferior: en el muro exterior del palacio de Son Mas un pirata de piedra dirige su mirada hacia el mar. Se trata de Jayr al-Dīn, Barbarroja, quien, en el siglo XVI, no logró nunca llegar hasta aquí.

Andratx ha vivido cosas tan extrañas que realmente se merece un poco de paz. Una descabellada idea del gran conquistador Jaime I dejó esta perla del Ponent, soberbia y muellemente tendida entre huertos, en manos de la arbitrariedad y en definitiva de la anarquía.

¿Mejor la doble costura...?
Andratx es una de aquellas partes de la isla que tras la Reconquista pasó a manos de la Iglesia, en este caso a manos del obispado de Barcelona. En 1323, la Iglesia y la Casa Real mallorquina firmaron un acuerdo sobre Andratx, en virtud del cual las dos instituciones tenían los mismos derechos en todos los asuntos, tanto si se trataba de promulgar o de derogar leyes, como de dictar sentencias o de repartir el agua. Esta situación no hizo más que crear problemas hasta el siglo XVII. Si la Iglesia decidía una cosa, el Estado decidía otra. Al final los ciudadanos dejaron de pagar impuestos a los dos. Si llegaba un cobrador de impuestos le obligaban a marcharse sin ningún miramiento y, en caso de necesidad, hasta con violencia. La violencia se extendió en Andratx, pues rara vez se dictaba una sentencia y mucho menos se ejecutaba.

El caso más famoso fue el del violador, asesino y ladrón Jaume Esteva, alias *Telaier.* A causa de sus crímenes, por un decreto del Estado fue encerrado vivo en un nicho funerario; ingenuamente fue encerrado en zona sagrada, por lo que la Iglesia redujo la sentencia a un ridículo castigo menor y lo liberó; no se trataba

Los vecinos de Andratx acudían al palacio de Son Mas para protegerse de los ataques de los piratas.

de proteger al criminal, sino de ejercer el derecho a la ausencia de derechos.

Operaciones en el campo santo
Actualmente la bella población se presenta con su imponente iglesia parroquial de Santa Maria, con su Castell de Son Mas, protegido por cañones, y con algo que, entre curioso y macabro, es digno de verse: el cementerio. En Andratx la tradición exigía que los difuntos, cualesquiera que fuesen, no se enterrasen en féretros a la manera clásica. Se entendía que aquel era un enterramiento de pobres. En su lugar primero se enterraba a los muertos en una de las casitas mortuorias que, unas junto a otras, parecen darse recíprocamente apoyo y compañía. Todas están cubiertas con tejas semicirculares que acertadamente se denominan "monjes y monjas". Pasados cinco años se incineran los restos del féretro y de los huesos y la urna se deposita definitivamente en una de las sepulturas de cofre. Pero como la frecuencia de defunciones no siempre se atiene a un sistema tan calculado, puede suceder que las casitas mortuorias estén vacías. Con sentido pragmático, fueron utilizadas con otros fines, preferentemente para ocultar artículos de contrabando.

Níspero japonés de Mallorca
Fruta de todo el mundo

En definitiva, parece ser que el temporal en el mar que provocó el naufragio de Isman al-Khaulani frente a las costas de Mallorca fue un regalo de los dioses. No a primera vista y, desde luego, no ante los ojos de los mallorquines de aquellos tiempos, pero sí desde nuestra perspectiva, que es la que mejor conocemos. Al-Khaulani era un comerciante islamizado que se encontraba precisamente en su *haddsch,* es decir, en su viaje de peregrinación a La Meca cuando le sobrevino un fuerte temporal frente a la isla. Mientras reparaban su barco recorrió Mallorca e hizo un doble descubrimiento. Primero, que con un tratamiento adecuado aquella isla podía convertirse en un nuevo jardín del Edén y, en segundo lugar, que sus posiciones defensivas eran sumamente vulnerables, por lo que no podían resistir una invasión bien organizada.

A su regreso a Córdoba, al-Khaulani dio parte de ambas circunstancias al emir, quien lo puso al frente de la conquista de la isla, que llevó a cabo en el año 902, para convertirse en el primer gobernador en nombre del emirato de Córdoba. Fue aquél un momento histórico para la isla, no solo desde el punto de vista político. Los árabes ayudaron a los mallorquines a mejorar el sistema de riegos ya existente hasta el punto de que el campo floreció en los siglos siguientes. La manzana, la pera, la cereza, el melocotón, el albaricoque y la granada

Tras un corte enérgico, los frutos del huerto a los que se les "ha cortado el ombligo" pasan directamente a los fruteros de los mallorquines.

eran frutas más o menos desconocidas hasta entonces en Mallorca, se aclimataron perfectamente en sus fértiles tierras y se desarrollaron esplendorosamente.

Más tarde, cuando navegantes españoles y portugueses recorrieron prácticamente todo el mundo, llegaron la naranja, el pomelo, el limón, la clementina y la mandarina y también especies exóticas como el níspero japonés. Esta

fruta, refrescante y jugosa, se parece a la ciruela amarilla y es de las pocas que alcanzan su plena madurez en primavera. Por el contrario, el caqui, luminosamente rojo y del tamaño de un albaricoque, sólo es comestible a finales de otoño, cuando los árboles han perdido su hoja.

Los higos maduran en agosto. Después se secan y se conservan hasta el invierno. Los

Un limonero puede producir sus primeros olorosos limones con sólo dos años.

Con los frutos profundamente rojos del madroño suelen prepararse mermeladas y licores.

espinosos higos chumbos, que los cristianos designaban con el nombre de "higos de moro" y los árabes con el de "higos de cristiano", no tienen nada que ver con los árabes, pues proceden de América. Las chumberas u opuntias tiene tras de sí una carrera empinada. Utilizados anteriormente sobre todo en la alimentación animal, en la actualidad los higos chumbos maduros se recolectan y se pelan para comerlos al momento.

La granada ocupa una posición singular dentro de la rica huerta mallorquina. Ya desde épocas antiguas ha sido considerada como símbolo del amor y de la fecundidad. Son comestibles sus granos, agridulces y maravillosamente jugosos –cuyo aroma recuerda bastante al de la grosella– que se encuentran en el interior del fruto, así como también la pulpa, de sabor agridulce y color naranja, de la cáscara exterior de las semillas. Con los granos se elabora asimismo el famoso y dulce jarabe de granadina.

El *cremadillo* es un ponche mallorquín que resulta inconcebible –al igual que la sangría– sin naranja y limón. De ahí que en todos los huertos, por pequeños que sean, tenga que haber necesariamente un limonero. Cuidado y cultivado desde el primer momento, a los dos años el árbol no solo produce flores de embriagadora fragancia, sino también los primeros frutos, que se sirven en la mesa con su vistoso color amarillo recién cogidos del árbol.

El melón, gigantesco si se compara con el limón, es otro producto estrella de la isla. Los

ejemplares más gruesos, de forma esférica u ovalada, proceden de Villafranca, donde antiguamente se les rendían honores organizando una fiesta anual con elección de *miss*. Pero desde que, por motivos fácilmente comprensibles, las mujeres dejaron de interesarse por el honroso título de "Miss Melón", la *Festa des Meló* se ha limitado, en la línea de lo políticamente correcto, a un simple concurso de melones, en el que se premia el ejemplar más grueso y de mayor peso.

Costelletes de porc amb salsa de magranes

Costillas de cerdo con salsa de granada
(para 4 personas)

Esta combinación tiene un origen árabe. Los árabes utilizan carne de cordero, en tanto que los mallorquines recurren generalmente a la carne de cerdo.

Ingredientes
4 costillas de cerdo o una pieza de costilla de tamaño similar
aceite de oliva y manteca de cerdo
1 cebolla grande cortada a dados
1 cucharada de vinagre de vino blanco
$^1/_4$ de vino blanco joven o de vino rancio
1 rama de canela
2 granadas grandes y maduras desgranadas
sal, pimienta blanca recién molida

Fría a fuego fuerte la pieza de costilla o las costillas en aceite de oliva y manteca de cerdo. Agregue los dados de cebolla. Hornéelo todo durante 20 minutos a 180°C rociándolo repetidamente con el jugo del asado. Dé un hervor con el vinagre y el vino blanco. Incorpore la rama de canela y la granada y prolongue la cocción en el horno otros 15 minutos. Sazone con sal y pimienta. Apague el horno y mantenga el asado en su interior otros 10 minutos. Antes de servir deshuese la carne. Preséntela en lonchas en una fuente.

Los mallorquines ni siquiera intentan competir con el plátano sudamericano. Ellos mismos se comen toda su producción platanera.

Los caquis, pesados y parecidos al tomate, están maduros y aromáticamente dulces cuando ceden a una ligera presión.

Exclusivista sí, pero también amable
Port d'Andratx

Hasta muy entrado el siglo XX el puerto de la población de Andratx, desde el que se puede ver la isla de Sa Dragonera y, con buena vista, incluso Ibiza, era un pequeño lugar de transbordo de mercancías donde nadie quería vivir. Pero cuando se pudieron transportar los productos de los frutales y de las huertas de verduras de Andratx, los agricultores empezaron a disponer de unos ingresos. En el periodo de pleno esplendor de la piratería este puerto se mantuvo de forma intencionada en sus reducidas dimensiones y en su pobreza para abandonarlo en caso de ataque sin ofrecer resistencia, rápidamente y sin nostalgia alguna por su pérdida.

De todo aquello ya no queda nada. El patito feo de otros tiempos es ahora un cisne elegante que nada altivo en el mar. El puerto, antiguamente acondicionado como un mal necesario por inseguro, es desde hace mucho tiempo uno de los más hermosos del mar Mediterráneo. Cuando se instaló en los terrenos de la isla la primera oleada de centroeuropeos prófugos del frío y con la cartera llena, Port d'Andratx consiguió rápidamente ser grande en lo pequeño y al mismo tiempo exquisito. A diferencia de sus vecinos, especializados en el turismo de masas, tanto los inmigrantes como los concejales han tenido aquí siempre presente la medida justa. A lo largo de los tres kilómetros de costa hasta Cap de Sa Mola se han construido villas y segundas residencias, perfectamente integradas a pesar de su suntuosidad en las pendientes de piedra, al menos las más antiguas. Quienes a lo largo de los siglos poseyeron aquí un trozo de tierra sin valor por su aridez de pronto se encontraron con una oportunidad única de hacer un gran negocio.

Ni puestos de frituras ni tiendas de baratijas

Este pequeño puerto se ha adaptado con elegancia y distinción a las necesidades y nivel de vida de los nuevos vecinos. Un puerto de yates, la Marina, acoge los sueños flotantes. En las calles, apostadas tras el frente marino, apenas hay coches y el tráfico es tranquilo.

Elegantes cafés se alinean a lo largo del paseo marítimo y crean un ambiente mediterráneo sin tener que recurrir a la cerámica barata y al calzado de baño. Los visitantes inexpertos se pasan aquí mucho tiempo buscando tarjetas postales y aceites para el bronceado, pues no los encuentran en las aceras como en las poblaciones cercanas de Peguera y Magaluf. Existen muy pocas posibilidades de estrenar trajes de baño, pies de pato y redes de pesca, pues prácticamente no hay donde bañarse. Port d'Andratx es un puerto de barcos y de paseo, un trozo de la Mallorca marítima donde la gente descansa tranquilamente si logra hacerse con un asiento en un café.

Superior: en el puerto de Andratx hay muchas cosas que ver; los barcos de pesca vuelven de su salida de cada día a los caladeros y los barcos deportivos abrillantan su cubierta y sus piezas de latón.

Derecha: frente a Port d'Andratx los pescadores capturan a los habitantes del mar no solo con redes. Para las langostas y crustáceos afines anclan en el fondo nasas especiales.

Izquierda: Calvià está muy cerca y difícilmente podría estar más lejos. En Port d'Andratx el turismo ha encontrado una forma discreta y reservada. De esta circunstancia se aprovechan a la vez los propietarios europeos de yates y los pescadores autóctonos; todos ellos están orgullosos del apelativo de "puerto más hermoso del Mediterráneo".

Los pescadores y la Virgen
Procesiones marítimas en Mallorca

Noche del 16 de julio: todo el puerto es un mar de luces; el aire suave y una brisa ligera desde el mar, el cielo lleno de estrellas, los yates iluminados y la luz de las farolas, de las antorchas y de las ventanas de las casas crean en el atardecer un ambiente maravilloso, mágico, como de ensueño. En el agua se mecen innumerables *llaüts,* todos adornados con antorchas cuyo resplandor alcanza el puerto titilando en las suaves olas. En el centro, una barca suntuosamente adornada e iluminada lleva la imagen de la Virgen y, acompañada por los restantes barcos, se dirige lentamente hacia el mar abierto desde el puerto balanceándose con suaves movimientos.

En casi todas las poblaciones costeras de las Baleares se celebran procesiones marítimas

en las noches próximas al día 16 de julio. En efecto, en asuntos religiosos los pescadores se saben en buenas manos; su patrona, la Virgen María, que en estos casos lleva el sobrenombre del monte Carmelo, en la tierra de promisión, protege su prosperidad con mano femenina, dulce pero firme. Para asegurarse una vez más su benevolencia celebran en su honor todos los años esta fiesta y, aunque en la actualidad son muy pocas las personas que viven exclusivamente de la pesca, se mantienen fieles a la tradición. Tres días duran en Port d'Andratx las fiestas en honor de la *Mare de Déu del Carme,* si bien su momento culminante corresponde a la gran procesión nocturna.

Primero las mujeres de los pescadores llenan hasta rebosar las andas de la Virgen de

La "Virgen del Monte Santo del Carmelo" protege a los pescadores en alta mar. Para que no se olvide de su misión, cada año se celebra en su honor una gran fiesta.

La Virgen se hace a la mar en un *llaüt* suntuosamente adornado.

flores y de cirios, limpian de polvo su capa de gala y abrillantan su corona. Entretanto los pescadores decoran sus *llaüts* con guirnaldas de flores y con infinidad de luces hasta que todos se reúnen en la iglesia para seguir la liturgia de los hombres del mar establecida en el siglo XIV, cuando los pescadores se organizaron en un gremio y eligieron como patrona a la Virgen del Carmen.

Tras la misa, los hombres sacan a la Virgen de la iglesia a hombros. Es un gran honor poder llevar la divina carga al menos una pequeña parte del camino. Una vez que la imagen de la Virgen ha recorrido todo el puerto se traslada a un *llaüt* grande, magníficamente adornado para la ocasión, que se hace a la mar con la brisa de la tarde, seguido de otros barcos engalanados con guirnaldas de flores y de luces para aplacar el mar y sus poderes malignos con la benevolencia y la belleza de la Virgen.

Esperando los favores de San Pedro

Sin antorchas ni luces de bengalas celebra Port d'Alcúdia la fiesta del santo protector, Sant Pere; en definitiva San Pedro, que fue un modesto pescador del lago de Genesaret, ha sido desde los primeros tiempos del cristianismo patrono de navegantes y pescadores y al mismo tiempo tiene en sus manos no solo las llaves del cielo, sino también las del

tiempo atmosférico. No obstante, el santo patrón tiene además una significación especial para Mallorca.

La fiesta de la Trinidad, que se celebra el primer domingo después de Pentecostés, señalaba antiguamente el comienzo de la temporada de pesca. A partir de aquel día los pescadores, cargados de pesadas bolsas de víveres y acompañados por sus familiares y conocidos, llegaban a la playa por los montes. De hecho a

lo largo de los siglos muchos pescadores, residentes en el interior, se veían obligados a pasarse todo el verano lejos de su familia viviendo en la playa en humildes chozas, pues tener que acercarse al mar todos los días les exigía un gran esfuerzo y mucho tiempo.

El 29 de junio, poco después del domingo de la Santísima Trinidad, se celebra la fiesta de Sant Pere, durante la cual la imagen del santo se traslada hasta el mar y se coloca en un barco ricamente adornado, el cual, seguido por otros barcos de pesca, parte inmediatamente para continuar la procesión en el mar.

Año tras año la fe de los pescadores se manifiesta en esta singular procesión por alta mar, en la que se entonan cantos y plegarias tradicionales mientras se bendicen todos los útiles de pesca y finalmente también el mismo mar, a fin de que los pescadores encuentren buenos caladeros y regresen sanos y salvos, exactamente como la procesión flotante de la tarde de este día.

Una banda de música y un grupo de *majorettes* acompañan a la procesión.

Cabras salvajes, adormidera suave
Es Capdellà

Como indica en mallorquín el nombre de Capdellà, "cabo del extremo más alejado", siguiendo en dirección oeste no hay nada más. En cualquier caso no lo hay en el sentido de la región montañosa de Calvià. El hecho de que una población de montaña incluya en su nombre un concepto tan marítimo como el de "Cap" responde a una circunstancia náutica. En 1717 nació en la población cercana de Galilea Antoni Barceló. Se hizo a la mar y en poco tiempo pasó de ser un simple marinero a perseguir en nombre del rey a los corsarios y a ser nombrado comandante de la flota española. Dedicó parte de sus enormes ingresos a construir una iglesia parroquial en Es Capdellà, no en Galilea. No obstante, restauró la iglesia de Galilea. El viejo lobo de mar dio el nombre de "Cap" a la población con su nueva iglesia.

Haciendo honor a su nombre, la población se adapta tan pintorescamente a la colina como si cabalgase sobre suaves olas. Fuera de las

Izquierda: en Es Capdellà, los descendientes de los corsarios disfrutan de la bicicleta sin los inconvenientes del tráfico intenso y lejos del mar.

Inferior: el *esclata-sang* se prepara y se consume en el mismo lugar en que se encuentra.

grandes rutas, la población sigue su propio ritmo. En las huertas la ropa lavada ondea al viento, más o menos como las velas de un *llaüt* impulsadas por la brisa. Sin embargo, en los alrededores de Capdellà en lugar de peces se capturan animales de cuatro patas; indudablemente S'Alqueria es una finca de caza y no un asador de pescado. Ahora bien, los cazadores se encuentran aquí más con cabras involuntariamente asilvestradas que con majestuosos ciervos o con tímidos venados. Tradicionalmente se

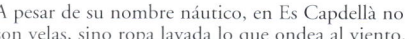

A pesar de su nombre náutico, en Es Capdellà no son velas, sino ropa lavada lo que ondea al viento.

deja pastar en libertad a las cabras confiando en que no abandonarán el rebaño y se quedarán junto al macho cabrío. Sólo que no siempre sucede así y las cabras se dispersan por los pastos situados a más de 700 metros de altura y en total libertad traen al mundo nuevas generaciones de cabras monteses ya totalmente salvajes.

En noviembre, tras las primeras lluvias fuertes, los buscadores de setas patean los bosques. Llevan una bolsa con una sartén, ajo, manteca de cerdo, sal, pimienta y un par de tomates y buscan *esclata-sangs,* una seta de la familia de los lactarios. Se preparan con los ingredientes una sartén de setas, pues el *esclata-sang* debe consumirse al momento, y, ¿dónde mejor que en el lugar en que se encuentra?

Los bosques de los altos de la zona sudoccidental son también buenos para otros hallazgos: hierbas para el aguardiente mallorquín llamado *herbes,* hierbas, y adormidera, *Papaver somniferum* en botánica y *cascall* en mallorquín. Este calmante y somnífero procede de un arbusto de unos 80 cm de altura, más concretamente del pericarpio, en el que se efectúan cinco incisiones cruzadas hasta que sale un jugo espeso y blanco, que, diluido en agua para el enjuague de la boca, constituye un excelente remedio contra el dolor de muelas.

Especias en tarros
Palo y herbes

La Unión Europea ha atizado un duro golpe al *palo*. Este aguardiente de hierbas de color oscuro, que para los mallorquines forma parte de una buena comida, ha sufrido la censura oficial de la comisión superior. Como sucedió con la famosa ensaimada, los mallorquines querían proteger la denominación de origen de este aguardiente dulce, para lo cual se dirigieron a la correspondiente comisión de Bruselas.

Los funcionarios comunitarios no tardaron en dar una desmoralizadora respuesta negativa a las pretensiones de los productores del licor. En su informe se establecía que no se podía otorgar el sello de calidad debido a que algunos ingredientes, por ejemplo la genciana y la quina, no se cultivan en Mallorca, sino que se importan de otras regiones. En

consecuencia, el *palo* no es una bebida mallorquina al cien por cien ni, por tanto, puede ser objeto de protección. Para digerir este razonamiento seguramente hubo que tomar más de una botella del oscuro licor...

El *palo* no siempre estuvo presente en las estanterías de bebidas mallorquinas en calidad de aperitivo o digestivo. En el siglo XVI, cuando la malaria se llevó por delante a un gran número de mallorquines, la quina, introducida por la condesa de Chinchón, en combinación con la genciana resultó ser un remedio muy eficaz para combatir la fiebre mortal. Pero como el brebaje tenía un sabor desagradable, no tardó en mezclarse con azúcar de caña, con nuez moscada y, según algunos, con algarrobas; la mezcla se mantenía

La base del *palo* es la quina.

Los refinadores se dedican a redondear el singular sabor del licor.

El licor de *herbes* y el *palo* son un regalo de Mallorca tan apreciado como las famosas ensaimadas.

durante un año en una cuba de encina hasta que el caldo, de color pardo oscuro, desarrollaba su peculiar sabor. De esta forma el *palo* estaba a punto para hacer su entrada triunfal y su hora coincidió con la más baja del vino; inmediatamente después de que el pernicioso pulgón de la *Philoxera* atacase las vides a finales de los años noventa del siglo XIX, aquel licor de hierbas mallorquín pasó de ser un simple estimulante del apetito a convertirse en un preciado sustituto del vino de mesa. Sin embargo, su índice de alcohol, situado alrededor del 22–38% supera con mucho la graduación del vino.

Por el contrario, el licor de hierbas más famoso de la isla, el llamado *herbes,* no tiene ningún problema de origen; todas las especies con que se elabora crecen en tierra mallorquina. Plinio lo sabía hace ya 2.000 años cuando, refiriéndose al precedente de las *herbes,* escribió que contenía 100 hierbas diferentes y que se utilizaba con éxito contra las enfermedades. En definitiva, los mallorquines son unos expertos en hierbas y desde tiempos inmemoriales utilizan hierbas como el romero o el tomillo para tratar sus enfermedades y también para acentuar y aromatizar los sabores.

Por otra parte, mucho antes de que un primer plato basado en el tomate, la *mozzarella* y la albahaca y presentado con los colores de la bandera nacional italiana iniciase su marcha triunfal por Europa, en Mallorca se sabían apreciar debidamente las hierbas finas. No obstante se discute mucho acerca del número de elementos aromatizantes que debe contener un buen licor de *herbes.* Según algunos para un buen resultado son suficientes cinco hierbas distintas, en tanto que otros consideran que un promedio adecuado es el de doce tipos diferentes, aunque los perfeccionistas creen necesario un mínimo de 26 plantas distintas para que el licor, de color verde oliva, pueda desplegar a la perfección su aroma característico.

En cualquier caso, aparte de la menta, el romero, el hisopo, el espliego y el mirto, hay una hierba que no puede faltar: el anís. La base de un anisado es el aceite de anís, incoloro o amarillento pálido, de los frutos de la *Pimpinella anisum,* de olor fuerte y penetrante y de sabor dulce, que se mezcla con extractos de hierbas. Los destiladores de licores amantes de la experimentación añaden aromas de naranja o de limón para dar al licor una nota especial. Actualmente se elaboran tres clases de *herbes* según los gustos: *seques, semiseques* y *dolces.*

De los saludables efectos de las *herbes* para el cuerpo y para el espíritu se hablaba ya en el siglo XIII. Entre sus casi 40 "indicaciones" no deben dejar de citarse sus efectos sobre la inteligencia, que pueden ser de incitación, de excitación o de embotamiento; como en toda medicina, todo es cuestión de dosificación.

Durante su larga estancia en el monte de Randa, el famoso filósofo y misionero mallorquín Ramon Llull no debió de renunciar a alguna que otra botellita de *herbes* antes de abismarse en sus pensamientos espirituales. Elogió con entusiasmo el valor medicinal de la bebida y recomendó su consumo regular. Durante los ataques de los piratas, que se multiplicaron en la isla entre los siglos XIV y XVII, los denodados defensores se animaban y acrecentaban su valor con un buen trago de licor, el cual tampoco falta en las representaciones de *Moros i cristians* de Port de Pollença o de Port de Sóller.

El "esclarecedor" licor presenta un tono verde cardenillo en las elegantes y armoniosas botellas.

De Cenicienta a princesa
Calvià

Actualmente es difícil, si no imposible, imaginarse que el extremo sudoccidental de la isla haya sido alguna vez el fin del mundo; que en épocas pasadas entre Palma Nova y Fornells sólo se sintiesen a gusto como mucho los contrabandistas, que disponían aquí de escondrijos seguros para sus alijos; que calas solitarias con playas de fina arena se aburriesen en el suave flujo y reflujo del Mediterráneo y que durante siglos enteros los vecinos de Calvià prácticamente no supiesen con qué iban a llenar al día siguiente los platos de la mesa familiar.

Eran pescadores y campesinos establecidos en uno de los paisajes más inhóspitos de Mallorca. Sus escasas propiedades procedían de la partición de la herencia: el hijo mayor se

El municipio más pobre de Europa en otros tiempos es hoy el más rico. La fórmula mágica de este éxito se encuentra fundamentalmente en los años del auge del turismo: dar al cliente lo que busca, en este caso sol, arena y diversión a un público británico. Hasta los años noventa del siglo XX no se entregó Calvià a una reflexión autocrítica.

Un decorado mallorquín para una fotografía de recuerdo en la lejana patria: estuvimos allí, aunque no vimos mucho de Mallorca.

quedaba con la casa y las tierras de la costa, que carecían de interés, pasaban a manos de los otros hijos; fue una ironía de la historia, como no tardaría en comprobarse. Pensaban que su franja de tierra sólo hizo historia en una ocasión, historia que por otra parte les supuso un sistema feudal y pobreza. En Santa Ponça desembarcaron en 1229 los conquistadores cristianos con el rey Jaime I al frente para someter la isla y expulsar a los árabes.

Diez turistas por mallorquín

Al cabo de 700 años se iniciaba una nueva invasión en las puertas de Calvià, uno de los municipios más pobres de Europa hasta entonces. Desde que llegaron los "primeros turistas" George Sand, Frédéric Chopin, el archiduque Luis Salvador de Habsburgo-Toscana y Sisí, la emperatriz de Austria, y hablaron de las maravillas de Mallorca en la fría Europa central, se puso en movimiento una corriente de turistas lenta al principio y tumultuosa después. Los británicos viajaron a la isla desde que el mismo Winston Churchill pasó sus vacaciones en Port de Pollença.

Con anterioridad, ya en 1905 el Gobierno de la isla sintió la necesidad de crear una oficina para el fomento del turismo. Una afluencia de 30.000 turistas al año eran más de los que podía absorber la isla sin intervenir en ningún sentido. Surgieron los primeros hoteles en Palma y en Port de Pollença y alrededores. Tras la guerra civil y los años del hambre hubo en la misma España de Franco años de prosperidad económica y los mallorquines, siempre ingeniosos, hábiles para los negocios y habituados a los invasores, hicieron de la necesidad una virtud.

Jesús Rodríguez, historiador y buen conocedor de Mallorca, lo explica así: "Frente a los nuevos invasores, relativamente adinerados, los mallorquines adoptaron una actitud equilibrada, mitad de bienvenida, mitad de indiferencia; les hicieron cómoda y agradable la estancia, pero sin meterse con sus costumbres, profundamente opuestas a sus propios hábitos conservadores".

En 1950, Mallorca acogió a 100.000 turistas, diez años después eran ya 350.000 y en 1966 se traspasó la frontera mágica del millón de turistas. Comparada con otras regiones, España, que no formaba parte de la Comunidad Europea y era una dictadura impermeabilizada en el extremo de Europa, era más que barata; pero este aumento de la demanda superaba dramáticamente a la oferta.

Con la nueva riqueza la población mallorquina se decuplicó hasta llegar a los 600.000 habitantes, muchos de los cuales procedían de las regiones pobres de la península Ibérica, sobre todo de Andalucía y de Murcia. En 1950 había en Mallorca 8.200 plazas hoteleras; casi 50 años después 6,2 millones de turistas ocupaban alrededor de 390.000 camas de hotel y de apartamentos: una cuarta parte de todo el

Resumen de la historia de Calvià, realizado en varios colores en un azulejo local: desde el primer asentamiento hacia el año 400 a.C., pasando por la llegada de los romanos en el año 123 a.C. hasta la conquista de los árabes en el año 902, que data en la imagen del año 904. A la derecha, visión panorámica de la fauna y de la flora, de las que el municipio viviría durante varios siglos tras la reconquista cristiana en el año 1229. En el centro, en la parte superior, el cuadro refleja el momento histórico más importante de esta localidad: las tropas de Jaime I desembarcan y plantan su bandera en Santa Ponça, en el término de Calvià.

volumen español. Uno de cada cuatro turistas acude a Calvià, a las playas de Magaluf, Peguera, Santa Ponça e Illetes. En efecto, cuando empezó el auge, los calvianenses no perdieron el tiempo; sus calas estaban cerca del puerto y del aeropuerto de Palma y nadie había construido nada hasta la fecha. Empezaron a construir hoteles. Los herederos de los terrenos de la playa, los desfavorecidos de los viejos tiempos, hicieron grandes negocios. Eran empresas familiares generalmente, con alrededor de 300 camas; el equipo, formado por el padre, la madre, los hijos y un par de refuerzos de temporada, no daba más de sí.

En los años sesenta, los salarios y la seguridad social eran muy bajos, así que muchos

Derecha: todo está permitido. En temporada alta no queda la menor huella de la antigua etiqueta rígida y recatada de las prendas de vestir. Los turistas tienen que sentirse a gusto y no se sienten obligados a adaptarse a las concepciones autóctonas de los valores.

de aquellos nuevos hoteleros ampliaron sus negocios sin que se resintiera la calidad del servicio: menús recién preparados con apetitosos productos del mercado, atención personal al cliente y todo a precios muy favorables.

"Todavía recuerdo que en nuestro primer hotel de la playa de Palma mi padre era director y a la vez se ocupaba de la recepción", dice Luis Riu jr., presidente de la cadena hotelera Riu, empresa familiar mallorquina con más de 80 edificios (1999). "Mi madre trabajaba en el servicio de habitaciones y en la recepción. Mi abuelo se encargaba del mantenimiento técnico y de las compras. Y la abuela estaba al mando de la lavandería y del servicio

Inferior: la cala Portals Vells pertenece al término municipal de Calvià. Las construcciones de hormigón y la diversión ininterrumpida están a la vuelta de la esquina, pero aquí todavía caben algunas pequeñas fugas de la realidad cotidiana. Los barcos deportivos que se balancean suavemente son una invitación directa al agua.

de habitaciones." Familias como los Riu, los Escarrer, creadores de la cadena *Sol Melià* con más de 250 hoteles (1999) y los Barceló con su imperio turístico, que incluye entre otras cosas 44 hoteles, supieron aprovechar la coyuntura favorable. Desde que los turistas empezaron a llegar en vuelos chárter, a alquilar coches y a hacer excursiones, municipios como Calvià prácticamente no podían atender la demanda de nuevas plazas hoteleras, que, autorizadas y construidas a toda prisa, se interpusieron como una pared de cemento entre la tierra y el mar. Asimismo, las atenciones y la gastronomía debieron ceder al servicio masivo; era demasiado tentador el dinero rápido y la alta demanda elevaba enormemente los precios de los alimentos básicos.

El municipio más rico de una Europa en crisis

La crisis del petróleo de los años setenta del siglo XX evidenció también a los turistas de Mallorca que los buenos tiempos habían pasado: los bufés eliminaron camareros, decayeron los paseos marítimos, faltaban estaciones de depuración de aguas residuales, se paralizó la construcción de carreteras. Los pequeños hoteleros tuvieron que abandonar el negocio y muchas plazas hoteleras cambiaron varias veces de dueño sin apenas renovarse.

En el límite municipal oriental de Calvià, en Portals Vells, hay todavía una relativa tranquilidad, aun cuando desde hace mucho tiempo los turistas pueden disfrutar de la misma libertad que en Peguera y en Magaluf.

Y nadie sospechaba lo que estaba a punto de suceder en la principal población situada al pie del Puig de Galatzó. La vasca Margarita Nájera se casó con un calvianense y tras haberse saturado de la belleza pobre del pueblo de casas de piedra y haber estudiado a fondo los grandes beneficios que obtenían los municipios con playa propuso su candidatura a la alcaldía, para la que fue elegida en 1991.

Una vasca familiariza a los mallorquines con la protección de su tierra

La nueva alcaldesa del municipio que desde hacía algún tiempo era el más rico de Europa tenía las ideas claras: así no se podía seguir. Con frecuencia bebidos, los turistas de aluvión causan escándalos. En Calvià la recogida de basuras debe realizarse cinco veces al día para retirar los desperdicios de los turistas. En palabras de Nájera, "Mallorca siempre tendrá un problema ecológico y tendrá que vivir con poca agua, con demasiada basura y con excesiva suciedad en las calles mientras los mallorquines y los turistas no cambien su forma de pensar". Turismo sí, pero tranquilo y de calidad. Como en los viejos tiempos.

Decidió derribar en Calvià 15 ruinosos hoteles, lamentables construcciones de cemento de los tiempos del turismo de masas, para construir en su lugar un atractivo paseo marítimo. Su administración recalificó como paisaje natural digno de ser protegido 1.500 hectáreas de terreno edificable que ya estaban registradas. Esta medida le granjeó pocos amigos entre los especuladores de inmuebles, pero en 1997 le supuso, junto con Estocolmo y Heidelberg, el "Premio europeo de urbanismo respetuoso con el medio ambiente".

"En España la política y la conciencia del medio ambiente todavía están en pañales", dice Nájera. "En este caso, gracias a la presencia masiva y de muchos años de culturas ilustradas, tenemos una ventaja." Jamás deberán repetirse casos como el de 1996, cuando hubo que transportar por barco agua potable desde la península. En Calvià, "donde debemos y queremos estar siempre un paso más allá", desde el año pasado por la cisterna de los servicios fluye agua turbia, es decir, agua que ha pasado por la depuradora municipal, pero que aún no alcanza el nivel de agua potable.

En la población de Calvià, núcleo del término municipal, el turismo de masas no ha dejado todavía ninguna huella. Pero basta contemplar el cuidado perfil del pueblo para comprobar que aquí el hambre y la miseria son desde hace mucho tiempo palabras desconocidas.

Calvià está en marcha. En las zonas playeras continúa habiendo hoteles pegados los unos a los otros; Magaluf es una verdadera aglomeración británica, Peguera habla alemán, las calas solitarias son historia. Pero también aquí se avanza modélicamente: en Calvià se barre incluso el mar. Cada día, a primera hora de la mañana, un pequeño *llaüt,* la barca típica de las Baleares, recorre la costa del sudoeste de Mallorca y retira de las aguas botellas de plástico, bolsas de la compra, botas viejas de goma y neveras portátiles vacías. También el turismo de masas tiene derecho a disfrutar del agua limpia.

Una vez al día un *llaüt* del municipio recorre
el mar; en Calvià, la relación despreocupada e
irresponsable con la naturaleza es cosa del pasado.

Incluso en Calvià el idilio queda todavía cerca;
estas románticas calas se defienden de la avalancha
de los invasores de vacaciones ofreciendo junto al
mar rocas en vez de playas.

Raiguer

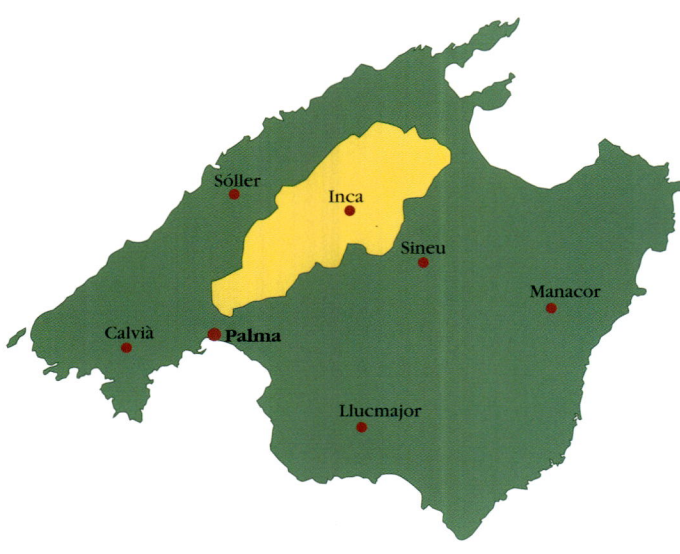

Mallorca sin mar
El Raiguer

Inmediatamente después de que las últimas lluvias de invierno hayan vuelto a ablandar la tierra, en las suaves estribaciones de la sierra de Tramuntana los almendros ofrecen al sol sus primeras flores. Pocos días después las nubes florales de tonos blanco y rosa se han posado en los árboles y llenan con su exquisita fragancia el claro aire de la primavera. Esos mismos días al anochecer hace todavía tanto frío que en muchos pueblos las calles se llenan de un olor totalmente nuevo producido por los propios árboles: en las chimeneas domésticas se queman cortezas de almendro de la temporada anterior.

En cuanto la primavera se impone definitivamente al corto invierno mallorquín, los campos se convierten en un mar de flores, de fragancias y de colores, a diferencia del cercano Pla, tendido en las faldas de las montañas y en las depresiones de los valles. El Raiguer es un convertidor entre dos mundos; entre el galope tendido de la Tramuntana y el paso lento del Pla, sus características responden tal vez mejor al trote discreto y artístico del caballo de adiestramiento.

En verano cualquier coche convierte las carreteras comarcales, estrechas y llenas de curvas, en una composición de polvo y de luz restallante. En los muros de tierra seca y en las fachadas de las casas de *marès* de color amarillo claro, las lagartijas desafían la fuerza de la gravedad buscando el mejor lugar al sol; en los olivares, en los campos de albaricoqueros y de algarrobos y en los prados pardos, los grillos y los saltamontes mantienen durante meses enteros un concierto permanente, interrumpido por los crujidos y los golpes secos de la recolección de la almendra.

Para enmudecer en otoño, cuando los fríos vapores de la noche transforman los campos en paisajes mágicos. O cuando a la naturaleza se le ocurre, incluso de día, con más magia y con mucha más humedad que la niebla. En Campanet el suelo calizo es tan poroso que basta una lluvia normal para que en un momento la tierra roja que queda entre los árboles se convierta en una única superficie de agua. *Fonts ufanes*, fuentes alegres llaman los mallorquines a este fenómeno, que nada tiene que ver ni con las fuentes ni con las leyendas tradicionales de los ríos subterráneos de los lejanos Pirineos.

Calzado y vino...

Para la mayoría de los que viajan en vacaciones, el Raiguer se incluye durante todo el año en el programa obligado de una estancia en Mallorca, pues de aquí procede toda una serie de regalos turísticos muy apreciados.

Inca, centro geográfico del Raiguer, recibe todos los días a miles de visitantes, que durante el día inundan las fábricas de calzado y de artículos de cuero y sus puestos de venta directa buscando un bolso que, ya en casa, tendrá más utilidad que la típica figurita de recuerdo. El calzado de Inca es conocido y famoso en toda Europa; su esmerada elaboración garantiza una larga duración, hasta la próxima estancia en Mallorca, desde luego, y en cuestión de elegancia no tiene por qué pasar a segundo plano en relación con sus colegas italianos de Milán o de Florencia.

Desde que fundaron un gremio propio en 1458, los zapateros y peleteros de Inca han transmitido su manera de trabajar de generación en generación. Y constituyen, al menos a este nivel, la única artesanía floreciente en Inca. En esta ciudad, situada en el centro y fundada por los romanos, había hacia 1600 alrededor de 150 talleres artesanales, desde zapaterías, tejedurías, carpinterías y forjas hasta alfarerías. Ocho notarios se encargaban de que todo transcurriese normalmente.

Y, casi con el mismo suelo bajo los pies que la cercana Binissalem, los vecinos de Inca se dedicaron también a la viticultura. Pero a

Página anterior: mientras el viento sopla con fuerza en las aspas de este viejo molino de Santa Eugènia, la pita no tiene otra cosa que hacer que tomar el sol.

En el Raiguer, la agricultura y la industria ocupan todas las manos, aunque no puede faltar tiempo para el ritmo lento del caracol.

La frontera entre la sierra de Tramuntana y los llanos del Pla lleva el agua en su nombre, Raiguer. Los molinos de viento, como éste de Campanet, la extraen del fondo para que no se sequen los extensos cultivos.

diferencia de los pueblos cercanos, tras la filoxera de 1890 los viticultores inquenses no se animaron a seguir intentándolo con las vides. No obstante, dada su habilidad para los negocios encontraron un nuevo destino para las desaprovechadas bodegas, los *cellers*. En las bodegas, habitualmente frescas, mantuvieron únicamente las enormes cubas, medio empotradas en los altos muros, instalaron mesas y sillas y de este modo crearon una forma de gastronomía única en Mallorca: cocina tradicional de la isla, obstinadamente incompatible con las salchichas de Viena y con los clichés continentales, y vino, obviamente mallorquín, concretamente de Binissalem, servido desde las cubas.

Apenas cincuenta años después de que la filoxera acabara rápidamente con todas las cepas y de que los desesperados viticultores repoblasen sus campos con prometedores almendros, esta región vinícola lo ha intentado de nuevo. La única fama que podía perder era decididamente mala, pues cuando 100 años antes el continente europeo se quedó sin vino y no tenía más opción que comprar todo lo que se parecía a zumo de uvas fermentado, los viticultores mallorquines hicieron su gran negocio, mayoritariamente con vino de baja calidad. Tanto Binissalem como la cercana Santa Maria del Camí cuentan con circunstancias favorables: lluvias abundantes, veranos cálidos y cortos, suelos con la adecuada proporción de cal y arena que pide un buen

vino. Poco a poco se corrió la voz, incluso fuera de Mallorca, de que los actuales vinos de Binissalem de la uva tradicional de Manto Negro y sobre todo las acreditadas mezclas con Cabernet y Tempranillo son capaces de algo más que de elevar el recurso a la aspirina.

... Silbatos de barro y tallas en madera

Siguiendo en dirección a Palma, en Marratxí se fabrican los símbolos más extraños de Mallorca, los *siurells*. Propiamente no se fabrican en Marratxí, que no es más que el sobrenombre de las dos poblaciones de Sa Cabaneta y de Pòrtol, las dos minimetrópolis de la alfarería mallorquina. A primera vista los *siurells*, tan del gusto de Joan Miró que los coleccionaba con total entusiasmo, parecen creaciones de la mente, entre experimental y vanguardista, de algún artista posmoderno, pero no es así.

Estas figuras de barro, que representan a labradores y a animales de todo tipo, suelen estar pintadas de blanco y llevan puntos verdes y

Evítense las conclusiones erróneas. Biniamar no está junto al mar, sino que designa un antiguo asentamiento árabe, el de los hijos de Omar. En la Edad Media tardía se construyó aquí un complejo defensivo: la seguridad es la seguridad.

Del Raiguer, concretamente de la misma población, proceden otros dos éxitos de venta. En Consell no solo se elabora el *pa moreno,* es decir, el pan oscuro y sin sal de los labradores, sino también su acompañamiento propio, el *camaiot,* que es un embutido. Es una mezcla bien condimentada de sangre, carne y tocino que se presenta embuchada y que al socaire del nuevo orgullo mallorquín ha podido abandonar su puesto vergonzante de rica en calorías.

Vida campesina entre la autodecisión y la opresión

Esta comarca ha contado siempre con un clima especial, casi continental por estar lejos del mar; dispone de calor y lluvias suficientes para desarrollar una agricultura floreciente. Tan fértiles y abundantes son los pastos en las pendientes del Raiguer que, por ejemplo, en el siglo XIV los campesinos de Selva lucharon tenazmente para poder ser sus propios dueños. Obtuvieron triunfos parciales; en los alrededores del pueblo de Caimari pudieron cultivar por su cuenta algarrobos, almendros y olivos y criar cerdos mallorquines negros y hasta sus propios caballos, un lujo inaudito en aquellos tiempos.

Los vecinos de Lloseta, por el contrario, debieron soportar durante varios siglos la servidumbre en su peor versión. Cedida a raíz del *repartiment* –redistribución de las tierras en el reinado de Jaime I– con todo el inventario a un barón catalán y declarada en el siglo XVII condado de sus herederos, Lloseta hubiera podido disfrutar de uno de los más hermosos palacios de la nobleza, el Palau d'Aiamans, si frente a él no se alzara el dispositivo punitivo más humillante de sus propietarios: una horca con picota y jaula suspendida para convertir una pequeña falta en un gran escarmiento.

Luchando por la libertad a 500 metros de altura

También el Raiguer ocupa su posición entre los lugares decisivos de la historia y de la habilidad. En Alaró se sitúa a 500 metros de altura y presenta todavía hoy algunos restos árabes prácticamente derruidos. Por su posición, extraordinariamente atractiva desde el punto de vista estratégico –la espléndida vista panorámica permite observar a distancia cualquier movimiento que se produzca en el llano–, la colina fortificada sirvió probablemente de atalaya ya en la prehistoria de Mallorca. Cuando los árabes llegaron a la isla, los primeros cristianos mallorquines se refugiaron aquí y resistieron ocho largos años de asedio.

Más de 300 años después eran los árabes quienes se atrincheraban en Alaró ante los ataques de los cristianos. Pero, a pesar de disponer de suficientes provisiones para una guerra de posiciones larga y tenaz, tras un corto asedio la situación tomó un rumbo imprevisible; el comandante y gobernador de Pollença, El Benehabet, depuso las armas convencido de que, dada la supremacía cristiana, no podría lograrse nada que no fuera un baño de sangre por ambas partes.

Aspas para el viento y silencio para los sonidos penetrantes

Construcciones funcionales estrictamente civiles adornan otras colinas del Raiguer. A diferencia de lo que sucede en el Pla aquí los molinos de viento no actúan como bombas de agua, sino que determinan la transformación del cereal en harina.

Tres ejemplares singularmente hermosos y majestuosos dominan desde el monte Putget la población de Santa Eugènia. Sólo uno de

rojos. En la parte trasera asoma una pequeña boquilla a modo de silbato con la que no es nada fácil obtener un solo tono, ni siquiera para los propios fabricantes. Todavía no se ha resuelto la cuestión de si se trata de un juguete infantil árabe o de un utensilio medieval de coqueteo. En cualquier caso es evidente que son graciosos, ligeramente atravesados como sus tonos y tan encantadores como inútiles.

Con el nombre de "fuentes alegres" designan los mallorquines este impresionante y singular fenómeno de la naturaleza. En Campanet las lluvias intensas inundan de agua hasta la altura de la rodilla los porosos suelos de caliza y convierten los pintorescos campos de almendros en torrentes de aguas bravas.

ellos conserva todavía sus aspas, en las que el viento puede pedalear o hacer sonar su arpa eólica.

Pero no importa, el centro de la música terrenal no está lejos. Exactamente en el soñoliento y minúsculo Búger, agazapado entre dos colinas, la ACA, una fundación de música contemporánea, se ha establecido en una vieja casa de labranza. Era exactamente lo que buscaba su fundador, Antoni Caimari: la tranquilidad sonora del Raiguer para las atravesadas armonías de su tan valiosa música de tritones. Para no exacerbar los ánimos de los vecinos, la ACA organiza conciertos de repertorio clásico. En efecto, con su serena belleza, el Raiguer es demasiado importante como para aceptar sólo las disonancias.

Pero, ¿qué es el Raiguer?

En pueblos como Búger o Moscari, donde el turismo de masas no podría quedar más lejos, donde a lo sumo un par de extranjeros despistados alquilan por semanas una de las casas de piedra de color amarillo de oro, donde el bar es el centro social y donde se habla exclusivamente mallorquín, habría que formular una pregunta a los mallorquines ilustrados. Todos los nombres de los términos municipales de Mallorca tienen un significado; indican puntos cardinales o direcciones de los vientos o bien, como en el Pla central, describen la forma del paisaje. Solamente Raiguer se sale de esta línea: ¿qué significa este nombre? En el bar Nou de Moscari la pregunta llena el programa desplazando al fútbol, que obligadamente se extiende a gritos por la sala desde el televisor situado en el ángulo superior. En cualquier caso todo el mundo está de acuerdo en que el nombre de Raiguer tiene alguna relación con la humedad, con las precipitaciones o con el riego. No está claro y se desconoce si su origen está en el castellano "regadero" (acequia) o si procede del árabe. Sea lo que sea, en su opinión el Raiguer es el centro de Mallorca en su doble sentido: nudo de tráfico

y corazón, de todo un poco, sólo que –desde que la reforma agraria de los años noventa del siglo XX incluyó Alcúdia en el Pla– desgraciadamente sin mar.

Doble página siguiente: en el Raiguer el turismo de masas cuenta con escalas fijas: las fábricas de calzado de Inca, las alfarerías de Marratxí, las bodegas de Binissalem. Hasta la fecha los campos cultivados situados al pie de la montaña se han limitado a captar la mirada al pasar y por tanto no han perdido su tranquilidad.

La iglesia de Sant Llorenç, visible desde lejos, domina el pueblo de Selva, en el corazón del Raiguer. El fuero municipal, perdido en 1301, impulsó a los vecinos a no cruzarse de brazos ante los privilegios de los grandes propietarios; su tenacidad les proporcionó al menos éxitos parciales.

Donde el barro suena
Marratxí

El último día de junio en Marratxí los ojos, los oídos y la nariz están muy ocupados. De que no se resientan por los molestos zumbidos, ruidos y, sobre todo, las picaduras de los mosquitos responde el santo patrón del lugar. Sant Marçal, protector de los animales, vigila a todo bicho viviente y el día de su fiesta, según la leyenda local, prohíbe la entrada a todos los insectos. En Pòrtol, los restaurantes llenan el aire del verano con el aroma del conejo con cebolla y los alfareros exponen sus artículos en la calle, pues es el principal centro de cerámica de la isla. Unos extraños sonidos de silbato, asmáticos unas veces y potentes otras, se propagan por calles y callejuelas.

Todos ellos proceden de los artículos de cerámica más típicos de Mallorca, los *siurells*, que tanto apreciaba Joan Miró. Se trata de figuras de aspecto arcaico, de hasta 40 cm de altura, que generalmente representan a hombres y mujeres con sombrero, pero también a perros, caballos, caballos con jinete, toros o asnos. Están pintados de blanco y presentan manchas verdes y rojas distribuidas de un modo aparentemente arbitrario. Y llevan invariablemente en la base un pequeño silbato de barro, del que no es fácil sacar un sonido; curiosamente son muchos los fabricantes incapaces de hacer sonar sus propios *siurells*.

Se desconoce el origen de los *siurells*. Algunos etnólogos piensan que se trata de un antiquísimo juguete árabe. En Mallorca está extendida la idea de que fueron los fenicios los importadores del silbato, como lo hicieron

A finales de junio en Marratxí se vacían los almacenes de cerámica en honor de Sant Marçal. La atención se centra sobre todo en los grotescos *siurells*, con sus puntos verdes y rojos.

de un modo parecido en Cerdeña, Creta e Ibiza. Otros lo consideran como un objeto muy antiguo de coqueteo; si un hombre regalaba un *siurell* a la mujer de sus sueños, ésta podría darle su respuesta sin mediar palabra: si lo dejaba caer y hacerse añicos, el hombre perdía; si lo hacía sonar, ganaba.

Ollas de arcilla, cerámica fina árabe y huevos de cuco andaluces
Naturalmente los alfareros de Pòrtol fabrican también otros objetos no menos prácticos. En Mallorca la población rural viene utilizando en la cocina desde hace siglos objetos de loza.

Sólo el éxito del plástico, unido a un debilitamiento de la conciencia de la tradición, creó temporalmente problemas a mediados del siglo XX a los viejos pucheros y platos.

Sin embargo, apenas medio siglo más tarde los mercados y alfarerías rebosan de *greixoneres*, ollas ventrudas de arcilla parda, de platos, de tazas, de vajillas completas, de servicios para el café, de platos trincheros, de fuentes y de jarras. En mallorquín, la tierra arcillosa recibe el nombre de *fang* y en la *Fira del fang*, la feria de cerámica de Marratxí, pueden admirarse durante la última semana de marzo todos los artículos posibles de la cerámica mallorquina. En el mismo Pòrtol, a una cierta distancia del centro, el visitante se encuentra con los alfareros, que trabajan sólo artesanalmente. Una de las *olleries* o alfarerías, que lleva el nombre de Can Vent, recurre todavía al burro para impulsar la "máquina" de mezclar la arcilla.

La cerámica mallorquina de uso común y cotidiano tiene una tonalidad parda rojiza y está simplemente esmaltada. Una variante algo más elegante presenta una decoración elemental a base de líneas y puntos, generalmente en tonos verde oscuro, azul marino y amarillo. Pero como en la isla de Mallorca se

encuentra tierra arcillosa blanca además de la roja, en los mercados y alfarerías se puede adquirir también cerámica fina realmente bella y de colores alegres. Por otra parte, inicialmente la arcilla blanca se utilizaba en la fabricación de tejas, que en Mallorca tienen forma de tubos abiertos en el sentido de la longitud y se colocan en series alternativamente cóncavas y convexas.

Tras varias décadas de dominio del plástico, los alfareros de Pòrtol y de Sa Cabaneta vuelven a trabajar a pleno rendimiento.

Con esta arcilla, resistente y al mismo tiempo ópticamente bella, los maestros del torno fabrican todos los artículos de cocina y domésticos imaginables. Son típicas de la cerámica fina mallorquina las extensas decoraciones florales en tonos rojos y azules, que evocan ásteres o girasoles. También están muy extendidos los platos con "retratos" del sol y de la luna, adornados con los nombres en mallorquín de los cuatro vientos principales y con arabescos, que son modelos ornamentales, puramente abstractos, procedentes de la tradición árabe, la cual prohíbe toda representación de un ser vivo.

Entretanto, con su gran demanda de recuerdos, el turismo de masas ha impulsado en la isla la venta de grandes cantidades de cerámica peninsular, procedente casi siempre de Andalucía y de las metrópolis de cerámica toledana que son Talavera de la Reina y Puente del Arzobispo. Hay piezas maravillosas, pero para adquirir la auténtica cerámica mallorquina hay que dar la vuelta al objeto del deseo; en la base debe constar obligatoriamente el lugar de procedencia.

En otros tiempos cada casa contaba con las correspondientes vasijas de barro para la cocina y la despensa.

Tocas de encaje y suelas de cáñamo
Trajes típicos

Todavía hoy pueden verse grupos de mujeres que se dirigen a los campos con sus azadas y sus rastrillos llevando el sombrero de paja de ala ancha hundido en su frente. Sujetan el palmito bajo la barbilla con cintas de color y bajo él llevan con frecuencia un pañuelo de cabeza atado por detrás, que en muchos casos es de paño oscuro, como también suelen ser de color azul oscuro o negro sus blusas y sus faldas. La sencilla indumentaria de las campesinas apenas ha sufrido cambios desde los tiempos en que el archiduque Luis Salvador describió el modo de vestirse de los mallorquines, debido tal vez a que la ropa se confecciona pensando más en el aspecto práctico que en los dictados de la última moda. El ala ancha protege la vista de la luz cegadora, el pañuelo de la cabeza enjuga el sudor y las telas oscuras se ensucian menos que las claras.

Pero desde entonces, excluida la indumentaria campesina, han cambiado varias cosas en cuestión de ropa. En el último cuarto del siglo XIX Luis Salvador señalaba que el traje "sólo lo llevan algunas personas mayores que se mantienen muy fieles a las costumbres paternas". Lo mismo cabe decir hoy. Es posible que a

La trenza larga, que bajo el pañuelo de encaje puede llegar hasta las caderas, forma parte del atuendo tradicional de la mujer mallorquina.

primera vista los mallorquines den la impresión de ser algo más clásicos que sus visitantes del norte de Europa, pero la moda actual es también en el fondo internacional y los trajes tradicionales únicamente se sacan de los armarios en determinadas fiestas.

De ahí que cuando se presenta un grupo folclórico los hombres aparecen con amplios pantalones bombachos, que sólo llegan hasta

Poco antes del cambio de siglo, los elegantes *rebosillos* o pañuelos en punta tenían mucha aceptación entre las jóvenes mallorquinas, que, sin embargo, los utilizaban sólo en ocasiones especiales.

las rodillas, y las mujeres con faldas hasta los tobillos y delantales de colores. Entonces destacan a distancia las mantillas, profusamente bordadas con motivos florales, y, para bailar, los hombres se ajustan una tela monocroma

Todavía hacia 1930 era normal sacar los domingos el mejor traje del armario.

en forma de faja alrededor de las caderas, la *faixa*, y llevan medias hasta la altura de la rodilla bajo los amplios pantalones. Nunca falla el sombrero de paja, tanto para mujeres como para hombres.

El archiduque advirtió que los trajes realzaban la figura: "Casi todas las mallorquinas llevan el llamado *gipó*, un corpiño ajustado y negro que resalta la esbeltez del talle; es abierto por delante y se cierra con broches". El *gipó* no es un vestido de fiesta, sino que forma parte de la indumentaria femenina tradicional y se lleva también en el trabajo.

Los días de fiesta se incorporaban los adornos. Como hoy. En las procesiones religiosas y en otras manifestaciones festivas, en los vestidos femeninos brillan alfileres y cadenitas de oro. "Entre los objetos típicos más habituales están los botones de camisa y de *gipó*, que con un total de 16 piezas constituyen la *botonada* (serie de botones), la cual, cuando lleva oro y pedrería, cuesta 160 frcs.", una suma considerable en aquellos tiempos.

La mantilla forma parte del vestuario tradicional prácticamente en toda España, y Mallorca no es ninguna excepción. Confeccionadas en muchos casos a mano, las mantillas son auténticas joyas y pueden adquirirse en tiendas de recuerdos, aunque en este caso se trata generalmente de piezas de menor valor,

fabricadas industrialmente. En términos generales el precio de la pieza es directamente proporcional a la longitud de las franjas; las mantillas bordadas a mano pueden costar una pequeña fortuna.

El traje regional típico de las mallorquinas incluye además un velo de encaje blanco que cubre la cabeza hasta los hombros y que se limita a enmarcar el rostro. "Se llama *volant* cuando es flexible, se ajusta más al cuello

y es redondo por delante, y *rebosillo* cuando es rígido, se abre en forma de campana hacia los hombros y termina en punta en el pecho...". Debajo las mujeres llevan el pelo recogido en una trenza larga y sencilla que como mínimo debe asomar bajo el velo y en muchos casos llega a la altura del talle. En la actualidad, las mujeres y las chicas con un corte moderno de pelo pueden adquirir trenzas mallorquinas del tono de su cabello en su peluquería o en las tiendas de trajes regionales.

Si en sus escritos el archiduque Luis Salvador constataba que los más pobres andaban descalzos la mayor parte del año, en la Mallorca actual solamente se ven pies descalzos en las playas de arena. Las *espardenyes* son calzado de tela con suela de cáñamo y han puesto fin a la existencia descalza; de todos modos todavía hoy se utiliza la expresión *gent d'espardenyes* para referirse a "gente pobre". No obstante, el sencillo calzado veraniego se lleva también en la cumbre de la pirámide social e incluso ha tenido acceso al Palacio Real de Madrid, pues en sus tradicionales vacaciones en Mallorca la reina Sofía calza normalmente unas alpargatas.

Con sombrero en el campo y sin él en la iglesia. En los festivales folclóricos se mezclan con acierto los trajes de celebración religiosa y de domingo.

Ninfas y bandoleros
Santa Maria del Camí

Alí costó 70 libras mallorquinas, según consta en el recibo del año 1518 que certificaba la compra de este esclavo de 22 años. El recibo puede verse en el Museu Balear, el museo privado de la familia Conrado, que se encuentra en el Convent dels Mínims, el antiguo monasterio de los frailes menores de Santa Maria del Camí, en el Monestir de Nostra Senyora de la Soledat. En medio del más puro caos puede contemplarse un variopinto conjunto de piezas de todos los rincones del mundo y de todos los tiempos y también una colección de documentos históricos con cartas, certificaciones matrimoniales y contratos de compraventa de todo tipo de cosas, por ejemplo Alí. Es posible que el comprador confiara en que Alí encontrara una fuente en sus tierras, pues la superstición rural reconocía esta habilidad a los esclavos árabes.

El monasterio, trasladado en 1682 a Santa Maria desde los alrededores de Palma, se encuentra en medio de la ciudad. El hecho de que se trate de Santa Maria *del camí*, del camino, debe interpretarse en sentido literal. En la época romana había aquí un cruce de caminos y un centro de descanso. Los árabes respetaron el emplazamiento, convirtieron el pueblo en una de sus poblaciones principales y lo llamaron Canarossa. Posteriormente la carretera de Palma a Alcúdia por Inca, la antigua carretera principal de la isla, atravesaba el pueblo; en la actualidad la autovía Palma-Inca pasa cerca, de forma que el viajero puede lanzar una mirada a la imponente iglesia matriz. Sus cimientos se mantienen desde el año 1246, pero la iglesia en cuanto tal es inconfundiblemente barroca, sobre todo por su robusto campanario con su remate azul en forma de trufa.

Un detalle gracioso refleja en Santa Maria del Camí por qué laten los corazones de los vecinos. En la parte superior de muchas puertas aparece una rama de pino en las más distintas fases de secado y de oscurecimiento. Son un indicador natural de la fermentación y por tanto del envejecimiento del vino, pues prácticamente todas las familias elaboran vino para el

En el mercado de Santa Maria del Camí ya no se trafica con armas. La gran navaja de muelle se utiliza sólo para partir por la mitad las calabazas.

consumo propio y lo conservan en la bodega. Son conscientes de que no pueden competir con Binissalem, a sólo cinco minutos de distancia en línea recta, pero no por ello están dispuestos a renunciar a su tradición vinícola.

Donde no solo se refugian ninfas y bandoleros

Lejos del mundo, en los siglos XVII y XVIII, este valle sirvió de refugio a bandoleros de disparo fácil. Estas milicias mantuvieron una absurda miniguerra en nombre de dos familias enemistadas y atacaban todo y a todos para hacerse cada día con pan, armas y ropa. En algún momento llegaron a causar tales estragos que el municipio organizó una milicia urbana. Cada domingo todos los hombres "armados y aptos", de edades comprendidas entre los 16 y los 60 años, debían realizar prácticas de tiro en los campos del término municipal.

De creer al poeta Joan Rosselló, tanto ellos como los bandoleros eran observados por seres

En el siglo XVII, los bandidos hacían de las suyas en el valle de Coanegra, lo cual significaba cerrar cuanto antes las casas y las granjas.

Una rama de pino colocada sobre la puerta indica que en esa casa se elabora vino.

sobrenaturales. En efecto, en la parte superior de la vaguada hay oculta una cueva en la que, según el poeta, las ninfas bailaban alrededor del fuego. Para su desgracia las ninfas habían birlado la leña al dios de la cueva quien, irritado, las convirtió en palomas.

Aquí enlaza el mito con la realidad, pues la gruta fue descubierta en el siglo XVIII por un hombre cuya mula desapareció aparentemente bajo una montaña de excrementos de paloma. Observando más detenidamente descubrió la entrada de la cueva que permanecía oculta bajo aquel "montón de ninfas". Una vez por semana, concretamente cada domingo, el dueño de la finca autoriza a los visitantes a descubrir personalmente a los habitantes de la enorme gruta.

Campo de juego de los vientos
Santa Eugènia

Dos superlativos, una montaña familiar y un monumento característico definen la pequeña y soñolienta ciudad de Santa Eugènia y las cercanas poblaciones, incorporadas a su municipio, de Ses Coves, Ses Alqueries y Ses Olleries. Ésta última tiene su principal actividad incluida en su nombre: los alfareros hacen ollas de arcilla. Santa Eugènia contiene una santa en su nombre, pero curiosamente no cuenta ni con una iglesia ni con un monasterio; solamente una Virgen protege la salud espiritual

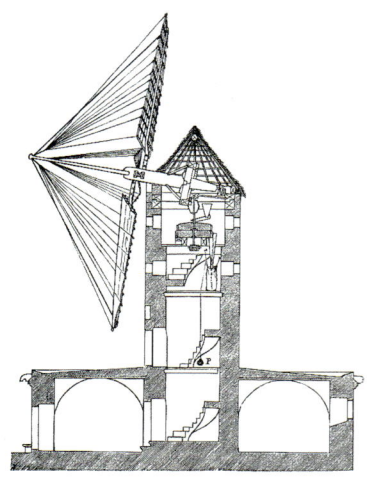

de sus vecinos desde la "cueva de Lourdes" existente en el camino que une Santa Eugènia con Ses Olleries. Sin embargo, en Santa Eugènia hay dos cementerios: el católico y, adosado a él, desde el año 1978 el único cementerio judío de Mallorca.

En cualquier caso, ninguna de estas circunstancias explica que Santa Eugènia sea tan conocida en todas partes. Su fama procede

Hasta el siglo XIX el viento en Mallorca ponía en movimiento únicamente los molinos harineros, como se desprende del tejado en punta.

Gracias a la inventiva de un ingeniero holandés, los molinos de viento fueron adaptados para llevar agua a la superficie de la isla.

de tres construcciones profanas de carácter estrictamente funcional y absolutamente práctico. Se trata de los molinos de viento, que coronan la montaña familiar de Putget y que evidentemente hubieran supuesto un desafío para Don Quijote en el caso de que hubiera buscado a Dulcinea en Mallorca. Como otros miles de molinos mallorquines, podrían contar más historias relacionadas con el lugar respectivo que las que pueden leerse en algunas crónicas municipales.

En el caso de Santa Eugènia, se trata de molinos harineros, como se desprende de su remate en punta, de su situación en fila en la cumbre de la colina y del hecho de que carecen de un pilón lateral donde recoger el precioso líquido que afloran los molinos de agua. Ya desde la época árabe Santa Eugènia ha vivido fundamentalmente del cultivo de cereales y, aprovechando la fuerza del viento, ha molido sus cosechas para su venta posterior.

Harina, tabaco y otros polvillos
En el mejor conservado de los tres, el Molí de Can Camarada, todavía puede verse cómo trabajaba este viejo tipo de molino de viento mallorquín. Desde el siglo XV se acoplaban entre

Desde que los motores han sustituido a la fuerza del aire, muchos de los viejos molinos de viento dejan caer tristemente sus aspas, si es que todavía tienen alguna.

sí una rueda dentada vertical y otra horizontal y de este modo movían la piedra colocada debajo. Con este tipo de molinos, en caso de necesidad se molía también tabaco, se pulverizaba la pólvora a punto de explosión y se desmenuzaba el barro seco.

Sólo en el siglo XIX empezaron los mallorquines a aplicar este principio al problema número uno de la agricultura: el agua. Hasta

entonces eran los burros y los mulos los que, moviéndose en interminables círculos alrededor de las *sínies* árabes, sacaban agua de las profundidades de los terrenos calizos. En tiempos del archiduque Luis Salvador todavía había en la isla alrededor de 4.000 *sínies* y cerca de Sóller todavía están en activo alrededor de 70 viejas norias.

Un holandés libera a los mulos
En Mallorca los molinos de viento para la extracción de agua son de importación holandesa. En 1847 Paul Bouvij, un ingeniero natural del país de los molinos de viento por antonomasia, reconvirtió un molino harinero en un extractor de agua. Para ello cambió las ruedas de moler por ruedas dentadas y por un cigüeñal con el fin de conseguir la elevación necesaria. Además se construyó junto al viejo molino un pilón para el agua, de forma que en los periodos sin viento podían regarse los campos con las reservas existentes. Los molinos seguían teniendo aspas como los viejos molinos harineros y hasta 1870 no contaron con un timón mediante el cual el molino quedaba orientado en la dirección del viento. Poco después en los campos favoritos de los vientos mallorquines, el Pla, el Raiguer y el

Este muñón de molino no permite apreciar el tipo de aspas que en otros tiempos molieron cereales.

Una "rueda floral" como ésta capta el viento con sus planchas de madera en abanico.

Este molino harinero da vueltas gracias al *graellat* o reja de madera sin revestimiento de tela.

Anteriormente este molino de viento para agua tenía seguramente planchas de madera clavadas en la rueda. Hoy está desprovisto de ellas.

Los molinos harineros con reja de madera se encuentran generalmente en lugares elevados; no tiene que trabajar con el agua del subsuelo.

Con las aspas desplegadas, aunque sin el mar a sus pies, los molinos de *vela llatina* sacaban el mayor partido del viento para ponerse en movimiento.

Hasta que los molinos de viento se hicieron cargo de esta tarea, la *sínia* sacaba del suelo el precioso líquido mediante la fuerza del mulo o de los músculos. Todavía estaban en funcionamiento en la época de Luis Salvador, como lo refleja la fotografía de la derecha.

Migjorn, aparecieron innumerables bombas de agua de este tipo. Los molinos de extracción de agua y los molinos de viento se distinguen por la forma de sus aspas, que en el *molí de vela llatina* se parecen por su forma y por el material empleado a las velas de los tradicionales *llaüts*. El viento mueve los *molins de graellat* mediante rejas de madera clavadas y atornilladas al armazón de la rueda. Los molinos de rueda floral, *molins de ramell*, recogen el viento con sus planchas de madera desplegadas en abanico y tienen un hermano pintado generalmente en blanco y azul, los colores del mar y del viento, el *molí de ferro* con aspas de chapa de acero.

Rendimiento sin gasolina ni músculos

Todos comparten la enorme capacidad de extracción; sin combustible ni fuerza muscular extraen hasta 24,5 litros de agua por giro, es decir, hasta 480 litros por minuto. Sólo cuando en el siglo XX se impusieron los motores de gasolina y los motores diesel, los molinos de viento cedieron al progreso, pero no por mucho tiempo; las primeras crisis energéticas hicieron que los campesinos recordasen a sus viejos amigos alados y a finales del siglo XX el gobierno de la isla subvencionó la puesta en marcha de los símbolos de Mallorca. Con espléndidos resultados; más de 1.000 molinos de vientos volvieron a alzarse en los campos de juego de Eolo y no solo con finalidad decorativa.

Es lo primero que los turistas contemporáneos ven al acercarse a Son Sant Joan, el aeropuerto de Palma: un mar de molinos de viento; algunos giran elegante y lentamente, otros se alzan en los campos como raigones o se presentan

con todas sus dimensiones, pero dejando caer tristemente sus velas. En otro tiempo llegaron incluso a desecar las enormes extensiones que hoy ocupa el aeropuerto mallorquín. Firmes, majestuosos y de funcionamiento tan sencillo como artificioso, estos molinos apenas han sufrido cambios desde que el observador preciso que fue Luis Salvador de Habsburgo-Toscana describiese su perfil en su libro sobre las Baleares.

Pan, embutidos y utillaje apropiado
Consell

Como otras poblaciones del Raiguer, también Consell se formó, tras la reconquista cristiana de principios del siglo XIII, sobre los terrenos de una antigua granja árabe, *conxel* en este caso. Antes de iniciarse el siglo XVII se atendió también la salud espiritual de los campesinos y de los artesanos, primero con la construcción de una capilla muy sencilla que después, en el año 1720, se amplió y dio lugar a la iglesia de la *Mare de Déu de la Visitació*, Nuestra Señora de la Visitación, que no hace referencia a ningún infortunio, sino a la visita que la Virgen María efectuó a su prima Isabel. En aquella época, Consell era ya una población

Desde 1720 los campesinos de Consell no deben preocuparse de su salud espiritual, ya que fue entonces cuando a la Virgen se le hizo una verdadera iglesia.

Las especialidades tradicionales, como la *sobrassada,* el *butifarró* y el *camaiot,* tienen una gran aceptación.

tranquila y activa con más de 400 vecinos, labradores en su mayor parte, aunque también había buenos e imaginativos artesanos y cocineros, que cuentan con un pequeño y acogedor museo local.

En efecto, los cocineros y panaderos de la localidad de Consell no solo consolidaron en toda la isla la fama y la superioridad del *pa moreno*, el pan mallorquín de color oscuro y sin sal, sino que además lograron emparejar la *sobrassada* con un digno rival: el *camaiot*. Esta especialidad de embutido se obtiene mezclando sangre de cerdo, obviamente del *porc negre* autóctono, con trozos de carne, tocino, especias y sal; en la elaboración tradicional la mezcla se embucha en el estómago en lugar de hacerlo en el intestino. Como muchos otros productos fuertes y típicos de la cocina rural, durante los años sesenta y setenta del siglo XX, cuando la tendencia hacia una alimentación moderna y sana se propagó hasta llegar a los lugares más apartados, también el *camaiot* fue desterrado por su alto contenido en grasa. Sin embargo, veinte años más tarde ha adquirido una nueva relevancia y desde entonces se vende más que nunca.

En este taller de utensilios de madera las máquinas sólo realizan las tareas menos delicadas. Para que quede lisa y suave, la cuchara de ensalada debe lijarse esmeradamente a mano.

Batidoras y mezcladores de la cocina rural

En la cocina mallorquina las especias, los dientes de ajo y aun las salsas frías, como el *allioli* o ajiaceite, nunca se baten o trituran en la batidora, sino que tradicionalmente se trituran en un mortero de loza, o, mejor aún, de madera de olivo o de encina. En efecto, la madera soporta mejor la presión de la mano

En cada cocina de Mallorca hay morteros o almireces de madera de olivo. Además de ser prácticamente indestructibles, son bellísimos.

de mortero que la loza, que es rígida y quebradiza, y por otra parte una madera lisa como la del olivo se limpia perfectamente.

Desde hace siglos, torneros y tallistas se dedican en Consell a la fabricación de tales morteros, además de otros objetos y muebles pequeños para la casa. El objetivo de un buen artesano de la madera es invariablemente lograr la forma deseada, a ser posible a partir de un solo bloque de madera. El tener que añadir, pegar, introducir tacos y atornillar se considera como un recurso y como una concesión. En el fondo trabajan como escultores que, ante un bloque de mármol, saben qué escultura se esconde dentro, adivinan su elasticidad y su tensión interna poniendo simplemente sus manos encima y liberan con esmero la estatua de la envoltura excedente de piedra.

En Consell, los maestros de la madera hace ya tiempo que superaron el nivel de las cucharas, tenedores y almireces torneados. Fabrican navajas de muelle de madera, cuya forma recuerda a los puñales curvos árabes, cofres tan virtuosistas como ricamente decorados y paneras tan prácticas como elegantes para mantener siempre fresco y sin polvo su producto comercial número uno: el *pa moreno*.

Rico, rico
Pa moreno

Según una leyenda mallorquina recogida por el archiduque Luis Salvador en su antología de cuentos, un pastor de la fuente de Ses Basses sufrió la persecución de los árabes, de quienes al final siempre lograba escapar utilizando su astucia. Los árabes habían fracasado repetidamente en su captura hasta que lo forzaron a introducirse en una cueva, confiados en que el hambre lo obligaría a salir, momento en que podrían capturarlo fácilmente. Pero el pastor se burlaba de ellos a través de una abertura y les mostraba una rebanada de pan al tiempo que les explicaba lo que hacía con él. "Parto el pan", les decía, y "divido la mitad". Y continuaba hasta que terminaba mostrándoles cómo partía los numerosos trozos. Entonces los moros se desanimaban y decían: "Tiene pan para catorce días; entonces no saldrá y no podremos capturarlo". Se marcharon y no volvieron más. Desde entonces la cueva se llama *Cova d'escata de pa*, la cueva de los trozos de pan.

Derecha: antiguamente los cereales se trituraban con mucho esfuerzo a mano entre dos piedras. Hoy en día esta operación se resuelve con un molino de motor, que con sus tubos de alimentación parece la cabeza de una medusa.

Superior: para dar un mordisco, *pa moreno* recién hecho, la base del apreciado *pa amb oli*.

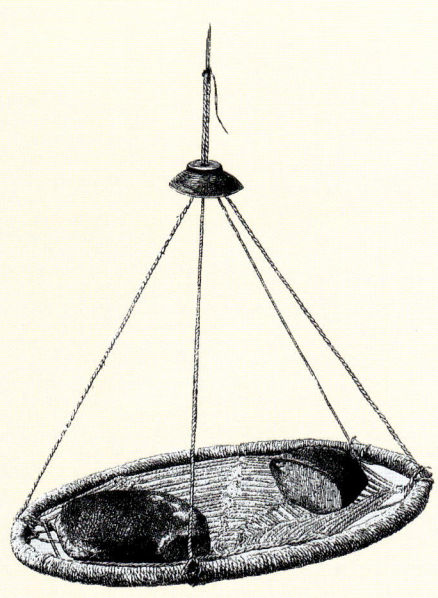

Antiguamente el pan se guardaba en este tipo de cestas colgantes.

Si hubiera habido alguna vez piratas tan estúpidos –pues los árabes en cuestión eran piratas–, es evidente que Mallorca nunca hubiera sido tan devastada por los corsarios como por desgracia lo fueron tantas ciudades costeras. Por tanto, los árabes de la leyenda pertenecen al reino de la fantasía. Pero el pan era, indudablemente, el *pa moreno*.

En Mallorca nada funciona sin *pa moreno*, el sabroso pan de centeno que se distingue por su color oscuro del ampliamente extendido pan blanco. De todos modos, con su enorme producción de pan blanco las grandes panaderías hubieran conseguido que los mallorquines llegaran a olvidarse de su alimento básico. Sólo cuando a través del turismo se alcanzó un cierto bienestar y surgió el afán por fomentar la tradición, los isleños volvieron a pensar en el *pa moreno*. En este sentido, no dejó de ser una contribución importante la que hicieron los turistas conscientes de los valores nutricionales que en la actualidad sustituyen a los piratas en la invasión de la isla y que prefieren el consistente pan oscuro al blando pan blanco.

Desgraciadamente en épocas pasadas el pan de centeno estuvo relacionado con una de las peores enfermedades de la isla. Se comprende fácilmente la desesperación de los mallorquines al descubrir que lo que tanto les gustaba causaba el llamado ergotismo, que tantas vidas humanas arrebató durante los siglos X y XI. Durante mucho tiempo recurrieron a la protección de San Antonio, hasta que finalmente descubrieron que su enfermedad se debía a una intoxicación provocada por el cornezuelo del centeno, por lo que debían seleccionar con cuidado el grano antes de molerlo.

Afortunadamente aquellos tiempos quedan muy lejos y hoy en día desde todas las panaderías se expande el inimitable aroma del *pa moreno* recién hecho. Elaborado sin sal, con harina de centeno, levadura y agua, poco antes de introducirlo en el horno los mallorquines incorporan a la masa una pequeña cantidad de trigo molido que le proporciona su color característico y le confiere un sabor más fuerte que el de las rebanadas de pan blanco. Naturalmente un buen pan oscuro debe cocerse en un horno alimentado por leña; en caso contrario su corteza no es tan crujiente ni tan sabrosa. Los panaderos de Consell son auténticos expertos; su *pa moreno* pasa por ser el mejor de la isla.

El *pa moreno* es la base del apreciadísimo *pa amb oli*. Se prepara frotando una gruesa rebanada de pan recién hecho y crujiente con ajo y un tomate maduro; al final se rocía con aceite. Esta antiquísima preparación balear ofrece una simbiosis perfecta de los productos mallorquines más importantes: pan, aceite y tomate. Tras este manjar, el favorito de los mallorquines, vienen las *sopes*; se trata de un potaje, "comida de pobres" en otros tiempos, en el que las sopas finas de *pa moreno* desempeñan el papel principal. Las sopas se depositan en el fondo de la *greixonera*, que es un recipiente de barro, y sobre ellas se vierte un apetitoso caldo de verduras antes de introducir el recipiente en el horno.

La circunstancia de que en esta zona las rebanadas de pan se llamen también *sopes* indica la importancia que tiene el *pa* en este clásico de la cocina. Se pueden adquirir bolsas de sopas finísimas y secas en cualquier panadería de la isla, sobre todo en Consell.

Para que la corteza del pan sea realmente crujiente debe utilizarse ineludiblemente un horno de leña.

Pobreza y miseria
Mancor de la Vall

Aunque no está lejos de Massanella, a los árboles de Mancor les falta mucho más para tocar el cielo con sus copas. En el límite de la Serra del Nord, los 641 metros del Puig de Suro son la altura máxima que puede alcanzarse dentro del término municipal de Mancor de la Vall.

Inca, uno de los centros industriales de Mallorca, está exactamente a cinco kilómetros de distancia, pero parece encontrarse en un mundo totalmente distinto, pues ni la vida ni la atmósfera de Mancor son las de la modernidad. La pequeña población, que se encuentra al pie de la sierra de Tramuntana, parece estar sumida en el sueño de la Bella Durmiente, sobre todo en invierno, cuando las blancas capas de nieve cubren el paisaje. Hasta

el pueblo se llega por una única carretera rural, que se prolonga hasta el Santuari de Santa Llúcia, desde donde, como sucede en todos los santuarios de montaña de Mallorca, se puede disfrutar de una vista maravillosa. Su iglesia es la más modesta y sencilla de todas las capillas rurales construidas por los cristianos después de la Reconquista. La primera referencia escrita a la misma data del año 1348 y durante siglos enteros fue la iglesia parroquial de Mancor y de Biniarroi, hasta que en el siglo XIX se construyó más abajo, en Mancor de la Vall, la iglesia de Sant Joan Baptista. En ella descansan definitivamente los huesos del mártir Probo junto a los del marqués de Palmer, que los trajo a Mancor tras una peregrinación suya a Roma.

Los romanos se sintieron en Mancor como en su casa, talaron encinas, quemaron matorrales y tanto en las abruptas pendientes como en los fértiles valles cultivaron la

Cuando en invierno sobre los campos en terraza y sobre las copas de los árboles se tiende una gruesa capa de nieve, el paisaje de Mancor de la Vall resulta más fascinante y aislado que nunca.

vid, que gracias a un microclima especial se desarrolla aquí de un modo extraordinario. Los vientos que soplan en esta región son excepcionalmente fríos para Mallorca, nieva con frecuencia y llueve mucho; los días de verano son calurosos e, incluso en la estación cálida, sólo refresca considerablemente de noche. Ideal para el viticultor y una tortura para el europeo del norte, acostumbrado al frío: hasta la fecha Mancor ha logrado mantenerse al margen del turismo de masas.

Los sistemas de riego desarrollados por los árabes hicieron posible el cultivo de cáñamo, lino, verduras y legumbres; la ganadería prosperó con cabras, ovejas, vacas y caballos. Las grandes fincas de los conquistadores cristianos fueron cultivadas por arrendatarios que vivían con sus familias en soberbias mansiones y que a su vez alquilaban los peores terrenos a campesinos con menor fortuna.

Para todos los demás en Mancor, como en toda Mallorca, la pobreza se escribía entonces con letras mayúsculas. El grupo más amplio de los trabajadores del campo estaba formado por los jornaleros, que se contrataban exclusivamente para la siembra y la siega. Sus ingresos dependían de la generosidad de sus señores y de la cuantía de la recolección. Ni siquiera era un gran consuelo la *Romeria de Santa Llúcia*, que se celebraba cada año el lunes de Pascua.

Hasta los siglos XVII o XVIII no contaron algunos de ellos con la posibilidad de convertirse en arrendatarios o subarrendatarios de las peores tierras. Muchos las aprovecharon simplemente para disponer de una residencia y de un trabajo fijo. Así surgió la clase de los *roters*. Los campos que se les adscribieron debían ser roturados primero, lo cual explica su nombre.

Pero antes de arar sus campos, los *roters* tuvieron que retirar quintales de piedras. Utilizaron las piedras mayores como material de construcción para sus modestas viviendas, más parecidas a refugios que a residencias humanas, en las cuales, sin embargo, se desarrollaba toda su vida.

Para la mayoría de los *roters* se trataba de unas condiciones de vida mejores que las que tenían cuando trabajaban como jornaleros. Vivienda, almacén y establo a un tiempo,

sólo una delgada tapia separaba a las personas de los burros, de las ovejas y de las aves de corral. El tejado se apoyaba en una construcción de grandes vigas de almendro y olivo recubiertas de arena y tierra arcillosa. En uno de los ángulos una chimenea proporcionaba el calor; minúsculas rendijas facilitaban la aireación, no había dinero para ventanas grandes y acristaladas. Un saco lleno de paja extendido sobre el duro suelo de arcilla era todo lo que se podía permitir el *roter* para descansar; los escasos ingresos que le quedaban

Las personas, el burro, las ovejas y las gallinas tenían que compartir unos pocos metros cuadrados. Las provisiones más importantes se amontonaban en una cesta suspendida del techo.

después de pagar el arrendamiento no le alcanzaban para adquirir otros muebles, como por ejemplo una mesa y unas sillas.

El cuento mallorquín *El caballito de los siete colores* dice que "siempre se les terminaba el pan antes que el hambre y podían oír perfectamente a las ratas corretear por sus tripas".

Siguiendo el principio de los muros secos, los *roters* se construían sus primitivos refugios en medio de los campos.

Una abertura única facilitaba una débil iluminación y la aireación del interior de la vivienda construida con piedra de mampostería.

Del vino cabezón al vino selecto
Binissalem

De creer a Plinio, a los romanos les gustaba tanto que nunca tenían bastante. En efecto, en el siglo I a.C. elogiaba los *vins baleàrics* y según parece había un intenso tráfico naval para la exportación de vinos mallorquines a todo el Imperio Romano. Quédese a un lado la cuestión de si los romanos dieron pruebas de tener realmente buen gusto; en cualquier caso mezclaban el vino con la mitad de agua y además no concebían una comida sin *garum* y exportaban desde el sur de la península cantidades increíbles de este *"Maggi* de la Antigüedad", elaborado con anchoas y pescado podrido, descompuesto y fermentado por el intenso calor del sur y fuertemente sazonado, pero ¿exquisito?

Los vinos de Mallorca y desde luego los del pueblo del Raiguer, que es Binissalem, no gozaban ni gozan de la mejor reputación. En las cortes aragonesa y castellana se tomaban a gusto los vinos mallorquines, sobre todo la malvasía, como se desprende de las listas de pedidos del siglo XIV y de los impacientes requerimientos en los casos de demora de una entrega. Otros cronistas, sin embargo, señalan en términos peyorativos que lo que, tras la Reconquista, los catalanes adulteraron en Mallorca perforaba los tableros de la mesa. Y en muchos pueblos todavía hoy las tiendas de vinos se designan con el nombre de *Can Vinagre* o casa vinagre; en ellas se trasiega el vino de grandes cubas a las botellas de plástico que el cliente se ha traído consigo y es pura cuestión de suerte hacerse con un caldo exquisito o con un vino cabezón.

Durante 300 años los árabes desarrollaron a un gran nivel la viticultura en Mallorca.

Incluso poblaciones como Banyalbufar –"el pequeño viñedo junto al mar"– fueron denominadas de acuerdo con la misma y es sabido que en Binissalem y en sus alrededores el suelo, la cantidad de lluvia caída y el microclima ofrecen las mejores condiciones para el vino. Sin embargo, no elaboraban vino, cuyo consumo había prohibido el profeta, sino uvas de mesa y uvas pasas, inevitables en la cocina oriental.

Ovejas, cabras y vacas en los viñedos

Binissalem tuvo que esperar al siglo XIX para que se hablase de ella en toda Europa como población vinícola. Hasta entonces los campesinos elaboraban vino, pero fundamentalmente para consumirlo en la isla y en la península

Las vides mallorquinas proporcionan alrededor de cuatro millones de litros de vino al año. El centro de la viticultura se encuentra en Binissalem, en el corazón del Raiguer.

Ibérica. La viticultura tenía tanta importancia en la agricultura de Binissalem que en el siglo XIV los viticultores no dudaron en urdir una guerra de guerrillas contra los nuevos latifundistas, quienes dejaban pastar su ganado donde les apetecía, de forma que las ovejas, las cabras y las vacas se movían libremente por los viñedos recreándose con las uvas y con las hojas de la vid.

Con su rebelión, los viticultores de Binissalem consiguieron que el gobernador de Mallorca interviniese en 1419 y promulgase un decreto que prohibía a los ganaderos apacentar su ganado en los viñedos, en los olivares y en los campos de cereales a no ser que

En primavera bajo las vides se extiende una alfombra de flores sobre los prados.

La uva clásica de Mallorca es el *Manto Negro*. También se han llevado a cabo experimentos con *Cabernet Sauvignon* y *Tempranillo*.

Superior: la Virgen de los rubíes es la patrona de esta iglesia de Binissalem. ¿Se utilizará aquí vino de misa local de color de rubí?

Izquierda: los vecinos de Binissalem han levantado frente a la iglesia un monumento al ramo más importante de su economía.

sus propietarios se lo autorizasen expresamente. Además amenazaba a los esclavos y a los prisioneros con 50 latigazos en el caso de que se sirviesen directamente de las huertas.

Exceptuando la iglesia parroquial de S'Assumpció, de la que se habla ya en 1247, con su soberbio retablo, y los dos palacios urbanos, el Palau Can Gilabert y Can Antich con su elegante galería, Binissalem no tiene mucho que ofrecer desde el punto de vista urbanístico fuera del encanto que irradian casi automáticamente los pueblos vinícolas. No obstante, en el siglo XIX el escritor Joan Cortada habla de Binissalem con tal entusiasmo que se podría pensar que está contemplando el paraíso. Llega a asegurar que en

Binissalem y en sus alrededores había tantas cepas que se enrollaban alrededor de los olivos, trepaban por las encinas y los algarrobos e incluso se extendían por los bosques.

Un acónito amarillo provoca el ascenso y la caída

La explicación es sencilla. Joan Cortada, que murió en 1868, vivió los primeros años del gigantesco auge del vino en Binissalem. En efecto, cuando en 1863 la *Philoxera* inició en Francia su devastadora marcha triunfal, creció la demanda en todas las comarcas en que todavía no se había impuesto la plaga. En 1871, la filoxera llegó a Portugal respetando a España, para extenderse después por Alemania y Suiza y en 1875 por Italia. En pocos años la isla de Mallorca se había convertido para toda Europa en la esperanza de un vaso de vino.

En Porto Colom, el puerto de Felanitx, hubo que ampliar los muelles para embarcar con rapidez y eficacia cubas de 225 litros. Los toneleros apenas daban abasto a los pedidos de nuevas barricas bordelesas y la cosecha de las viñas estaba ya vendida antes de que las vides echasen nuevos brotes. Europa compraba vino sin tener en cuenta ni la variedad ni la calidad y lo pagaba a cualquier precio. Binissalem se enriqueció rápidamente. Surgieron viviendas ostentosas, incluso en Petra y en Felanitx, y quien disponía de unas pesetas se compraba un terreno para cultivar vides.

Pero el sueño duró poco y el despertar fue amargo; a finales de la década de los ochenta del siglo XIX la minúscula plaga amarilla llegó a Mallorca y acabó con los viñedos.

Empezando de nuevo con almendros

Los desesperados campesinos plantaron almendros en los viñedos devastados, pues la almendra prometía precios estables y un mercado constante. Se trataba de una estabilidad en la que, en definitiva, confiaron demasiado tiempo. Al término del siglo XX los agotados almendros ya no están en condiciones de producir grandes cosechas y la competencia de los países productores con precios más bajos y con un arbolado renovado es cada vez mayor.

La conmoción por el ascenso y la caída de los vinos mallorquines fue tan profunda que tuvieron que pasar cincuenta años antes de que se volviese a intentar de una forma sostenida la elaboración del vino en Mallorca. Los nuevos viticultores no solo tuvieron que superar el trauma de la filoxera, sino también la mala reputación que sus caldos se habían ganado al aprovecharse de la falta de vino que se registró en Europa cien años antes.

Por otra parte las condiciones del terreno eran favorables. En Binissalem, que es la única comarca de las Baleares con denominación de origen DOC *(Denominación de Origen Controlada),* coinciden el suelo y el clima. En la actualidad se elaboran en Mallorca

En la época de las prensas eléctricas todavía se siguen aplicando en muchas partes los métodos tradicionales. Según los expertos sólo el vino pisado con los pies conserva el aroma adecuado.

De nada sirve lavarse; tras tantos hectolitros de producción de mosto los pies permanecen azules durante un par de días.

La gran fiesta de la vendimia de Binissalem comienza ofreciendo a la Virgen una muestra de la nueva añada.

¿Qué mejor combinación? El vino, la danza y un público relajado celebran la rica cosecha.

unos 4 millones de litros al año. Los nuevos viticultores cultivan sobre todo la variedad de uva *Manto Negro*, que, aunque de tratamiento difícil, produce un vino tinto equilibrado.

Intentos con Manto Negro y Premsal Blanc

Las bodegas Ribas de Consell, integradas en la D.O. de Binissalem, demuestran que los vinos de *Manto Negro* no irritan en la mesa ni las paredes del estómago. Todo lo contrario. Han encontrado las proporciones adecuadas en la mezcla de *Syrah, Cabernet Sauvignon* y *Tempranillo*, uva ésta muy extendida en la Península, con resultados muy apreciables. Los vinos de *Ribas*, afrutados y elegantes, pueden tomarse jóvenes, pero resisten bien algunos años.

La estrella de los vinos tintos actuales es *Ànima negra*, alma negra, que elabora en Santa Catarina, cerca de Andratx, un grupo de viticultores jóvenes. Este vino, difícil, casi negro,

generoso y con un buqué y un cuerpo muy marcados, podría dar mucho que hablar.

En Binissalem las bodegas Ferrer, fundadas en 1931, han vuelto a acreditarse casi exclusivamente con la uva *Manto Negro*. Aplicando técnicas artesanales tradicionales, utilizando una bodega modélicamente instalada y renunciando a los caprichos de la moda, José Luis Roses Ferrer elabora un vino tinto plenamente autóctono.

En Porreres, en el Pla, Jaime Mesquida elabora un cava mallorquín y un notable vino tinto que, aunque tiene su precio, demuestra que este viticultor conoce bien su oficio.

Cabras: tan salvajes como sea posible

Como todas las poblaciones vinícolas del mundo Binissalem es mucho más agradable en la temporada de la vendimia. En Mallorca los vendimiadores insisten en comer *fideus amb cabra*, fideos con carne de cabra,

preferiblemente de cabra montés, cuya carne tiene un sabor especialmente áspero.

El hecho de que tenga que ser específicamente carne de cabra procede de una antiquísima tradición mediterránea. En la Antigüedad, en la época de la vendimia se sacrificaba solemnemente una cabra en honor de Dioniso, el orgiástico dios del vino. Así, durante la vendimia pueblos como Binissalem se llenan del aroma de la uva pisada y de los primeros procesos de fermentación y del intenso olor de la carne de cabra hervida, aunque quizá no todo resulte tan idílico como en la pintoresca descripción que ofrece Luis Salvador de la época anterior al gran ataque de la *Philoxera:* "A primeras horas de la mañana se ve a los hombres salir en dirección a los viñedos, volverán a casa al anochecer. Las mujeres van sentadas generalmente en carros destartalados con ropa de trabajo, los hombres conducen los animales, los niños saltan alegremente por delante y las niñas, acompañadas por el ritmo de sus cantos, ejecutan sin dejar de andar una danza improvisada en los polvorientos caminos. Y todo, mujeres y hombres, niños y carros, está rojo por el purpúreo jugo como si de una fiesta báquica se tratase".

A finales del siglo XIX los viticultores y sus ayudantes todavía vendimiaban descalzos pero con sombrero. Hasta los más pequeños colaboraban.

Izquierda: el trabajo no concluye con la vendimia. Las catas regulares facilitan información acerca del momento de pasar el vino de las cubas grandes a las pequeñas.

Binissalem es la única zona vinícola protegida de Mallorca. La abreviatura DOC ofrece información y garantías sobre el particular.

Tras la pésima reputación que tuvieron en el siglo XIX los vinos mallorquines, los viticultores actuales tratan de elaborar vinos competitivos de calidad.

BODEGA INSCRITA Nº 3

DENOMINACIÓ BINISSALEM D'ORIGEN

Algunas bodegas mallorquinas:

Bodegas
Franja Roja S.A. José Luis Ferrer (desde 1931)
Conquistador 103, Binissalem
Bodegas y Viñedos
Antoni Nadal Ros (desde 1988)
Finca Son Roig, Binissalem
Hereus de Can Ribas S.A. (desde 1711)
Celler de Can Ribas,
Consell Celler Jaume de Puntiró (desde 1981)
Plaça Nova 23, Santa Maria del Camí
Santa Catarina (desde 1984)
Ctra. Andratx-Capdellà km 4, Andratx
Bodegues
Miguel Oliver
Font 26, Petra
Bodegues
Jaume Mesquida
Vileta 7, Porreres

Opresión olvidada
Lloseta

Siempre nuevas invasiones, siempre nuevos señores, siglos de esclavitud: el Palau d'Aiamans en Lloseta constituye un recordatorio singularmente expresivo de la opresión feudal y en la actualidad es un objetivo turístico obligado de los grupos de turistas que recorren el Raiguer y el Pla. Aparentemente, en la memoria colectiva de esta pintoresca aldea el pasado se saldó con toda una serie de casas señoriales, lo que durante siglos se identificó con un poder absoluto y despótico. Según algunos la culpa de todo ello está en el fatalismo mallorquín, en tanto que otros admiten que buena parte de las tradiciones se transmitió exclusivamente por vía oral y en el transcurso de la historia se perdió: ¡no se hable más!

Régimen de terror bendecido desde arriba

En el caso de Lloseta se da la circunstancia agravante de que, en su actual esplendor, con sus bellísimos jardines y sus largas series de habitaciones, el palacio de Aiamans responde a un régimen de terror de más de 200 años de duración que no se desea ni al peor enemigo. En el año 1232, Jaime I hizo donación de Lloseta con toda su población incluida a Don Arnau de Togores, fiel servidor del rey durante la Reconquista. Él y sus descendientes obtuvieron el derecho de administrar justicia

Desde estos medallones en relieve de la fachada del palacio de Aiamans, los señores feudales y sus damas contemplan, petrificados, el pueblo llano de Lloseta.

El conde de Aiamans y barón de Lloseta residía con su familia en este soberbio palacio renacentista en medio de la pobreza de sus siervos.

—e injusticia— en todos los asuntos relacionados con la población esclava de Lloseta.

En el año 1634, Felipe IV otorgó al sucesor de Arnau, Miquel Lluis Ballester i de Togores, el título de "conde de Aiamans" y "barón de Lloseta". Entonces se instauró definitivamente un régimen de terror en la región. Los señores de la aldea levantaron una picota en la plaza mayor. Se trataba de una columna de la que colgaba una enorme jaula en la que quedaban expuestos ante la vergüenza pública los delincuentes y los condenados, con el detalle añadido de una horca como decoración permanente.

Con su mujer, el conde procedía de acuerdo con "principios" similares. Vivía con ella en su palacio de Palma, en el Carrer de Portella n.º 5, donde hoy se encuentra el Museu de Mallorca. Tras haberse casado con Margarita Despuig la trataba en público como si fuera su esclava. La mujer huyó y trató de protegerse de su tiránico esposo en el monasterio de Santa Magdalena. Pero el conde no admitió que su mujer se marchara; asaltó el monasterio, raptó a su esposa y la encerró en casa hasta que, perseguida hasta el final por la desventura, fue asesinada en 1651 por unos bandidos.

Los jarrones con alegorías del parque crean un ambiente romántico.

Un paisaje idílico en medio del pueblo. Inspirándose en los parques franceses, los señores de Lloseta crearon un oasis de esplendor feudal.

Actualmente el espléndido parque es una atracción para el público; sobre el pasado es preferible el silencio.

En la localidad de Lloseta, junto al palacio del desalmado conde –que constituye toda una atracción turística sobre todo por su soberbio parque– se encuentra una de las poquísimas fábricas realmente grandes de la isla: la fábrica de cemento, que produce el 90% de los materiales de construcción utilizados en Mallorca. Pero también merecen una cita los rizópodos, de los que existen millones en Lloseta. Se encuentran bajo tierra, a una profundidad de más de cien metros, fosilizados en el eoceno hace 37 millones de años y forman grandes estratos de numulites.

Vecinos con emisora

Hace más de 100 años, el archiduque Luis Salvador hablaba de que en Lloseta había "1.195 habitantes y 412 casas, todas de una planta y pintadas de blanco". Se han añadido algunas antenas y hasta una emisora de televisión. Desde la década de 1980, la familia Ramón mantiene un canal privado de televisión. Improvisadamente, por así decirlo, emite en un radio de 10 kilómetros sin dejarse impresionar por las prohibiciones. Fuera precintos, nueva frecuencia, buenas tardes, aquí Canal 7. Desde y para Lloseta.

Solución en los años de hambre
Algarroba

No tenir un pa a la post, no tener qué llevarse a la boca. Como en casi todos los idiomas que se hablan en el mundo, esta expresión mallorquina refleja de una forma muy expresiva la carestía absoluta. En definitiva ningún otro producto tiene una importancia tan elemental para la alimentación como el pan nuestro de cada día. Sin ir más lejos, en la oración del Padrenuestro se sitúa en primer término, pues cuando una persona carece incluso de pan para comer se encuentra sin lugar a dudas en una situación pésima.

Es lo que sucedió a muchos insulares en los siglos XV y XVI. Dada la gran escasez de alimentos, los mallorquines se vieron obligados, como San Juan Bautista, a recurrir a las vainas del algarrobo para alimentarse. Comenzaron moliendo las vainas para elaborar un modesto sucedáneo de pan y de este modo poder ofrecer a su cuerpo un mínimo sustento vital. En el Migjorn, que sufrió más las consecuencias del hambre, se comían también los granos tostados.

La comarca de Sencelles es poco menos que ideal para estos árboles bíblicos, que encuentran su mejor ambiente en el clima cálido, lejos de la costa y al amparo de las montañas. Los *garrofers* o algarrobos son de hoja perenne, alcanzan hasta diez metros de altura y buscan la cercanía de olivos y almendros, de

Los algarrobos se mezclan con los almendros y con los olivos, pero se distinguen de ellos por su follaje, denso y de color verde intenso.

los que se distinguen perfectamente por su densa cúpula y por sus hojas, de color verde intenso.

Los árabes jamás sintieron el deseo de cultivar grandes plantaciones, sino que en mayor o menor medida dejaron a los árboles a su aire. No obstante, fueron ellos quienes introdujeron el algarrobo en Mallorca, pues procede del Mediterráneo oriental. Según la Biblia, las vainas de la *Ceratonia siliqua* eran el único alimento de que disponía San Juan Bautista durante su estancia en el desierto del Jordán.

La palabra griega *kerátion* significa "cuernecillo" y hace referencia a las semillas arqueadas de las vainas del algarrobo. Dado que mantienen un peso constante de 0,18 gramos, durante mucho tiempo fueron empleadas como unidad de medida del oro, de la plata y de las piedras preciosas. Asimismo la palabra griega *kerátion* ha dado lugar a la palabra "quilate", habitual todavía hoy.

Los frutos, que penden de las ramas formando grandes haces, son verdes en invierno, para adquirir en paralelo con su maduración progresiva un color de nogal primero y pardo chocolate después. En la dura corteza de las vainas, de entre 10 y 30 cm de longitud, hay una pulpa dulce que empieza a fermentar inmediatamente después de alcanzada la maduración, por lo que los árboles desprenden un olor pesado y dulce. La algarroba se recolecta en el mes de septiembre. Para ello, al igual que se hace en algunos lugares con los olivos, se golpean las ramas con tubos o con varas, provocando la caída al suelo de los haces maduros que a continuación se recogen. Los frutos comestibles son ricos en azúcar, en fécula y en proteínas y han desempeñado desde siempre un papel muy importante en la alimentación del ganado.

En la isla de Mallorca la elaboración industrial de estos frutos empezó durante los años treinta del siglo XX. Se elaboraba un sucedáneo del café y se exportaba la algarroba sobre todo como pienso para los animales. A principios del siglo XIX la harina de algarroba se utilizaba como sucedáneo del cacao y para elaborar alcohol y productos azucarados. Su uso se extendió hasta el punto de que pasó a formar parte de las recetas mallorquinas tradicionales, como la *cassola de brosset* o *soufflé* de requesón.

A veces, en la lista de ingredientes de algunas bolsas se lee "Espesante: harina de algarroba", pues esta harina forma parte del grupo de ingredientes alimenticios que se oculta tras el enigmático título de "emulgentes". A finales del siglo XX la harina de algarroba ha adquirido una importancia cada vez mayor, no solo en la elaboración de productos dietéticos, sino también en la cocina relacionada con la alimentación natural. Y son muchas las personas estresadas, a las que la cafeína pone nerviosas, que recurren al sucedáneo del café basado en la harina de algarroba que en otros tiempos se calificaba peyorativamente de café de recuelo.

Todavía hoy se mantiene tenazmente la mala fama de que los destiladores mallorquines utilizan la algarroba para elaborar el *palo*, que es un licor dulce y espeso. Los destiladores rechazan la imputación e insisten en que durante el proceso de elaboración se limitan a quemar leña de algarrobo.

Para la recolección las vainas de color pardo violeta, que penden en haces de las ramas, se desprenden del árbol con varas.

Bodegas frescas, suelas calientes
Inca

La fayenza es una cerámica con barniz estanní-fero blanco y se llama así por elaborarse con especial refinamiento en Faenza, ciudad del norte de Italia. Pero estas cerámicas, muy apre-ciadas en la Edad Media y también en el Renacimiento, recibieron y todavía reciben el nombre de "mayólicas", por proceder de Mallorca, fundamentalmente de Inca. En efecto, Inca destacaba porque sus alfareros sabían elaborar fayenzas de calidad similar a las de Faenza, ya desde tiempos árabes y hasta muy avanzado el Renacimiento.

Y como estas cerámicas procedían de Mallorca recibieron el nombre de "majórica" que posteriormente se convirtió en "mayólica". Concretamente los azulejos españoles, en los que tan marcada es la influencia del esmaltado de los alfareros árabes, apadrinaron los azule-jos de mayólica mallorquines y poco después los italianos y centroeuropeos.

De todo esto actualmente en Inca no queda nada. Luis Salvador no encontró en su tiempo ningún horno de cerámica y sólo pudo informarse de este tema recurriendo a relatos. La fama de la ciudad por sus cerámicas perte-nece al pasado tanto como el gueto judío medieval con que contaba Inca, el único de la isla aparte del de Palma.

Actualmente, en la tercera población ma-yor de Mallorca importan otras cosas. "Inca cuenta con dos fondas", escribía breve y conci-samente Luis Salvador en 1867 y no tenía más que añadir. La situación ha cambiado sensible-mente. Hoy en día hay dos motivos indiscuti-bles para visitar Inca: un largo paseo por las tiendas de calzado y de artículos de cuero, carí-simas en su gran mayoría, y a continuación una recuperación de fuerzas en un *celler*, uno de los restaurantes semisubterráneos situado en una de las antiguas bodegas. Y de éstos hay muchos.

Pero Inca, que como se desprende de las excavaciones prehistóricas llevadas a cabo en los alrededores fue siempre una auténtica zona de asentamiento y que para los romanos cons-tituyó un centro administrativo, tiene otras cosas que ofrecer aparte de las suelas calientes y de las frescas bodegas. La iglesia parroquial de Santa Maria la Major, situada en el peque-ño pero delicioso casco antiguo, es una demostración de que Inca no se enriqueció con los autobuses repletos de turistas. Sus cimientos datan del siglo XIII y se encuentran

La principal iglesia de Inca, Santa Maria la Major, se alza sobre los cimientos de una mezquita. En la época árabe había ya en Inca industrias florecientes. Inca destacó desde principios de la Edad Media por su loza de barniz estannífero.

La cocina de Inca siempre pensó en el cuerpo y en el espíritu. En esta tienda de productos selectos, cuyo mobiliario del siglo XIX es más propio de un salón de baile que de una tienda, se reúnen en un espacio muy reducido todas las exquisiteces de la isla.

en el solar de la antigua mezquita musulmana, aun cuando el cuerpo propiamente dicho de la iglesia sea el resultado de una reconstrucción y restauración del siglo XVIII.

Los constructores supieron sacar el máximo partido en cuestión de elegancia del *marès,* de color amarillo claro, recurriendo entre otras cosas a una serie de arcos en la parte del alero de la iglesia y a una espléndida tracería en puertas y ventanas. En el interior, el baptisterio conserva el único *torn* de la isla, utilizado durante la ceremonia del bautismo para sumergir al berreante retoño.

Otro de los lugares sagrados de Inca se encuentra en el Puig d'Inca, una colina de 304 metros de altura. Es posible que durante el periodo árabe se construyera aquí una capilla, en el lugar en que actualmente invita a la oración la ermita de Santa Magdalena.

Exquisiteces mallorquinas con aire acondicionado natural

Frente a una copa de buen vino mallorquín y unas especialidades de la cocina insular, los inqueros hablan orgullosamente de su historia en un *celler*, pues Inca es famosa por estas

cosas. Como en la población cercana de Binissalem, también aquí se elabora vino de calidad desde el siglo XVII. Pero también en Inca la filoxera anuló este importante capítulo de la economía a finales del siglo XIX, sin embargo los inqueros decidieron confiar en adelante en otros oficios artesanos de su gran repertorio,

en la elaboración de todo tipo de artículos de piel, por ejemplo.

Casi todos las antiguos viticultores, no obstante, disponían de una bodega en la ciudad, en cuyos frescor y penumbra podían almacenar y madurar en enormes cubas los vinos protegidos del calor y de las oscilaciones bruscas de la presión atmosférica. ¿Qué hacer con ellas tras la desolación de la filoxera?

En los *cellers* los cocineros preparan platos de la cocina mallorquina tradicional. Ni paellas ni tortillas, sino lomos de cerdo con salsa de almendras, caracoles con embutidos pimentados o las típicas *sopes mallorquines.*

Todo acompañado con *pa moreno,* sin sal, para finalizar con *gató d'ametlles amb gelat,* pastel de almendras con helado de almendras. Se trata de algo que no solo conocen desde hace mucho los 23.000 habitantes de Inca. Prácticamente la mayoría de los mallorquines y de los turistas está de acuerdo en disfrutar comiendo mucho y bien en un *celler* de la vieja ciudad artesanal de Inca, en el corazón de la isla.

Desde que Inca ya no se dedica a la viticultura como antes, las antiguas bodegas, semisubterráneas, cumplen una nueva función. Entre venerables y enormes cubas los cocineros de la ciudad sirven en los *cellers* exquisitos platos tradicionales.

Productos varios de Mallorca
Verduras de la isla

Durante la Cuaresma se puede observar cómo algunos mallorquines se mueven con el cuerpo inclinado por los márgenes de los caminos y por los cursos de los ríos. Solución del enigma: están recogiendo espárragos trigueros; en definitiva, también quien ayuna tendrá que comer alguna cosa. Los isleños saben preparar los espárragos trigueros de muchas maneras. La gran ventaja de esta variedad está en que no hay necesidad de pelarlos; basta con lavarlos y trocearlos para cocerlos, estofarlos o ponerlos en conserva.

Obviamente el espárrago no agota la oferta de verduras que se puede encontrar en Mallorca. Todo lo contrario. Los mercados reflejan con gran colorido la riqueza de verduras de la isla. En ellos se encuentra toda la variedad de los productos de las huertas, que casi siempre son pequeñas propiedades situadas en los alrededores de las poblaciones. Las *hortes* se ubican desde tiempo inmemorial en zonas de fácil regadío.

En ellas se cultivan maíces de color amarillo oro, alcachofas de múltiples hojas, apetitosas lechugas, coliflores en ramilletes, aromáticos pimientos, cebolletas de fuerte sabor, berenjenas violáceas, picantes cebollas, delicados espárragos, humildes judías, puerros de color verde pálido y finalmente la manzana del paraíso de todas las verduras, los tomates.

Para los mallorquines es muy importante disponer de frutas y verduras de sus propias tierras y no tener que importarlas de la península, aun cuando en ocasiones éstas sean la mitad de caras. La razón radica en las difíciles condiciones de cultivo de la isla. El suelo es muy calizo, por lo que obstaculiza la importante absorción de minerales. Todo esto, unido a la permanente escasez de agua, da lugar a unos frutos sensiblemente más pequeños que seguramente no cumplirían las normas europeas.

Pero, como contrapartida, la verdura mallorquina es mucho más sabrosa, como se comprueba, por ejemplo, en los tomates. Actualmente esta solanácea, en todos sus colores, formas y aromas, es imprescindible en la cocina mallorquina. El famoso *sofrit* o sofrito,

la salsa más importante de la cocina española, se prepara exclusivamente con los más pequeños y los mejores.

Pero junto a la gran variedad de verduras frescas, también las legumbres de Mallorca tienen una gran importancia. Una de las más antiguas es la *fava*. Las habas proceden de la familia de los guisantes y son plantas robustas

Cosechando cebollas en Mallorca sin llorar.

unianuales. Los granos pequeños y tiernos son la base de deliciosos platos. En cualquier caso merece la pena probar la fuerte *fava pelada pagesa*, potaje de habas blancas con costilla salada de cerdo y tocino. Y también un potaje de verduras.

Sopes mallorquines

Sopas mallorquinas

Ingredientes para 4 personas

150–200 g de *sopes*
(rebanadas de pan seco)
1/2 berza
1/4 de coliflor
1 tallo de puerro
100 g de guisantes
100 g de judías verdes tiernas
1 cebolla grande
2–4 dientes de ajo laminados
2 tomates en dados
200 ml de aceite de oliva
1 cucharada de manteca de cerdo
2 tazas de caldo de carne o de verduras
1 cucharadita de pimentón dulce
1 ramita de perejil de hoja grande
muy picada

Pese al sugestivo significado de la palabra *sopes*, no se trata de una sopa propiamente dicha. Las *sopes* de *pa moreno* seco pueden adquirirse en bolsas o sueltas en cualquier panadería. Se recubre la *greixonera* con estas *sopes* antes de verter el potaje de verduras, ya cocido y medio seco, preparado con productos de temporada –sin que falte nunca la berza–, para terminar de prepararlo todo en el horno.

Corte todos los ingredientes en trozos iguales y prepárelos. Caliente el aceite con la manteca de cerdo en la *greixonera* (o en un recipiente de hierro colado). Sofría la cebolla sin dorarla. Agregue el puerro y revuelva. Incorpore a continuación las láminas de ajo y los dados de tomate. Hierva todo a fuego lento hasta que la masa se reduzca ligeramente. A continuación incorpore la berza y las judías y corte el hervor con dos tazas de caldo de carne caliente. Agregue inmediatamente los guisantes, la coliflor y la cucharadita de pimentón dulce. Deje hervir a fuego lento unos 10 minutos.

Cubra la *greixonera* con las *sopes*, vierta encima la sopa de berza y espolvoree el perejil. Hornéelo todo durante 10 minutos en el horno precalentado a 150°C.

La coliflor, tan apreciada en todas partes, tampoco falta en las huertas mallorquinas.

Los tiernos brotes del espárrago pasan del borde de los caminos a la sartén sin ni siquiera ser pelados.

La berenjena y el pimiento constituyen la base de muchos platos mallorquines.

Es posible que las alubias mallorquinas sean más pequeñas que en otras partes, pero tienen más sabor.

Calzado para el mundo
Inca

El hombre ha sabido desde tiempo inmemorial que se anda y se vive mejor con los pies calzados. Envolvió sus pies con pieles de animales, que rellenaba con heno, cuero y lana para protegerse del frío, y con el transcurso del tiempo consiguió alcanzar la mayor comodidad desarrollando una base segura con suelas resistentes y con los cierres más eficaces. Los romanos apostaron por las sandalias de ataduras complejas y los orientales por las babuchas sin tacón y con la punta hacia arriba. Y los occidentales adoptaron de estos últimos, exceptuando las ligeras sandalias de verano, el principio básico de sus costumbres en relación al uso del calzado.

Si Florencia, en Italia, es sinónimo de buen calzado, en Mallorca, e incluso en toda España

este atributo corresponde a la pequeña ciudad de Inca, y esto ya al menos desde 1458, cuando los zapateros de Inca se independizaron de los gremios de Palma. En efecto, Inca, situada en el corazón de la isla y rodeada de tierras cultivadas, era ya en 1300 una *vila* por concesión real y contaba con todos los pronunciamientos para convertirse en la segunda ciudad más importante de Mallorca después de Palma. La única posibilidad de trabajar de manera autónoma tras la Reconquista en una Mallorca organizada feudalmente era la artesanía, donde no podía inmiscuirse ningún terrateniente y donde tampoco era necesario disponer de tierras propias. Y una *vila* como Inca, con su fuero propio, contaba con la posibilidad de controlar directamente el comercio.

Calzado gremial
Así, en el año 1458 el gremio de zapateros de Inca se declaró independiente y fijó sus

propios estatutos. Por las mismas fechas sus miembros decidieron poner su actividad bajo la protección de un santo. El único inconveniente era que ninguno de los discípulos de Jesucristo o de los mártires legitimados por la autoridad pontificia era zapatero de profesión. Tras estudiar a fondo las leyendas terminó encontrándose una solución; la elección recayó en San Marcos.

En efecto, supuestamente durante su estancia en Alejandría el evangelista advirtió que sus sandalias ya no servían. Entonces recurrió a un zapatero judío llamado Aniano para que se las reparase. Aniano se puso manos a la obra, pero tuvo la mala suerte de herirse la mano con el punzón. San Marcos se la curó milagrosamente, lo cual indujo a Aniano a

En este relieve aparecen en plena labor algunos miembros del gremio de los zapateros, *"el Col·legi d'Honorables Sabaters"*.

Como en tiempos del venerable Antoni Fluxà, primero se coloca una plantilla para recortar perfectamente la pala.

En el siguiente paso, la llamada "plantilla" se pega y se cose a la pala ya preparada.

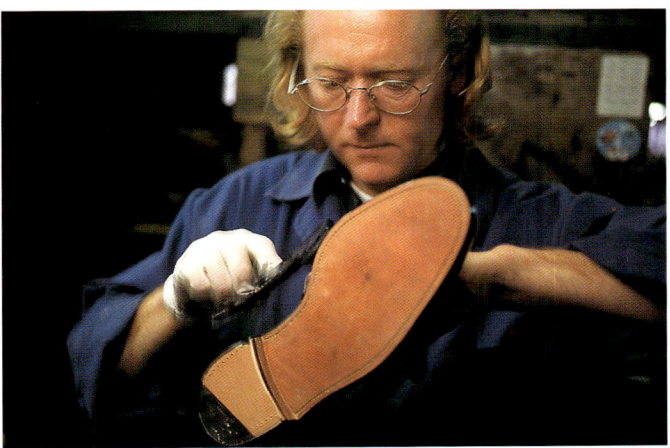

Finalmente se pega con cola la suela a la plantilla, la cual se une al resto del calzado y también se cose.

A continuación se corrigen los defectos y se eliminan los restos de cola. El *sabater* empieza a pulir su obra.

Finalmente se cose la pala en su parte superior de manera que dure para siempre (o casi).

Resultado: tres zapatos terminados que, con sus pares, no tardarán en calzar a alguien.

convertirse al cristianismo. De esta forma San Marcos continúa siendo todavía el patrón de los zapateros.

Los zapateros no estaban solos en Inca, por más que todavía hoy continúen constituyendo el gremio de artesanos más importante de la ciudad. Hacia el año 1600 había en Inca 64 talleres de zapatería y de peletería, 31 tejedurías e hilanderías, 29 carpinterías y 22 herrerías, además de varias alfarerías y sastrerías. Residían en la ciudad ocho notarios, que se ocupaban de los correspondientes contratos y tareas administrativas de los artesanos.

El gremio de zapateros de Inca había regulado sus objetivos económicos e ideológicos. Los zapateros se aseguraban una especie de seguridad social a través de un fondo común, controlaban la competencia y garantizaban a todos las mejores vías de distribución. Al mismo tiempo los integrantes de los gremios se comprometían a comportarse correctamente en público, de forma que los zapateros de Inca no solo destacaban como artesanos, sino también como ciudadanos valiosos y dignos de confianza. El gremio se financiaba con las aportaciones de sus miembros, entre ellas con la contribución que cada *mestre* o maestro debía satisfacer cuando contrataba a un aprendiz. El gremio recurría a la caja común para costear los gastos de entierro de sus miembros, para ayudar a las viudas y para sufragar las fiestas gremiales y las misas.

La mancomunidad de los zapateros, que recibía el nombre de *Col·legi d'Honorables Sabaters*, era totalmente independiente de la ciudad y comenzó muy pronto a desarrollar criterios unitarios sobre la formación de los aprendices de zapatería, partiendo de la base de que la preparación de un *sabater* debía durar un mínimo de cuatro años. En el año 1640 esta norma se amplió con otros cuatro años de oficialía, al término de los cuales el joven zapatero podía abrir un taller propio y formar a sus aprendices.

Plan de economía moderno

El oficio de zapatero artesano prosperó con gran rapidez. No obstante, a mediados del siglo XVI hubo que reorganizar la cooperativa, pues el gremio de los zapateros se había dividido en dos grupos. Unos se dedicaban exclusivamente a la fabricación de calzado tosco de trabajo para los mallorquines, en tanto que otros prefirieron fabricar calzado para los "señores distinguidos", aunque no dominaban las técnicas de la producción. En consecuencia los clientes mallorquines recurrían al calzado extranjero y adquirían sus zapatos lejos de la isla.

En una reunión de todos los maestros zapateros se decidió la tripartición del gremio. El primer grupo, el de los *mestres d'obra grossa*, los maestros del calzado tosco, se dedicaba a la fabricación de calzado resistente destinado al trabajo. Los maestros pertenecientes al segundo grupo se llamaban *mestres d'obra fina* o *primeters* y se especializaron en el calzado de calle, en tanto que el tercer grupo, el de los *mestres tapiners,* fabricaba exclusivamente calzado fino de señora.

Cuando en el siglo XVII la peste se propagó en la isla, murieron muchos mallorquines y también algunos *sabaters,* aunque actualmente se dice que la enfermedad no actuó de forma tan devastadora entre los zapateros. En cualquier caso en aquella época la demanda decayó. Los mallorquines tenían problemas bastante más graves que el de pensar en la finalidad y en la forma de su calzado. Durante algunos años los zapateros sólo trabajaron por encargo para el limitado mercado mallorquín. En muchos casos durante el verano trabajaban en el campo y sólo en invierno, sentados delante de la puerta junto a una pequeña estufa, el *braser,* hacían algún que otro par de zapatos.

Artículos modernos de calidad

Finalmente en 1836 Antoni Fluxà, artesano local, comprendió que el gremio volvía a encontrarse una vez más al borde de su final y que era urgente proceder a una reestructuración del mismo. Reunió en su casa a algunos zapateros de Inca y todos juntos decidieron reorganizar la cooperativa de zapateros y fomentar la exportación.

Inca no podía renunciar a proveer de calzado a Mallorca ni de hecho tampoco a la península Ibérica. En adelante los zapateros no se limitarían a fabricar los pares uno a uno, sino que empezaron a hacer hormas y a repetir varias veces cada modelo. Se organizaron en grupos, patentaron diversos modelos de calzado y crearon una red de mayoristas y de intermediarios. Acababa de darse el primer paso hacia la creación de una fábrica de calzado, aunque habrían de pasar todavía algunos años antes de su inauguración. Además de atender a los mercados locales, los artesanos de Inca exportaban al extranjero, sobre todo a Cuba y a Filipinas. Para los muchos examallorquines que salieron de la isla en el siglo XIX y que encontraron su nuevo hogar en la "perla de las Antillas", el calzado de Inca tenía un gran valor simbólico; era algo así como un trozo de su patria sobre el cual podían incluso correr. Tras la pérdida de las últimas dos colonias en 1898, el mercado disminuyó, pero en definitiva las tres primeras empresas –Fluxà, Gelabert y Payera– adquirieron máquinas e iniciaron la producción industrial de calzado.

Se estandarizaron y seriaron los procesos de producción. Pero para que un zapato esté bien hecho y siente bien en última instancia todas sus partes deben unirse a mano. Las máquinas ayudan a cortar, aceleran y consolidan el proceso de pegar por presión y calor, ahorman el zapato y le dan brillo. Pero el zapato cambia de una mano a otra, pues sólo la mano detecta irregularidades y sólo los ojos advierten los fallos de color, los restos de cola o un hilo partido en la costura.

Actualmente un monumento recuerda en Llucmajor a Antoni Fluxá quien descubrió al calzado las rutas de todo el mundo.

Entonces como ahora los zapateros comienzan cortando la pala o troquelándola y después suavizan el contorno. A continuación se cortan las suelas, se troquelan y se untan con cola. Deben unirse la pala y la suela, para lo cual la primera se fija con cola a la plantilla. Finalmente se cose la suela a la pala y a la plantilla. Se considera que los zapatos "pespunteados" son los mejores y los más resistentes.

En el mercado internacional las marcas más famosas son *Camper, Yanko* y *Lotusse*. Todas ellas alcanzaron rápidamente un gran éxito. La marca *Lotusse* se reconoce fácilmente por la flor de loto, de carácter abstracto, grabada en la suela.

En la actualidad, tanto en Inca como en Llucmajor se fabrica calzado de primera calidad para diseñadores de renombre universal; lo producen empresas que tras varias crisis estructurales se han especializado en el capítulo de la moda del zapato esmeradamente confeccionado. A pesar de su calzado confeccionado a

mano, hoy, como tantas otras veces, los mallorquines han de hacer frente a las ofertas económicamente más ventajosas de otros países en los que la producción es mucho más barata.

Aunque la ciudad industrial que es Inca se ha convertido en la tercera ciudad de la isla, el reformador de la industria del calzado no ha caído en el olvido; en el año 1952 se inauguró un monumento en honor de Antoni Fluxà.

La clave del dominio de la isla
Alaró

Se han descubierto enterrados restos de *talaies*, cerámica romana, monedas bizantinas de Constantino V y una gran variedad de vestigios árabes. Sobre el suelo no es mucho lo que queda del castillo de Alaró, sólo un par de metros de sus muros, bajo los cuales, sin embargo, persiste poderosa la montaña a la que debe su singularidad esta construcción defensiva.

Ahora bien, en todas las conquistas importantes de la isla las huellas del castillo ni se han borrado ni han desaparecido. Quien lograba apoderarse de él dominaba Mallorca desde aquel impresionante nido de águilas, situado a 500 metros de altura sobre Alaró y flanqueado por el Puig Major y la Massanella.

Pero no era fácil; quien haya recorrido con intenciones pacíficas, en coche o a pie, el escabroso camino de carros que conduce a la cima sabrá por qué. En efecto, el atacante, totalmente indefenso, casi en plan suicida, se ofrecía en bandeja a los ocupantes del castillo. Nada tiene de extraño que el castillo de Alaró se considerase inexpugnable; sólo la traición o la desesperación podían hacerlo vulnerable.

Los sitiadores sitiados

Según las crónicas árabes, cuando los árabes ocuparon la isla en el año 902, los *run*, es decir, los no árabes y los pueblos del norte, resistieron en el castillo de Alaró un asedio que se prolongó durante ocho años y cinco meses. Es posible que los sitiados fueran descendientes de los íberos, que residían en la isla probablemente desde el siglo II a.C. y que ya habían creado problemas a los romanos por

El castillo de Alaró, considerado como inexpugnable en otros tiempos, ha tenido que inclinarse al acoso del tiempo. En el siglo X los insulares resistieron en él a los árabes durante ocho años. Atacados por los cristianos, los árabes cedieron prácticamente sin luchar, convencidos de que no tenían ninguna posibilidad.

su habilidad con las hondas. Para los romanos eran unos guerreros implacables y resistentes y parece que no cambiaron mucho hasta la llegada de los árabes.

Los árabes se refugiaron en aquel baluarte seguro ante la llegada de tropas desde la península, cuando en 1229 Jaime I dio los primeros pasos para que la isla pasase a manos cristianas. Él y sus estrategas pensaron febrilmente en el modo de dominar aquella delicada situación y de tomar por asalto el inexpugnable castillo, pero pasaron dos años antes de que los árabes sitiados se rindiesen; El Benehabet, su comandante, gobernador de

Pollença e Inca, no podía mantener por más tiempo el hambriento castillo y en 1231 lo entregó a los cristianos. Como hombre razonable que era se rindió, evitando así que se llegara a un heroico y sangriento "último combate", lo cual le acarreó la fama de desertor y traidor.

Símbolo de libertad

La verdadera antigüedad del castillo es algo que, como el castillo en sí, se pierde en la noche de los tiempos. Las ruinas proceden de la Edad Media tardía y su última restauración data del año 1320.

Pocos años después de los acontecimientos determinantes el castillo se grabó en la memoria mallorquina como símbolo de libertad. En 1285 Jaime II abandonó temporalmente la isla, lo cual indujo a su rival Alfonso III de Aragón, hijo de su hermano, a incorporarla a su corona. Los mallorquines fieles a Jaime II se refugiaron en el castillo y lo defendieron con eficacia durante mucho tiempo. Alfonso III

trató de convencerles para que lo entregasen, pero los mallorquines, capitaneados por En Cabrit y En Bassa, le respondieron con canciones satíricas: "No conocemos ningún *anfós* (halibut) que ostente el título de rey de Mallorca, sino solamente un *anfós* que se come en salsa".

El satirizado prometió asar a la parrilla a los defensores en cuanto se apoderase del castillo. Y así sucedió: los dos héroes populares mallorquines fueron empalados y quemados vivos. No obstante, esta vez el tiro le salió por

A 500 metros sobre el nivel del mar, tanto los sitiados como los sitiadores podían contemplar desde aquí casi toda la isla.

A la derecha, en la dirección en que miran las ovejas, se decidió en 1285 una vez más la historia de Mallorca. Los mallorquines se refugiaron en Alaró huyendo de los aragoneses. Dos de ellos pagaron la resistencia con su vida, pero proporcionaron a su país un periodo de monarquía independiente.

Con la Tramuntana al fondo y el Pla a sus pies, el castillo de Alaró fue más que un simple punto estratégicamente importante; quien dominaba aquella comarca, tenía toda la isla en sus manos.

la culata; Alfonso III fue excomulgado, en tanto que los dos nobles se convirtieron en mártires, *els Sants Màrtirs*, y fueron inhumados en la catedral de Palma.

En la actualidad la montaña del castillo todavía es objeto de defensa, vehemente en ocasiones. En la pared rocosa sobre la que se alzaba la vieja atalaya se encuentra la Cova de Sant Antoni, cueva de estalactitas a la que pueden descender los escaladores audaces. Con suerte tendrán la entrada libre; en caso contrario se encontrarán con un grupo de bravos asnos silvestres con muy malas pulgas.

En la actualidad la naturaleza ha vuelto a apoderarse del castillo y de sus restos, tan cargados de historia. Sólo los visitantes y las ovejas recorren las rutas de las conquistas.

Situado al pie del castillo, 500 metros más abajo, el pueblo de Alaró no tenía ningún interés para los señores de la guerra, pero otros "estrategas" han contribuido a su historia, absolutamente apasionante y totalmente al margen del castillo.

Filibusteros de las montañas

Desde finales del siglo XVII hasta muy entrado el siglo XVIII, los *bandolers* encontraron en Alaró la guarida perfecta. La ley de Palma quedaba lejos, el camino hasta Alaró era largo y escabroso y las montañas ofrecían una gran cantidad de escondrijos difíciles de encontrar para sus alijos y sus provisiones. En consecuencia aquellos bandidos, que se arrogaban derechos soberanos, exigían impuestos y peajes y además se hacían con lo que les agradaba o les parecía útil, pudieron moverse, actuar y atracar a su antojo por aquellos parajes.

Al mismo tiempo la altitud de Alaró creó huecos en el mercado legal mallorquín y convirtió la población en un importante emporio de los productos de la montaña. Allí los cazadores y los ganaderos vendían las pieles de sus animales y los carboneros acercaban al valle carbón vegetal en las grandes bolsas de cuero de sus mulos; por otra parte los labradores descubrieron que en Alaró se desarrollaban muy bien las moreras y por tanto la cría del gusano de seda, con lo cual floreció el

arte de bordador y tejedor en los alrededores. También los olivos agradecían el clima de montaña y producían un aceite de oliva tan extraordinario que durante mucho tiempo el nombre de la localidad estuvo asociado fundamentalmente a este producto. Y también al lignito, que se explotó desde el año 1920 hasta el año 1987 en un total de 6.000 metros de túneles.

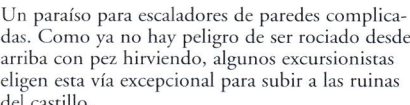

Un paraíso para escaladores de paredes complicadas. Como ya no hay peligro de ser rociado desde arriba con pez hirviendo, algunos excursionistas eligen esta vía excepcional para subir a las ruinas del castillo.

En Alaró se enciende la luz

En 1901 los hermanos Perelló, propietarios de una empresa de jabones y aceites, llevaron a Alaró algo que aún no existía en Palma: la electricidad. Tras vencer la resistencia inicial de algunos convecinos, para quienes todo aquello era sencillamente cosa del diablo, y contando con la colaboración del Ayuntamiento y de algunos vecinos progresistas, los hermanos acometieron la electrificación de ciertas calles y de sus fábricas y casas. Las primeras cien farolas fueron la comidilla de toda la isla y la gente llegaba de todas partes para contemplar con sus propios ojos la "maravilla de la cómoda luz". Este adelanto en cuestiones de electricidad implicó también el adelantamiento en cuestiones de radio, y así en los años cincuenta del siglo XX Alaró tuvo la primera radio libre de la isla y al iniciarse la década de 1980 una emisora privada de televisión.

Precisamente por su situación apartada, durante los siglos XVII y XVIII el pueblo de Alaró era un centro de comercio muy importante de los productos de la montaña. Aquí cambiaban de dueño el carbón, las pieles, los artículos de seda y los productos de contrabando.

El calor del maridet
Carboneros en las montañas

Como un fino manto, casi invisible, se extendía en los antiguos inviernos el olor del carbón vegetal sobre los montes de la sierra de Tramuntana. En las aldeas sólo los olfatos más delicados podían percibir el olor a leña ardiendo, pero más arriba, en las cumbres, a principios del siglo XX la leña todavía ardía lentamente y se hacía carbón prácticamente en cada bifurcación del camino. Las nubes de humo saludaban al caminante y al paseante nada más cruzar el umbral del reino de los carboneros. Esta profesión atravesaba un periodo de esplendor.

La figura silenciosa y poco comunicativa del carbonero, que vivía la mayor parte de su vida como un ermitaño, se ha perpetuado en el cancionero de las islas Baleares y en sus leyendas, en las *rondalles*. El negro carbonero es inevitable en la mitología del mundo de las montañas mallorquinas.

Hay poderosas razones para ello. En Mallorca, pero sobre todo en las ciudades de la isla, donde algunos arquitectos sencillamente se olvidaban de que el invierno existe y, por tanto, no incluían la chimenea en sus planos, el combustible obtenido a partir de la leña fue a lo largo de varios siglos lo único que hacía posible cocinar y calentarse. Los mulos, en cuyos flancos a derecha e izquierda

Derecha: es difícil encontrar en las montañas una *sitja* que produzca carbón vegetal a partir de ramas y de troncos de árboles. A principios del siglo XX esta visión era totalmente normal en las montañas.

Superior: una carbonera consiste en un anillo de piedra relleno de ramas y paja.

En una *sitja* completamente terminada, una gruesa capa de tierra frena el proceso de combustión y da lugar al típico olor dulce.

bamboleaban grandes seras de cuero, cargaban con el tesoro negro de los carboneros y trasladaban el combustible, tan necesario durante la estación fría del año, hasta el centro de la capital.

Pero no hay fuego sin humo, por lo que el hombre de la ciudad, pasmado de frío y sin chimenea, ideó utensilios de todo tipo con los que poder calentarse sin arriesgarse al mismo tiempo a sufrir una grave intoxicación. Las brasas fueron su fórmula mágica y para esta fuente de calor se concibieron según los casos los utensilios más variados y sorprendentes.

Se planchaba con carbón vegetal ardiendo introducido en planchas de hierro colado y se calentaban previamente las sábanas húmedas con un brasero de cama. El recipiente, sujeto a un mango de madera largo y lleno de brasas, se pasaba varias veces entre las sábanas y las mantas antes de que la gente se metiera en la cama. *Maridet*, "maridito", se llamaba esta variante del calentador, utilizado sobre todo por las damas solteras de cierta edad. En ocasiones las mujeres mayores se llevaban consigo a la iglesia su *maridet* –en forma de un recipiente con asas, de hierro colado y lleno de brasas– y se calentaban los pies, aquejados de mala circulación, durante las largas misas celebradas en las heladas iglesias.

Todavía hoy en muchas casas hay un *braser* o brasero que se coloca bajo una mesa redonda. Durante la estación fría la vida se desarrolla casi exclusivamente alrededor de esta camilla, que se cubre con un paño grueso que llega al suelo. Quien ocupa su puesto en la camilla extiende el grueso paño sobre sus rodillas y de esta forma disfruta plenamente del agradable calor que se propaga bajo la mesa. No obstante, en la actualidad la estufa eléctrica sustituye cada vez más al brasero tradicional.

Originariamente los carboneros utilizaban únicamente las ramas y la leña caída al aclarar las reservas renovables, pero en el siglo XIX se incrementó tanto el consumo de carbón que los propietarios de montes sólo podían satisfacer la gran demanda arremetiendo con hachas y sierras contra las existencias de árboles sanos. Entonces continuó en Mallorca lo que griegos y romanos habían iniciado siglos atrás en todo el Mediterráneo: el desmonte completo de comarcas enteras.

El archiduque Luis Salvador contempló aquella actividad con verdadero pavor y dio la orden de que en sus bosques no se talase ni un solo pino. Todavía hoy los límites de sus posesiones se distinguen por la existencia de árboles seculares. En el parque nacional de Son Moragues, que se encuentra en sus antiguas propiedades, pueden contemplarse algunas carboneras restauradas.

Es cierto que a mediados del siglo XX se prohibió en Mallorca el desmonte y que se han hecho cosas en el capítulo de la repoblación, pero un árbol necesita su tiempo para alzar su copa al cielo.

Actualmente, en la isla la profesión de carbonero prácticamente ha desaparecido. Sólo de vez en cuando humean algunas *sitges* o carboneras en los encinares y pinares de la sierra de Tramuntana. Aunque su precio es relativamente elevado, el carbón vegetal de elaboración artesanal es muy apreciado. Sin embargo, desde el punto de vista medioambiental es preferible utilizar carbón vegetal industrial.

Los pocos carboneros que quedan hoy en día constituyen un grupo humano tímido y de pocas palabras. Viven casi todo el año en

En las casas de la ciudad las habitaciones principales se calentaban con este tipo de elegantes braseros.

sus *barraques*, que son chozas de piedra con techos de hierba, recogen ramas y troncos y continúan haciendo carbón.

Para construir su *sitja* el carbonero empieza formando un círculo de piedras, en cuyo interior se apisona una base consistente, la *solera*, con tierra roja, grasa y humedecida. En el centro de la *solera* se colocan los leños más gruesos y sobre ellos acumula el carbonero astillas y ramas delgadas hasta una determinada altura. A continuación se recubre todo con la misma tierra roja que se utilizó para la base. En la parte superior central se deja una pequeña abertura a través de la cual el fuego penetra en la carbonera. El proceso

Para carbonear, el carbonero no debe limitarse a quemar leña. Debe también construir la carbonera siguiendo los viejos métodos. La carbonera rinde sólo cuando los juncos están perfectamente "cosidos".

de carbonización lenta, que se inicia inmediatamente, dura entre 14 y 18 días.

Un carbonero no puede tener un sueño profundo, pues el viento aviva rápidamente las brasas o el sol adormece la carbonera. Aparte de un sueño superficial, un olfato finísimo es una de las cualidades de un buen profesional. No todos los fuegos producen el mismo humo y los matices más delicados informan al maestro de la intensidad del calor. Lo ideal para la elaboración del carbón vegetal es el mantenimiento de una temperatura constante en la *sitja*. Un solo sueño demasiado profundo es suficiente para echar a perder el trabajo de varias semanas.

Pequeña pero tenaz
Selva

De noche, la carretera de Inca a Pollença, estrecha y llena de curvas, se retuerce en la oscuridad total hasta que de pronto alumbra un panorama impresionante. Frente a la negra pared del macizo de Massanella resplandece el amarillo oro de la iglesia de Sant Llorenç, en Selva, que, extrañamente ensimismada, parece colgar ingrávida a pesar de sus cinco impresionantes arcadas y de su torre, demasiado baja y robusta, sobre la pequeña ciudad que dormita a sus pies en la noche del Raiguer.

Esta iglesia debió de empezar a construirse inmediatamente después de la Reconquista, a principios del siglo XIV, por más que la iglesia parroquial actual sea una reconstrucción de la primitiva, que fue destruida por un incendio en el siglo XIX.

Los años posteriores a la victoria cristiana fueron determinantes para la suerte de Selva. En primer lugar sus tierras interiores de los alrededores del Puig de S'Escuder sirvieron de refugio a los resistentes árabes, aunque no por mucho tiempo; como evidentemente su situación no tenía salida, se suicidaron y encontraron una tumba enorme en las montañas que no fueron capaces de protegerlos.

La tierra, para quien la trabaja

En 1301, Jaime II concedió a Selva el derecho a celebrar mercados y sus ciudadanos iniciaron una lucha larga y tenaz para conseguir el privilegio de disponer de una parcela de suelo fértil en los alrededores. Jaime II, que siempre tenía necesidad de dinero, vendió parcelas y más parcelas hasta que casi la totalidad de Selva, incluidas las poblaciones de Massanella, Biniamar y Moscari, pasó a ser propiedad de los campesinos.

Pero aquello no gustó al catalán al que se adjudicó Selva como recompensa por sus servicios durante la Reconquista y quiso hacer valer su derecho de propiedad. Los vecinos

presentaron sus reclamaciones en el tribunal supremo del reino de Aragón, el *Consell Suprem*, y recobraron el municipio de Caimari.

Con sus montes calizos y poblados de árboles, escabrosos y formidables, patria de bandidos y carboneros por una parte, y con su suave llanura, formada por lomas, campos y prados y dividida en numerosas *finques* y pequeñas propiedades por otra, Selva y su comarca, situadas en el punto de intersección de la Tramuntana y el Pla, son extraordinariamente feraces.

El lino, los cereales, las frutas, las verduras, los almendros y los grandes olivares y encinares disfrutan de lo que a lo largo de los siglos ha ocupado a mucha gente: un microclima con un verano caluroso, con mucha lluvia en otoño y en primavera y con un invierno húmedo y frío. Asimismo los pastos de los alrededores de Selva son tan jugosos y abundantes que los labradores no solo criaban los cerdos y ovejas tradicionales, sino también caballos.

Con tantas sinecuras en los alrededores desde el siglo XV hasta el siglo XVIII los *bandolers* campaban a sus anchas en los montes de Selva; constituían una autodenominada guerrilla de ladrones. Sus maneras de actuar sin freno alguno no concluyeron ni siquiera cuando en 1679 su cabecilla Guillem Oliver "el Sord", tras ser abatido a tiros, fue enterrado en

Las tierras que rodean Selva son tan fértiles que en el siglo XIV los campesinos se sublevaron contra los grandes propietarios: nosotros hacemos el trabajo y queremos recoger los frutos. Aunque no vencieron en todos los frentes, obtuvieron triunfos parciales.

la cárcel de Selva para evitar un entierro solemne del bandolero. La era de los *bandolers* se cerró cuando en 1716 los Borbones desarmaron toda Mallorca para hacer frente al bandolerismo. En la respondona Selva y en sus alrededores se recogieron entonces 154 fusiles, 19 escopetas, 67 *armarills*, seis carabinas, 14 pistolas, 111 espadas, 111 bayonetas, cinco puñales, 10 machetes, 20 dagas y siete alabardas.

Viejas plantas nudosas
Olivos

"Son aceitunados tus ojos y están aderezados de orégano y sal", dice una vieja canción de amor. Tratándose de ojos verdes, muchos amantes hubieran buscado probablemente la comparación con la esmeralda, pero, ¿por qué no con la aceituna? En definitiva, el olivo es una de las plantas cultivadas más antiguas del mundo.

En realidad, la especie *Olea europaea* empezó a cultivarse en Oriente Próximo hace ya más de 5.000 años. Desde entonces el olivo se propagó por Grecia y después por la cuenca mediterránea, hasta que los romanos lo implantaron en la península Ibérica. Desde comienzos de la era cristiana el aceite español se introducía en ánforas y, provisto con el sello de origen, se remitía a todo el Imperio Romano.

A este líquido denso, matizado con reflejos dorados en ocasiones, se le reconocieron desde el principio propiedades favorables de todo tipo. Embellece la piel, da sabor a los alimentos y proporciona capacidad de resistencia. Con el tiempo se ha sabido que por su alto contenido de ácidos grasos no saturados el aceite de oliva reduce el riesgo de cardiopatías y de enfermedades circulatorias, protege del cáncer y previene los cálculos biliares.

En la actualidad existe una extraordinaria variedad de olivos. Se supone que solamente en España hay más de 260 variedades distintas, cuyos nombres derivan del color y la forma del tronco, de las hojas y hasta del fruto, de la zona de cultivo o incluso del aceite elaborado.

La mayor parte de los olivares de Mallorca procede del siglo XVI. Los suelos secos y calizos de la Serra de Tramuntana, en el noroeste de la isla, son especialmente aptos para el cultivo del olivo. De ahí que los

Verdes y plateadas brillan las hojas de los olivos de hoja perenne. Donde mejor se cultivan los olivos es en la Serra de Tramuntana.

olivares baleares, que ocupan más de 14.000 hectáreas, se encuentren mayoritariamente en Selva, Estellencs, Valldemossa, Fornalutx y Esporles. Refiriéndose a los olivos dispuestos en líneas regulares, con sus hojas de color gris verde en su parte superior y con reflejos plateados en el envés, el poeta Antonio Machado decía que parecen tierra peinada, *terra pentinada*.

El negocio del oro líquido fue próspero durante siglos enteros, hasta que algunos burócratas de Bruselas decidieron que el contenido graso de la aceituna balear era demasiado alto, superior al establecido por las normas de la Comunidad Europea. Desde entonces en la isla de Mallorca sólo se produce aceite para el consumo local y no para la exportación.

El olivo puede alcanzar la edad bíblica de hasta 1.500 años y se considera como un símbolo de la paz y de la inmortalidad. A lo largo de su vida adopta formas entre nudosas y caprichosas. El mayor olivo que el archiduque Luis Salvador encontró en la isla hacia 1870 estaba cerca de Palma y, evidentemente por alguna creencia supersticiosa, se llamaba *S'Olivera de sa Por*, el olivo del miedo. Dado que, aunque hueco por dentro por los años, echa renuevos pleno de energía, se dice que un olivo nunca muere.

Ahora bien, el hombre no deja de tener su parte en la conformación fantástica de los olivos. Con frecuencia los ejemplares más viejos son atacados por un hongo que descompone la madera. Los campesinos extirpan una y otra vez las partes afectadas; en muchos casos se practican en la planta verdaderos agujeros que dan lugar a sus características excrecencias.

Una muestra singularmente bella de un viejo olivo en que son visibles los estragos del tiempo se encuentra en Palma, en la Plaça de la Cort, frente al Ayuntamiento. Se supone que esta *olivera*, envejecida con gran dignidad, tiene al menos mil años de edad. Fue éste

Durante el proceso de maduración, el color de las olivas pasa del verde claro al negro intenso.

motivo suficiente para dotar al árbol de una placa y para adornar el espacio que rodea su tronco con plantas siempre florecientes.

La *Olea europaea* necesita entre cuatro y diez años antes de empezar a dar frutos y alcanza su volumen máximo de producción, es decir, está en el momento cumbre de su vida entre los 30 y los 35 años. A los 75 años empieza lentamente su declive y su producción se reduce visiblemente. El largo periodo de recolección de las *olives* se inicia en septiembre y se alarga hasta el mes de febrero. En otoño se recogen los primeros frutos verdes, todavía no maduros, que enteros o partidos se ponen en salmuera y se aderezan con hinojo, cáscara de limón y pimiento.

En octubre caen del árbol las primeras *pansides*, ligeramente rugosas y de color violeta oscuro, que, aliñadas con aceite, sal, ajo y laurel, pueden consumirse directamente. De noviembre en adelante los mallorquines recogen las aceitunas *negres,* que tras dos meses de permanencia en agua con sal, limón y ajo, son aptas para el consumo.

El hombre concibió la idea de poner las aceitunas en salmuera cuando una marea depositó en la arena frutos que habían caído en el mar. Las aceitunas, que antes resultaban incomestibles, adquirirían de pronto un sabor afrutado y fresco, pues el agua salada del mar

Por mucho que apetezca, es de buen tono dejar en el plato alguna aceituna.

les había sustraído sus principios amargos. Desde entonces en la cuenca mediterránea prácticamente cada familia dispone de su propia receta para poner en conserva este fruto con hueso.

La recolección destinada a la elaboración del aceite comienza a finales de noviembre. Los frutos están totalmente maduros, tienen un color profundamente negro y presentan arrugas. Durante el vareo, palabra con que se designa el método tradicional de recolección, todavía hoy se utilizan varas o *gaules* para hacer caer las aceitunas del árbol sin que sufran el menor daño.

En el siglo XIX no era habitual esta forma de recolección; aunque este método se aplicaba en los almendros, en el caso de los olivos se esperaba a que los frutos, suficientemente maduros, cayeran del árbol por su propio peso. Probablemente fue más tarde cuando se advirtió que la calidad del aceite se elevaba de forma sensible con la utilización de olivas menos maduras.

Generalmente bajo los olivos se extienden redes; sobre ellas caen los frutos maduros, que a continuación se recogen del suelo y se introducen en cestos. Un buen aceitunero puede recoger al día los frutos de un árbol adulto, lo cual representa aproximadamente 40 kg o la astronómica cifra de casi 20.000 olivas. Aparte del escaso sueldo que perciben por su duro trabajo, al término del proceso de producción los aceituneros suelen recibir algunas botellas del preciado líquido.

Una *tafona*. Las planchas lisas con la pasta de aceitunas se superponen formando una columna que se prensa con una viga pesada, la *biga*.

Proceso de elaboración del aceite de oliva

Durante la elaboración del aceite de oliva está prohibida la prisa, pues en contacto con el oxígeno las aceitunas desarrollan notas amargas y por tanto pierden rápidamente su fino y delicado aroma. Las aceitunas recién recolectadas primero se lavan y después se pasan a una cinta continua donde se limpian y pierden sus hojas y sus rabillos. A continuación se trituran en el molino de muelas verticales para machacarlas. En este caso las mejores son las muelas de granito, que apenas se calientan durante el proceso de trituración, con lo cual se evita que los aceites esenciales, sensibles al calor, se disuelvan en el aire.

Este rodillo de piedra, parte integrante del molino, da vueltas sobre una plataforma también de piedra. Entonces el material molido, que forma una especie de papilla, se recoge en un canal ancho y de forma circular. Por el centro del molino pasa un embudo de carga, la *tramutja*, a través del cual se produce el reabastecimiento. Para cada paso del molino, *trullada*, se necesitan unos 180 kg de aceitunas.

Recogiendo el jugo que se desprende directamente de la pasta durante la trituración se obtiene la flor del aceite, la *flor d'oli*. Como el rendimiento obtenido es muy bajo, generalmente tras la trituración se somete la pasta a nuevos tratamientos. La pasta resultante de la *trullada* se extiende sobre 60–90 discos llanos de fibra de coco o de esparto, las *cabasses* o *esportins*, que se superponen en columna bajo una prensa mecánica, la *tafona*. A continuación los *esportins* se prensan accionando en forma de palanca una gran viga de madera de pino, la *biga*.

Para conseguir la calidad superior la temperatura no puede rebasar los 30°C, pues el calor repercute negativamente sobre el aroma y las vitaminas. Para un litro de aceite se necesitan aproximadamente cinco kilogramos de aceitunas. Tras el prensado el aceite, de color rojizo, debe clarificarse para separarlo del líquido vegetal, que es el alpechín. En las almazaras que aplican métodos tradicionales se pasa la mezcla resultante a un depósito de rebose en el que el aceite asciende a la superficie por ser más ligero que el orujo. Ahora bien, durante este largo proceso el alpechín empieza a fermentar ligeramente transmitiendo al aceite su desagradable sabor. De ahí que cada vez se recurra más a centrifugadoras eléctricas que trabajan con mayor velocidad. En virtud de la fuerza centrífuga el alpechín sale al exterior y el aceite puro se acumula en el eje de rotación de la máquina. Entonces se deja el aceite unos días en reposo para que se depositen sus impurezas naturales. A continuación se hace pasar el aceite por un filtro de papel antes de embotellarlo y venderlo. No obstante, el aceite no filtrado, ligeramente turbio, tiene cada vez más aceptación, pues su sabor es más intenso.

En términos generales se distinguen tres categorías principales de aceite de oliva, con el aceite de oliva virgen extra, *oli d'oliva verge extra* como grado supremo de calidad del aceite de oliva español prensado en frío. Este aceite procede del primer prensado y su acidez no puede ser superior a un gramo de ácidos grasos por cien gramos de aceite. El *oli d'oliva verge* es también un aceite prensado en frío, pero procede de los prensados segundo y tercero. En este caso el grado de acidez no puede superar los dos gramos de ácidos grasos por cien gramos de aceite. El *oli d'oliva* es aceite refinado o una mezcla de aceite refinado y de aceite prensado en frío. Es un aceite relativamente barato y se utiliza sobre todo para freír carne o pescado. Todos los aceites de oliva son sensibles a la luz, al calor, al aire y a la humedad. Almacenados en un lugar frío, oscuro y seco pueden durar hasta un año y medio.

No duran tanto las *olives* no prensadas puestas en salmuera. Presentadas y servidas en platitos de loza, las deliciosas aceitunas negras y verdes suelen desaparecer a los pocos minutos.

Como el aceite de oliva es muy sensible a la luz, sólo excepcionalmente se exponen al sol las decorativas botellas.

Tras la recolección, los delicados frutos se lavan con mucho cuidado y se pasan a una cinta continua.

Antes de llegar al molino se eliminan las hojas y los rabillos para que únicamente se introduzca en el embudo la aceituna.

Las aceitunas se distribuyen rápidamente en una plataforma de piedra a fin de que su contacto con el oxígeno sea mínimo.

En el molino de ruedas verticales, unas pesadas piedras de granito de forma cónica trituran las aceitunas dando lugar a una pasta espesa.

Las pasta de pulpa y huesos se extiende sobre esteras circulares que se superponen las unas sobre las otras.

Hasta 90 *esportins* se superponen formando una columna regular que los mallorquines llaman *trullada*.

Para hacer salir de los *esportins* el precioso líquido se utiliza una prensa mecánica. El aceite de mayor calidad procede del primer prensado.

Debe vigilarse constantemente la temperatura. Para obtener un aceite de la máxima calidad nunca pueden superarse los 30°C.

Resultado: *oli d'oliva verge.*
Finalmente, el aceite de oliva virgen pasa al colector.

Técnicas venecianas
Cristal de Mallorca

En torno al año 600 a.C. los fenicios conseguían en Mallorca la solidificación delicada y transparente de minerales que permitía una presentación más elegante del vino en cualquier parte del mundo y mejoraba sus matices de sabor: el cristal. En Mallorca no existe una documentación precisa acerca de cómo aprendieron los fenicios a transformar en cristal la arena, el cuarzo o la piedra, pero sí está documentado que transmitieron a los romanos sus técnicas de fabricación del cristal, como se desprende de las excavaciones de Artà y de Alcúdia.

Los romanos ya sabían colorear el vidrio, pero, tratándose del cristal mallorquín, fueron los árabes quienes perfeccionaron adecuadamente esta técnica. El color predominante era el verde, el color del profeta. Y a pesar de que de 1232 en adelante la cultura cristiana se impuso indiscutiblemente en Mallorca, este color fue el favorito de muchas vidrierías de la isla, aparte de algunos otros, evidentemente. Asimismo la preferencia por las formas ricamente adornadas, con volutas, parecidas a trufas en ocasiones, tiene sus paralelos y modelos en las obras de vidriería que los árabes introdujeron en Mallorca inspirándose en la cultura de Bizancio.

Actualmente son tres las poblaciones que presumen de las formas más bellas, de la técnica más perfecta y del cristal más brillante: Algaida, con la fábrica de *Gordiola*, S'Esglaieta con *Lafiore* y la firma *Menestràlia*, cerca de Campanet.

Monopolio y prohibición de quemar
Los artículos fabricados y sobre todo el modo de fabricarlos enlazan esta herencia histórica con una sorprendente historia de la artesanía consolidada durante la dominación árabe. También los nuevos señores cristianos preferían beber su *copa de vi* de botellas elegantes y al mismo tiempo conocían el potencial económico oculto en aquel arte.

De ahí que solicitasen al Consejo de la representación corporativa, los *jurats*, el monopolio de la artesanía del vidrio. En el siglo XIV llegó incluso a prohibirse temporalmente, por razones ecológicas, la fabricación de vidrio; los hornos consumían demasiada leña y los bosques desaparecían con excesiva rapidez del paisaje de la isla. Pero viejos libros de comercio indican que en 1452 el monopolio se entremezclaba con sobornos y pagos a cuenta; el negocio del vidrio era demasiado atractivo para dejarlo en manos de unos pocos privilegiados.

Para muchos turistas las fábricas de cristal están incluidas en su programa de excursiones.

Sin embargo, el monopolio europeo de esta técnica –como muy tarde desde que los turcos conquistaron Damasco, la antigua metrópoli del vidrio en la cuenca mediterránea– se encontraba sin duda alguna en Murano, una isla situada frente a Venecia. Los artículos de los vidrieros de Murano eran tan singulares que los dux retenían a sus artesanos como prisioneros y les prohibían con amenaza de muerte transmitir sus técnicas a extraños.

Fuga del gueto del arte

Los catalanes, que ya habían enviado a sus mejores virtuosos a Mallorca para asimilar y completar las técnicas de sus colegas, no dejaban de comprar cristal veneciano para tratar de descubrir los misterios de la técnica de su fabricación.

¡Cuánto más eficiente y rápido sería –seguramente pensaban– poder contar con uno de los miembros del gueto del cristal de Murano!

Su súplica fue escuchada. En 1600 Dermenice Barovier abandonó Murano y se marchó a Mallorca. En el año 1605 se presentó ante los *jurats* solicitando autorización para trabajar en las fábricas de vidrio de la isla. Cuando los *jurats* se enteraron de su procedencia y cayeron en la cuenta de lo que podría aportar a sus colegas, que seguían trabajando fundamentalmente a partir de los modelos medievales de los catalanes, descubrieron que se habían hecho con un buen botín sin haber intervenido directamente.

Al poco tiempo, los vidrieros mallorquines copiaban tan perfectamente el cristal veneciano y adaptaban con tanta exactitud su riqueza de formas y colores que todavía hoy muchas piezas de aquella época se incluyen equivocadamente en los inventarios como cristal de Venecia. A principios del siglo XVII, Sa Seu, la catedral de Palma, adquirió la vidriera que sumerge el interior de la iglesia en una luz encantada y fastuosa de color.

Finalmente en el siglo XVIII, la fabricación industrial desplazó las vidrierías pequeñas, exquisitas y, en definitiva, caras. Sólo con la demanda de los turistas, dos siglos después, recuperaron los vidrieros su relevancia.

El vidriero sostiene dentro del horno de fusión una masa compacta de arena de cuarzo en el extremo de una vara larga, que al mismo tiempo es el tubo de soplar.

Hace falta una mano segura para aplicar en la pieza nuevas capas de vidrio semiconsistente.

El florero adquiere forma, pero todavía hay que alisarlo, pulirlo y separarlo del tubo de soplar.

La divertida belleza de los artículos de cristal mallorquines procede de las influencias romanas, árabes y venecianas y de la propia maestría.

Donde se bañan los elfos
Campanet

A primera vista el terreno de aluvión que circunda la vieja iglesia de San Miguel, el Pla de Tel, no es más que un encinar y un olivar ondulantes en las fértiles elevaciones y depresiones del Raiguer. Pero cuando llueve copiosamente, como es habitual de noviembre a abril en esta zona de Mallorca, sucede algo increíble. De las numerosas grietas del poroso suelo calizo brota agua y más agua que convierte la tierra en un torrente que no se cansa de correr alrededor de los árboles y de la maleza hasta que, amansado en un verdadero cauce, da lugar a un río normal en el Torrent de Sant Miquel. Los mallorquines califican este fenómeno de *fonts ufanes*, fuentes alegres, y la sabiduría popular ha encontrado una explicación para lo inexplicable. Según ella las corrientes subterráneas de los Pirineos pretenden concluir aquí su existencia secreta. En efecto, las *fonts ufanes* arrastran supuestamente consigo hojas de árboles inexistentes en Mallorca, pero existentes en la cordillera que separa España y Francia: robles y hayas. Hace ya mucho tiempo que la ciencia moderna, con su exigencia de explicaciones consistentes, ha rechazado esta teoría por insostenible, deshaciendo también el encanto de esta minúscula parte del mundo. En las *fonts ufanes* se trata de grandes grutas formadas en la piedra caliza –como las Coves de Campanet, cuevas de estalactitas no descubiertas hasta el año 1945– que rebosan cuando llueve intensamente. Pero, ¿y las hojas?

La tradición mítica de la comarca está convencida de que interviene lo sobrenatural. ¿Por qué eligieron expresamente los conquistadores este lugar para construir la iglesia de San Miguel? ¿Y por qué los árabes construyeron con anterioridad una mezquita en el mismo lugar? La cual a su vez se alzaba sobre las ruinas de una iglesia paleocristiana a la que precedió un templo romano situado en el lugar donde los primeros habitantes de Mallorca honraban a los espíritus benignos de los bosques y a las *dones d'aigua* o mujeres de agua que se bañaban a la luz del sol.

Las "fuentes alegres" no son desgraciadamente algo mágico, sino el resultado de la colaboración singular entre la piedra caliza porosa y las lluvias torrenciales.

El final del cerdo feliz
La matança

Ha llegado cumplidamente el momento: finales de enero. Si no se hace ahora, las autoridades echarán el cerrojo y habrá que cebarlo durante otros diez meses. Por tanto tiene que ser hoy. La familia se ha reunido; algunas de las hijas y de los hijos han llegado con sus cónyuges y sus hijos desde lejos. ¡Es el momento!

También está el matarife, llamado *matador* o *escorxador*. La familia prepara la matanza con el mismo esmero y atención que el mismo *matador*. Tras ponerse de acuerdo en todos los detalles cada uno trata de recordar su misión concreta. Como lo hace la enfermera jefe en el quirófano, la dueña de la casa dispone el instrumental sobre la mesa en un orden transmitido a lo largo de generaciones

que no se modifica jamás. El matarife asesta al animal un golpe certero. El cerdo cae inmediatamente muerto.

Se recoge cada gota de sangre en los recipientes ya preparados y la familia empieza inmediatamente a cocer la sangre en el fuego previamente encendido. El rojo líquido burbujea y se va espesando lentamente. Se vierte agua hirviendo sobre la piel del cerdo para afeitarla. Finalmente la madre busca en su instrumental un cuchillo determinado y corta con él la enroscada cola. En muchos casos este privilegio de la cabeza femenina de la familia descansa en una liturgia invisible, en una especie de juramento transmitido de generación en generación en virtud del cual sólo ella puede cortar la cola del cerdo.

El matarife hace una pequeña pausa durante la cual el veterinario, como es legalmente preceptivo, dictamina sobre el perfecto estado del cerdo. En efecto, el matarife no

El cerdo negro mallorquín o *porc negre* recibe durante todo un año toda clase de atenciones.

solo tiene la misión de matar el cerdo, sino que además es el encargado de extraer sus vísceras de manera adecuada y en conformidad con las reglas del oficio. En otros tiempos se mataba el cerdo asestándole un golpe en la cabeza, pero posteriormente se procedió a cortarle la cabeza o a degollarlo para, a continuación, desangrarlo suspendido en el aire. Después se efectúa un corte en el lomo para extraer las costillas o bien el matarife arranca los interiores del vientre. Antiguamente, eran las propias familias las que se encargaban de matar el cerdo, pero hoy en día se llama siempre al *escorxador*.

Algunas fases de la operación, consideradas especialmente delicadas, exigen gran precisión. Entre ellas está, aparte del acto de matar y del

Antes de la matanza se colocan meticulosamente sobre la "mesa de operaciones" todos los cuchillos y jarras.

Una vez asestado el golpe mortal, se deja que el *porc negre* se desangre hasta la última gota.

Entonces se vierte sobre el cerdo agua hirviendo para que sus cerdas se ericen.

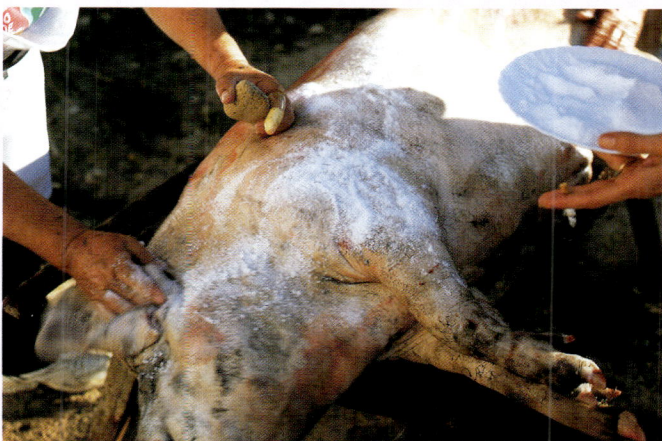

Con las cerdas afeitadas se hacen después cepillos de limpieza o de pelo natural.

Durante las pausas queda tiempo para las pequeñas bromas; en esta ocasión se tira de las orejas al cerdo.

Para finalizar, se procede a colgar al animal en las debidas condiciones y a descuartizarlo.

Las mujeres limpian los intestinos.

La masa del embutido no es una postal para vegetarianos.

La corteza de tocino se prepara al sol de la tarde.

En la picadora se tritura todo lo aprovechable.

Los distintos embutidos se cuecen sobre el fuego.

Terminada la tarea hay una merienda con *sobrassada*.

despiece, el adobo de la masa y sobre todo la preparación de la mezcla adecuada de especias para las diversas variedades de embutido. Los colaboradores con mayor experiencia aprueban definitivamente la mezcla.

Antiguamente el reparto de papeles en la fiesta de la matanza se efectuaba por un lado teniendo en cuenta la posición familiar y social y por otra atendiendo obviamente a la experiencia de cada individuo. Así la abuela se encargaba de cocer la sangre para la morcilla, las amigas mayores limpiaban los intestinos con agua y limón y los hombres trasladaban el cerdo a la mesa de la matanza, en tanto que la dueña de la casa se encargaba de la organización general y decidía los destinatarios de los obsequios y la cantidad que correspondía a cada uno teniendo en cuenta las relaciones familiares. Asimismo confeccionaba el menú y decidía las bebidas que habrían de servirse en la matanza.

En definitiva, la comida y la bebida servidas marcan la pauta de la magnanimidad y de la posición social de la familia. Generalmente se sirven grandes cantidades de todos los productos de la matanza y de los despojos, que han tenido que prepararse con toda rapidez. En consecuencia el menú incluye fritos, lechecillas saladas, tajadas de carne y sopas con tocino y albondiguillas. De todos modos lo que más aceptación tiene es el *frit de matança*, que es un potaje de verduras frescas, patatas y despojos.

El cerdo se descuartiza íntegramente
Del cerdo se come o al menos se aprovecha todo. Una parte de la carne se sala; con el resto, incluidas las vísceras, se preparan embutidos, que se designan con el nombre de *camaiots* unos y de *botifarrons* otros. Los *botifarrons* son las clásicas morcillas oscuras, en tanto que los *camaiots* contienen mayores trozos de carne. Con la piel del cerdo las mujeres cosen bolsas que posteriormente se rellenarán de embutidos. El mismo pene se enrolla en una especie de vara que antiguamente se utilizaba para engrasar las herramientas. La *pixa des porc* ocupaba un lugar importante en la casa y se colgaba de la pared, de forma que estaba siempre presente; se trata de un tema para los etnólogos del sexo.

También los hijos tienen cosas que hacer durante la matanza. Una de sus principales tareas consiste en organizar la noche, el punto culminante de la fiesta. La dura jornada de trabajo concluye en cada familia con una *festa* con música y baile. Es el momento en que los admiradores de las hijas solteras se acercan a sus amadas.

El cerdo está de moda
Se supone que los cerdos se domesticaron en la isla de Mallorca ya en el segundo milenio antes de Cristo y que desde entonces han gozado de gran aceptación. Según el historiador griego Diodoro Sículo los famosos y temidos honderos baleares frotaban su cuerpo con manteca de cerdo tras haberse regalado con su carne.

En el Edad Media, el filósofo y teólogo Ramon Llull habla del cerdo en sus crónicas. En fechas posteriores, el *porc negre* o cerdo negro se convirtió en un artículo de exportación de calidad y su carne era tan apreciada como la de la langosta menorquina o la de la ternera de Ávila.

De ahí que durante muchos siglos la fiesta de la matanza constituyese en el país una tradición importante para garantizar la alimentación de todo el pueblo durante los meses de invierno. El inicio del gran turismo a mediados del siglo XX, con el subsiguiente despliegue de la economía, desplazó al olvido las tradiciones rurales.

El engorde de cerdos en casa no merecía la pena y además resultaba engorroso; únicamente los románticos y los amantes de la tradición se permitían este lujo. El cerdo pasó de moda y sólo esporádicamente se veía algún cochinillo sobre el fuego de leña. Durante mucho tiempo fueron los carniceros y las pequeñas industrias quienes se hicieron cargo de la matanza del cerdo.

Recordando las viejas costumbres, actualmente algunas familias ceban a sus propios cerdos y acompañan su matanza con una fiesta. De ahí que hoy probablemente no exista mejor ocasión de conocer la vida de una auténtica familia mallorquina que participando en una *matança*. Ese día se descubren el carácter y la mentalidad de los mallorquines, muy unidos entre sí por los lazos familiares, aunque respetando siempre la intimidad de los demás.

Al término de la jornada toda la familia degusta el resultado de la matanza.

Sonidos penetrantes en el campo
Búger

Justamente en Búger, una población pintorescamente situada sobre dos colinas entre Campanet y Sa Pobla y tan distante de todo a pesar de su situación central, justamente aquí suena una música muy distinta de la que se escucha en la Mallorca de las grandes afluencias turísticas y de los accesos directos a las playas y a la vida nocturna. En el periodo árabe había aquí una granja de la que, fuera del nombre de la población, no queda nada: Bujar de Rahal Algebel. Ocho molinos de viento saludan desde lejos y uno al menos tiene aspas para abanicar en este apartado caserío a los visitantes ávidos de ver y sobre todo de escuchar. En cierta medida parece que estas últimas aspas no son un accidente casual, sino un guiño especial de complicidad con la aldea.

Al final han sido otras aspas y otras velas las que han marcado nuevos rumbos a Búger; no son aspas de tela o de metal, ni de velas que lanzan a un barco en el mar con la velocidad de una flecha, ni alas que sostienen en el aire a los ángeles que bajan para transmitir noticias extraordinarias. Negro y brillante como las alas de un cuervo es este piano de madera y acero, pulido y siempre armónicamente afinado, de

varias toneladas de peso y tan grande que ocupa fácilmente un teatro. En Búger se encuentra la "Fundación Área de Creación Acústica", la *Fundació Àrea de Creació Acústica (ACA),* conocida en toda Mallorca.

La buena música sólo se desarrolla lejos del mundanal ruido, allí donde el paisaje

Enmarcado por un total de ocho molinos de viento, Búger se repantiga al sol del Raiguer. En los almendrales y en los olivares la música la ponen los grillos; el pueblo en cuanto tal obsequia con otros sonidos, realmente sorprendentes.

respira tranquilidad, donde el aire vibra plásticamente sobre los campos para hacer sonar su espacio. Así opina al menos Antoni Caimari, que se ha instalado aquí con su piano. Para la Fundación ha habilitado una vieja casa de labranza en la parte alta de la población. Exteriormente la casa quedó como estaba, con su fachada de piedra natural y sus contraventanas mallorquinas, incluso con su fuente y con la glorieta emparrada del antepatio. Pero en el interior apenas si se conserva nada de lo que había antes. En la planta superior Caimari ha habilitado oficinas y salas para la técnica del sonido. En la primera planta se han eliminado las paredes no sustentantes para crear una sala de conciertos que también puede servir de laboratorio del sonido. Nada de esto aflora al exterior; los espectadores de gorra no tienen ninguna posibilidad y las ovejas de los

Los vecinos de Búger están orgullosos de su "Fundación Área de Creación Acústica", aunque de vez en cuando escuchan música clásica en lugar de la música de tritones.

campos no se espantan con los redobles, pues el aislamiento acústico es total.

Es posible que en ocasiones no sea tanto lo que se pierda. En efecto, Antoni Caimari, pianista y compositor, trabaja sobre todo con música contemporánea; lo que en los oídos de los vecinos no es más que un sonido penetrante e inarmónico es su caballo de batalla, la música de tritonos, en la que introduce elementos de la música popular mallorquina. En cualquier caso, Caimari puede estar seguro de contar con la simpatía de sus convecinos. "Estará bien lo que ahí hace Antoni", dicen lacónica y orgullosamente, pues este músico ha hecho de Búger algo especial.

Para no dejarlos a la intemperie acústica, la *ACA* organiza también conciertos para los oídos ortodoxos aficionados a las armonías clásicas, en la línea más pura de las octavas, las terceras y las quintas. En definitiva de alguna parte hay que sacar dinero para la Fundación, y el mismo fluye más generosamente de los tonos mayor y menor.

La palestra de las musas

Es interesante constatar que no ha sido sólo Terpsícore, una de las musas de la música, la que se siente a gusto en Búger, sino que mucho antes que ella se había establecido allí su colega Talía, con competencia sobre las tablas escénicas. Según el historiador Gabriel Llompart, el documento más importante de la historia del teatro catalán procede de Búger. El texto, que lleva el título de *Pascual*, se refiere en 200 páginas a unas 50 piezas teatrales medievales y renacentistas. Prácticamente no se prescinde de ningún detalle, se describen los trajes y los escenarios y se señalan los efectos dramáticos y las relaciones recíprocas de los personajes; se trata sin duda de un tesoro para los estudiosos de la historia del teatro, de la etnología y de las ciencias sociales. Con la desventaja de que para poder admirar este espejo del teatro de los antepasados tienen que ir a Barcelona: *Pascual* se encuentra en la Biblioteca de Cataluña.

Antoni Caimari eligió expresamente el romántico Búger para su Fundación Musical. Su música tenía buenas posibilidades de sonar en toda su belleza en la placidez de un pueblo como éste. Tanto la sala de conciertos de la Fundación como el estudio de sonido y las oficinas han encontrado un centro de trabajo poco habitual en una vieja casa de labranza.

Palma

Sóller

Inca

Sineu

Manacor

Calvià

Palma

Llucmajor

árabe de *Medina Mayurka,* ciudad de Mallorca, ha permanecido, con el romano, hasta la Edad Moderna.

En efecto, los romanos la bautizaron con el nombre de *Palmeria* o palma de la victoria en el año 122 a.C., tras haber desembarcado en la isla en el año anterior y haber decidido la construcción de una ciudad en aquella amplia y protegida bahía. Una vez solicitada a los dioses correspondientes la protección para la nueva *urbs,* trazaron el plano y fijaron la línea de las futuras murallas de la ciudad que habrían de defender a la población de los ataques del exterior.

En su interior se tendieron las arterias principales de acuerdo con la geometría urbana clásica. Había un eje norte-sur, más o menos paralelo a la calle actual de Sant Roc; el eje este-oeste coincidía con la actual calle Estudi General.

Los *palmesans* romanos vivían fundamentalmente del comercio de vino, telas y aceite. Más de quinientos años duró el pequeño idilio romano-mallorquín, sólo amenazado por una plaga de conejos, para combatir la cual hubo que recurrir a Roma, hasta que en el siglo V los vándalos se lanzaron sobre Mallorca y destruyeron gran parte de la ciudad romana.

Metrópoli desde siempre
Palma

A las nueve de la mañana sobre Palma todavía se extienden, como si del último tejido fantasmal se tratase, el polvo de las calles, retazos de la bruma matutina del mar y trozos de hojas y de papeles. Los asientos del Cafè Líric, de cien años de antigüedad, sólo están parcialmente ocupados, y la gran cafetera, tan antigua probablemente como el mismo establecimiento, gime por todas y cada una de sus válvulas y con un leve suspiro suelta vapor en los vasos de leche y en las tazas de café. En el techo, las aspas de un ventilador giran, una y otra vez, estoicamente –tras, tras, tras...–. Cada vez que se acerca al mostrador, el camarero introduce sus manos en un enorme cenicero lleno de monedas y deja caer un puñado en su bandeja: el cambio. De vez en cuando el local se llena del ruido de una motocicleta o por el zumbido de un coche. Por lo demás todo está tranquilo en el Carrer Mar, frente al palacio de la Almudaina y la catedral, pues Palma es una capital que se despierta tarde.

Desde el aire se tiene la impresión de que la reina de las sílfides ha dejado caer su abanico en pleno vuelo exactamente en la gran bahía semicircular del sudoeste de Mallorca, con la catedral como punto de intersección y con las calles Sant Miquel, Sindicat, Sant Francesc, Sant Feliu y Concepció como varillas. Desde principios del siglo XX Palma de Mallorca viene designándose con el nombre de *La Ciutat;* así la llaman tanto *palmesans* como *forasters,* la población rural. Así el nombre

Página doble anterior: tarjeta de presentación de la capital de la isla: Jaime I ordenó en 1230 la construcción de La Seu cumpliendo su voto por el éxito de la Reconquista.

Inferior: blancas palomas, símbolos de paz, se reúnen en torno a Jaime I, que conquistó Mallorca y expulsó a los árabes.

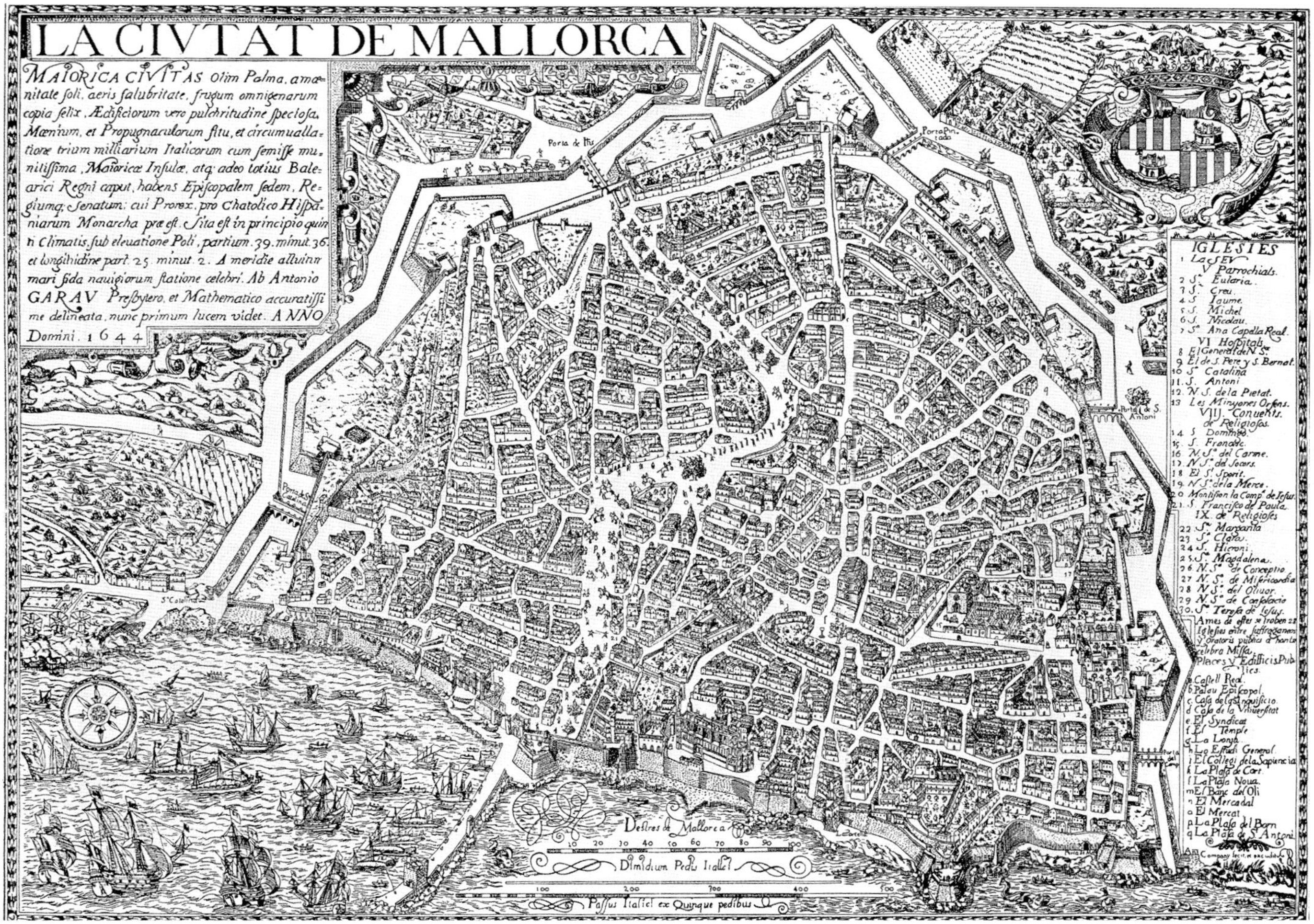

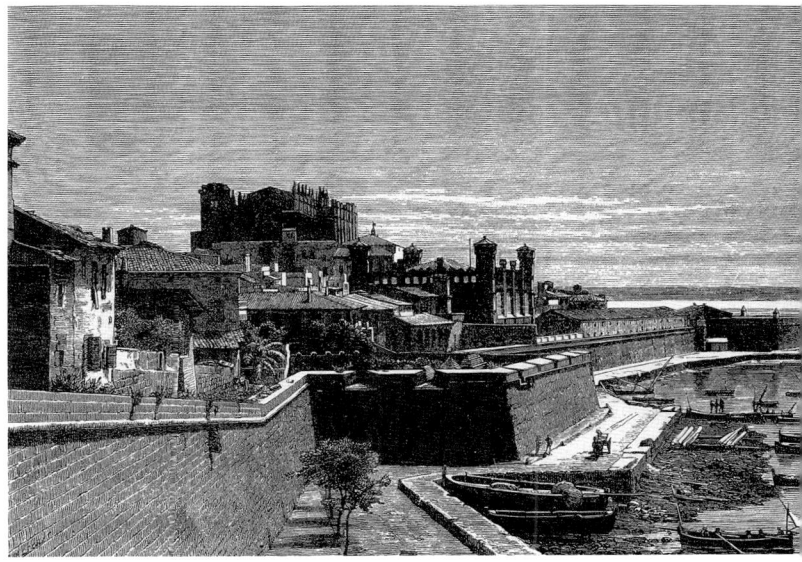

LA CIVTAT DE MALLORCA
MAIORICA CIVITAS olim Palma, amœnitate soli, aeris salubritate, frugum omnigenarum copia felix, Ædificiorum vero pulchritudine speciosa, Mœnium, et Propugnaculorum situ, et circumuallatione trium milliarium Italicorum cum semisse munitissima, Maioricæ Insulæ, atq: adeo totius Balearici Regni caput, habens Episcopalem sedem, Regiumq: Senatum: cui Prorex, pro Chatolico Hispaniarum Monarcha præest. Sita est in principio quinti Climatis, sub eleuatione Poli, partium. 39. minut. 36. et longitudine part. 25. minut. 2. A meridie alluitur mari fida nauigiorum statione celebri. Ab Antonio GARAV Presbytero, et Mathematico accuratissime delineata, nunc primum lucem videt. ANNO Domini. 1644
IGLESIES
1 La SEV
V Parrochials.
2 S. Eularia.
3 S. Creu.
4 S. Iaume.
5 S. Michel
6 S. Nicolau.
7 S. Ana Capella Real.
VI Hospitals.
8 El General de N. S.
9 El de S. Pere y S. Bernat.
10 S. Catalina
11. S. Antoni
12. N. S. de la Pietat.
13 Les Minyones Orfens.
VIIJ. Conuents de Religiosos.
14 S. Domingo.
15. S. Francesc.
16 N. S. del Carme.
17. N. S. del Socors.
18 El S. Sperit.
19. N. S. de la Merce.
20 Montision la Comp. de Iesus.
21. S. Francisco de Paula.
IX. de Religioses
22 S. Margarita
23 S. Clara.
24 S. Hieroni.
25. S. Magdalena.
26 N. S. de Conceptio
27 N. S. de Misericordia
28 N. S. del Oliuor.
29 N. S. de Consolacio
30. S. Teresa de Iesus.
Ames de estes se troben 28 Iglesies entre suffraganees y oratoris publics a hont se celebra Missa.
Places y Edifficis Publics.
a. Castell Real.
b. Palau Episcopal.
c. Casa de la S. Inquisicio.
d Casa de la Vniuersitat
e. El Syndicat
f El Temple
g La Lonja
h Lo Estudi General
i El Collegi de la Sapiencia
k La Plasa de Cort.
l La Plasa Noua.
m El Banc del Oli
n El Mercadal
o El Mercat
p La Plasa del Born
q La Plasa de S. Antoni
Dimidium Pedis Italici
Passus Italici ex Quinque pedibus

El grabado de Antoni Garau, de 1644, muestra con claridad el trazado en zigzag de la muralla que rodeaba al casco antiguo.

En esta ilustración del libro de Luis Salvador las casas normales parecen insignificantes con la soberbia catedral al fondo.

Agua para una metrópoli en progresión

Cuando en el año 902 la isla quedó bajo la dominación árabe, los nuevos señores adaptaron los restos de la ciudad romana a sus necesidades. Palma debe su sistema de abastecimiento de agua a la peculiar relación de este pueblo desértico con el agua. El agua de la "fuente del emir", que manaba a ocho kilómetros de la ciudad, fluía hasta el centro a través de pequeños acueductos que seguían la dirección de las calles. Como la población crecía rápidamente, hubo que modificar la línea de las murallas de la ciudad; por primera vez *Medina Mayurka,* como entonces se llamaba, desbordó sus límites defensivos y en el centro se construyó el palacio de la Almudaina.

Simultáneamente se desarrollaron el arte y la cultura. La isla, en la que convivían pacíficamente tres religiones y tres culturas diferentes –musulmanes, judíos y un pequeño grupo de cristianos– pasó a ser un

lugar internacional de encuentro de intelectuales. De este modo la Almudaina fue al mismo tiempo sede del círculo literario de aquellos tiempos, que honraron con su presencia escritores tan ilustres como Ibn al-Labbana o Ibn Hamdis.

Los catalanes y los aragoneses modificaron totalmente las características de la ciudad musulmana y, por efecto de su odio ciego a los "paganos", hicieron desaparecer prácticamente todas las huellas árabes. Los edificios árabes o bien fueron derruidos o bien se reconvirtieron en construcciones cristianas.

En el año 1230, nada más poner su pie en la isla, el rey Jaime I el Conquistador ordenó la construcción de La Seu al pie del palacio árabe de la Almudaina en señal, visible desde el mar, de quién tenía la última palabra en Mallorca. No obstante, la catedral hubo de construirse en el solar de la anterior mezquita, con la consecuencia de que en vez de orientarse hacia Jerusalén, se orientaba hacia la Meca, lo cual no

Las Cases Casasayas de la Plaça Weyler fueron construidas entre 1909 y 1911, en pleno modernismo, por discípulos de Gaudí.

Las cuidadas fachadas y las elegantes tiendas invitan a pasear por el Carrer de Colom.

deja de ser una indicación sutil de Alá de lo mucho que debe al islam la cultura cristiana medieval.

Asimismo hubo de modificarse varias veces y desplazarse hacia afuera la línea de las murallas de la ciudad; los inmigrantes catalanes, provenzales e italianos determinaron el crecimiento de la ciudad. En el siglo XVI se registraba ya una distribución de la población urbana; las familias privilegiadas y ricas de la nobleza podían permitirse residir en la parte interior y segura de la ciudad, en los palacios de Sa Calatrava y en el barrio anexo a los muros del palacio episcopal y a la catedral, en tanto que los judíos vivían en su barrio, el llamado Call, una zona cerrada en forma de gueto próxima a la iglesia de Santa Eulàlia.

Por el contrario, los recién llegados a la ciudad desde la *part forana* o territorios circundantes debían establecerse fuera de los muros de protección. Santa Catalina y Es Jonquet, simples agrupaciones de casas en un principio, se desarrollaron hasta convertirse en verdaderos distritos urbanos.

En el siglo XV se desplazó hacia el oeste el cauce del río Riera, impetuoso en ocasiones, después de haber inundado en repetidas ocasiones el actual Passeig des Born y las Ramblas; en el año 1403 llegó incluso a llevarse consigo 1.500 casas con sus inquilinos. En 1902 las murallas de la ciudad hubieron de pagar las consecuencias: en opinión de los urbanistas, sólo su demolición permitía una ampliación racional de la ciudad, a la que el corsé de piedra que la atenazaba se le había quedado pequeño. Así, sobre los cimientos de la antigua muralla surgió el anillo de las *avingudas* en zigzag que rodean actualmente el corazón de la ciudad.

Día y noche: toda una experiencia

En la actualidad, quien ha conseguido llegar al centro de la ciudad evitando los embotellamientos, que forman parte de la ciudad del mismo modo que la catedral, se encuentra con *La Ciutat* como metrópoli marítima que con sus edificios modernistas, sus cafés de fin de siglo, sus galerías, sus museos y sus calles comerciales no desmerece de ninguna de las grandes ciudades de la España peninsular. En ocasiones se la compara con Barcelona, aunque no sea más que por ciertos paralelismos; el paseo de Vía Roma, por ejemplo, ha sido rebautizado y actualmente se llama sencillamente las Ramblas, igual que la famosa y multicolor avenida barcelonesa.

El Teatre Principal, en el que han actuado nada menos que Arthur Rubinstein, Yehudi Menuhim o Montserrat Caballé, no tiene nada que envidiar al Liceu de Barcelona. Todo lo contrario. Con su idea de ofrecer una sana mezcla de música de entretenimiento y una música de altos vuelos, su director artístico ha obtenidos grandes éxitos. Se ha dado el caso de que una tarde la soprano catalana Montserrat Caballé, universalmente reconocida, ha cautivado al público con sus arias y de que veinticuatro horas después el cantante Julio Iglesias, no menos famoso, ha obsequiado a sus admiradores con una selección de melodías plenas de nostalgia y de pasión.

Como sucede en cualquier metrópoli que se precie, los aficionados a otros tipos de diversiones nocturnas tampoco se quedan en la estacada. Se comienza con una buena cena para pasar después a tomar una copa en el Carrer Apuntadors antes de introducirse en un local de jazz o ir a bailar al barrio occidental de Es Terreny en el Tito's, el baluarte de la música tecno.

Durante el día Palma invita al callejeo. En el Passeig des Born, bordeado de palmeras y plátanos, en las Ramblas o en Sagrera no puede excluirse un hechizo realmente tropical. ¿Es todavía Europa con la furia desatada de San Pedro o tal vez se trata de una isla caribeña con un aire de primavera sedoso y suave aparentemente eterno? Asimismo la oferta de frutas y verduras puede alinearse con la de las regiones tropicales y basta con observar el pescado y los mariscos de los tres mercados de la ciudad para tener la impresión de estar hojeando el libro de los siete océanos y no el del *mare nostrum*.

Desde el Passeig dalt Murada, frente a La Seu, la mirada se extiende sobre el Parc de la Mar con sus palmeras, con su estanque artificial y con sus esculturas modernas, y sobre el Club Náutico, con sus yates de lujo

Las luces del pasado iluminan la fastuosa sala del Teatre Principal, donde el espectador puede abandonarse al goce del terciopelo, del oro y de la música.

También en Palma hay coches alternativos a disposición de los turistas. Este cabriolé va y viene por la Platja.

procedentes de todo el mundo, hasta el Castell de Bellver, que desde su colina de pinos domina la ciudad como una atalaya. En el extremo occidental de la capital destacan las torres árabes de Porto Pi, donde, a cierta distancia de los hoteles flotantes y de los transbordadores, hay enormes petroleros.

Luces y sombras en las viejas callejuelas

En el centro, la ciudad es clara y luminosa. En el antiguo palacio árabe de la Almudaina, que fue ampliado cuando los cristianos conquistaron la isla, reside oficialmente el rey Juan Carlos I con su familia, siempre que no se encuentre navegando en su velero real sobre las plácidas aguas de Mallorca o disfrute de sus vacaciones en la residencia veraniega de Marivent, en Cala Millor. Al lado del palacio de la

Almudaina se alza una de las catedrales más bellas del mundo, La Seu, a través de cuyas vidrieras la luz del día centellea con todos los colores del arco iris.

En el laberinto de callejuelas del casco antiguo, donde el adoquinado y el asfalto cubren antiguas vías árabes y medievales, Palma se enriquece con sus más hermosas muestras de arquitectura civil; las puertas semiabiertas permiten entrever algunos de los típicos patios de los viejos palacios con los arcos de piedra de sus puertas, con las barandillas de hierro forjado de sus escaleras, con su fuente central y, como siempre, con sus múltiples macetas.

Las soberbias fachadas modernistas que se encuentran a cada paso invitan a la vista a recorrer los pisos, los marcos de las ventanas y los balcones. La Palma antigua tiene muchas cosas que ofrecer no solo en arquitectura civil, sino también en arquitectura religiosa. Concretamente, el diáfano claustro de columnas del monasterio de Sant Francesc, restaurado a finales del siglo XX, proporciona con su profunda quietud un oasis de silencio y de recogimiento en medio de la actividad frenética de la ciudad.

Ésta es la forma de proteger y conservar la belleza de Palma. Así lo saben las autoridades municipales y los vecinos, comprometidos todos con la conservación de sus edificios históricos. El casco antiguo es objeto de cuidados y atenciones permanentes; ni el más pequeño deterioro del revoque desluce los palacios urbanos de propiedad privada, debido, por un lado, a que la iniciativa municipal apoya económicamente a los propietarios interesados en la restauración y, por otro, a que los dueños de los palacios urbanos conservan sus casas por una especie de autodefensa.

En efecto, cada vez que se derriba en Palma un edificio ruinoso y las palas de las excavadoras se hunden en la tierra aparecen huellas del pasado romano o árabe. En ese mismo momento interviene el servicio

Es un placer hojear libros viejos a la sombra de la librería de la Clínica Dental.

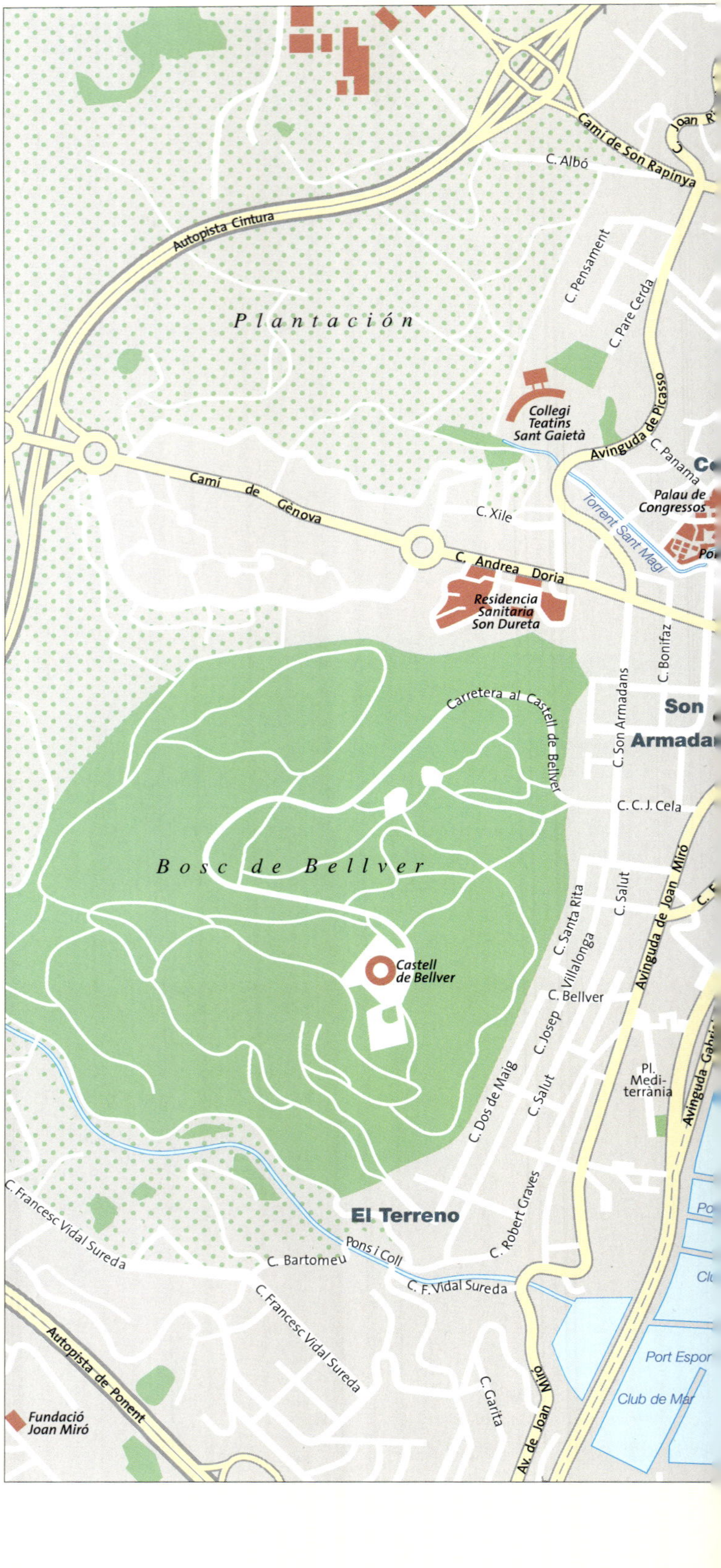

El antiguo trazado
de las murallas de
la ciudad continúa
siendo perfectamente
reconocible; actual-
mente, un anillo de
bulevares, marcado
en amarillo, reprodu-
ce los antiguos
límites de la ciudad.
También se observa
con claridad, al oeste,
el castillo de Bellver,
que antiguamente
quedaba en las afue-
ras de la ciudad. La
catedral, que casi da
directamente al mar,
constituye el punto
central determinante
de la dirección de
toda la ciudad. No
señala la dirección
este, sino que apunta
a La Meca en direc-
ción sudeste.

Ciudad de artistas y diseñadores

En la época romana el centro de la moda mallorquina, con su exitosa exportación a todo el Imperio Romano, no era Palmeria, sino Pollentia, la actual Alcúdia. La situación ha cambiado. En efecto, La Ciutat no es sólo una obra de arte total integrada por iglesias, monasterios y palacios. En España el buen gusto de Palma tiene tanta aceptación como la moda de Düsseldorf en Alemania o la de Milán en Italia.

Además la ciudad puede ufanarse de que, teniendo en cuenta la superficie, en ella existe el mayor número de galerías de arte de España; ni siquiera Barcelona resiste la comparación. En la calle Via Veri renombrados creadores de moda exponen sus diseños, escandalosamente caros, y al sur de la arteria de tráfico que es la Avinguda Jaume III las *boutiques* de artículos de cuero se alinean con zapaterías en cuyos escaparates se exponen como auténticos tesoros las marcas internacionales *Camper, Yanko* y *Lottusse* de Inca.

En el Carrer Argenteria o calle de los plateros, situada en el antiguo barrio judío de Call, las piedras preciosas brillan junto a relojes suizos y las afiligranadas joyas de plata, expuestas al lado de voluminosos anillos, esperan compradores interesados, sobre todo compradoras. Los bibliómanos husmean en las librerías antiguas buscando obras sobre la historia de la ciudad y los aficionados al arte se marean a la hora de decidir acerca de cuál de las muchas galerías van a visitar y terminan dirigiéndose, para tranquilidad de su confuso espíritu, a Calamajor, al oeste de la ciudad, a la universalmente famosa *Fundació Pilar i Joan Miró.*

En medio de aberraciones arquitectónicas de inexpresivo color pardo, que albergan miles de viviendas en sus cuerpos de cemento, el artista y su mujer dedicaron en 1993 a su vida y a su obra un monumento tan audaz y desconcertante desde el punto de vista arquitectónico como convincente desde la perspectiva del arte. Líneas claras en la piedra *marès* más clara, casi blanca, bajo un tejado colector del agua de lluvia en forma de estrella, en medio del verde y con la luz del Mediterráneo filtrada a través de estrechas rendijas a modo de ventanas.

Los cuadros, en parte inacabados, los dibujos y las cartas del famoso pintor y escultor, existentes tanto en las salas de exposición como en el taller, sugieren que el viejo maestro del surrealismo español ha dejado por un momento el lápiz y el pincel y ha salido a tomarse un *café amb llet,* es decir, un café con leche.

Superior: tras los muros, de efectos disuasorios, del casco antiguo, se ocultan enclaves inesperadamente paradisíacos: los patios.

de conservación de los monumentos nacionales y paraliza cualquier intento de continuar con las obras.

Pero no todo en Palma reluce como el sol. Las propuestas de conservación de los monumentos rehúyen aparentemente el *barri xinès,* el "barrio chino" situado al este de la Plaça Major, tanto al menos como la mayoría de los visitantes y de los mismos palmesanos. En esta zona son muchas las casas que llevan varias décadas sin recibir una mano de pintura y los minúsculos tenduchos, los siniestros almacenes, la suciedad de las paredes y las basuras esparcidas por perros y gatos callejeros contribuyen a conformar una imagen del barrio sombría y hasta siniestra al anochecer.

Para la Col·lecció March, museo de arte contemporáneo propiedad de la Fundación March y tan imprescindible como una visita a la Fundación Miró, debe reservarse otro día, teniendo en cuenta la capacidad receptiva y el hecho de que deben asentarse previamente las impresiones de la Fundación Miró. Lo más apropiado para este proceso reposado de asimilación es el Castell de Bellver; desde ninguna otra parte se extiende tan sobrecogedoramente la visión del abanico de Palma como desde esta altura. Se recomienda el atardecer, cuando la catedral de la luz se funde al ponerse el sol en un oro suave y delicado y se enciende como un misterioso castillo encantado al otro lado de la bahía. Detrás, 350.000 palmesanos, más de la mitad de la población de Mallorca, viven en palacios y en bloques de viviendas, sufriendo de día el tráfico de los coches y fascinados y mecidos de noche por la luces de la ciudad reflejadas en el mar.

Superior: desde el Castell de Bellver se divisa un panorama único de la ciudad.

Izquierda: Via Veri, la calle de las galerías y de las tiendas de diseñadores, fachadas de mármol posmodernas en adoquinados medievales.

Doble página siguiente: el frecuentadísimo Forn d'es Teatre, bajo la Plaça Major, ofrece, además de una fascinante fachada modernista, *ensaïmades* de todos los tamaños, desde el tamaño de un broche al de una rueda de carro.

Exaltación de piedra
La Seu

La liberación de Mallorca de los "paganos" árabes estuvo a punto de malograrse en el agua. Cuando a sus veinte años de edad, en otoño de 1229, el rey Jaime I se hizo a la mar en dirección a Mallorca con 20.000 hombres distribuidos en 143 barcos, se encontró con una tempestad tan fuerte que temió que las gigantescas olas que el mar lanzaba contra él se lo llevarían para siempre. Durante los tres días y medio de navegación tuvo alguna vez la impresión de que había llegado su última hora. En tales ocasiones lo único que sirve es hacer una promesa: si lograba expulsar de la isla a los árabes, construiría una catedral que expresara su profundo agradecimiento a la providencia y a la misericordia divinas. El rey, mareado por el vaivén del mar, concibió en su imaginación una catedral de proporciones gigantescas que tal vez incluso podría convertirse en la mayor del mundo.

Jaime el Conquistador tuvo suerte. No solo llegó sano y salvo a la isla, sino que logró la expulsión de los árabes. Como buen catalán temeroso de Dios no se olvidó de su promesa al celebrar su triunfo la noche de fin de año de 1229 y empezó inmediatamente a realizar su proyecto. Fue elegido rápidamente el lugar en el que expresar en piedra su agradecimiento, pues los arquitectos árabes, maestros en la elección de lugares apropiados para sus mezquitas, se lo pusieron en bandeja; en consecuencia se decidió como emplazamiento ideal una prominencia cerca del mar. Por otra parte la situación ofrecía a la futura catedral la ventaja adicional de que al construir la casa del Dios de los cristianos exactamente en el solar de la antigua mezquita, con total visibilidad desde el mar, Jaime subrayaba el triunfo de la verdadera fe sobre el islam.

Pero sólo a primera vista, después ya no. En efecto, probablemente por las prisas ni el monarca ni sus arquitectos pensaron las cosas con la cautela suficiente. Su proyecto arquitectónico, alzado en el solar que ocupaba la mezquita, pretendía reflejar la superioridad del cristianismo, pero por una ironía de la historia dio lugar a que quien se inclinase ante el altar en la catedral de Mallorca lo hiciese, como un creyente musulmán, en dirección a La Meca, y no, como correspondía a una iglesia cristiana, en dirección a Jerusalén.

No tardaron en iniciarse las obras de construcción del símbolo de Palma, calificado

La catedral, de 120 metros de longitud, parece una formidable fortaleza de carácter defensivo.

Los turistas se sientan en las escaleras "costa de la Seu" para disfrutar de la vista de la bella catedral.

por algunos de leona al acecho y por otros de esfinge vigilante. Rápidamente trazó el rey los planos con sus arquitectos y en el año 1230 se puso la primera piedra del templo. La prisa era obligada, pues en caso contrario Dios podría recriminarle el no haber cumplido inmediatamente su promesa.

En la primera fase se derribó la mezquita hasta los cimientos –inicialmente se respetó el minarete– y los arquitectos construyeron el ábside, que estaba orientado hacia el sudeste y fue consagrado solemnemente en el año 1269. Todo lo que tuvo de rápido el trazado de los planos de la catedral lo tuvo de lento el desarrollo de los trabajos de construcción. No fue Jaime I el único que no logró ver terminada la catedral; su hijo Jaime II, como varios monarcas posteriores, murió antes de que concluyeran las obras.

Columnas y donantes bajo presión

Los primeros de los 14 esbeltos pilares que sostienen el techo de la nave principal se terminaron en 1389, pero esta vez la ambición jugó una mala partida al arquitecto, Jaume Mates, quien se propuso construir las columnas más esbeltas de la historia universal, tan afiligranadas que parecían comprometer las

leyes de la estática. Pero tampoco la casa de Dios escapaba a las leyes de la naturaleza. Cuando a modo de prueba hubieron de soportar su parte del techo, las dos primeras columnas empezaron a ladearse como cañas y daban la impresión de partirse bajo el peso que tenían encima. Hubo que añadir 20 centímetros a sus 1,68 metros de diámetro. A pesar de todo, en relación con su altura, superior a los 21 metros, son unas de las columnas más esbeltas del mundo.

En 1389 terminaron los arquitectos la construcción de la puerta sur, la Porta del Mirador, cuyo arco ojival estaba profusamente adornado con motivos de animales y gárgolas, y alimentaban la esperanza de concluir pronto las obras de aquel prodigio de la arquitectura. Cuando a finales del siglo XV se derrumbó una parte del techo, las obras sufrieron un retraso de varios años.

El minarete de la mezquita sobrevivió durante mucho tiempo a la intensa actividad constructora, recordando el esplendor de la isla en el pasado. Hasta el siglo XVI no fue reconvertido en el campanario, que con sus 48 metros de altura resulta realmente modesto

en comparación con las demás dimensiones de la catedral.

Cuando en el transcurso de las obras seculares el dinero empezó a escasear, todas las clases sociales –empezando por el obispo y el cabildo, pasando por la casa real de Aragón, por la administración real y por la nobleza hasta llegar a los comerciantes– se vieron obligadas a hurgar en sus bolsillos para poder finalizar la catedral. En el año 1601 los donantes sintieron un suspiro de alivio; la fachada principal estaba terminada, la obra maestra tenía por fin forma y podía considerarse como prácticamente concluida. Sin embargo, toda una serie de infortunios volvió a retrasar las obras durante varias décadas. En el año 1851 un terremoto destruyó la fachada occidental, que fue reconstruida en estilo renacentista con consecuencias negativas para el aspecto global de La Seu gótica. En 1857 y en 1906 los temporales dañaron el rosetón y en el año 1936 una bomba aérea destruyó varias ventanas.

Las dos torres de la fachada occidental no se terminaron hasta el siglo XIX.

Lo cierto es que la catedral de Palma no es la mayor del mundo, ni siquiera la mayor catedral gótica, pues otros arquitectos erigieron obras de mayor tamaño, entre ellas las catedrales de Sevilla y de Colonia.

Sin embargo, La Seu no carece de otros superlativos. Pasa por ser la más alegre de España y no en vano recibe el nombre de "catedral de la luz"; el sol de la mañana, que incide en el rosetón, formado por 1.236 piezas de vidrio, baña cada ángulo del interior con una alfombra de luz como si de una copia directa del arco iris se tratase.

Modernismo contenido

El hecho de que esta alfombra de luz se extienda por toda La Seu hay que agradecérselo a la intervención nada menos que de Antoni Gaudí, el maestro del modernismo. En efecto, a finales del siglo XIX el obispo de Mallorca, Joan Campins i Barceló, todo un caballero moderno, comprendió la necesidad de reestructurar el interior de la catedral.

Sección transversal de La Seu, del libro de Luis Salvador sobre las Baleares.

Como para entonces la liturgia católica había renunciado en cierta medida a la ostentación, se propuso liberar la "catedral de la luz" del peso de muchos siglos en un intento de adaptación a las nuevas tendencias.

Campins i Barceló, entusiasta del modernismo, supo inmediatamente a quién debía proponer sus iniciativas. Se dirigió a Antoni Gaudí, famoso por los trabajos realizados en la iglesia de la Sagrada Familia de Barcelona y cuyos proyectos despertaban las mismas filias y fobias que a finales del siglo XX provocarían las audaces concepciones del famoso arquitecto inglés Norman Foster.

Gaudí se presentó en Palma e inspeccionó la catedral, contempló con ojos críticos el retablo barroco, se pronunció contra las columnas afiligranadas y dio su opinión sobre la incidencia de la luz en las distintas horas del día y en las diferentes circunstancias meteorológicas. Se pasó tres años estudiando y haciendo esbozos antes de presentar su proyecto, que empezó a realizarse en 1904. Trabajó ininterrumpidamente durante diez años, hasta que de pronto, de la mañana a la noche, decidió renunciar al encargo.

El *oculus maior:* con sus casi cien metros cuadrados de superficie, el rosetón es uno de los mayores ojos del arte gótico.

Todavía hoy se desconocen los motivos por los que el gran arquitecto catalán dejó de interesarse por aquel proyecto tan ambicioso. Es posible que Gaudí no aguantase más las críticas permanentes que los mallorquines lanzaban a su proyecto. Durante diez años seglares, los arquitectos y los miembros de la Iglesia no dejaron de formularle reparos. Según ellos, Antoni Gaudí se estaba comportando más como revolucionario que como restaurador, debería insistir en lo que había estudiado y en lugar de tratar de superar a Dios debería ponerse al servicio del Creador.

En definitiva, Gaudí se molestó y se refugió en el papel del artista incomprendido. El obispo estaba desesperado. Tras ver pasar por el templo a quince generaciones de arquitectos, la catedral todavía no estaba terminada. Las autoridades eclesiásticas trataron una vez más de convencer a Gaudí para que continuase las obras, pero el arquitecto catalán se mantuvo firme en su decisión.

La fama al alcance de la mano de dos discípulos

Pero cuando ya nadie parecía creer en el proyecto de la catedral de Palma, apareció un rayo de esperanza al final del túnel. Joan Rubió, discípulo de Gaudí, se ofreció, con la colaboración de su colega Guillem Reynés, a terminar la obra iniciada.

Ambos arquitectos se pusieron a trabajar sin pérdida de tiempo, pues siempre podrían alcanzar la fama a través del controvertido proyecto al que su maestro había renunciado. Por otra parte corrían el peligro de provocar con sus ideas el desagrado del público y de la Iglesia y de poner fin a una carrera que acababa de iniciarse.

Comenzaron retirando el retablo para dejar libre la visión de la capilla de la Trinidad. Después desplazaron el coro desde la nave central al presbiterio a fin de que la luz se expandiese sin obstáculos desde el gran rosetón, teniendo siempre presente la idea básica de Antoni Gaudí según la cual La Seu debía abrirse a la luz. En diversas partes de la catedral colocaron vidrios multicolores procedentes de Cataluña en las ventanas y en las lámparas, de forma que la catedral resplandecía con muchos colores.

También sufrió un cambio radical la silla episcopal próxima al ábside. Se decoraron con ramas de olivo más de 5.000 ladrillos de barro pintados a mano y esmaltados procedentes de la fábrica mallorquina de La Roqueta; la decoración era tan plástica que podía escucharse en ellos el susurro del soplo del viento. Los ladrillos enmarcaban los 55 escudos de los antiguos prelados de la diócesis.

Bajo el *oculus maior,* es decir, bajo el gran rosetón –de casi 100 metros cuadrados de superficie– del arco de acceso a la capilla real, uno de los más bellos de todo el gótico, un enorme baldaquino coronaba el altar de mármol. Para ello hubo que retirar el anterior, un baldaquino dorado del siglo XIV que encontró nuevo acomodo, en forma de decoración audaz, sobre el Portal del Mirador. Hasta el altar fue restaurado y volvió a colocarse con sumo cuidado en el mismo lugar que ocupaba con anterioridad.

La Seu descubre sus mayores atractivos cuando el sol penetra en su interior a través de sus rosetones; es la catedral del espacio y de la luz.

Sobre él, utilizando tal vez el recurso más sobrecogedor que se haya visto nunca en una iglesia católica, aparece suspendido un gran anillo, en forma de candelabro, con redes de pesca, velas de barco y otros aparejos, que da la impresión de mecerse en las olas de un mar místico. Cientos de bombillas iluminan la obra de arte, que trata de representar el milagro de la transubstanciación que tiene lugar durante la Eucaristía.

Aun cuando las reformas decisivas efectuadas en la catedral se llevaron a cabo bajo la dirección de Joan Rubió y de Guillem Reynés, continuaron adjudicándose a Antoni Gaudí. En la bibliografía aparecen muy pocas referencias al espléndido trabajo llevado a cabo por los dos arquitectos; bien por razones de publicidad –Gaudí se vende mejor que dos arquitectos desconocidos–, bien por dejadez, el acceso al Olimpo de la arquitectura les está vedado a ambos.

Izquierda: el gigantesco baldaquino de la corona de espinas de Gaudí aparece suspendido sobre el altar mayor del presbiterio.

Inferior: cientos de bombillas hacen resplandecer la obra de arte, que está coronada por un crucifijo.

Culto y comercio
La procesión de Semana Santa en Palma

Los primeros curiosos se acomodan por la tarde en sencillos bancos de madera, registran sus bolsillos, sacan sus gemelos y sus botellas de agua y se abanican nerviosos. La *Processó del Sant Crist de la Sang* o procesión del Santo Cristo de la Sangre exige una buena preparación a los curiosos; el que llega tarde lo paga caro, pues en medio de una multitud compacta está condenado a contemplar desde segunda o tercera fila el paso de todas las *confraries,* es decir, de todas las cofradías de la isla.

Para sentarse aquí, hay que haber efectuado toda una "procesión" con el correspondiente "sacrificio". Cada año turistas y naturales acuden todos los días a las oficinas de turismo de la ciudad para hacerse con el deseado billete, que les permita ocupar un asiento en la tribuna de espectadores y contemplar la procesión de Pascua más importante de la capital de la isla. Para Palma en cualquier caso merece la pena; los empleados del centro de información turística de la Plaça de la Reina hacen ejercicios de dedos para desentumecer

las articulaciones agotadas por el recuento del dinero y los cafés, los bares y los restaurantes de la ciudad se sacan alguna peseta con la que no contaban. Tampoco perjudica la marcha del negocio el que durante la Semana Santa se celebre en el puerto de Palma la Semana Internacional de la Vela.

A últimas horas de la tarde del Jueves Santo del año en curso la espera paciente de fieles y curiosos encuentra su recompensa. Aparecen en primer lugar los oficiales de la *Confraria de la Sang,* que vienen abriendo la procesión desde el siglo XVI. Algunos privilegiados de entre ellos pueden cargar con la plataforma, de varias toneladas de peso, que sostiene la imagen negra y tallada en madera del *Sant Crist de la Santíssima Sang,* con el crucifijo y el baldaquino, y se acercan tambaleándose ligeramente por el peso. Les siguen inmediatamente detrás otros hombres con la imagen de la *Verge dels Dolors* o Virgen de los Dolores. Las restantes cofradías de la isla han tenido que esperar largas horas antes de que por fin se ponga en marcha la más antigua de ellas desde la Capella de la Santíssima Sang, situada detrás del Hospital General. En efecto, sólo cuando los *Confrares de la Sang* han iniciado el largo camino por las iglesias

más importantes y por la catedral de Palma pueden ponerse en movimiento las restantes *confraries.* Los cofrades visten totalmente de negro y sus hábitos de cuerpo entero terminan en un capirote negro. Unos ojos negros brillan a través de las dos aberturas existentes en el puntiagudo "sombrero de brujas", algunos cofrades arrastran cadenas en sus pies y de los cirios y antorchas que sostienen con sus manos cae constantemente cera sobre las calles del casco antiguo. No dejan de infundir temor, como en los años oscuros de la Inquisición o como si hubieran surgido de una película sobre el Ku-Klux-Klan de los estados sureños de EE.UU.

Aunque no visten tan siniestramente de negro, las otras cofradías no les van en absoluto a la zaga. Algunas llevan un hábito blanco con una cruz roja y recuerdan a los cruzados. Otros deben deshacerse de sus cirios, pues están ocupados en disciplinarse con cadenas o con látigos de cuero, aunque el Papa ha prohibido la (auto)flagelación pública. Simultáneamente un nazareno cae al suelo agotado en las escaleras de la catedral. Dado el calor de la tarde, nadie sabe si la caída es simulada o si va en serio hasta que de pronto el nazareno se levanta y continúa su marcha.

Y el camino es largo. La procesión, en la que participan varios miles de penitentes, mujeres incluidas, no vuelve a la capilla del hospital hasta primeras horas de la mañana del Viernes Santo; para entonces hace ya tiempo que la cera de los cirios ha resbalado y se ha secado entre los adoquines.

Izquierda: es un privilegio llevar los pasos, de varias toneladas de peso, en la procesión de Semana Santa.

Derecha: en la procesión del Santo Cristo de la Sangre participan todas las cofradías.

Izquierda inferior: las filas de penitentes con capirotes no dejan de producir una impresión tenebrosa.

Vicisitudes de una roca tranquila
La Roqueta

Transcurrieron dos años antes de que el artista y arquitecto más controvertido de España, Antoni Gaudí, atendiese la invitación del obispo Joan Campins i Barceló a remodelar la catedral de la capital. Pero ya en 1897 Pedro Juan Aguiló Forteza –su apellido *Aguiló* o águila dio pie al sobrenombre de *Cetre*, que quiere decir halconero o cetrero– soñó con entusiasmar y comprometer a los mayores artistas de España para su ambicioso proyecto de *La Roqueta* o roquita.

Cetre se proponía establecerse por su cuenta precisamente con una fábrica de cerámica. En las afueras de la ciudad, concretamente en Son Espanyolet, compró una fábrica que con 8.500 metros cuadrados de superficie tenía el tamaño preciso. Al mismo tiempo se hizo con una tienda en pleno casco antiguo de Palma, en la calle San Miguel, pues en alguna parte han de exponerse y venderse las piezas buenas. Pedro se abandonaba a sus fantasías; pretendía que los mayores artistas del momento se comprometiesen a crear artículos para su empresa y con su fábrica se proponía ser famoso más allá de los límites de la isla.

Cetre llevaba en la sangre el espíritu empresarial. Así, por ejemplo, durante algún tiempo su padre sostuvo firmemente la idea de que Mallorca debía disponer de una línea de ferrocarril y terminó siendo uno de los cofundadores de la Sociedad de Ferrocarriles de Mallorca.

Asimismo la concepción empresarial de su hijo Pedro y sus dotes artísticas encontraron un terreno abonado, pues en el cambio de siglo en Mallorca no se fabricaban ni azulejos ni baldosas y Gran Bretaña y Francia dominaban incontestablemente el mercado europeo. Había llegado, por tanto, el momento de resucitar la tradición de la cerámica introducida por los árabes en la isla y de relanzar este mercado.

Una vez adquirida e instalada la fábrica, Cetre empezó a contratar a diseñadores. Actualmente nadie sabe con exactitud cuántos fueron los contratados en los 21 años de existencia de La Roqueta. Contrató a un dibujante fijo, Vicente Llorens Rubí, que había realizado en Valencia cursos de diseño. Llorens concibió innumerables obras, por ejemplo un maravilloso techo modernista de la casa de la

En pleno modernismo los azulejos de La Roqueta ya no se utilizaban exclusivamente para la decoración interior. Poco a poco las fachadas modernistas se fueron decorando con las fantásticas creaciones de los diseñadores de la fábrica.

familia Aguiló en Porto Pi; eran 81 azulejos artísticamente decorados con pájaros que parecen posarse en el exuberante follaje de un árbol. Actualmente la obra puede admirarse en el Museu de Mallorca.

Sin embargo, apoyado en parte por su padre, el mismo fundador de la empresa trabajaba en la creación de baldosas, azulejos y piezas decorativas. La fábrica prosperó; se consideraba como una señal de buen gusto y de modernidad contar en la cocina, en el vestíbulo, en el comedor o en el dormitorio con revestimientos de azulejos decorativos, con floreros o con platos de adorno luciendo el logotipo de La Roqueta.

Y entonces llegó Gaudí...

Por las mismas fechas el modernismo español llamaba la atención desde Barcelona por su tratamiento lúdico del color, por su exuberancia formal y especialmente por sus variaciones de elementos formales árabes y góticos. Sobre todo las creaciones del pionero del movimiento, Antoni Gaudí, marcaban el estilo de la época. Los trabajos que estaba llevando a cabo en su principal proyecto, el

Desde la desaparición de La Roqueta, algunas de sus creaciones se exponen en el Museu de Mallorca, al igual que los azulejos de Gaudí.

Personificación en uno de los azulejos
de la Casa Barceló.

Una paloma alza el vuelo en el azulejo hacia el
cielo de verano.

escultura, la música, la arquitectura y la literatura; la única que falta es la danza. En su lugar, las musas se incrementan con elementos procedentes de la cerámica industrial y de la industria textil.

Jabones y aceites: el final de La Roqueta

El apogeo de la fábrica duró hasta que en el año 1910 Cetre hubo de retirarse por motivos de salud. *La Roqueta* cambió varias veces de manos antes de que en el año 1918 interviniese como socio capitalista el gran industrial Juan March.

Como por aquellas fechas Joan March no había descubierto todavía las ventajas personales y empresariales del arte y habrían de pasar algunos años antes de que intentara adquirir prestigio social como mecenas, despidió sin pestañear a artistas y artesanos. A partir de entonces, donde antes se acometía la maravillosa transformación de la arcilla en obras de arte bajo el nombre de *La Roqueta* o "roca pequeña", se produjeron únicamente jabones y aceites.

templo de la Sagrada Familia de Barcelona, dividían a los críticos de arte contemporáneos en partidarios entusiastas y en detractores desdeñosos del arquitecto, que criticaban su desbordante fantasía.

Al iniciarse finalmente las obras de construcción de la catedral de Palma, la fábrica se encontró desbordada por el trabajo. Para la remodelación del presbiterio, la zona del altar, hubo que pintar a mano con olivas, ramas y escudos y cocer después más de 5.000 baldosas concebidas por Rubió y Reynés, discípulos de Gaudí.

Y esto no fue todo. Gaudí no se limitaba a la catedral, sino que participaba simultáneamente en varios proyectos. Con sus relieves de arcilla y con su fachada, que brilla con todos los colores y en la que aparecen baldosas con llamativas flores, la Casa de Forteza Rey, en la Plaça Marquès del Palmer, ha sido comparada con la Casa Batlló, la suntuosa casa de Gaudí en Barcelona.

Hacía ya tiempo que se había cumplido el sueño de Cetre de hacer famosa *La Roqueta*. Los artículos de la fábrica dejaron de formar parte exclusivamente de una decoración interior desbordante de fantasía y cada vez eran más los edificios de Palma que decoraban las fachadas con sus artísticos azulejos. La Casa Barceló, en la Plaça de Josep Maria Quadrado, 9, del año 1902, decorada con alegorías de las bellas artes creadas por Vicente

Llorens, constituye una auténtica obra maestra. Las dos primeras plantas aparecen adornadas con una guirnalda de azulejos con motivos florales. Pero lo que realmente llama la atención son los cuadros de cerámica existentes entre las ventanas de la tercera planta. En ellos aparecen representadas cinco de las seis bellas artes, concretamente la pintura, la

La Casa de Forteza Rey suele compararse con la fastuosa Casa Batlló, de Gaudí, en Barcelona.

Azahar
Los árabes en Mallorca

En el año 1838 Chopin quedó impresionado por el "aspecto árabe" de Palma, posiblemente más evidente entonces que ahora. En cualquier caso, donde más prolongada ha sido la supervivencia árabe en Mallorca es en el campo de la toponimia; Algaida deriva de la voz árabe que significa "bosque", Deià procede del árabe *daia* (aldea), Binissalem y Raixa son de origen árabe y Banyalbufar significa el "pequeño viñedo junto al mar". Aun cuando por desgracia se conservan muy pocos restos históricos de la arquitectura árabe en la isla, prácticamente en cada rincón se descubren vestigios de la época árabe o al menos se percibe el espíritu de la cultura musulmana.

No en vano los árabes mantuvieron el esplendor de la isla en pleno Mediterráneo a lo largo de más de 300 años. En cuanto advirtieron que podían transformar en un jardín del edén la fértil tierra y las ciudades fundadas por sus predecesores, los conquistadores árabes hicieron llegar desde el norte del continente africano a sus mejores urbanistas, científicos, artesanos e ingenieros.

Actividades secundarias de un peregrino

De dar crédito a la leyenda, el esplendor de la isla comenzó con una tempestad en el mar. Isman al-Khaulani, comerciante convertido al islamismo, se encontraba justamente en su *haddsch* o peregrinación a La Meca cuando una tempestad le impidió continuar el viaje y le obligó a desembarcar en las costas mallorquinas. Tuvo que quedarse unas semanas en la isla antes de volver a embarcar y las aprovechó para explorar a fondo Mallorca y espiar sus sistemas defensivos.

A su regreso a España, el comerciante describió a su señor, el emir Abd-Allah de Córdoba, los mil y un matices de la belleza de Mallorca, sin olvidarse de señalar que el sistema defensivo de la isla presentaba notables deficiencias. No tardó en convencer al emir de que sería fácil hacer de Mallorca una provincia de al-Andalus, el territorio peninsular sometido al

Superior: joven árabe con ropas tradicionales.

Izquierda: en pocos años la península Ibérica pasó a formar parte, como al-Andalus, del califato de Damasco primero, y de los califatos de Bagdad y de Córdoba después. Las flechas verdes señalan las líneas de avance de los musulmanes y las distintas superficies en color indican los territorios recuperados a lo largo de la Reconquista cristiana.

dominio árabe. Se le encargó la conquista de la isla, que llevó a cabo en el año 902, y fue nombrado su primer *wâlî* o gobernador.

Al-Khaulani empezó por formarse una idea más precisa de Palma, que en adelante se llamó *Medina Mayurka*. Había que realizar obras importantes para convertir la ciudad en un centro digno de la vida musulmana, por lo que en primer lugar hizo construir la Almudaina o palacio del gobierno, que por aquellas fechas se encontraba junto al mar. Pero los árabes pensaron también en el bienestar material de sus subordinados y a mediados del siglo X construyeron los Banys Àrabs.

Al igual que los baños romanos, cuyos principios adoptaron, los baños árabes no estaban solo en función del aseo corporal, sino también en función del espíritu y, sobre todo,

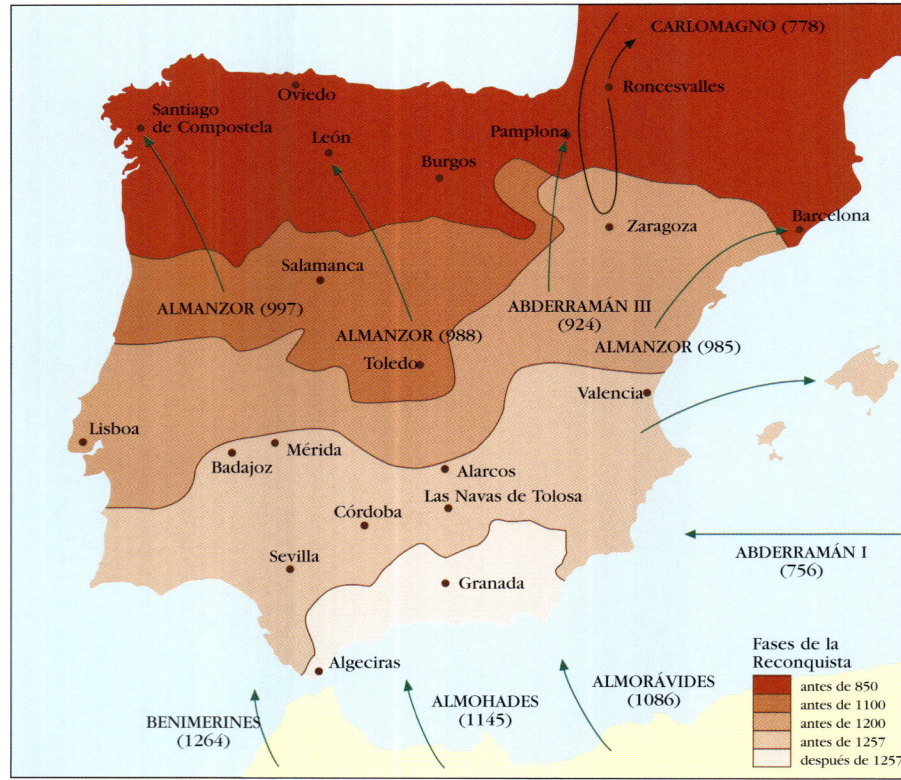

Mapa: fases de la Reconquista

- CARLOMAGNO (778)
- Roncesvalles
- Oviedo
- Santiago de Compostela
- León
- Burgos
- Pamplona
- Zaragoza
- Barcelona
- Salamanca
- ABDERRAMÁN III (924)
- ALMANZOR (997)
- ALMANZOR (988)
- ALMANZOR (985)
- Toledo
- Valencia
- Lisboa
- Mérida
- Badajoz
- Alarcos
- Las Navas de Tolosa
- Córdoba
- ABDERRAMÁN I (756)
- Sevilla
- Granada
- Algeciras
- BENIMERINES (1264)
- ALMOHADES (1145)
- ALMORÁVIDES (1086)

Fases de la Reconquista
- antes de 850
- antes de 1100
- antes de 1200
- antes de 1257
- después de 1257

de la comunicación. Eran uno de los principales lugares de encuentro de hombres y de mujeres, rigurosamente separados entre sí, como es obvio. En ellos se hablaba de los asuntos familiares, se trazaban planes y se cerraban tratos. Cuando la conversación empezaba a acalorarse, se pasaba del *caldarium* o sala de vapor al *tepidarium,* donde los ánimos excitados podían enfriarse con un baño de agua templada. Una cálida luz solar descendía sobre los bañistas a través de una claraboya situada en la bóveda, que estaba sostenida por una docena de columnas.

Al-Khaulani murió en el año 913, un año después que su "superior" el emir Abd-Allah. Para algunos árabes el comercio, la agricultura o la artesanía, en una palabra, el trabajo, eran excesivamente fatigosos. Había otros métodos, más rápidos, más cómodos y más excitantes, de ganar dinero a costa de los demás; así, trasladaron sus actividades al mar y se dedicaron a la piratería. En el año 947 al-Muwaffak heredó el poder de Abd-Allah, hijo de al-Khaulani, y decidió ser pirata. Reconocido oficialmente, muy temido y tomando Mallorca como punto de partida de su flota árabe, creó, hasta el año 969, tal inseguridad a los navegantes cristianos a lo largo de las costas catalanas y francesas que ningún capitán se aventuraba a recorrerlas.

Mientras los señores se dedicaban de lleno a la piratería, la población civil realizaba trabajos pacíficos. Los artesanos desarrollaron el arte de los azulejos pintados de cerámica, que pasaron a la historia con el nombre de mayólicas y alcanzaron fama universal. Los ingenieros

Bajo la dominación árabe, Mallorca vivió su segunda etapa de esplendor cultural después del periodo romano. Los musulmanes, los judíos y la minoría cristiana convivían pacíficamente. En la corte del soberano árabe de *Medina Mayurka,* la actual Palma, se cultivaban las "bellas artes" y se reunían escritores y músicos del mundo árabe. Esta vieja ilustración del Siliman Namé (Biblioteca Saray, Estambul) reproduce una velada musical en la corte de un califa.

Moneda de oro almohade, con valor en Mallorca desde 1203 hasta 1229 d.C.

perfeccionaron los sistemas de riego de la isla e incrementaron su fertilidad, por lo que la población cristiana de *Medina Mayurka,* la actual Palma, pasó a consumir frutas, verduras y especias anteriormente desconocidas.

Los mallorquines descubrieron asombrados los naranjales del sulliar árabe, el "valle del oro" próximo a Sóller, y se embriagaron con su fragancia, si es que no habían quedado ya deslumbrados por su maravilloso nombre de *azahar.* Asimismo aprendieron a apreciar el *al barkuk* o albaricoque, el melocotón, la granada y la almendra y observaron cómo los

piñones, el comino y las uvas pasas pasaban a las ollas árabes para dar un sabor adicional dulce y suave a los realmente fuertes platos de carne. Los árabes preparaban comidas de exquisito sabor y con su arte convencieron a los mallorquines de que unos cocineros tan buenos no podían albergar malas intenciones.

Por lo demás los nuevos señores tampoco crearon nuevos problemas a los mallorquines, que podían desarrollar libremente sus prácticas religiosas y que, cuando surgía algún problema más profundo de comunicación, se dirigían sin más a los integrantes de la tercera religión de la isla, los judíos, para pedirles que hicieran de intérpretes. Durante la mayor parte de la "dominación árabe" la vida, como en cualquier otra parte del mundo, no era necesariamente la que correspondía a la edad de oro, pero en cualquier caso transcurría en pacífica armonía.

Demasiado alejados del emirato de Córdoba, del que formaban parte las Baleares, como para poder desempeñar algún papel en sus querellas políticas internas, los mallorquines mantuvieron una existencia insular en el sentido pleno de la palabra. Y cuando, pasados más de cien años desde la conquista árabe, el grupo de islas pasó a formar parte del reino español meridional de Dénia, llegó a Mallorca un gobernador más tolerante que sus predecesores; Ali ibn Mujahid reconoció incluso al obispo de Barcelona como jefe religioso de los cristianos y autorizó la ordenación de sacerdotes y el ejercicio del ministerio eclesiástico.

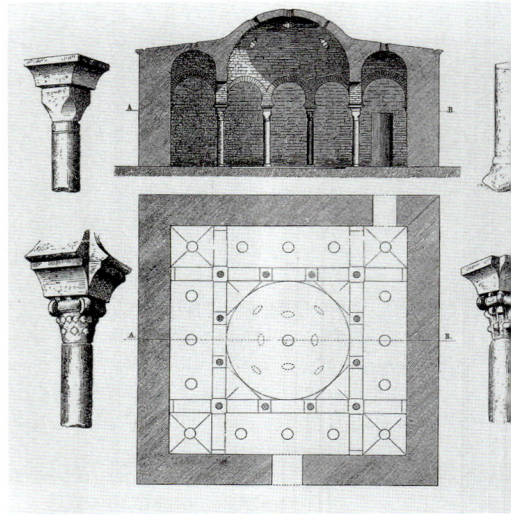

La corta etapa de la independencia

Durante un corto espacio de tiempo las islas Baleares pudieron disfrutar de su alejamiento del centro del poder musulmán asentado en al-Andalus. Las islas fueron adquiriendo progresivamente fama de desentenderse de la política desarrollada en la lejana España peninsular y de vivir en su mundo propio bajo módulos por ellas mismas establecidos. El *wâlî* al-Mutada llegó incluso a proclamar en 1076 el reino independiente de las Baleares. Hasta 1093 se acuñó en Mallorca moneda con su nombre; la anterior se retiró de la circulación para demostrar la independencia de la isla.

Superior: detalles de columnas, planta y sección transversal de los Banys Àrabs, del libro sobre las Baleares del archiduque Luis Salvador.

Ahora bien, durante aquella *splendid isolation* se intensificaron los conflictos entre los diversos reinos árabes de la península Ibérica. Además los cristianos fueron poco a poco conquistando el reino árabe, desintegrado en 20 taifas o principados más pequeños, y avanzaban desde el norte hacia el sur. Inicialmente Mallorca no se situaba en el centro del interés, pues los gobernantes árabes de al-Andalus tenían otros problemas en la península, por lo que pudo crearse de hecho en la isla un dominio árabe independiente.

No obstante, el nuevo soberano, Moxabit, no era tan ingenuo como para creer que aquella paradisíaca situación iba a mantenerse sin sufrir ningún cambio. En consecuencia, hizo construir una muralla para defender la ciudad de los posibles ataques de los cristianos.

Evidentemente, el monarca se dejó guiar por la providencia de Alá, pues en el año 1114 pisanos y catalanes organizaron una cruzada conjunta contra los piratas árabes de Mallorca, que hacían imposible el tráfico comercial en el Mediterráneo. El primer asedio de la ciudad de Palma no tuvo éxito, pero en el año 1115 las

Izquierda: al-Khaulani logró hacer de *Medina Mayurka* un centro floreciente de la vida musulmana. Los baños árabes, construidos con posterioridad, servían para purificar el cuerpo y el espíritu.

tropas aliadas de Cataluña y de Pisa consiguieron finalmente ocuparla y "liberar" a más de 30.000 cristianos.

La victoria parecía segura cuando un contingente almorávide alcanzó la isla. El general en jefe de la alianza, Ramón Berenguer III, tuvo que huir y los árabes recuperaron Mallorca. En 1203 empezó la dominación almohade y el grupo de islas quedó de nuevo integrado en el reino árabe.

Aquellos fanáticos monjes guerreros no conocían en absoluto lo que había sido una de las características fundamentales de la dominación musulmana; la tolerancia religiosa no era su fuerte, lo cual no les impidió mantener la piratería. Si anteriormente los almorávides eran más intolerantes respecto de otras culturas y religiones que los árabes que los precedieron y forzaron la islamización, los almohades practicaban un fundamentalismo musulmán rígido. Fue tal vez esta estrechez de miras lo que contribuyó a la intransigencia con que actuaron los conquistadores "cristianos" cuando se propusieron eliminar todo lo árabe tras la Reconquista de Mallorca.

El último gobernador árabe que vivió en la Almudaina fue Abu Yahia Muhammed ibn Ali ibn Abi Iman al-Tinmalali, también un pirata en toda regla. Durante su mandato se construyeron en Palma, que contaba con una población de más de 80.000 habitantes, tres mezquitas. La mayor de ellas se encontraba en la actual plaza de la catedral.

Finalmente, el 31 de diciembre del año 1229 Jaime I, rey de Aragón y conde de Barcelona, conquistó la ciudad de Palma y celebró su victoria la noche de fin de año. En el Carrer Estudi General, 7, todavía hay un relieve que recuerda el momento en que el último *wâlî* le entrega las llaves.

Aun cuando hubieron de pasar tres años antes de que se produjera la conquista definitiva de la isla, con Abu Yahia se hundió para siempre en los infiernos de la historia aquel extraño conglomerado de altísima cultura espiritual y profunda barbarie, de ciencia y de piratería, de sabios y de esclavistas, característico de la época árabe en Mallorca. Los árabes continuaron apareciendo en la historia de las islas únicamente como piratas que, procedentes de Argel y del norte de África, siguieron llevando la intranquilidad a las costas mallorquinas hasta muy avanzado el siglo XVI. Todo aquello

acabó en la batalla de Lepanto del 7 de octubre de 1571, en la que la "Santa Liga" cristiana derrotó a la flota otomana y Cervantes perdió su mano izquierda.

Recordar y olvidar

Evidentemente, el concepto de tolerancia resultaba extraño a los nuevos conquistadores cristianos. Eliminaron todas las referencias, incluso las más lejanas, a la dominación árabe. En la ciudad de Palma sólo se conservan los cimientos del palacio de la Almudaina, los Banys Àrabs en el Carrer Serra y un arco de puerta, Arc de la Mar, concretamente el arco de la Almudaina, situado en las murallas bajo el palacio de la Almudaina.

En el Museu de Mallorca se muestran algunos vestigios de la secular ocupación pacífica, por ejemplo un valioso tesoro almohade, consistente en monedas y joyas escondidas a principios del siglo XIII, cuando los árabes se encontraron en una situación crítica debido a la invasión cristiana.

No obstante, los mallorquines iniciaron la restauración del legado árabe también fuera de las vitrinas. Así, a principios del verano de 1995 se puso a disposición de la población una torre árabe en la muralla del Puig de San Pere, desde

cuya estructura metálica, colocada en la galería superior, puede contemplarse la ciudad moderna con el puerto.

De todos modos, las muestras más vivas de la cultura árabe no son las construidas con piedra o las grabadas en plata, sino las correspondientes a la cocina mallorquina con su "toque" oriental y a las más de 4.000 voces del léxico español, empezando por *alcalde* y pasando por *atalaya* y *jartan* o jardín hasta llegar a *sinia* o noria.

Izquierda: un arco árabe, con viviendas en su parte superior, atraviesa el Carrer Almudaina en el casco antiguo de Palma.

Derecha: bajo el arco de este puente los barcos podían llegar directamente a la Almudaina.

Estar fuera y permanecer dentro
Los patios de Palma

El patio es la Tierra de Promisión
en la propia casa.
(Proverbio mallorquín)

El truco de la Fontana di Trevi, en Roma, que funciona siempre que coinciden las fuentes y los turistas, tenía que repetirse en Palma. Así al menos lo pensaron los dos hijos de la casa Comte d'Espanya, cuando se les ocurrió que, si lograban convencer a los numerosos visitantes de que les traería suerte lanzar monedas a la fuente del patio interior –que ellos recuperarían después en secreto– tendrían resueltos sus problemas de dinero para cubrir sus pequeños gastos.

Su padre, el conde en persona, se sitúa en la entrada de su casa del Carrer de la Portella, 12 y responde amablemente a las preguntas que los visitantes le formulan en relación con la historia de aquel palacio urbano. Por ejemplo, la cadena existente sobre el arco de la entrada de la casa: se colgó allí en señal de que un miembro ilustre de la familia real puso su pie en el umbral, pues, según parece, hace algunos años pernoctó en la casa el padre del monarca español Juan Carlos I. Es evidente que el *comte* no se presta a este tipo de servicios todos los días, sino en la "semana de

los patios abiertos", a finales de mayo. En efecto, aunque las mejores casas o *palaus* de Palma son inimaginables sin patio, en las restantes 51 semanas del año tienen que ser el inquilino o el propietario los que abran la puerta un momento para poder contemplar el patio interior. A no ser que en el *palau* en cuestión los abogados, las autoridades o los museos hayan habilitado sus oficinas o sus salas de exposición; en tal caso los patios permanecen abiertos durante la jornada laboral, generalmente bajo la vigilancia de un personal atento que no tiene inconveniente en mantener una charla sobre la historia y las peculiaridades de la casa.

Nacimientos y defunciones anunciados en la puerta

Antiguamente los patios de Palma estaban en principio abiertos a todos los que quisieran refrescarse o recuperarse del trajín de las calles en un espacio fresco y habitualmente lleno de flores. Cuando se deseaba impedir el acceso por algún motivo, por ejemplo, porque había fallecido alguien de la casa, se dejaba la puerta entornada, señal que daba a entender que se esperaba en breve una visita de pésame. Por el contrario, el hecho de que la puerta estuviera tentadoramente abierta y llena de flores indicaba que en la casa había una boda o había nacido un niño.

También se sentaban en los patios las bases de los matrimonios y de los nacimientos, pues la planta situada entre el patio y el primer piso, el *estudi,* tenía una función especial. En realidad era el despacho del dueño de la casa, quien, sin embargo, cerraba los ojos cuando sus hijos utilizaban el *estudi* para una cita. Si las piedras de los patios hablasen, quién sabe la cantidad de intrigas, de amores, de chanchullos y de conspiraciones políticas de que podrían informar. En cuanto zona de transición entre la vida privada desarrollada tras los muros protectores de la casa y la vida pública existente fuera de las cuatro paredes, el patio constituía un escenario ideal.

Por ejemplo, en el patio del Palau Marquès de Vivot, también llamado Can Sureda, en el Carrer Can Savellà, 4, se reunieron en otros tiempos conspiradores. En este palacio, construido en 1230 por Joan Sureda i Villalonga, primer marqués de Can Vivot, que cuenta con una magnífica biblioteca de alrededor de 10.000 volúmenes, su sucesor tramó en 1711 una conspiración a favor de los Borbones durante la guerra de Sucesión de España. Fue

Superior: sobre la puerta de Can Berga las armas de la casa destacan entre dos balcones con balaustradas.

Inferior: Ca n'Oleza, del siglo XVI, fue declarada monumento histórico en el año 1973.

detenido y encarcelado en Barcelona, pero pudo volver cuando en 1713 terminó la guerra española con el triunfo de los Borbones y con la entronización de Felipe V, decidida en el tratado de Utrecht (1713–1715). El patio es de planta rectangular, está dividido por arcadas en seis partes y los pasillos oscuros le confieren un aspecto sombrío y misterioso: el escenario perfecto para tramar una conspiración.

Una idea romana con siglos de pervivencia

El patio es tan mediterráneo como la siesta y el aceite de oliva. Los romanos construían ya sus *villae* alrededor de un *atrium* o patio interior descubierto, generalmente rodeado de arcadas en sombra y con una refrescante fuente en el centro. El patio, al fin y al cabo, permitía satisfacer una importante necesidad mediterránea sin la presencia obligada del mundo exterior como testigo: estar fuera y, sin embargo, permanecer dentro. Lo mismo sucedió en Mallorca, en Palma. Cuando los árabes conquistaron la isla en el año 902, incorporaron a sus propios hábitos de vida las casas romanas con sus patios interiores frescos y en sombra. En el siglo XIII, tras la Reconquista, los cristianos conservaron la tradición de los patios con flores y, en muchos casos, con una fuente.

Los patios fueron importantes cuando el plano urbano de Palma, con sus callejuelas estrechas y tortuosas, adoptó formas góticas. Como en las calles no podía desarrollarse la vida vecinal y no resultaba especialmente cómodo quedarse delante de la puerta, los palmesanos dispusieron sus casas en torno a un patio interior central. Una pequeña puerta con friso de tablas y con arco ojival daba acceso a un patio interior de estilo gótico, donde en la mayoría de los casos se accedía a la primera planta a través de una escalera, tan decorada con motivos geométricos como las repisas de las ventanas. En la planta superior había buhardillas o galerías sostenidas por columnas. Desde la planta baja se accedía por una reja de madera al jardín posterior que se encontraba en el patio correspondiente de un bloque de viviendas.

Durante los siglos XV y XVI los patios interiores y las fachadas de Palma acusaron la impronta renacentista, pero no perdieron sus características góticas iniciales. Así se observa de forma nítida en Can Catlar, en el Carrer del Sol, 7. Construido en el año 1556 por Pere Abrí-Descatlar i Valenti, mariscal de campo del rey Felipe II, fue el primer edificio de estilo renacentista de la ciudad, y con su soberbia fachada, es una de las joyas de Palma. La casa y el patio interior combinan elementos góticos y renacentistas; son góticas la galería cubierta y la puerta principal con su arco ojival y renacentistas las cinco ventanas de la planta principal con sus columnas, sus mosaicos de madera y su remate de símbolos caballerescos.

En el siglo XVIII Guillem Abrí-Descatlar logró el marquesado de Palmer y sus descendientes viven todavía en este *palau*.

En el siglo XVII la arquitectura señorial de la ciudad sufrió un cambio radical. Los palmesanos lograron una posición acomodada a través del comercio con Italia. Así, las pequeñas y modestas casas del interior de la ciudad fueron convirtiéndose progresivamente en suntuosos edificios y los vecinos mantuvieron una rivalidad, no confesada, por hacerse con la casa más hermosa y más ricamente adornada.

Ampliaron sus patios, los ornamentaron y construyeron los pequeños arcos de puerta. Las columnas de mármol o de piedra *marès* mallorquina, dotadas de capiteles muy trabajados,

daban la impresión de eliminar la oposición entre el apoyo y el peso. Pero el cambio más notable se registró en las escaleras; los propietarios sustituyeron las viejas balaustradas de piedra, decoradas con motivos geométricos, por barandillas artísticamente trabajadas de forja afiligranada.

Un ejemplo de esta evolución estilística lo ofrece la casa Ca la gran Cristiana, situada en el Carrer de Portella, 5 y abierta durante todo el año, pues desde 1968 se encuentra en su interior el Museu de Mallorca. El edificio, inicialmente gótico, fue remodelado en el siglo XVII

Cal Comte de Sant Simó, cuya construcción data de 1854–1856, tiene un aire francés.

La luz llega de arriba: el sencillo patio de Can Pasqual, de superficie más reducida.

Cuando la puerta de hierro forjado está abierta se puede intentar ver el patio.

Algunos patios interiores únicamente pueden visitarse en la "semana de patios abiertos". En este *palau* tiene su sede la Fundació Barceló.

El escudo bajo la balaustrada y las radiantes macetas de flores señalan el carácter privado e íntimo de este luminoso patio.

por Miquel Lluís Ballester i de Togores, primer conde de Aiamans y barón de Lloseta. Frente a lo que parece sugerir su nombre actual, durante algún tiempo este edificio fue cualquier cosa menos cristiano. El conde encerró en esta casa a su esposa, que quería separarse de él y que terminó siendo asesinada en el año 1651 por unos bandidos. El nombre de Ca la gran Cristiana procede del siglo XIX, cuando así lo bautizó su propietaria de entonces, Catalina Zaforteza i de Togores, una de las más conocidas militantes de la causa carlista que, además, era sumamente devota, lo cual le acarreó el sobrenombre de "gran cristiana". Tampoco ella tuvo demasiada suerte en su vida. Durante el reinado de Isabel II (1833–1868) fue detenida por conspirar con los carlistas y desterrada a Sóller.

Con la industrialización del siglo XX el casco antiguo de Palma fue quedándose poco a poco en un segundo plano. Donde antaño la casa estaba ocupada por una gran familia, surgieron paulatinamente varias unidades residenciales más pequeñas y en los entresuelos los hombres de negocios instalaron tiendas u oficinas. Sólo los nombres de familias nobles poderosas y famosas en otros tiempos y de sabios judíos recuerdan todavía en la actualidad la antigua importancia de los dueños de los palacios.

Volvamos al Comte d'Espanya. El conde asegura que unas décadas atrás apareció un esqueleto bajo el revestimiento de piedra del suelo del patio. Según la leyenda, hace algunos siglos un sirviente fue testigo involuntario de un asesinato, circunstancia que le costó la vida.

El conde guiña el ojo mientras relata todo esto y asegura que muchas noches no consigue descansar, porque todos los que han fallecido en la casa se levantan y, como intérpretes de *ossos,* hacen sonar sus quebradizos huesos, sobre todo cuando, en las noches claras de luna llena, las numerosas cabecitas de reyes y de demonios de la fachada de la casa vecina resucitan a la reina Isabel II.

Entre dos religiones
Los xuetes

> *Qui va a Liorna, ei va i no torna.*
> Quien va a Livorno ya no vuelve.
> (Proverbio judío)

En Mallorca cristianos, judíos y musulmanes convivieron pacíficamente a lo largo de 300 años. Todos ellos podían practicar libremente su fe; las sinagogas se alzaban junto a las mezquitas y se construían iglesias al lado de los templos de otras comunidades religiosas. Cuando no se enteraban de lo querían decirles o explicarles los árabes, los cristianos recurrían a los judíos políglotos y cultos para que actuasen de intérpretes, no tanto como elementos de unión entre dos idiomas sino sobre todo entre dos culturas distintas.

Ahora bien, los judíos no solo dominaban el arte de la traducción, sino que además eran artesanos y sabios muy bien considerados. En Palma trabajaban en su propio barrio de Call, al sudeste del casco antiguo, como orfebres, sastres, tintoreros, zapateros, médicos, ilustradores de libros, cartógrafos o maestros armeros. Todavía hoy los nombres de algunas calles hacen referencia a las profesiones que ejercieron, como, por ejemplo, el

Los orfebres judíos se establecieron en el Carrer de s'Argenteria.

Carrer de s'Argenteria, en el que residían los judíos orfebres.

La vida de los judíos continuó desarrollándose inicialmente por vías pacíficas después de que Jaime I conquistase Palma la noche de San Silvestre de 1229. La comunidad judía de Mallorca pasaba por ser una de las más prósperas de todo el Mediterráneo y los cristianos procuraban no enemistarse con los judíos, pues necesitaban su dinero. Los señores católicos no dejaban de pedir a los judíos "inyecciones financieras"; gran parte de los préstamos se destinaba a financiar la Reconquista, que requirió ingentes cantidades de dinero.

Pero a mediados del siglo XIV la vida de los judíos sufrió un cambio dramático. Mallorca quedó sometida a la corona de Aragón, cuyo monarca Pedro IV, que gozaba de pocas simpatías, gravó a los mallorquines con impuestos elevados a los que no podían hacer frente ni los labradores ni los artesanos.

Se produjeron disturbios contra la potencia ocupante aragonesa y los labradores se alzaron contra las principales familias de la nobleza. Pero en lugar de forzar la desaparición de los verdaderos responsables de su miseria, el excitado pueblo buscó, como en tantas otras ocasiones, un chivo expiatorio, que, como tantas otras veces, fueron "los judíos". Se les acusó en primer lugar de falsificación de moneda e, indirectamente, de haber causado la pobreza de los

En las dos primeras tardes de la celebración judía de la Pascua se efectúa una lectura pública de la *Haggada*. *Haggada* significa "narración" y en ella se cuenta la salida de Egipto. Haggada dorada, España, siglo XIV, pergamino, 23,3 x 19 cm, British Library, Londres.

mallorquines; después, como sucedió hacia el año 1350 en toda Europa, se les acusó también de propagar la peste.

Al mismo tiempo los frailes mendicantes atizaban el fuego instigando constantemente al pueblo con sus sermones cargados de odio y de antisemitismo. El 2 de agosto de 1391 los cristianos asaltaron el Call, donde vivían más de 2.500 personas; era uno de los barrios judíos mayores de Europa meridional. Durante el asalto quedó destruida gran parte del barrio y al menos 300 judíos murieron a manos de las excitadas masas. Muchos se refugiaron en el barrio limítrofe de la Almudaina, pero otros, ante la alternativa de "muerte o bautismo" que se les ofrecía, decidieron convertirse al cristianismo. Además eclesiásticos astutos los seducían con dinero, prometiéndoles una recompensa económica por el cambio de religión. Algunos aceptaron el ofrecimiento y se hicieron bautizar. Secundando el lema de "dime cómo te llamas y te diré quién eres", compraron su nombre cristiano a familias de rancio abolengo para así poder dar fe de que eran "verdaderos" cristianos. Parece ser que con el fin de asegurar con total garantía el pago futuro del dinero prometido, se confeccionó una lista en la que, junto a los nuevos apellidos cristianos, constaban los antiguos apellidos judíos.

De judío a Chueta

Los judíos conversos vivían aparentemente de acuerdo con el credo católico, mientras que en la intimidad de sus hogares continuaban invocando a Yahvé. Debían estar permanentemente en guardia, pues los esbirros de la Inquisición no dejaban de espiar y aceptaban gustosos cualquier acusación de que un judío continuaba practicando su religión "pagana". Al fin y al cabo, inmediatamente después de que un judío fuese condenado, la Inquisición se apoderaba de sus bienes.

Como cristianos, muchos judíos eran más papistas que el Papa. El miedo a la persecución incesante les llevaba a comer carne de cerdo, que les estaba prohibida por ser ritualmente impura. De ahí que, según algunos, los judíos conversos pasaran a llamarse *xuetes* o chuetas, adjetivo derivado del vocablo mallorquín *xuia* que significa tocino. Otros creen que la palabra deriva de *xuhita,* que en mallorquín pudo haber significado "judía".

En esta ilustración del siglo XV los judíos aparecen preparando *matze,* pan ázimo que se tomaba en la fiesta del *Pessach* y que recordaba la salida de Egipto. Miscelánea Rothschild, norte de Italia, 1450–1470, pergamino, 21 x 15 cm, Israel Museum, Jerusalén.

En muchos casos los *xuetes* decidieron abandonar para siempre su amada patria. Durante la primera mitad del siglo XVI una de las principales metas de los fugitivos fue Italia, pues tanto la ciudad de Roma como el Vaticano se habían ofrecido a acogerlos. Como casi siempre, la causa de la hospitalidad no era únicamente el amor desinteresado al prójimo, sino también la riqueza de los judíos, en la que los cristianos querían tener su parte. Junto a Pesaro y Ancona, Livorno fue uno de los destinos más soñados de los desplazados.

La lista de Palma

La lista en la que desde hacía algunos siglos venían registrándose los viejos nombres judíos junto a los nuevos cristianos apareció "repentinamente" un día del año 1755. Inmediatamente se inició una nueva oleada de persecuciones contra 85 familias que llevaban nombres tales como Aguiló, Bonnin, Cortés, Fuster o Miró. La lista, sobre la que parecía flotar una especie de maldición, volvió a representar un papel

Expulsión de los judíos de España en el año 1492.

En la época de la Inquisición española la población admitía los interrogatorios efectuados públicamente a los herejes y en muchos casos hasta intervenía en ellos, como se observa en el fresco *Auto de fe* que Lucas Valdés pintó en la iglesia de Santa María Magdalena, Sevilla.

importante en pleno siglo XX. En el año 1942 un grupo fascista de la Falange visitó al obispo de Mallorca para pedirle que se hiciera pública la relación de los nombres que contenía la lista. Pero el obispo Campins se negó a publicarla, ya que de hacerlo hubiera condenado a muerte a entre 40.000 y 60.000 judíos conversos, pues los falangistas se proponían deportarlos directamente a los campos de concentración nazis.

Vestigios judíos en la Palma de hoy

Actualmente los *xuetes* están mejor situados que antes y gozan de gran consideración como "grupo étnico". En realidad apenas si se distinguen de los mallorquines "normales", aparte de que tal vez respeten más a sus mayores y presenten una cohesión familiar mayor que el resto de los españoles. Como en los viejos tiempos, también hoy en día se tienen muy en cuenta su capacidad y sus relaciones para los asuntos financieros, tanto en la banca como en la Bolsa. Los judíos ocupan posiciones clave en muchas áreas de la economía y también están representados en el gobierno regional autónomo.

A finales del siglo XX ha tenido lugar la refundación de la comunidad judía en Mallorca, que goza del mismo derecho a adquirir terrenos que cualquier otra persona jurídica; sin embargo, los *xuetes,* al ser católicos, no forman parte de la misma. En 1987 se inauguró en la isla la primera sinagoga desde tiempos de la Inquisición.

En el callejero de las poblaciones mallorquinas no dejan de aparecer nombres de origen judío. Asimismo, el rosetón de la catedral de Palma, en cuya caleidoscópica estructura triangular se "descubre", observando atentamente, la figura de la estrella de David, refleja la importancia de la vida y de la religión judías en la cultura mallorquina.

La influencia judía se percibe también en la vida cotidiana, pues hexagonales son también los *crespells* o rosquillas de forma estrellada, muy comunes en la isla. Se trata de una creación judía que goza de gran aceptación también en Italia.

Expulsados de la península Ibérica en el siglo XV, muchos sefardíes emigraron, a través de Italia y del norte de África, al Imperio Otomano, donde el sultán Bayaceto II acogió a los judíos españoles y portugueses. Tanto en Grecia como en las ciudades mayores de la costa mediterránea turca y en Palestina se formaron grandes comunidades, culturalmente muy activas, en las que los sefardíes permanecieron integrados hasta muy entrado el siglo XVIII.

Rumbos mundiales
Los cartógrafos judíos de Palma

¡Un atlas mundial! El rey Pedro IV de Aragón (1336–1387) se pasó mucho tiempo pensando en el obsequio con que podría atraer a su causa a Carlos V de Francia (1338–1380), llamado "el Sabio" por su afición al arte y a la literatura. Tendría que ser algo bonito y decorativo, pero al mismo tiempo instructivo. Tras largas cavilaciones finalmente pensó que un atlas mundial era lo más adecuado para un soberano que disponía de una gran biblioteca.

Por el contrario, no necesitó demasiado tiempo para elegir a los realizadores de aquella obra de arte. En definitiva, en 1343 conquistó la isla de Mallorca, que constituía en el siglo XIV el centro de los saberes náuticos. Los cartógrafos más famosos vivían y trabajaban en el barrio judío de Call, en Palma. Adquirieron sus conocimientos del sistema planetario y de la forma de la Tierra a través de los árabes, que en cuestiones científicas eran superiores a los cristianos, poco abiertos al mundo y de mente estrecha.

La "empresa familiar" de Abraham y Jafuda Cresques recibió el encargo de confeccionar un *mapa mundi,* un atlas mundial, que no se limitaría a ser un simple mapa, sino que tendría que ser una joya concebida para una biblioteca y no con fines náuticos. La obra cartográfica, que en adelante se haría famosa bajo el nombre de *Atlas mundial catalán,* quedó terminada en 1377, después de dos largos años de trabajo. El monarca Pedro IV la encontró perfecta cuando pudo examinarla: el atlas era lo más hermoso que había visto en toda su vida.

En efecto, los Cresques no solo trazaron un mapa del Mediterráneo, sino que elaboraron un mapa que abarcaba el mundo entonces

Segunda página del *Atlas mundial catalán:* representación de las cuatro estaciones y de los doce signos del zodíaco.

conocido y, además, una cosmología universal, consistente en una rueda astronómico-astrológica, con la tierra en el centro y las diversas esferas alrededor de ella. Lo más importante del mapa consistía en que no solo trazaba las líneas costeras recorridas a lo largo de los siglos, sino que también marcaba "rumbos" o líneas de navegación en alta mar, los cuales reducían de manera considerable la duración del viaje, aunque, dada la escasa fiabilidad de las brújulas de aquellos tiempos, incrementaban notablemente el riesgo.

Compusieron seis páginas entre los dos; Jafuda, el hijo, representó con una precisión increíble en aquellas fechas el mar Mediterráneo, el antiguo Imperio Romano y África. Dado que, por motivos políticos, no era posible entonces la medición precisa de las costas, la asombrosa exactitud con que los cartógrafos mallorquines supieron representar el Mediterráneo se debe tal vez a que dispusieron de un viejo mapa romano. Hacia el año 20 a.C., con Augusto en el poder, los romanos realizaron, tras varios años de trabajo, una medición y unos mapas precisos de su imperio, que pudieron utilizar los cartógrafos mallorquines.

Abraham Cresques, padre de Jafuda, dio vida a los mapas con sus coloristas ilustraciones y con sus explicaciones. En definitiva padre e hijo no solo se propusieron ofrecer una imagen fiel de la Tierra, sino ante todo facilitar información sobre el hombre y sobre sus formas de vida. Las letras, minúsculas y apretadas, las leyendas, las aclaraciones y los dibujos parecían llenar todos los huecos del mapa y del saber.

Así, sobre los símbolos estilizados de las diversas ciudades africanas ondeaban banderas blancas, azules y rojas y augustos soberanos ocupaban sus tronos junto a las tiendas en las que los nómadas se protegían del sol del desierto. Frente a la costa, el navegante mallorquín Jaume Ferrer navegaba con rumbo a Senegal y se hacía acreedor al monumento de la Plaça Drassana que le dedicó Palma inmediatamente después de culminar su hazaña. Los navegantes mallorquines terminaron ocupando las primeras posiciones

Los cartógrafos mallorquines idearon...

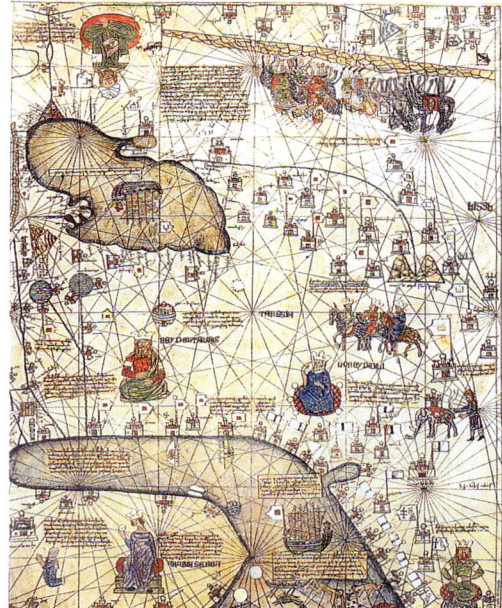

... una compleja red para reflejar las partes de la Tierra.

en la lista de descubridores europeos y fue en Mallorca donde se inició el comercio de oro del reino de Mali.

Sin embargo, el realismo se acabó en la representación geográfica del mundo. Europa septentrional, Asia y Arabia presentaban deformaciones, igual que las referencias a la vida en estas partes del mundo. Para la representación de Asia, un continente todavía inexplorado en aquellas fechas, los cartógrafos no pudieron basar su trabajo en ningún tipo de modelo.

Únicamente los datos facilitados por grandes viajeros, como Marco Polo (1254–1324), Sir John Mandeville (1300–1372) o Ibn Battuta (1304–1369), les proporcionaban datos fiables sobre la situación y el perfil costero del continente. Tampoco aquí faltaban caravanas comerciales siberianas, ni pigmeos, ni reyes. Mientras junto a los monarcas los elefantes alzaban su trompa, los Reyes Magos entregaban sus presentes al Niño Jesús. En el océano Índico los juncos chinos trasladaban a pescadores de perlas, que se unían para defenderse de los tiburones. El texto explica que los "habitantes de las 7.548 islas del océano Índico son salvajes, beben agua del mar y se alimentan de pescado crudo".

Por su parte, Jafuda Cresques pronto tuvo que despedirse del pescado mallorquín, que desde luego nunca llegó a comer crudo. Después de convertirse a la fe cristiana, fue invitado a incorporarse en Portugal, con el nombre de Jaime Ribes, a la escuela de Enrique el Navegante, donde con sus mapas sentó las bases de la ruta de las Indias. A través de su viaje a la India, que realizó entre 1497 y 1499 rodeando el continente africano, el navegante Vasco da Gama pudo demostrar que los rumores sobre los salvajes carecían por completo de base.

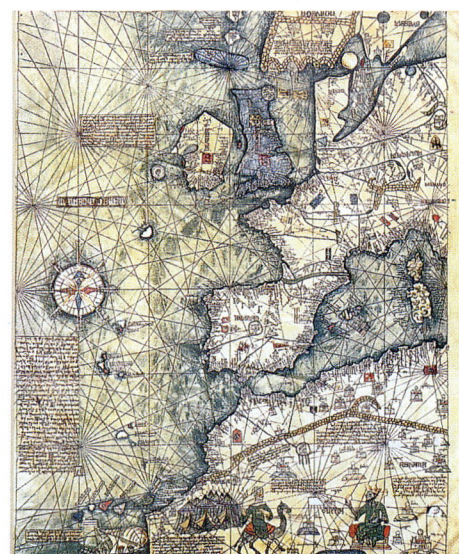

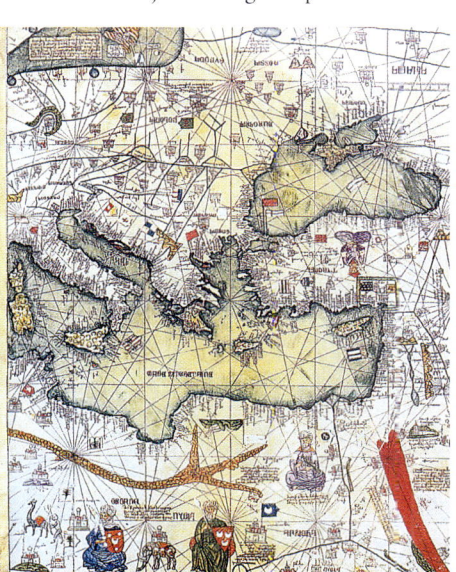

Espléndido tributo al turismo
El Gran Hotel de Palma

Érase una vez... un tiempo en que los visitantes extranjeros constituían una novedad en Mallorca. Los escasos visitantes de la isla hablaban con entusiasmo de su belleza, pero hasta finales del siglo XIX no empezó a florecer tímidamente el turismo. Los turistas eran cada vez más, pero en su mayor parte tenían que resolver el problema de no ser archiduques de Habsburgo-Toscana y de no poder disponer, como Luis Salvador, de una finca en el campo.

Era absolutamente preciso disponer de un hotel de primera categoría para satisfacer la creciente demanda de alojamientos impulsada por europeos generalmente de buena posición económica. Un buen día llegó la decisión terminante: había que construir un gran hotel en el corazón de Palma.

De la construcción del gran complejo, con una superficie de 1.000 metros cuadrados, se encargó el arquitecto mallorquín Lluís Domènech i Muntaner, discípulo de Antoni Gaudí. Los pintores Joaquim Mir y Santiago Rusiñol decoraron siete paredes del comedor con enormes murales y se utilizaron cerámicas pintadas a mano de la famosa fábrica de *La Roqueta*.

El hotel introdujo igualmente novedades en los sistemas de calefacción y de suministro eléctrico. En plena época de las lámparas de gas y de aceite, los acumuladores producían energía propia para las 150 habitaciones y la calefacción de vapor suministraba suficiente calor. No todas las habitaciones contaban con baño, lo cual, sin embargo, nada tenía de extraño entonces tratándose incluso de hoteles de lujo.

Finalmente el 9 de febrero de 1903 llegó el gran día, tanto tiempo esperado, de la solemne inauguración del Gran Hotel. Los

A principios del siglo XX los paseos eran muy tranquilos en la calle de la Unió, tan animada hoy.

250 invitados de honor, entre los que se encontraban viejas familias de Palma, como los marqueses del Palmer o los Villalonga, quedaron entusiasmados.

Lo cual no dejaba de tener su importancia, pues aquellos ilustres aristócratas vivían en los *palaus* más hermosos de toda la ciudad.

El hotel cerró sus puertas en el año 1975. Actualmente sólo puede contemplarse desde el exterior el balcón de hierro forjado de la planta superior...

... al igual que el saledizo de estuco con coronas del pretil existente sobre las multicolores ventanas.

En los discursos de inauguración los oradores se superaron en sus alabanzas. Llegó a decirse que el Gran Hotel era un himno de piedra y una revolución pacífica y que en adelante Mallorca podía entrar en contacto pleno con la cultura europea.

Poco después de la inauguración se publicó un folleto informativo que puede calificarse como una de las primeras guías de Mallorca. A lo largo de sus ochenta páginas, la dirección proponía al "visitante dispuesto a permanecer unos días en la isla" excursiones y visitas urbanas por todo el territorio insular. En 1928, cuando ya llevaban algún tiempo estandarizadas las habitaciones con baño en los hoteles caros, el Gran Hotel se sometió a la primera modernización y pudo ofertar 120 habitaciones, 50 cuartos de baño, un ascensor y un magnífico salón.

Sin embargo, el paso del tiempo empezó a hacer estragos en este símbolo mallorquín del lujo y la prosperidad. El Gran Hotel inició su decadencia durante los años treinta, una década marcada por la crisis económica mundial primero y por la Guerra Civil española después.

En el año 1941 el deterioro del edificio era tan acusado que difícilmente admitía el nombre de "hotel" y mucho menos merecía el calificativo de "gran". Sin embargo, definitivamente pasado de moda y sin ninguna perspectiva de recibir las inyecciones económicas precisas para su renovación a fondo, el hotel arrastró varios años una existencia precaria hasta que en 1975 hubo de cerrar finalmente sus puertas.

Pero no fue para siempre. La Fundación *La Caixa* se apiadó, le devolvió su fachada modernista original y lo convirtió en un centro cultural donde los turistas pueden contemplar la pintura mallorquina del cambio de siglo. Más aún, la UNESCO declaró el edificio patrimonio cultural de la humanidad. En el café, donde Luis Salvador mantuvo largas charlas con su amigo Santiago Rusiñol, escritor y pintor, cabe la posibilidad de abandonarse frente a una copa al recuerdo de los viejos tiempos.

En el café del Gran Hotel, artísticamente restaurado, cabe la posibilidad de sumergirse en los viejos tiempos.

La fachada del hotel, cuya construcción data de 1901, es el ejemplo más suntuoso del modernismo mallorquín. Contemplando sus cuadros de la *belle époque,* el espectador tiene la impresión de encontrarse de nuevo en los años anteriores a la Primera Guerra Mundial, "cuando en el mundo todavía reinaba el orden".

¿Cuál es el paseo más bonito de Palma?
El Born o las Ramblas

En octubre de 1403, un río desbordado a consecuencia de intensas lluvias arrastró 1.500 viviendas y se llevó consigo alrededor de 5.000 vidas humanas. Todo sucedió, según las crónicas municipales, allí por donde actualmente las Ramblas, la calle Unió y el Passeig des Born atraviesan la ciudad descendiendo hasta el palacio de la Almudaina y hasta el mar. Hubo que desplazar hacia el oeste el lecho del río Riera, responsable de todo, hasta que en el año 1620 quedó definitivamente emplazado en el cauce actual.

Pero su viejo cauce constituía una herencia problemática para los responsables de la ordenación urbana: ¿Qué hacer con las vías abiertas por el río a través de la ciudad? Fue el momento en que surgieron el Passeig des Born y las Ramblas, las dos avenidas que desde entonces se disputan el honor de ser los paseos más bonitos no solo de Palma, sino de toda la isla de Mallorca.

El Born es una plaza alargada en forma de avenida. Comienza en la Plaça del Rei Joan Carles I, donde antes estaba la fuente alzada

Superior: las Ramblas ya tenían mucha animación en la época del archiduque Luis Salvador.

Izquierda: escaleras arriba y abajo. Una escalera conduce a la Plaça Major, otra desciende a las Ramblas.

Todos los días se puede pasear por el desbordante y abigarrado mercado de flores de las Ramblas...

... o bien descubrir una *pastisseria* en la que proveerse de los dulces más exquisitos.

en honor de Isabel II, destruida en 1868 durante la revolución de Septiembre. Actualmente se alza un obelisco, bajo cuyo peso gemirían cuatro tortugas pequeñas si no fueran de piedra.

Justo enfrente hay *cafè amb llet* en el bar Bosch, toda una institución entre los bares de la ciudad. Conseguir sentarse en una de sus sillas de mimbre es una obligación ineludible tanto de los turistas como de los mallorquines, por muy excesivo que sea el precio a pagar por el discutible placer de tomar un café con leche en medio del ruido del tráfico y de los asfixiantes gases de escape. Cuando en los años cincuenta del siglo XX ocupaba estas sillas el escritor Robert Ranke Graves, todo era probablemente más tranquilo y también más barato.

Al otro lado de la calle un grueso revoque ocultó a lo largo de varias décadas la fachada barroca del Palau Sollerich, también conocido con el nombre de Can Morell. Desde 1995 la fachada del palacio luce de nuevo toda la magnificencia que tenía en el siglo XVIII.

En la actualidad el edificio es una sala de arte que alberga no solo obras de pintores mallorquines sino también una cafetería, donde puede tomarse el café con más tranquilidad que en el bar Bosch y donde la intensa animación del cercano quiosco invita a largas horas de lectura reposada.

Quien logre desengancharse de la lectura podrá pasear cómodamente a su aire por la franja central, llena de plataneros, en dirección hacia la Plaça Reina, cuyos asientos ofrecen la posibilidad de descansar de vez en cuando. Al final del Born hay una fuente decorativa y

comienza el Hort del Rei, un delicioso parque con juegos de agua de reminiscencias árabes.

Sin embargo, una vez al año, en las fiestas que la ciudad celebra a finales de febrero, desaparece la tranquilidad que se respira bajo los árboles del Born. Entonces se alzan a todo lo largo de la avenida tribunas para el público y su franja central se convierte en pista cubierta de arena para carreras al galope y de carruajes y para concursos hípicos, mientras que en el Hort del Rei un mercado medieval de artesanos y prestidigitadores trata de hacerse con el favor de compradores y de espectadores.

A las Ramblas, que en realidad se llaman Via Roma, se accede desde la Plaça Major por una calle escalonada. Las amplias copas de los árboles se cierran sobre el paseo en forma de espeso techo. El principal paseo de Palma fue objeto de varias remodelaciones antes de adquirir su perfil actual con sus bancos de piedra. Desde la segunda mitad del siglo XIX el mercado de los sábados atrae hasta aquí a comerciantes y compradores. Pero, independientemente de los días de mercado, las Ramblas sorprenden con un atavío singular: en su mercado de flores, que se abre todos los días, se perciben los aromas y el esplendor de todo cuanto crece en la isla.

A lo largo de cada lado de la calle se alzan soberbios edificios civiles del siglo XIX, frente a cuyas fachadas los coches prácticamente no

disponen de espacio para aparcar ni para moverse. De ahí que las Ramblas, la calle más ancha de la ciudad en épocas pasadas, sea mucho más tranquila y sosegada que el Born. En esta tranquilidad urbana viven todavía hoy las monjas del convento de Santa Teresa, totalmente aisladas de los ruidos del exterior. Ni siquiera los proveedores alcanzan a ver el rostro de las monjas, pues un torno instalado en la puerta hace infranqueable la clausura del convento.

Las cuatros pequeñas tortugas parecen gemir bajo el peso del obelisco que se alza al comienzo del paseo del Born.

La patria del panadero
El casco antiguo

Adentrarse en el barrio de Calatrava, en el corazón de Palma, y seguir siempre las indicaciones del olfato. He aquí un método infalible para dejarse embriagar por un aroma prometedor, a la vuelta de la esquina, en Can Miquel. En efecto, en la panadería Forn de Sa Pelleteria, en la calle que lleva el mismo nombre, su orondo propietario Miquel Pujol i Ferragut se encuentra en el país de Jauja de los aromas de su horno y da forma a la pasta de sus *ensaïmades,* recubre la famosa *coca* mallorquina o rellena *cremadillos* con crema o con cabello de ángel. A veces introduce en el horno *sobrassada frita amb mel,* audaz combinación en la que la miel suaviza el sabor picante de la sobrasada. Puede estar también en la esquina de al lado, respirando aire fresco o charlando con los vecinos del barrio el tiempo que haga falta.

Como un padre orgulloso señala Miquel con su brazo el *forn* de la cámara abovedada: "Es un horno muy viejo, tiene casi 400 años. El negocio se fundó en el año 1625. Mi abuelo lo adquirió en 1914, con el dinero que reunió

Miquel Pujol i Ferragut lleva 34 años cada día delante del horno.

después de trabajar algunos años en Argentina". En una borrosa fotografía en blanco y negro, que ocupa un puesto de honor en una vieja vitrina de la tienda, aparece su antepasado en Sudamérica junto a un carruaje en el que se lee "Panadería argentina".

Desde que nació en él en el año 1937, Miquel conoce y ama su barrio de Calatrava, en el casco antiguo de Palma. Antiguamente se encontraba aquí el epicentro de la vida comercial judía. Con sus referencias gremiales, por ejemplo *Blanquers,* curtidores, o *Pelleters,* peleteros, los nombres de las calles recuerdan todavía hoy las viejas profesiones de los artesanos judíos, siempre tan hábiles para los negocios. Asimismo está representada su principal artesanía; los orfebres judíos llenaban en la Edad Media las callejuelas con el brillo mate del oro y con los tonos de claro de luna de la plata. En la actualidad, las joyerías alternan con las tiendas de antigüedades, en cuyos escaparates los pesados y oscuros muebles mallorquines de madera rivalizan con las lámparas Tiffany del continente, sin que falte alguna que otra *menora* o lámpara de siete brazos, imprescindible en cualquier hogar judío. En la Plaça Sant Jeromi trabajaron cartógrafos de renombre universal. Y es posible que Miquel cuente con una celebridad en su árbol genealógico: "El primer almirante de Estados Unidos se llamaba David Ferragut y pudo haber sido un antecesor mío". ¿Seguro? "No se sabe exactamente. De alguna manera estamos, como en el barrio, todos emparentados y formamos una gran familia".

Miquel abre la puerta de su tienda a las cinco de la mañana. "Un panadero tiene que levantarse temprano. Durante mis años de

juventud, cuando los demás volvían a su casa tras una noche de juerga y pasaban delante del *forn,* yo ya había sacado del horno de leña las primeras *ensaïmades".* Era todo un rito, cultivado por los vecinos y amigos del barrio, que la vida de la gran ciudad ha ido desplazando al olvido; llegaban a las seis de la mañana, silenciosos y ligeramente vencidos por el cansancio y las experiencias de la noche, pero en perfectas condiciones para tomar la inevitable taza de chocolate caliente y hacer los honores culinarios a las ensaimadas de Miquel. Miquel se hace de rogar, murmura algo así como "todavía no hemos terminado" o "dejadme trabajar y volved luego, cuando la tienda esté abierta", pero también esto forma parte del ritual, pues al final los trasnochadores terminan haciéndose con su ensaimada caliente y aromática. Y cuando se metan en la cama tras este desayuno de resaca mallorquín, Miquel volverá a estar a solas con su horno.

Tal vez sonría satisfecho recordando su juventud, cuando no se quedaba por la mañana en el horno atizando el fuego, sino que colgaba en una clavija su delantal lleno de harina para ir detrás de alguna falda. Con éxito. Poco después se casaba y sacaba adelante el negocio familiar con la colaboración de su mujer.

"Los hijos me ayudan. Tal vez quiera alguno de ellos seguir con la panadería". Viendo la absoluta entrega con que su hijo mayor moldea la pasta, Miquel no parece albergar dudas sobre su sucesión al frente del *forn.* En efecto, también el momento de descanso tiene sus ritos en el familiar barrio de Calatrava. Miquel se reúne con señores respetables, que se sientan cómodamente con sus amigos en un banco cerca de Hogares de Temple, el antiguo oratorio de los caballeros templarios, en la Plaça del Temple, y filosofan sobre Palma, sobre Mallorca y sobre el mundo envueltos en los tentadores aromas que salen del *forn* y doblan la esquina.

Las estrechas calles del casco antiguo de Palma son íntimas y acogedoras.

241

Espirales con sello de calidad
Ensaïmades

Día 3 de octubre del año 1996: una fecha importante para Mallorca. Efectivamente desde entonces la *ensaïmada* de la isla –y sólo ella– puede mostrar con orgullo el título oficial de *"ensaïmada de Mallorca"*. Este sello de calidad era absolutamente preciso, pues en una economía de libertad de mercado los "piratas de productos" copian inmediatamente un éxito de ventas.

En efecto, los pasteleros españoles de la península trataban de aprovecharse del éxito

Bailarines con sus trajes típicos y La Seu adornan las cajas clásicas de la *ensaïmada* mallorquina.

de aquel bollo mallorquín, y así empezaron a aparecer algunas de las famosas espirales en los hornos y en las barras de las cafeterías de Barcelona y de Valencia.

En la isla la irritación provocó oleadas de protesta, que únicamente se amansaron con la concesión de un sello de calidad. Pero todavía hoy queda un regusto ligeramente amargo, pues por desgracia el monopolio de la *ensaïmada* se limita exclusivamente a la receta básica espolvoreada con azúcar y a su variante con *cabell d'àngel*.

Si es clara e inequívoca la insistencia de los mallorquines en reclamar para sí los derechos de autor de la *ensaïmada*, el origen de la espiral dulce se pierde de manera imprecisa y confusa en la oscuridad de los hornos de Mallorca, lo cual constituye un motivo siempre bien recibido para hablar apasionadamente sobre el tema. Según algunos se trata de una creación judía, afirmación que plantea inmediatamente una pregunta nada desdeñable: ¿Y la manteca de cerdo de la *ensaïmada*, que es lo que en realidad significa la voz *saïm* incluida en la palabra? Es imposible, por lo tanto, que se trate de una receta de origen judío.

Pero también los árabes rechazaban la manteca. Fueron ellos los que un buen día prepararon los *bolems dolçes*, que más adelante darían lugar a la ensaimada tradicional. Pero entonces los defensores de la primera tesis responden que, mucho antes que los árabes, los judíos contaban con un pastel dulce que llamaban *bulema*.

Lo que centra el interés de los mallorquines en este tema deja indiferentes a los turistas de la isla, que embarcan en el avión cargados con las famosas cajas, cuidadosamente atadas, que guardan en su interior el dulce recuerdo de la isla. De acuerdo con las estimaciones oficiales del gobierno de Mallorca, cada día abandonan la isla en cada vuelo chárter unas cuarenta piezas de la auténtica *ensaïmada de Mallorca*.

Para el archiduque Luis Salvador las *ensaïmades* tenían suficiente entidad como para ser objeto de estudio en su obra sobre la isla de Mallorca: "Se preparan *ensaïmades* de diversos tamaños y precios. Las destinadas al desayuno se venden normalmente por 3, 4 ó 6 centésimos de escudo (unos 8, 10 ó 15 céntimos). Una variante de mayor tamaño, sobre la cual se extienden finas lonchas de sobrasada o de tocino, a veces también pequeñas rodajas o trozos de *carabassat* (calabaza confitada), solos o acompañados de sobrasada, se suele tomar para merendar o en la comida como postre".

Todavía en la actualidad las *ensaïmades* recién hechas forman parte del desayuno y no pueden faltar como postre en ninguna comida mallorquina. Independientemente del modo como se prefiera tomarlas, las ensaimadas deben estar siempre calientes, que es como mejor saben.

Ensaïmada Losa

Ensaïmada simple

Ingredientes para 40 ensaimadas de tamaño medio
900 g de azúcar (refinado)
9 huevos
3 kg de harina
250 g de manteca de cerdo
80 g de levadura
1 l de agua
azúcar en polvo

Prepare una masa previa con la levadura, una pizca de azúcar, un poco de agua templada y una cucharada de harina. Deposite la harina en una superficie plana y forme un hueco en el centro. Amase el azúcar, los huevos, el agua y la masa previa hasta conseguir una masa fina y suave; déjela en reposo. Cuando haya doblado su volumen, vuelva a amasarla de forma enérgica y a continuación extiéndala con la ayuda de un rodillo formando un rectángulo muy fino.

Ahora llega el paso más importante del proceso. Unte la masa con manteca templada de cerdo y enróllela en sentido longitudinal. Déjela reposar una hora más antes de enrollarla en espiral. Colóquela en una bandeja de horno untada de grasa, donde deberá reposar, esta vez toda la noche, cubierta con un paño y además en un lugar fresco. Finalmente introdúzcala en el horno precalentado a 180°C. Inmediatamente antes de servir espolvoree las *ensaïmades* con azúcar en polvo.

Ensaïmada rodeada de los ingredientes que la componen: manteca de cerdo, levadura, harina, huevos y azúcar.

Se amasa a fondo la pasta de levadura, que es la base de la *ensaïmada*. A continuación se la deja reposar hasta que doble su volumen.

Se unta la masa con manteca de cerdo y se estira de forma que pueda empezar a enrollarse partiendo del lado más largo.

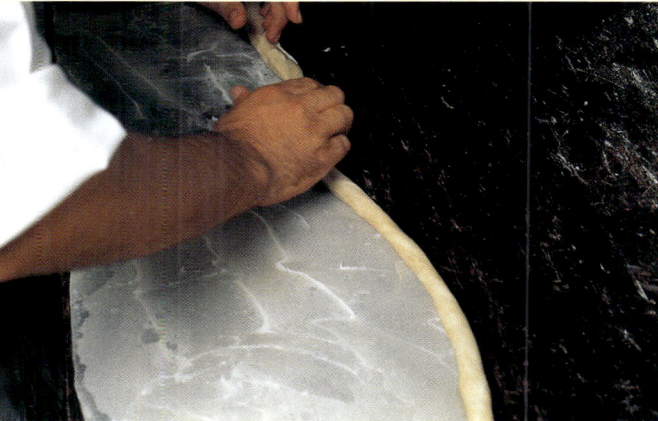

Poco a poco y empezando por el exterior se forma con la masa un rollo homogéneo.

Es el momento de dejar reposar nuevamente la masa hasta que pueda obtenerse la característica forma en espiral.

Finalmente las diversas espirales se colocan unas junto a otras y se hornean a 180 grados.

Un maestro de Felanitx y piedra de Santanyí para una joya del gótico
Sa Llotja

Son estrechas las calles que desde el Puig de Sant Pere, la pequeña colina situada al oeste del casco antiguo, bajan hasta el barrio más antiguo de los pescadores y de los constructores de barcos, el Barri de la Llotja. El centro del barrio siempre ha sido la zona de la plaza de los astilleros, la Plaça Drassana, con el mar enfrente y con las primeras viviendas de la costa detrás, casas de tres plantas en las que se encuentran algunos de los restaurantes y cafeterías más frecuentados de Palma.

Los conquistadores españoles remodelaron en el siglo XIII partes del puerto situado enfrente; lo ampliaron, construyeron un muelle artificial y reforzaron con nuevas torres el sistema de defensa. En la Edad Media y a principios de la Edad Moderna el puerto de Palma era una importante estación intermedia para los buques mercantes que navegaban de España a Italia y viceversa. Pero algunos emprendieron exactamente la dirección contraria, como el navegante Jaume Ferrer, que tiene su monumento en la Plaça Drassana. Ferrer exploró en el siglo XIV la costa occidental africana y volvió con datos muy importantes que se incorporaron, con los informes de los grandes viajeros Marco Polo e Ibn Batuta, al famoso *Atlas Catalá* de los mallorquines Abraham y Jafuda Cresques.

A dos pasos de este monumento se alza una de las obras maestras del gótico. Se trata de Sa Llotja o bolsa de comercio marítimo. En la Edad Media las bolsas de comercio se construían con la mayor suntuosidad posible; al fin y al cabo eran el símbolo de un estado comercial que obviamente quería exhibirse como tal. Cuando, en reconocimiento del apoyo prestado en la conquista de Cerdeña, fueron autorizados a establecer impuestos sobre todos los productos importados o exportados, los mallorquines dedicaron una parte de sus ingresos a construir un sistema defensivo y destinaron el resto a la construcción de su soberbia bolsa. En 1426 el famoso maestro de obras Guillem Sagrera, natural de Felanitx, recibió el encargo de la construcción de la

Llotja; debía construirla en doce años por 22.000 *llibras*. Tras algunos aplazamientos, el suntuoso edificio, construido con el valioso *marès* de Santanyí, no quedó terminado hasta 1450 y fue inaugurado por los comerciantes y el gremio de mercaderes Col·legi de Mercaderia.

Actualmente la Llotja pasa por ser una de las mayores obras del gótico catalán. En los ángulos cuatro torres octogonales delimitan el

Superior: la galería almenada con las torrecillas octogonales dota de un aire árabe a la bolsa de comercio de la navegación cristiana.

Derecha: imagen idílica en el puerto pesquero de Palma. Así arreglaban los pescadores sus redes ya en la época en que se construyó la Llotja, cuyas almenas del fondo saludan al sol de la tarde.

edificio; tres torrecillas, también octogonales, aligeran la fachada del lado estrecho y dos la del lado ancho. El remate superior consiste en una galería almenada, que, si recuerda mucho a la arquitectura árabe, no dejaba de ser un elemento de la arquitectura de la época; en efecto, las murallas de la ciudad, los baluartes defensivos y las iglesias fortaleza necesitaban almenas y torres angulares para observar a los atacantes y poder luchar sin pérdida de protección. Bajo las almenas hay gárgolas que salen de la fachada y sobre la puerta de entrada un ángel con una soberbia cabellera invita a entrar en el edificio, convertido ya en una sala de exposiciones. Altas y diáfanas se alzan en el interior las tres naves, iluminadas de manera suave y uniforme, por nueve ventanas ojivales. Seis pilares sin capitel se retuercen en suaves espirales en dirección al techo. Sólo la falta de

música de órgano y del característico olor a incienso revela que el edificio no es una catedral del dinero, sino el monumento que se erigió a sí misma una economía, floreciente en épocas pasadas, basada en el comercio marítimo.

A finales del siglo XIX escribía Luis Salvador: "Actualmente la Lonja se utiliza como mercado de cereales y de legumbres y, por tanto, está llena de sacos; (…) es lamentable que esta maravilla, una de las principales joyas de la ciudad, no se destine a un fin más noble. Una verja separa el jardincillo de la Lonja, con su surtidor y sus palmeras, de la plazuela existente delante de la Escuela de la Lonja; esta vieja capilla tiene una puerta gótica en la que aparece en el año 1600, un rosetón renacentista, un frontón de campana con ojiva (…). Pared por medio de la Escuela de la Lonja

está el viejo edificio que en otros tiempos formó parte del Consulado de Mar de Palma. Por el lado del mar constituye un soberbio salón renacentista, formado por cinco arcos apuntados, que descansan en columnas redondas, entre cuyas bases cuadradas se extiende una barandilla con balaustrada (...). Desde aquí se divisa todo el puerto. Una torrecilla, dotada con un reloj moderno y rematada por una campana adorna el edificio".

Al otro lado del Passeig d'en Sagrera los pescadores del barrio continúan remendando como siempre sus redes, que despiden todos los tonos azules, en tanto que las banderas de las Baleares ondean en el Consolat de Mar al viento de la tarde. En efecto, en este soberbio edificio renacentista del siglo XVII, con su galería de cinco arcos y con su capilla del gótico tardío, reside el presidente del gobierno autonómico. En ciertas fechas tanto los electores y contribuyentes autóctonos como los turistas foráneos pueden visitar el interior de este democrático palacio y contemplar la fría y distinguida suntuosidad en que, entre otros destinos, terminan sus impuestos, desde que ya no son, como estaba inicialmente previsto, los navegantes y los hombres del mar los que ocupan sus bancos escolares, sino que son funcionarios los que se sientan en sus sillones de cuero.

Al atardecer, en la parte de Sa Llotja que da al muelle hay algo más de tranquilidad. En efecto, es entonces cuando todos se precipitan por el laberinto de las tortuosas callejuelas al cercano Carrer Apuntadores, que con su densidad de restaurantes y de bares es fuertemente sospechoso de establecer un récord en Mallorca. Más de un establecimiento atiende a sus huéspedes bajo viejas vigas de techo, ennegrecidas por el humo, y en viejos sótanos de los tiempos en que los pescadores tomaban aquí sus copas y los comerciantes de todos los países mediterráneos brindaban por una operación afortunada.

Superior izquierda: paseando bajo las palmeras de la Platja de Palma, el exótico paseo marítimo de la ciudad.

Izquierda: antiguamente el tribunal del comercio marítimo se reunía en el Consolat de Mar, del siglo XVII, construido al lado mismo de la Llotja.

Derecha: en el barrio de la Llotja, el pescado recién capturado llega directamente al plato de los clientes de los restaurantes.

¡Sus Majestades a bordo!
Regatas en la bahía

Cuando el rey Juan Carlos I cambia sus trajes a medida por unas deportivas bermudas
y la reina Sofía protege del viento su cuidado
peinado con un pañuelo, cuando el príncipe
de Asturias se presenta con barba de tres días
y las infantas Elena y Cristina aparecen con
gorras de béisbol y gafas de sol, no hay duda
de que ha llegado el momento: la bahía de
Palma se viste de blanco deportivo y empieza
la regata de veleros Copa del Rey, el trofeo de
Agua Brava.

Durante cinco días, en los que julio cede
a agosto su puesto en el calendario, el distin-
guido Real Club Náutico se convierte en el
centro del deporte internacional de la vela.
De hecho la regata real forma parte del ciclo
de los campeonatos español, europeo y mundial. Con la única diferencia de que en ella
participa la familia real desde la primera
Copa del Rey, en 1981, concretamente el rey
al timón del yate *Bribón* y la infanta Cristina,
con su prima la princesa Alexia de Grecia, en
el *Azur de Puig*. El príncipe Felipe suele cambiar de barco y de tripulación; como sucesor
del trono no puede ser parcial. También participa su hermana mayor, la infanta Elena,
que desde 1999 se embarca en *La Casera* con
su esposo Jaime de Marichalar y con el patrón más joven de la familia real, su hijo Felipe Juan Froilán. Juan Carlos I ya participó

en Kiel, en 1972, en las competiciones olím-
picas de vela. No es extraño, por tanto, que
dos hijos del rey estuviesen presentes en los
Juegos Olímpicos, la infanta Cristina en
Seúl, en 1988, y el príncipe heredero en 1992
en Barcelona, naturalmente. Con viento de
popa, con viento de proa o con viento de cara
navegaban persiguiendo el oro que ya consiguió en Roma con su *Dragón,* en 1960,
Constantino, hermano de la reina Sofía.

Izquierda: dos veces al año acoge Palma
las regatas reales: la Copa Reina Sofía y la
Copa del Rey.

Superior: Juan Carlos I, la reina Sofía y el príncipe
heredero Felipe aplaudiendo a los vencedores de la
regata Princesa Sofía.

Inferior: un bosque de mástiles se mece en la brisa
frente al Passeig Marítim de Palma.

El encanto de una ciudad pequeña en plena urbe
Santa Catalina y Es Jonquet

En la Plaça Vapor, plaza vapor, la ropa recién lavada ondea alegremente al aire en las terrazas, los geranios alzan al sol sus flores de color rojo rabioso en los balcones de las blancas casas de dos pisos de altura, y de la correspondiente banda sonora se encarga un calderero que martillea incesantemente sus calderos y sus cazos. En el barrio familiar de Es Jonquet, la ciudad de Palma se parece más a un pueblo andaluz que a una gran capital industrial, si no fuera por los retazos de *mallorquí* que se pueden escuchar por las callejuelas y por el olor a *sopes* y *frit* que se extiende desde las cocinas de los restaurantes y de los bares.

Cuatro pintorescos molinos de viento con sus aspas hinchadas señalan los límites de Es Jonquet exactamente frente al malecón del puerto; un poco más arriba, al otro lado de la calle de Sant Magí, se retuercen en la pendiente las laberínticas callejuelas del barrio de Santa Catalina. Antiguamente, estas zonas próximas al puerto estaban habitadas por las personas que trabajaban en el mar o preparaban los equipos necesarios, es decir, vivían pescadores, constructores de barcos, rederos y cordeleros.

Durante el siglo XVI, la población de Palma experimentó un rápido incremento; la capital atraía sobre todo a los artesanos, pues en ella abundaba el trabajo. Cuando el núcleo medieval de la ciudad rebasó los límites de su capacidad en el interior de la muralla protectora, obligados por la necesidad, los recién

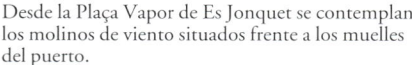

Desde la Plaça Vapor de Es Jonquet se contemplan los molinos de viento situados frente a los muelles del puerto.

llegados se establecieron en las afueras y se reunían en el ensanche con los otros vecinos, aquellos que se habían establecido con anterioridad.

Los dos primeros barrios que surgieron fuera del núcleo de Palma fueron adquiriendo forma. En el año 1868, cuando la construcción naval experimentó un nuevo impulso y la población no dejaba de crecer, se hizo necesaria una planificación urbanística de los barrios, donde hasta entonces la gente venía construyendo más o menos como y donde mejor le parecía. Así surgieron las primeras "viviendas sociales" de Mallorca; eran casas pequeñas, de dos plantas, con balcón, alineadas en calles y de rentas bajas.

Al iniciarse el siglo XX, los barrios obreros formaban una comunidad variopinta y palpitante. Existía una oferta muy amplia de *tavernes* y de *celleres,* establecimientos en donde los

En este barrio los responsables de la ordenación urbana no buscaron la altura; las casas eran, a lo sumo, de dos pisos, pero duraderas y "románticas".

cordeleros se reunían con los obreros de las fábricas y con los pescadores.

El Mercat de Santa Catalina constituía el centro de la vida del barrio. En tiempos de los árabes las mujeres de los pescadores ya vendían en el mercado más antiguo de Palma aquello que sus maridos capturaban en las redes. Actualmente este Mercat es el más entrañable y el mejor de la ciudad. En él vecinos no prominentes del barrio se encuentran con los cocineros estrella de la isla y tasan, huelen y palpan las pirámides de frutas y verduras y las cajas con hielo rebosantes de pescado y marisco y prueban en la charcutería una loncha de *fuet*. Después siempre queda tiempo para cerrar la compra con un café en el bar del mercado y para charlar con los *arrabaleros,* que es como siguen llamándose quienes viven en las afueras.

Contrabandistas de tabaco y salvavidas

Desde hace algunos años, en Santa Catalina y en Es Jonquet vienen restaurándose edificios viejos, medio en ruinas; algunos incluso se convierten en hoteles, pues tanto los turistas como los vecinos del centro, que ya no soportan el ruido, se sienten atraídos por el encanto tan romántico como animado que desprende este barrio. En el viejo lavadero, donde hasta muy avanzado el siglo XX se utilizaban las pastillas de jabón y la tabla de la colada para lavar los cuellos y quitar las manchas de grasa, se ha instalado una oficina de turismo; en uno de los antiguos molinos resuena la música *disco* y las pequeñas tabernas se han reconvertido en restaurantes. Hasta se ha restaurado la fachada del legendario bar Cuba, situado en la misma línea que separa Es Jonquet de Santa Catalina.

Según algunos, aquí se encontraba antiguamente el centro del contrabando mallorquín de tabaco. Otros, por el contrario, están muy agradecidos a los dos hermanos del bar por haber importado de Tánger la penicilina, tan difícil de encontrar en los años cincuenta, cuando la tuberculosis hacía estragos en Palma, contribuyendo así a salvar muchas vidas.

Hace ya algunos años que vienen restaurándose las casas de los antiguos arrabales.

Las viejas casas de la Plaça Drassana desprenden el encanto de un pueblo andaluz.

Cárcel con vistas
Castell de Bellver

Tras haber conquistado Palma el día de San Silvestre de 1229, Jaime I se propuso erigirse un monumento a sí mismo y a sus tropas. Además de la catedral, un nuevo edificio debía simbolizar que el poder cristiano se había impuesto a los musulmanes sometiéndolos sin paliativos. No tardó en encontrarse el emplazamiento para aquel símbolo del poder. La colina de Bellver, que alcanzaba los 113 metros de altura sobre la ciudad, parecía ofrecer las condiciones ideales para el proyecto. Pero todavía habrían de pasar algunas décadas más antes de iniciarse la construcción del castillo y Jaime I no pudo ver terminadas las obras.

Fue en 1300 cuando apareció el maestro de obras que parecía capacitado para abordar la realización del ambicioso proyecto. Pere Salvà, que ya había reconstruido el palacio de la Almudaina, daba la impresión de ser el más indicado. Setenta hombres trabajaron incansablemente en el edificio a lo largo de nueve años. Las obras concluyeron en 1309 y el nuevo rey, Jaime II, pudo mostrar su satisfacción por las mismas.

Por lo que se refiere a su diseño, el Castell de Bellver es único en España, pues a diferencia de la mayoría de las construcciones defensivas presenta una planta circular. El castillo se estructura en torno a un patio interior y también son circulares las dos plantas que rodean el patio. Los arcos de la primera planta son de estilo románico y la arcada de la planta superior es gótica. En el exterior el complejo produce la impresión de ser un fuerte inexpugnable, en tanto que con sus gráciles columnas las galerías de dos plantas que circundan el patio interior expresan pura alegría de vivir.

El castillo circular se alza sobre Palma a 112,6 metros de altura.

El castillo está rodeado por una fosa de cuatro metros de anchura y presenta tres torres en la parte circular, mientras que la cuarta, la Torre d'Homenatje, se alza fuera del edificio circular y se une con el castillo propiamente dicho a través de un pequeño puente, levadizo en otros tiempos. Se accede a él por la terraza del segundo piso, que era un punto de observación estratégico, desde el que se divisan muchos kilómetros tierra adentro y en dirección al mar.

Bajando por la torre, un escotillón permite acceder a un espacio que únicamente cuenta con una pequeña ventana en uno de sus lados. En fechas posteriores sirvió de calabozo; en él eran arrojados los presos desde una altura de cinco metros. Era *l'olla,* tristemente famosa. Bajo el castillo se extendía probablemente un sistema de cuevas artificiales, las Coves d'Avall, originadas por la extracción de materiales durante las obras de construcción. Según la leyenda era aquí donde la pérfida bruja Joana envenenaba a sus víctimas con higos.

La fosa de la libertad

A principios del siglo XIX se encontraba aquí el preso más famoso del Castell de Bellver, el jurista Gaspar Melchor de Jovellanos, uno de los representantes más destacados de la Ilustración en España. Tras haber estudiado derecho y teología en Oviedo, Jovellanos, nacido en Gijón en el año 1744 en el seno de una familia hidalga, fue primero alcalde del crimen en Sevilla, en el año 1767, y después alcalde de casa y corte en Madrid. Por sus dramas era considerado como un importante autor del clasicismo español, pero a raíz de la publicación de una obra audaz sobre la reforma del suelo los conservadores iniciaron contra él una campaña de difamación.

Cuando Manuel Godoy, duque de Alcúdia, fue nombrado primer ministro del rey Carlos IV, volvió a cambiar la situación de Jovellanos, quien en el año 1797 obtuvo la cartera de Gracia y Justicia. Pero no tardó en enemistarse con el voluble Godoy, que tenía veinticinco años de edad y era amante de la reina y además favorito del rey, y al año siguiente tuvo que retirarse a Gijón. El vaso de los legitimistas se colmó cuando Jovellanos se pronunció osadamente en su *Apología* contra el afrancesado Godoy y a favor de una política liberal.

En 1801 el ilustrado fue encarcelado directamente primero en la cartuja de Valldemossa y al año siguiente en el castillo de Palma. Además de la memoria sobre la organización escolar de las islas solicitada por la *Societat Mallorquina Econòmica d'Amics del País,* escribió unas *Memorias* sobre el castillo y sobre su vida de preso, especialmente sobre la torre de la cárcel, que definió como "tumba de vivos".

Permaneció en la cárcel un total de siete años, hasta 1808. Su estancia entre rejas debió de representar un problema grave desde el punto de vista físico para un hombre de 57 años de edad, por no decir nada de la carga emocional que la misma conllevaba. Cada día el prisionero adquiría nueva conciencia del contraste entre la cárcel por un lado, con sus puertas cerradas a cal y canto, con sus rejas de hierro en las ventanas, con sus paredes húmedas y frías, con su eterna semioscuridad, con el frío del invierno y el calor del verano, y la tranquilidad de los radiantes y soberbios salones y de las luminosas galerías, proyectados para la familia real, por otro. A pesar de todo, no llegó a desesperarse por su destino, sino que en su libro y en sus cartas describió con detalle el castillo y su entorno. Irónicamente dedicó una de sus "cartas poéticas" a la "vida en soledad". ¿Qué pudo inspirarle más cuando contemplaba en primavera la colina del Castell de Bellver, el castillo de las bellas vistas? ¿El placer de contemplar la belleza de los exuberantes claveles y lirios que cubrían la colina o la tristeza de pensar que acaso jamás recuperaría la libertad de percibir su maravillosa fragancia? Durante los últimos años de su vida tuvo al menos esta oportunidad; tras la caída de Godoy en marzo de 1808, fue liberado a los 64 años de edad. Vivió tres años más antes de morir, el 27 de noviembre de 1811, en el pueblo asturiano de Vega. A lo largo de todo aquel tiempo intervino decisivamente en la organización de la guerra de Independencia contra la ocupación napoleónica de España, pero no pudo disfrutar del triunfo.

El mismo año en que Jovellanos salía de la cárcel –y Godoy abandonaba su cargo–, llegaron al Castell nuevos prisioneros. Se trataba de un gran contingente de soldados y funcionarios franceses, vencidos el 19 de julio de 1808 en la batalla de Bailén, la primera victoria importante obtenida por los españoles en la guerra de Independencia. Fueron hechos prisioneros 18.000 hombres, que hubieron de repartirse por varias cárceles, por lo que algunos fueron deportados al Castell de Bellver. Cerca de 6.000 murieron durante los años siguientes en la isla de Cabrera, a 18 kilómetros de las costas de Mallorca.

Sin embargo, los franceses no fueron los únicos presos del Castell. Una placa recuerda todavía hoy que en él fue fusilado el general británico D. L. Lacy, condenado a muerte por encabezar una sublevación de los liberales que no triunfó. Asimismo durante la Guerra Civil española el castillo sirvió de prisión para los liberales, cuando los nacionalistas encarcelaron en él a más de 800 republicanos. En el año 1931 el castillo y el bosque adjunto fueron transferidos a la ciudad de Palma. En la actualidad el Castell de Bellver acoge el Museo Histórico de la ciudad de Palma y en él se encuentra también la colección de escultura clásica del cardenal Despuig.

El escritor y político Gaspar Melchor de Jovellanos estuvo preso en la Torre de l'Homenatge.

Oscuras conexiones
El Papa, los templarios, el monarca francés y los pasillos secretos del castillo

Siempre envuelto en el misterio, son muchas las leyendas que circulan en torno al Castell de Bellver, un castillo entre cuyos muros tuvieron lugar oscuros acontecimientos. Visitando sus calabozos, que, designados con el nombre de *olla,* eran simples agujeros oscuros y estrechos, pueden oírse con un poco de fantasía el ruido de las cadenas, los gritos o las oraciones de los presos y las órdenes del cuerpo de guardia. En el año 1391 algunos judíos de Palma fueron quemados entre los muros del castillo y durante la época de la Inquisición es probable que los condenados fueran embetunados y emplumados en los mismos muros antes de, marcados por la muerte, ser lanzados al abismo.

Ahora bien, no solo eran los señores; tampoco los súbditos se quedaban atrás en cuanto a crueldad. En 1521 los sublevados de la *germania* o hermandades de gremios artesanales atacaron el Castell durante los "desórdenes de carnaval" y degollaron a toda la guarnición. En los sótanos del castillo acechaba el mal; una bruja pérfida atraía a hombres inocentes a sus Coves d'Avall para arrebatarles la vida con higos envenenados.

Todo esto forma parte de cualquier castillo que se precie, así como también las puertas secretas, que giran silenciosamente en sus goznes, las escaleras secretas, que conducen a otros aposentos por pasillos oscuros, y las galerías ocultas, que unen el castillo con el exterior. Es exactamente lo que sucede en el Castell de Bellver. Según una leyenda, entre el castillo, la catedral, que se encuentra a tres kilómetros, y el barrio de Calatrava, situado al este, había una tupida red de vías de comunicaciones secretas cuya construcción iniciaron los templarios. De hecho en la segunda mitad del siglo XX los arqueólogos descubrieron una

Tras la puerta de arco de medio punto se alzaban, hacia 1900, las palmeras más bellas de Mallorca.

Los templarios acusados de herejía fueron hechos prisioneros (ilustración de un libro, siglo XIV).

vía que comunicaba el viejo edificio del Temple, la antigua sede de los templarios en el barrio de Calatrava, con el palacio de la Almudaina y que probablemente se prolongaba hasta el Castell.

El dinero mueve el mundo
Obviamente, en este tipo de historias novelescas medievales interviene la orden de los templarios, que con sus exitosas conjuraciones y sus eficaces enmascaramientos pasan por ser una de las sociedades secretas más importantes de Occidente, y de los que se cree que influyeron en la política a través de vías secretas. La orden de los templarios fue fundada en Jerusalén en el año 1119 por Hugo de Payens para proteger a los caballeros cristianos que durante el siglo XII visitaban los Santos Lugares.

El nombre de "templario" tiene su origen en la sede primitiva de la orden situada en el monte del templo (de Salomón), donde el rey Balduino cedió en 1118 una parte de su palacio a los caballeros cruzados. El nombre oficial de la comunidad era el de "orden de los pobres caballeros de Cristo". Sólo que en realidad no se tomaban tan en serio la pobreza, pues la orden no tardó en propagarse por toda Europa hasta Portugal y en convertirse en un importante factor político, que se estableció y, sobre todo, creó bancos en todos los puntos estratégicamente importantes de la época de las cruzadas.

A través de hábiles operaciones comerciales y crediticias, los caballeros cruzados se hacían por vías sorprendentemente rápidas –y, en muchos casos, también oscuras– con fincas, edificios y capitales en todos los lugares adonde llegaban. Además, la circunstancia de que en el año 1139 la orden quedase bajo la jurisdicción directa del Papa incrementó considerablemente su poder. Con sus capas blancas y su cruz roja hacían valer sus privilegios en los lugares en que se establecían, y generalmente quedaban exentos de los derechos de aduana y de los impuestos.

Los templarios ejercieron también una influencia considerable en Cataluña, pues disponían de bienes y contaban con altos funcionarios que les permitían intervenir en los asuntos de Estado importantes. Y esto a partir de 1131, es decir, a los doce años justos de la fundación de la orden. Obviamente los templarios, que fueron preceptores de Jaime I, tomaron también parte en el año 1229 en la invasión cristiana de Mallorca y, finalizada la reconquista de la isla, recibieron en reconocimiento de sus servicios 525 caballos y más de 359 ayuntamientos, a parte de hacerse con grandes propiedades rurales en Pollença, Escorca y Montuïri, donde fijaron su residencia y ocuparon una posición comparable, como mínimo, a la de un ayuntamiento. Cuando en 1301 el rey Jaime II nombró a sus propios alcaldes para recuperar el control de la zona, estalló el conflicto con la casa real; los templarios no estaban dispuestos a renunciar a los privilegios que les habían sido reconocidos con anterioridad.

El poder goza de pocas simpatías y, cuando hay dinero de por medio, se abren de pronto muchas puertas. En muchos casos los

templarios cayeron en el descrédito por haber mezclado el dinero con el poder y no tardó en presentarse la confrontación abierta. Se "descubrieron" las interioridades de la orden como, por ejemplo, su liturgia secreta, hipotéticamente centrada en un ídolo desconocido, que exacerbaron la desconfianza de los gobiernos. La orden fue calificada de herética y de subversiva.

Felipe IV el Hermoso, que reinó en Francia desde 1268 a 1314, y que con gran disgusto por su parte se encontró con que los templarios estaban establecidos en todos los rincones de su reino, inició una campaña contra ellos, los acusó de herejía y los puso en manos de la Inquisición. En el momento en que un antiguo templario se pasó al enemigo y acusó a sus hermanos de blasfemia y de lascivia, quedó expedito el camino para cualquier tipo

En su hábito blanco los templarios llevaban una cruz roja de ocho puntas; los hermanos auxiliares vestían de negro o de pardo.

de acción, aunque sólo el Papa estaba del lado de los templarios.

Lo cual, sin embargo, era lo que menos preocupaba al monarca. En efecto, Felipe IV fue responsable de la elección papal y Clemente V –el primer Papa exiliado (1305–1314), que tuvo que residir en Aviñón, es decir, bajo la férula del rey francés– estuvo desde entonces completamente en sus manos. Pero Felipe IV luchaba en Flandes y las guerras cuestan dinero, por lo que urgió a Clemente a disolver la orden para apoderarse de sus riquezas. El Papa cedió a las presiones del monarca francés y autorizó la disolución de la orden, consciente, por otra parte, de que al menos una parte de sus propiedades pasaría a las manos protectoras de la madre Iglesia.

En el año 1307 Felipe IV ordenó la detención del gran maestre y de otros 138 dirigentes de la orden y confiscó la totalidad de sus bienes. En el año 1312 Clemente V suprimió definitivamente la orden y puso sus propiedades en manos de su rival, la orden de los hospitalarios, aparentemente al menos, pues al fin y al cabo Felipe IV y su colega inglés,

Los caballeros cruzados estaban convencidos de estar dirigidos por Jesucristo.

Eduardo II (1284–1327), "se ocuparon" del oro de los templarios.

Túnel y templo

En 1311 la iglesia de los templarios de la Plaça del Temple de Palma y las propiedades de la orden en Mallorca quedaron bajo la administración de la Iglesia católica. De este modo, el sistema de túneles fue utilizado con una doble finalidad. Inicialmente se cree que, cuando forjaban planes y hacían negocios con los gobernantes, los templarios se reunían secretamente en las galerías subterráneas. Después,

cuando cayeron en desgracia, el sistema, cuyas ramificaciones laterales y secundarias jamás revelaron a los gobernantes en todos sus detalles, les permitió protegerse de sus perseguidores y posiblemente desviar hacia Portugal buena parte de sus bienes.

Como la iglesia de la orden se encuentra en pleno barrio de Calatrava, es decir, en el centro del antiguo barrio judío de Call, se supone que, durante las persecuciones a que los sometieron los cristianos a lo largo de los siglos, los judíos conocían la existencia de los pasillos secretos.

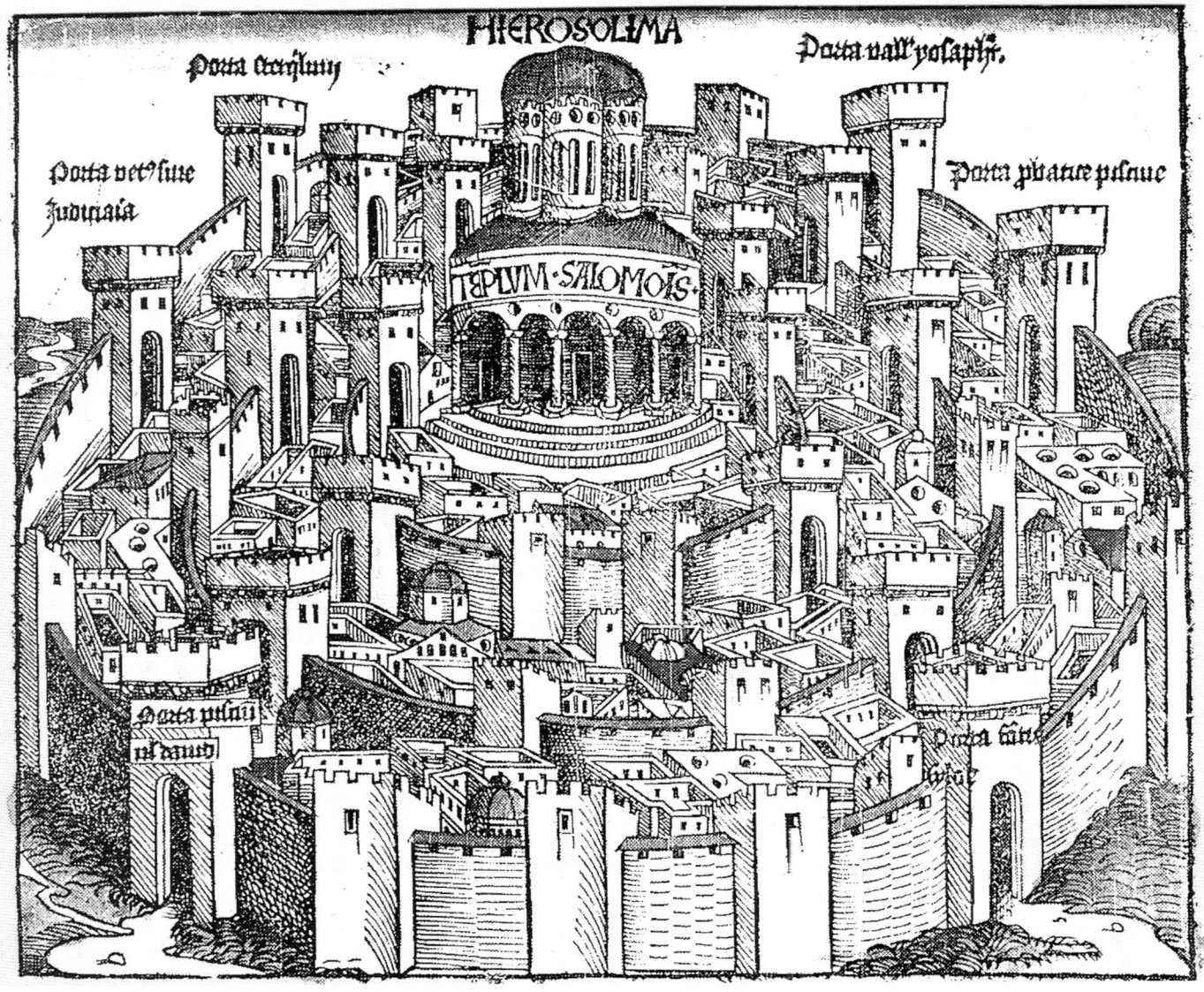

Algunos investigadores sostienen que antiguamente hubo en la ciudad de Palma una sinagoga subterránea en la que se reunían secretamente los *xuetes*, perseguidos y obligados a bautizarse, para practicar su religión. Otros estudiosos sostienen que en cualquier caso hubo una estrecha relación económica entre la orden y los judíos, como se desprende de la escasa distancia existente entre los templos y los barrios judíos en Francia y en España. En definitiva ambos operaban en asuntos relacionados con la banca y con los préstamos y mantenían una intensa actividad comercial con Oriente.

Como los cristianos utilizaron la Almudaina inmediatamente después de la Reconquista en el año 1229 y dado que el Castell de Bellver empezó a construirse a principios del siglo XIV es probable que los pasillos secretos desde el centro de la ciudad al castillo se construyesen a finales del siglo XIII. En los años setenta del siglo XX un grupo de investigadores descubrió una parte de las galerías cerca de la catedral, pero como la mayoría de ellas se hundió y el resto se había ido rellenando de escombros en el transcurso de los siglos, los arqueólogos tuvieron que renunciar a su propósito de llevar adelante las excavaciones.

El cuartel general de la orden se encontraba en el primer emplazamiento del templo de Salomón, en Jerusalén.

Evidentemente, el palacio de la Almudaina era el punto de intersección de todo este sistema. Aunque todavía se desconoce el lugar exacto en que arrancaba, cerca de la catedral, la oscura vía subterránea de los templarios tenía que ser paralela al Passeig de Sagrera y terminar en el Castell de Bellver, en las Coves d'Avall, es decir, allí donde la malvada bruja hacía de las suyas y de donde más de uno jamás regresó.

Refugio de emergencia y zona residencial
El Terreno

Hasta los años setenta del siglo XVIII el Castell de Bellver, construido en la colina situada al sudoeste del centro de la ciudad, no tuvo vecinos. A nadie se le ocurría vivir en El Terreno, la zona comprendida entre el castillo y la costa, pues hasta los vecinos de Es Jonquet o de Santa Catalina, barrios situados a escasa distancia de las murallas urbanas, se conocían con el calificativo despectivo de *arrabaleros*.

Hasta que se construyó el castillo, la zona de El Terreno era un paisaje sin ningún tipo de edificación y próximo a la costa, que prácticamente sólo podía ofrecer en calidad de recursos naturales un par de campos fértiles, grandes superficies de bosque bajo y un área de caza menor. Una

vez terminada la construcción del castillo, en el año 1309, los administradores regionales, que eran los priores de la Cartoixa de Valldemossa, nombraron un gobernador, que tenía como misión aprovechar el rendimiento de la finca y mantener en orden los campos y el bosque, sobre todo las pendientes que rodeaban el castillo.

A finales del siglo XVIII, el cardenal Antoni Despuig i Cotoner, aficionado y protector de las bellas artes, se inscribió como propietario de El Terreno y lo dividió en parcelas con el fin de registrarlas como terreno edificable. Pero todo se redujo a unas pocas casas aisladas, pues el estilo de vida de los habitantes de la ciudad no incluía irse a la costa próxima para desde allí contemplar distanciada y cómodamente el palpitante centro urbano.

Hasta que en 1835 un terremoto sacudió los fundamentos de la ciudad, los palmesanos no acudieron a El Terreno para residir

penosamente en alojamientos de emergencia hasta que las fuerzas primigenias del interior de la tierra se hubiesen tranquilizado. Treinta años después se desplazó hasta El Terreno una segunda oleada de fugitivos, pues en Palma se declaró una epidemia de cólera que rápidamente se llevó más de 2.000 vidas humanas. En esta ocasión se creó incluso un campamento para los que todavía estaban sanos con el fin de frenar el peligro de contagio en la ciudad. Se talaron los árboles viejos de la vertiente sudoeste de la colina del castillo, pues cada vez eran más los palmesanos que acampaban en El Terreno y había que ampliar el número de plazas. Por todo ello en El Terreno se venera, en una pequeña iglesia del siglo XIX, una escultura gótica de la Virgen, la *Mare de Déu de la Salut*.

Por aquel entonces, El Terreno era ya conocido en Palma. Poco a poco se fueron descubriendo las ventajas de la zona, más

allá de haberse acreditado como área de cuarentena en las emergencias. La *Societat Mallorquina Econòmica d'Amics del País,* creada para activar la economía, que se proponía convertir aquella parte de la bahía en una zona residencial, desarrolló en el año 1835 el primer gran proyecto de edificación. El intento no se vio culminado por el éxito, pues los "amigos del país" tuvieron que reconocer que nadie estaba interesado en vivir fuera de la ciudad.

Izquierda: en la fiesta de San Sebastián unos vistosos fuegos artificiales iluminan el cielo nocturno de la ciudad.

Inferior: en el Passeig Marítim el tráfico se ha calmado. Una planta más arriba, la piscina de la discoteca espera a los clientes ávidos de diversión.

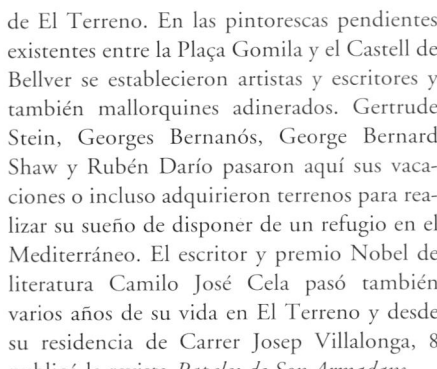

de El Terreno. En las pintorescas pendientes existentes entre la Plaça Gomila y el Castell de Bellver se establecieron artistas y escritores y también mallorquines adinerados. Gertrude Stein, Georges Bernanós, George Bernard Shaw y Rubén Darío pasaron aquí sus vacaciones o incluso adquirieron terrenos para realizar su sueño de disponer de un refugio en el Mediterráneo. El escritor y premio Nobel de literatura Camilo José Cela pasó también varios años de su vida en El Terreno y desde su residencia de Carrer Josep Villalonga, 8 publicó la revista *Papeles de Son Armadans*.

En 1920 llegó al barrio la primera ola de turistas ingleses y poco a poco fue formándose una colonia cerrada de vacaciones. Al estallar la Guerra Civil española los británicos retornaron a su patria y la zona perdió su aire internacional. Pero, como ya había sucedido con las epidemias y las catástrofes naturales, durante la guerra los palmesanos volvieron a refugiarse en El Terreno, esta vez por miedo a las bombas.

Tras la Segunda Guerra Mundial, El Terreno fue uno de los objetivos preferidos de los turistas de precios y programa estipulado de antemano, que durante un par de semanas al año daban la espalda a los centros de producción del milagro económico para relajarse bajo el sol meridional. Durante el día los propietarios de supermercados y de tiendas de recuerdos realizaban buenas operaciones y por la noche la vida se desbordaba en los bares y en las discotecas.

La cuna del turismo mallorquín

En el año 1859, cuando el Ministerio de la Guerra adquirió el derecho de soberanía sobre las zonas lindantes con el mar y autorizó las primeras construcciones, las familias burguesas de Palma estaban ya listas para ir a la costa. La urbanización organizada de la zona se inició con 34 casas de verano. Poco a poco se puso de moda veranear cerca del mar, tanto más cuanto que El Terreno y su paisaje virgen estaban a sólo una hora de coche de Palma.

De 1895 en adelante los ciudadanos apreciaron cada vez más las ventajas de la zona. De pronto se puso de moda poseer una casa en El Terreno y quienes se tenían por alguien y disponían de suficiente dinero se construían allí su residencia de vacaciones, en la que los fines de semana se recuperaban del trajín de la ciudad. A principios del siglo XX, la construcción de los dos primeros hoteles, el Victoria y el Mediterráneo, cerca de la Plaça Gomila, significó el punto de partida del turismo. El Gran Hotel, situado en el centro de Palma, tuvo que hacer frente a la competencia, pues las agencias de viajes pioneras de la época insistían en sus folletos en el carácter de "naturaleza plena"

Tito's: el más famoso de todos los clubes nocturnos

En los años cuarenta el avispado empresario Capllonsch Betti abrió un club nocturno en la

La elegante Grace Kelly con su acompañante.

El modisto Yves Saint Laurent.

El héroe del pop John Lennon con su musa, Yoko Ono.

parte alta del Passeig Marítim, en la Plaça Gomila, en el mismo lugar en que en el siglo XVII la Inquisición, quemando en la hoguera a judíos conversos, provocaba la histeria colectiva en un público excitado. Tito's se convirtió pronto en el más famoso de todos los clubes nocturnos de Mallorca. Su fama se extendió por todo el Mediterráneo y llegó a Norteamérica. En él se reunían estrellas cinematográficas, astros del mundo de la música y bellezas de la noche: Grace Kelly, Errol Flynn, Natalie Wood, George Harrison, Yoko Ono, Kirk Douglas, Michael Caine, Elizabeth Taylor, Richard Burton y muchos más. Estrellas como Frank Sinatra, Josephine Baker, Ray Charles, Dean Martin y Marlene Dietrich tuvieron aquí intervenciones muy aplaudidas.

Inmediatamente se puso en marcha la competencia, justo al lado, para repartirse el pastel. Con indudable éxito durante algún tiempo, El Patio intentó ganarse el favor de personalidades destacadas en calidad de invitados de honor para convertirse en el escaparate de la flor y la nata. Finalmente en los años setenta la onda discotequera se extendió sobre Mallorca y estableció nuevas formas de diversión nocturna. En Tito's se sustituyeron los legendarios espectáculos de las máquinas de niebla y la orquesta por un sistema de 8.000 vatios. El Patio trató de ponerse a su altura,

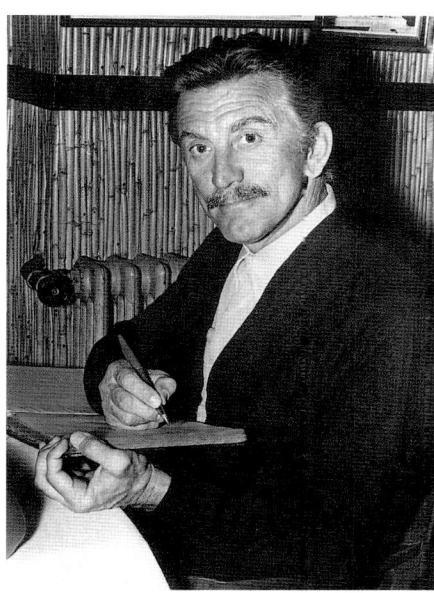

Kirk Douglas.

Michael Caine.

pero esta vez con escaso éxito. Mientras en el local de al lado las adolescentes mallorquinas y las muchachitas centroeuropeas mostraban su entusiasmo por las nuevas estrellas, los *disc jockeys* que ponían un disco de vinilo tras otro, El Patio se encaminaba a un final poco glorioso. Tito's continúa siendo todavía hoy uno de los centros indiscutibles de los noctámbulos con

muchas ganas de divertirse que, en cuestión de segundos, son catapultados a una altura de 50 metros en un par de ascensores de plexiglás. Desde allí, lejos del ruido y de las equívocas luces electrónicas de la pista de baile, se ofrece una grandiosa perspectiva de la bahía de Palma, que envía sus luces sobre el mar nocturno hasta los pies de El Terreno.

Aficionados a los vinos mallorquines: Barry More...

... Maximilian Schell ...

... y el simpático Robert Morley.

Inspiración de por vida
Miró en Mallorca

"Sueño con un estudio enorme", escribía Miró en un artículo de 1938 en el que hablaba de sus muchos viajes y de las diversas etapas de su vida. Tuvieron que pasar casi veinte años antes de que este sueño se hiciera definitivamente realidad en Mallorca. Su amigo, el arquitecto Josep Lluís Sert, de fama mundial, proyectó un estudio amplio y luminoso cerca de Palma. En él encontró Miró, a partir del año 1956, el lugar y la tranquilidad que había venido buscando después de la época, enormemente productiva desde el punto de vista artístico pero existencialmente difícil, que había vivido en los círculos surrealistas de París surgidos alrededor de Max Ernst, André Breton, Hans Arp y René Magritte.

El hecho de que el catalán Miró, nacido en Barcelona en 1893, se estableciese precisamente

en Mallorca no resulta extraño ya que la isla siempre había desempeñado un papel muy importante en su vida. En un principio fueron las experiencias infantiles de la casa de sus abuelos, donde Miró pasaba con frecuencia sus vacaciones; su madre, Lola Ferrà, era natural de Sóller. Después conoció a la mallorquina Pilar Juncosa, con la que se casó en el año 1929 y con la que vivió felizmente en matrimonio hasta el día de su muerte.

Finalmente, la isla de Mallorca le brindó protección y refugio durante los años difíciles de la Guerra Civil española. El hecho de que, en los años cincuenta, su hija Dolores fijase su residencia en Mallorca en compañía de su esposo, fue probablemente lo que impulsó definitivamente al matrimonio Miró a adquirir los terrenos.

Mallorca se convirtió en el fondeadero de aquel artista de más de sesenta años de edad, que contaba ya con largos años de reconocimiento y éxito internacionales, pero no fue su

Esta fotografía del taller del pintor revela la fuerza creadora de su obra tardía.

lugar de retiro absoluto, pues tras un intervalo de varios años de descanso, concibió aquí importantes y convincentes obras de madurez: cerámicas, grabados, esculturas aisladas y, sobre todo, cuadros fascinantes.

Lo que despertó decisivamente el renovado interés por la pintura fue su reencuentro intenso con su propia obra. Como su primer estudio propiamente dicho le ofrecía espacio suficiente, durante las primeras semanas y los primeros meses Miró desempaquetó las numerosas cajas en que guardaba sus lienzos y que había llevado consigo de uno a otro de sus principales centros de trabajo —Barcelona, París y Montroig—. Rodeado de obras de más de cuatro décadas, realizó un inventario extenso y riguroso. "Al contemplar de nuevo en Mallorca todas estas piezas, inicié un proceso de autocrítica", escribió.

"Fue un choque, una especie de lavado de cerebro. Fui absolutamente implacable conmigo mismo. Destruí algunas obras, principalmente dibujos y aguadas. Cada vez que me enfrentaba a una serie, hacía un montón para quemarlo, después volvía sobre él y, zack, zack, zack, lo destruía. A lo largo de los años hubo dos o tres grandes "limpiezas" de este tipo". El rastreo de las vías artísticas propias, la ordenación, la clasificación y la eliminación del lastre liberaron energías que indujeron al pintor Miró a explorar nuevas vías.

El paisaje de la isla se convirtió en una fuente fecunda de inspiración artística. En cierta ocasión escribió Miró: "Encuentro todos mis temas en el campo o en la costa, (...) todos emergen en mis composiciones, y lo mismo cabe decir de las singulares formas de los sombreretes de los hongos y de las setenta y siete especies distintas de calabaza". Miró devolvió a la isla las sugestiones que la misma le ofreció; en el Parc de la Mar de Palma, en el muro de la costa, hay una cerámica mural de Miró y en la Plaça de la Reina existe una copia de su escultura *Personatge.* Las sugerencias de los largos paseos, las piezas recogidas y el encuentro con el arte popular mallorquín –Miró apreciaba y coleccionaba apasionadamente *siurells,* piezas tan primitivas como ingenuas– dieron lugar a los signos pictóricos tan típicos de Miró, que conservan una vida propia, generalmente alegre, en la luminosidad y en la intensidad cromática de sus cuadros. Figuras tales como la mujer, el pájaro, la luna, las estrellas y los ojos animan con absoluta obviedad, como seres fantásticos, el cosmos de la pintura mironiana.

A todo ello se suman los impulsos procedentes de su encuentro con el arte norteamericano de última generación. Mientras en su patria Miró era prácticamente desconocido y permanecía hasta cierto punto aislado, a raíz de su primera gran exposición de 1941 en el Museum of Modern Art de Nueva York fue considerado como uno de los pintores europeos de mayor interés. En su segundo viaje a Estados Unidos, emprendido con ocasión de la concesión del *Guggenheim International Award* y de la inauguración de una extensa retrospectiva en el Museum of Modern Art, Miró entró en contacto con las últimas obras de sus jóvenes colegas norteamericanos. Mark Rotkho y Barnett Newmann, pero también Jackson Pollock y Robert Motherwell, absorbieron en gran medida la influencia del español en su propia búsqueda de una pintura autónoma, no objetual, y lograron con todo soluciones pictóricas individuales que Miró analizaba con fascinación. La aplicación espontánea y gestual del color y la marcada expresividad de sus cuadros le causaron una impresión profunda.

En los años siguientes se desarrolló en Mallorca una pintura fuertemente expresiva en la que Miró sustituyó los campos cromáticos esmeradamente perfilados y las líneas conformantes por las pinceladas sueltas y rápidas. Reaparecía con nuevos acentos el principio del azar, que venía aplicando desde su etapa surrealista de los años veinte. Pintó cuadros crudos, plenos de fuerza y arcaicos, característicos de su exquisita obra de vejez.

Superior: "Mis cuadros tienen que ser suficientes por sí mismos, como el susurro del aire o el vuelo de un pájaro, bellos y puros (...)". También los muros del Parc de la Mar de Palma reflejan el lenguaje formal orgánico de Miró.

Izquierda: internacionalmente famoso y nunca reconocido en España. A pesar de todo Joan y Pilar Miró decidieron crear una magna fundación que actualmente enriquece el panorama artístico de Mallorca.

Pla

Los relojes avanzan, el tiempo está parado
El Pla

En verano el Pla arde en un concierto de tonos pardos, desde el duro pardo amarillo de los terrones secos de las lomas hasta el pardo piedra mate de las hondonadas. Está además el pardo rojizo como de azúcar quemado, agrietado y pasado por el fuego, como el interior de un horno de arcilla o los suelos de barro solidificado existentes alrededor de los establos en que los animales tratan de protegerse del sol.

Son los almendros, los algarrobos, los *rostolls* o rastrojos y los *guarets* o barbechos los que determinan la fisonomía del Pla en valles y colinas, con amplias superficies que se alzan o se hunden como las olas del mar. De vez en cuando estallan alfombras verdes de encinares y pinares que descubren ermitas, cementerios y capillas soñolientos, encantados, olvidados.

Para los mallorquines el Pla, corazón y granero de la isla, es *nostra Mallorca de sempre,* la verdadera Mallorca, la parte de la isla que vio pasar prácticamente sin consecuencias visibles a conquistadores y vencidos, a reyes y a vasallos. Pocos cambios introdujo en el Pla la tímida industrialización de finales del siglo XIX y no parece haberle afectado –de momento– la afluencia turística en constante aumento, plaga y riqueza a la vez de la isla desde los años sesenta del siglo XX. *Es Pla* continúa, aunque todo haya cambiado a su alrededor. Sigue siendo, por tanto, un poco de ayer, pero precisamente por esto constituye hoy para muchos, con su paisaje originario, el ideal del mañana; de ahí que sea fácilmente disculpable una visión levemente transfigurada del pasado. El Pla supone aproximadamente el 17% de la isla, pero sólo el 5% de la población reside en él, reservándose el dudoso

superlativo de constituir la zona menos poblada de la isla. En algunos municipios sólo el 4% del término municipal está clasificado como urbano y es urbanizable; el resto se destina a la agricultura y a la explotación forestal. Se trata, en consecuencia, de una zona eminentemente rural. Durante el siglo XIX las primeras industrias buscaron emplazamientos más favorables, con vías de transporte más cortas, con más mano de obra y con una clientela más numerosa. Así, fue escasa la influencia del exterior sobre el paisaje y los habitantes del corazón de la isla y en la mayor parte de los lugares todavía no han cambiado mucho las cosas. Aquí la población ha tenido que vivir modestamente, si es que ha podido hacerlo, sólo del campo. Para la mayor parte de la gente la agricultura era todo lo que tenía.

Una sociedad que vive de la tierra y convive con ella cuenta en su cultura y en sus formas de vida con símbolos que nada tienen que ver con los de la sociedad que vive en áreas más propicias y fecundas. En el Pla la mirada comienza quedándose prendida, como el viento, en los viejos molinos de viento de piedra *marès* y se desliza sobre las vías y ruedas de agua.

En efecto, en el Pla no hay riachuelos, ni ríos ni *torrents* o torrenteras y las únicas reservas de agua de que dispone la agricultura eran y son las de lluvia y las subterráneas. Esta comarca no necesita castillos ni fortalezas y su arquitectura se centra en lo arraigado en el suelo, en lo que transmite tenazmente vida. Actualmente los molinos de viento y las norias no sacan agua y en su gran mayoría hace tiempo que están sin aspas. Han sido reemplazados por pequeñas bombas eléctricas, las cuales, sin embargo, se han instalado en el brocal de los pozos o en la torre de los molinos de viento. Tampoco los molinos harineros actuales dependen de los vientos que barren el llano desde el norte a través de la bahía de Alcúdia. En ellos y en las torres de los desvanes se almacena el oro de los pueblos: los cereales.

No obstante, estas reliquias de los tiempos anteriores a la electricidad configuran la imagen de un paisaje en que los sistemas de riego

Las ovejas siegan las jugosas praderas primaverales a la sombra rosa de los almendros en flor.

Doble página anterior: en primavera el granero de la isla brilla con un verde intenso gracias a las lluvias de invierno.

En invierno, cuando están sin hojas, las ramas desnudas de las higueras producen una impresión inquietante en la niebla de la mañana.

automático acercan la valiosa agua hasta el lugar deseado y hablan de sus constructores, hombres profundamente enraizados en el pasado que conservan a lo largo de los siglos sus formas de comportamiento, sus usos y sus tradiciones.

El Pla estaba ya poblado hacia el año 2000 a.C. En el archipiélago balear el periodo megalítico, llamativamente marcado por sus impresionantes construcciones en piedra, se denomina cultura de los *talaiots* o talayotes, palabra derivada de *talaia*, voz muy extendida en las islas con que los árabes designaban la torre. Todavía se conservan algunos de estos talayotes o torres de varios pisos; están construidos con piedras de sillería y su función es desconocida. Tanto en Costitx como en Montuïri parecen velar por los destinos del Pla, como en la más remota Antigüedad.

Cuando los romanos conquistaron definitivamente las Baleares en el año 123 a.C., extendiendo así su poder al Mediterráneo occidental, la implantación de la *pax romana* supuso una paz relativa durante los siglos siguientes. Para muchos romanos las islas del Mediterráneo representaban una alternativa más que aceptable a la superpoblación de Roma; otros, en cambio, se encontraban en Mallorca en una situación menos idílica, como desterrados o proscritos. Los romanos organizaron

el comercio y la red viaria, fundaron ciudades y crearon una administración, sobre todo en las zonas costeras. El Pla se mantuvo ya entonces a sotavento de la historia. Asimismo en los siglos siguientes, cuando los vándalos y los bizantinos se enseñorearon de la isla, las costas despertaban mayor interés que las tierras del interior.

Las cosas no cambiarían hasta que los árabes impusieron su dominio a partir del año 902 d.C. Sus *alqueries* fueron los primeros asentamientos de los que se conservan restos. Los conquistadores árabes aportaron al Pla sobre todo la agricultura de terrazas y los sistemas racionales de riego, sentando así las bases de una vida modesta pero libre, no esclava sino autosuficiente. Muchas de las poblaciones y fincas actuales corresponden a las primeras fundaciones árabes. Desgraciadamente la Reconquista cristiana de 1229 d.C. borró implacablemente casi todos los restos de aquella época. Únicamente se conservan algunos lugares y nombres, junto a los creados en el siglo XIII por un decreto del rey Jaime II, como por ejemplo Petra, Sant Joan, Porreres y Algaida.

Sineu fue centro del comercio cerealístico del Pla y residencia de los reyes de Mallorca. El palacio de Sineu, construido en 1309, pasó a ser en 1503 convento de la rigurosa orden de clausura de las concepcionistas. Palma y Sineu estuvieron unidas por la primera vía segura de largo alcance de la isla, que atravesaba también el Pla. A lo largo de tales vías comerciales, había y hay mercados, como huellas visibles de un tiempo en el que funcionaban como centros de comercio y como bolsas de intercambio de productos exclusivamente regionales. Los mercados se convirtieron en asentamientos y éstos en centros comerciales primero y en ciudades después. Antiguamente el mercado de Sineu controlaba todo el Pla y todavía hoy es el más conocido.

Con la Reconquista, también la Iglesia se introdujo en el Pla, poderosa e influyente, como se desprende de las parroquias, de los monasterios, de las capillas, de los cementerios y de las ermitas. Generalmente las iglesias se construían en la parte más alta de una

En los mercados del Pla predominan los objetos de uso rústicos, por ejemplo las cerámicas tradicionales.

Hay cestas de almendras para todos los gustos, al igual que de avellanas, piñones y pipas de girasol.

Derecha: vallado lleno de corderos esperando nuevos propietarios.

comarca y, visibles a gran distancia, dominaban el paisaje, como sucede en Cura, Monti-Sion y Bonany. En la mayoría de los casos, alrededor de las iglesias se establecían inmediatamente grupos humanos, excepto en la iglesia más antigua del Pla, en la población de Castellitx, situada entre Algaida y Randa. Hubieron de pasar doscientos años desde su construcción antes de que, a unos kilómetros al noroeste, surgiese en el siglo XV lo que es actualmente Algaida, evidentemente porque existían allí unas condiciones más favorables para el comercio y la comunicación regional.

Sin embargo, el Pla es un caso típico de vida rural: poco placer y mucho trabajo duro. Por tanto, sorprende encontrar entre los pueblos de la región una ciudad como Porreres, pequeña en cualquier caso, que, al socaire de la ciudad cercana de Llucmajor, integrada en el Migjorn, conoció durante el siglo XVIII un notable desarrollo económico. Mientras Llucmajor terminó convirtiéndose en un centro de la industria del calzado y de los destilados, en Porreres se establecieron tejedores de lienzos. De este modo a finales del siglo XVIII era la población más importante del Pla y, con sus aproximadamente 4.000 vecinos, superaba en una cuarta parte a Sineu, antigua residencia de la familia real.

Todavía hoy las casas señoriales de gran porte, con sus magníficas bodegas y sus amplias puertas cocheras y los edificios administrativos son una muestra del esplendor de la ciudad. En las relaciones con los extraños, sus vecinos no son tan cerrados ni tan reservados como en el *Pla profund,* el viejo núcleo rural de Mallorca. Sólo el hundimiento económico del Pla provocado por la filoxera y los nuevos métodos de fabricación acabaron con este breve esplendor y sumieron de nuevo a Porreres en el sueño de la Bella Durmiente del que había despertado de forma pasajera.

El escritor catalán Josep Pla, que visitó Mallorca en los años veinte, describe el Pla como "un paisaje maravilloso, delicado, fino..., habitual y difícil..., muy normal, pero extrañamente sensual". Las contradicciones son evidentes, pero en ellas radican la fuerza y el atractivo del Pla. El Pla es primitivo como un buey, que arrastra penosamente el arado por los campos, y al mismo tiempo afiligranado como un velo en el que la luz del sol juega a esconderse, un golpe de timbal y a la vez una melodía susurrada en el viento.

Una excursión por sus pueblos se convierte rápidamente en un viaje a través del tiempo. En sus desiertos caminos se alinean una tras otra las casas de piedra, los hombres de edad madura ocupan los cafés, las mujeres se sientan delante de la puerta y en las entradas de las casas, a lo lejos se oye el ladrido de un perro y el rugido de una motocicleta o acaso de un tractor y cerca chirría la vieja madera de un carro destartalado. Más allá del pueblo los cables eléctricos, las torres y los transformadores se desvanecen en un recuerdo irreal y al asfalto le suceden las polvorientas pistas de tierra primero y los caminos vecinales después, con sus transitadas huellas de tractores como surcos en el campo.

Por otro lado, son inacabables los muros secos que cruzan el Pla como una red fina. Son un producto residual, la solución imaginativa de un problema difícil: ¿qué hacer con las piedras de los campos, que causan estragos en la reja del arado y ahogan la tierra? Así dispuestas separan y unen tierras vecinales y límites comunales, granjas y cotos de caza, y en muchos casos dan la bienvenida al viajero con sus *creus de terme* o cruces de camino.

En las *possessions* o propiedades convergen algo más que simples caminos; son centros de agricultura y de ganadería. Grandes fincas, como la de Roqueta en Maria o la de Sa Torre en Santa Eugènia, han determinado en parte la economía del Pla desde el siglo XIII.

En el paisaje agostado del verano aparece de pronto, como un oasis, una *sínia,* una noria o una cisterna. Cada aldea y cada propiedad cuentan con una fuente pública que recoge el agua de lluvia o acumula el agua subterránea. También es típica del Pla la agricultura de secano; se cultivan sobre todo cereales, forrajes y frutos resistentes que necesitan poca agua, como el tomate y el higo. En efecto, los veranos son extraordinariamente cálidos y los inviernos tan fríos como en cualquiera de las cimas de la sierra de Tramuntana, en el norte. A pesar de su luz sedosa, el clima del Pla no conoce las suaves caricias del Mediterráneo.

Hasta que la filoxera presentó su tarjeta de destrucción a finales del siglo XIX, en el Pla la viticultura era importante. En los alrededores de Petra, sobre todo, había agricultores que se dedicaban al lucrativo cultivo de la vid. A principios de la segunda mitad del siglo XIX el vino representaba dinero rápido y altos beneficios para los pocos y sufridos *pageses* que, advirtiendo que la coyuntura era favorable, insistieron en la vid. En efecto, cuando la filoxera destruyó los viñedos franceses, el vino, fueran cuales fueran su calidad y su procedencia, era un producto muy solicitado. Pero al final la filoxera llegó también a

Izquierda: tras la recolección de la almendra, sólo los expertos encuentran comida bajo los árboles.

Doble página siguiente: al final del largo verano mallorquín el campo del Pla desgrana la escala de los tonos pardos.

En los meses de abril y mayo, con las amapolas, parece que ha sido el mismo Claude Monet el que ha sembrado de pequeñas manchas rojas los prados del Pla.

la isla de Mallorca, aunque con un retraso de 20 años de prosperidad económica, y acabó con la "alegría del vino". En la actualidad algunos viticultores jóvenes intentan audazmente empezar de nuevo y tratan de elaborar un vino de calidad. La cuestión no es sencilla, pues las condiciones no son comparables a las de La Rioja o a las de la cuenca alta del Duero y la fama de los vinos mallorquines no es la mejor del mundo. Una vez arrancadas las vides, los viñedos se repoblaron con almendros, cuyos frutos se vendían bien y garantizaban a los agricultores unos ingresos suficientes.

En la segunda mitad del siglo XX el turismo insufló nueva vida en el Pla, aunque con un ritmo distinto y una andadura más medrosa que en las costas del norte y del sur de la isla. Su apartamiento del mundo jugó una vez más a favor del Pla. Los visitantes veraniegos de la fría Europa central irrumpieron en las fincas de los pueblos con curiosidad, con sorpresa y desprevenidos. Su fascinación los llevó a apreciar la belleza y la singularidad del Pla, a amar y a respetar sus costumbres y sus visitas fueron cada vez más frecuentes y más largas. Introdujeron y crearon un mercado para el turismo rural, que a su vez solicitó subvenciones de la Unión Europea. Muchos de ellos terminaron comprando fincas antiguas.

Los pequeños constructores y las pequeñas empresas de artesanía, que estaban a punto de cerrar, volvieron a recibir encargos. Los nuevos clientes se interesaban por lo antiguo; querían canalones de arcilla o de cinc, muros de mampostería y cerraduras y puertas inspiradas en los modelos antiguos. Lo inservible del pasado, que se cubría de polvo en los cajones de la historia, reaparecía y conocía un momento de esplendor; en muchos de los pequeños talleres de artesanía los maestros del Pla recurrieron a las herramientas de sus abuelos y, a la luz de las lámparas del presente, crearon productos que eran como ellos mismos y como sus tierras: sencillos, autóctonos, de una belleza reservada y, por tanto, más consistente.

El pancaritat o bendición del pan
Algaida

Las líneas del paisaje, que arrancan desde la lejanía, y los colores cálidos recuerdan a la Toscana. En el paisaje suavemente ondulado, de suelos fértiles y de pinares, que se extiende entre Algaida *(algaide:* "bosque" en árabe) y Randa, se encuentra el testimonio más antiguo del cristianismo en Mallorca: la iglesia de Castellitx.

Mientras en otros lugares destruyeron las mezquitas, los baños, los palacios urbanos y las propiedades de los árabes, los conquistadores catalanes eligieron la localidad de Castellitx en el siglo XIII para construir su primera iglesia.

No se trataba, evidentemente, de construir una catedral impresionante, por lo que inicialmente la iglesia de San Pere i San Pau de Castellitx tenía una sola nave. Como contrapartida la entrada estaba adornada con una punta de diamante, la cual remataba los arcos ojivales que componían la puerta principal. Doscientos años después la iglesia contaba con un notable altar gótico, que pretendía enterrar definitivamente la época sangrienta de la Reconquista. La talla gótica del año 1430, de madera pintada, representa a la Virgen de la Paz; está sentada y tiene en sus brazos al Niño Jesús, que sostiene en su mano la esfera del mundo.

No es un pueblo, sino suaves líneas de paisaje lo que hay alrededor de la iglesia.

La iglesia de Sant Pere i Sant Pau de Castellitx es una de las más antiguas de la isla.

Lo inusual de esta iglesia fue que ni alrededor de ella ni en sus inmediaciones surgió inmediatamente un asentamiento, como solía suceder casi siempre. La gente se estableció mucho después, en el siglo XV, y lo hizo a cuatro kilómetros de distancia, al nordeste, en la actual ciudad de Algaida, que en aquella época ofrecía condiciones más favorables para el comercio y mejores comunicaciones con las demás poblaciones.

A la iglesia de Castellitx acuden todavía hoy diversas peregrinaciones, aunque afortunadamente el desarrollo de la técnica y de la medicina contemporáneas resuelva los objetivos iniciales de las mismas. En efecto, antiguamente los algaidenses recurrían a los apóstoles San Pedro y San Pablo para protegerse de la peste y para pedir lluvias. Actualmente, los consuelos son más profanos que espirituales. El *pancaritat* o bendición del pan es una fiesta que se celebra con una buena comida, a la que todos contribuyen y de la que dan buena cuenta en feliz armonía delante de la iglesia. Durante las pausas del baile se toman por tradición grandes cantidades de empanadas rellenas de cordero o de dulce, que todas las familias mallorquinas preparan en Pascua. Este día se hacen también los honores a una creación de la cocina mallorquina: los *robiols* o *crespells*. Los primeros se parecen a las empanadas, sólo que sorprenden a los golosos con rellenos dulces de mermelada de calabaza o de requesón. Los *crespells,* por el contrario, son en cierta medida un aprovechamiento de restos; una vez que ya no queda más relleno o simplemente por su delicioso sabor, se vuelve a estirar la pasta de los *robiols,* que entonces se corta o recorta en rosquillas blandas.

De todos modos, la romería es bastante más que una simple comilona profana. La cita con las pastas y las rosquillas es al mismo tiempo una especie de concurso de cocina de los algaidenses y, por tanto, ofrece automáticamente una vez al año la posibilidad de fijar la clasificación de los mejores cocineros y cocineras de la población. Cada algaidense prueba las pastas y los platos del vecino y para cada ama de casa, independientemente de que sea rica o pobre, es una cuestión de honor coronarse de laureles.

La cuestión está en que los ingredientes de la cocina mallorquina son por lo general

Para los vecinos de la localidad de Algaida, así como para los invitados de Pina de la fotografía, la romería de *Sant Pere i Sant Pau* es una ocasión propicia para superarse en sus artes culinarias y para divertirse juntos con ocasión de la fiesta del *pancaritat* o bendición del pan.

Entre la iglesia y el molino de Algaida hay un elevado número de restaurantes famosos en toda Mallorca.

humildes. Antiguamente no existía la posibilidad de ir al supermercado para proveerse de lo necesario; había que planificar previsoramente las reservas alimenticias del año. El presupuesto familiar incluía la matanza de un cerdo, que proporcionaría carne y embutidos para todo el año. En Navidades se destinaba una partida de dinero para un capón o para una gallina y en Pascua era un cordero el que terminaba en la olla. Éstos eran los gastos básicos indispensables para ser bien visto y poder participar en las fiestas comunes de la población.

Robiols i crespells

Pastas rellenas y rosquillas
(salen 8 *robiols* y 10 *crespells*)

Ingredientes para la masa
1 kg de harina
150 g de azúcar en polvo
$1/2$ vaina de vainilla raspada
3–4 yemas, según tamaño
0,1 l de zumo de naranja recién exprimido
300 g de manteca fina de cerdo o de mantequilla
aceite de oliva
1 l de agua

Para el relleno de requesón
200 g de requesón semigraso
1 yema
50 g de azúcar refinado
ralladura de una naranja y de medio limón

Estos dos tipos de pasta se preparan seguidos, pues la masa sobrante de la elaboración de las exquisitas pastas rellenas de mermelada de calabaza o de requesón *(robiols)* se utiliza para hacer unas rosquillas que se conocen con el nombre de *crespells.*

Vuelque sobre la mesa o en una fuente dos tercios de la harina. Haga un hueco en el centro, introduzca en él el azúcar en polvo, la vainilla y las yemas (mezcladas con el zumo de naranja) y amase procediendo de dentro afuera. Funda la manteca de cerdo a fuego medio o en el horno precalentado y viértala tibia sobre la masa. Amáselo todo a fondo, untando con frecuencia las manos con aceite de oliva para que la masa no se adhiera a ellas. Vaya añadiendo el resto de la harina y la suficiente cantidad de agua templada hasta obtener una masa perfectamente moldeable. Deje en reposo la masa durante 30 minutos; a continuación estírela tan finamente como

sea posible para elaborar los *robiols.* Recorte tortitas con un molde redondo de 12–15 cm, coloque encima una parte del relleno, doble las tortas por su eje central y apriete bien los bordes. Efectúe marcas en el borde presionando con el tenedor. Forme con la masa restante rosquillas de aproximadamente 1,5 cm de grosor y cuézalo todo durante 60 minutos en el horno precalentado a 120°C.

Generalmente los *robiols* se rellenan con mermelada de calabaza, pero también el requesón es un complemento extraordinario. Es preciso mezclarlo todo bien. Si se utiliza un relleno de requesón, debe untarse de aceite con un pincel fino la parte interior del *robiol* una vez estirada y recortada.

Superior: las danzas del *cossier* son conocidas desde el siglo XVI.

Izquierda: es probable que inicialmente los *cossiers* fueran ritos relacionados con la recolección o con la fertilidad y representados en forma de teatro bailado.

Derecha: la eterna lucha del bien y del mal por la supremacía. El diablo trata de impedir que la bella llegue a la iglesia.

Gaitas y demonios
La danza del cossier

Como a las niñas de sus ojos protegen los bailarines bajo sus sombreros de paja a la bella en peligro, dan vueltas a su alrededor y tratan de mantener a distancia a los diabólicos seductores. Están apoyados por otros varones, que agitan pañuelos de color para proteger a la "dama", que en realidad es un muchacho vestido de mujer. El drama bailado se desarrolla delante de la iglesia y en su interior; el grupo se dirige lentamente hacia el altar, pero el bailarín disfrazado de demonio trata de impedir que la dama se acerque al lugar sagrado. En cualquier caso, acompañados por flautas, *xeremies,* que son las gaitas mallorquinas, y panderetas, los bailarines defienden la virtud de la dama y le despejan el camino: el bien triunfando sobre el mal, la luz sobre la oscuridad, *happy end* a la mallorquina.

Esta danza se llama *cossier* y generalmente se ejecuta delante o en el interior de una iglesia. La tradición de la danza del *cossier* se mantiene viva en Algaida y en sus alrededores. También se baila en otras poblaciones, como, por ejemplo, en Montuïri, Porreres, Sóller y Pollença, pero Algaida es la plaza fuerte del *cossier*, pues cuenta con una tradición muy antigua.

Estas danzas permanecieron en el olvido durante más de 70 años en muchas poblaciones, como Alaró, y no se recuperaron hasta los años noventa del siglo XX, lo cual fue mérito indiscutible del estudioso Xisco Vallcanera, de la *Escola de Música i Dances de l'Ajuntament de Palma.*

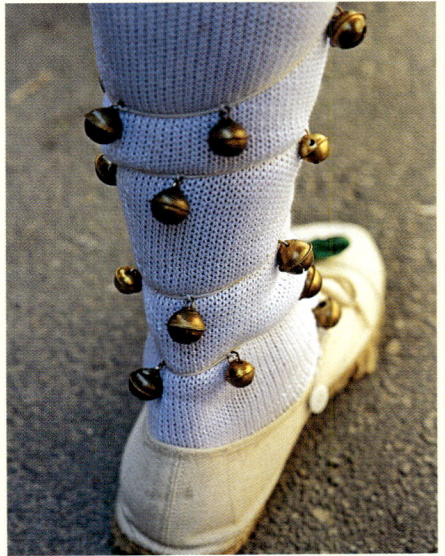

Desde una perspectiva histórica, la primera referencia a los *cossiers* en Mallorca data del año 1554. También el archiduque Luis Salvador, el vástago de los Habsburgo austríacos que pasó en la isla de Mallorca 42 años de su vida, se refirió hace un siglo a los *cossiers,* de los que dijo que se habían perdido ya muchas variantes.

Actualmente los estudiosos creen que esta danza formaba antiguamente parte de una especie de teatro bailado popular. Creada inicialmente en el contexto de los ritos paganos de la fertilidad y de la recolección, fue reinterpretada posteriormente, como muchas otras ceremonias similares, bajo el apoyo protector y a la vez acaparador de la Iglesia. Tampoco está definitivamente resuelto el problema de la etimología de *cossier.* Algunos etnólogos creen encontrarla en el *ball de cossis*

El bailarín disfrazado de dama trata de entrar en la iglesia acompañado de flautas, gaitas y panderetas. Sus escoltas llevan cascabeles en las pantorrillas para mantener alejado a Satán.

(baile de las tinajas), procedente del siglo XVII. Otros estudiosos fijan su origen en la llegada a la isla de navegantes escoceses; según ellos, la palabra *cossier* reflejaría un parentesco fonético con *escocès* (escocés). Por lo demás, una alteración fonética similar ha servido de hecho para designar el baile popular madrileño del chotis, que tiene su origen en una danza escocesa que los Austria pusieron de moda en Madrid.

Detenido en el tiempo
Pina

Las tradiciones pueden ser muy persistentes incluso en la Edad Moderna. Cuando, en el año 1987, la antropóloga británica Ruth Hoggart quiso unirse en un bar de la localidad de Pina a un grupo de hombres, se le dio a entender claramente que tenía que sentarse con las demás mujeres, las cuales, siguiendo la costumbre, se reunían alrededor de la propietaria en el otro extremo del local para coser, preparar la comida y hablar de la casa. Así fue siempre y así continúa siendo hoy.

Sólo seis kilómetros de suave paisaje ondulado separan Pina de Algaida, pero a lo largo de los siglos esta distancia ha sido suficiente para que Pina se haya mantenido casi completamente al margen del mundo exterior. Como todavía hoy queda lejos de las trilladas y frecuentadas rutas del transporte y del turismo y ni siquiera cuenta con un Ayuntamiento propio, sino que es un anexo de Algaida, en este pueblo fuera del tiempo

Un huésped de Pina: la antropóloga Ruth Hoggart

nunca ha habido demasiados motivos para incorporar a la vida rural el mundo existente fuera de los límites comunales y de las marcaciones de los campos, a no ser que se trate de litigios relacionados con el derecho común o de invitaciones.

Pero precisamente por esta razón, pueblos como Pina, cuyos 500 vecinos, aproximadamente, viven de la agricultura desde la época

de su fundación, despiertan hoy el interés de los científicos; para los genetistas, los inmunólogos y los etólogos son como fósiles en los que pueden estudiarse procesos evolutivos parcialmente seculares. Es justamente esto lo que fascina a antropólogos como Ruth Hoggart, quien en el año 1987 eligió el pueblo de Pina para su tesis doctoral sobre las sociedades "aisladas en el tiempo".

La población de Pina constituía un objeto perfecto de estudio. Como sus integrantes apenas sufrieron las influencias del exterior, las estructuras sociales, arcaicas y sólo aparentemente sencillas, se mantuvieron en su integridad. Muchos vecinos de Pina se pasaban meses enteros, algunos incluso años y hasta toda su vida, los menos, sin salir de su pueblo. Algunos sólo conocían el mar de oídas. Para evitar cualquier tipo de influencia, Hoggart fue una pinense más todo el tiempo que duró su investigación.

Por su aislamiento del mundo, Pina constituía un excelente tema de estudio para antropólogos como Ruth Hoggart.

Primero vivió con una familia en el pueblo para establecer los primeros contactos y conocer a fondo la forma de vivir de los vecinos. No fue tan sencillo, pues la familia la acogió sólo porque llevaba una carta de recomendación de su profesor. Tuvo que renunciar hasta cierto punto a su propósito de residir posteriormente fuera del pueblo, pues se le dio a entender que, de acuerdo con las normas vigentes, sólo se alejaban de la comunidad quienes tenían algo que ocultar y, por tanto, no eran "buenas personas".

Aquel fue simplemente el primer indicio del control social a que en los meses sucesivos estaría sometida Hoggart, que en ningún momento dejaría de estar siendo observada por la colectividad. En una comunidad de supervivencia y de dependencia como Pina, la frontera entre lo privado y lo público es muy fluida, si es que no llega a borrarse.

Hasta no hace mucho, en Pina era normal dejar fuera día y noche las llaves de la puerta de casa. Todos podían entrar en todas partes. En consecuencia, para los vecinos los extraños comprometían una comunidad basada en la confianza, tanto si se trataba de los trabajadores andaluces de temporada, que acudían a Palma atraídos por el dinero, como de los turistas que lo aportaban.

En cierta ocasión un vecino echó en cara a Ruth Hoggart que la víspera había tenido

En Pina la maquinaria agrícola moderna no es todavía una obviedad.

Los vecinos de Pina apenas si se interesan por lo que queda fuera de su campo visual.

encendida la luz de su vivienda hasta altas horas de la madrugada. La antropóloga le explicó que había estado trabajando, pero esto no convenció al vecino, que vino a decirle sencillamente que en Pina se trabaja de día y se duerme de noche.

No tardó en dominar a la perfección la lengua mallorquina, lo cual le facilitó las cosas a la hora de asistir a las reuniones de las asociaciones y de las cooperativas, de observar los ritos de las supersticiones rurales y de participar en los bailes y cantos tradicionales. Al cabo de medio año empezó a recibir cartas conminatorias anónimas en las que se le acusaba de haber llegado a Pina sólo para casarse con un joven del pueblo y llevarlo "secuestrado" a Gran Bretaña.

El estudio de Ruth Hoggart está lleno de datos más propios de una sociedad medieval que de una sociedad de finales del siglo XX. La extrañeza, sin embargo, era recíproca; a un mujer de Pina, de 85 años, le resultaba increíble y hasta humanamente indigno vivir pared de por medio en un edificio de apartamentos y no conocerse.

El pueblo de Pina puede resultar exótico, pero lo mismo cabe decir de la mayor parte de los isleños: viven del turismo y conocen a gentes de todos los países, pero continúan siendo extraños. Son muy pocos los que logran una aproximación real a los mallorquines.

El tiempo parece haberse detenido en los campos de Pina.

Cabezas de toro y supernovas
Costitx

Costitx aparece siempre que se ha producido un encadenamiento de hechos catastróficos que ha pasado desapercibido y sin hacer ruido a lo largo de los siglos, y que por tanto ha actuado con más fuerza. Lejos de los acontecimientos de la isla, y desde luego de los mundiales, la pequeña población de Costitx está tan perdida en el Pla que durante largo tiempo muchos mallorquines no sabían siquiera que existiera. Son las menos las guías de viaje que la citan y, si lo hacen, es para dar cuenta de un hallazgo de la prehistoria de la población y no por su aislamiento, a medias entre el encanto y el ensueño.

Su historia está marcada por la dureza de la vida del campo, donde nada ha sido ni es más importante que arrancar con esfuerzo al suelo el pan de cada día, criar un ganado sano y sacar adelante a los hijos. Hasta muy entrado el siglo XX, saber leer y escribir, superar barreras y conocer el mundo era un privilegio al que accedían sólo unos pocos a través del ejército o de la Iglesia. Los demás se limitaban exclusivamente a aprender a sobrevivir y a desconfiar de todos los extraños. Ni partidos ni sindicatos ni asociaciones han podido establecerse aquí. Los esfuerzos realizados por la Iglesia en el siglo XIX, en este caso por iniciativa de las monjas franciscanas, para introducir en el pueblo un mínimo de vida cultural a través de grupos de bailes populares y de escuelas dominicales concluyeron de manera absurda a principios del siglo XX en el extremo opuesto. Cuando las autoridades eclesiásticas intentaron controlar y reglamentar todas estas actividades, desaparecieron los pocos bares y el único cine existentes. Costitx parecía un pueblo desahuciado y amodorrado...

Los campesinos de Costitx nunca tuvieron tiempo para instruirse ni para enviar a sus hijos a la escuela. La vida giraba alrededor del ganado y de las cosechas.

La alcadesa fomenta la cultura y la investigación en Costitx

... hasta que en el año 1987 fue elegida alcaldesa de Costitx una mujer firmemente decidida a despertarlo. Era Maria Antònia Munar, nacionalista moderada, que por entonces estaba al frente del *Consell de Cultura del Gobern Balear*. Empezó creando el centro cultural de Costitx y el Museo de la fauna ibérico-balear, es decir, de todos los animales de las islas y de la península Ibérica. A la vez que podía interesar como objetivo turístico, Costitx debía desarrollar su autoestima: "Somos alguien y tenemos cosas que ofrecer".

Por iniciativa de la alcaldesa se llegó a inaugurar un observatorio astronómico, para el cual el aislamiento del lugar y la luminosidad del aire ofrecían excelentes condiciones. Se instalaron cuatro telescopios de gran tamaño y cinco más pequeños bajo tres cúpulas; con ellos los científicos se proponen estudiar fundamentalmente supernovas, es decir, estrellas muy luminosas y aparentemente "nuevas". Analizan sus hallazgos en colaboración con los institutos de astrofísica de las comunidades autónomas de Andalucía e islas Canarias. Ahora bien, los observatorios de la Organización Mallorquina de Astronomía persiguen otro objetivo: captar a jóvenes para la ciencia. Los interesados pueden visitar el observatorio y bombardear a los científicos con sus preguntas.

Superior: por la claridad de su atmósfera, Costitx constituía un lugar muy adecuado para instalar un observatorio.

Inferior: nueve telescopios en total facilitan en Costitx información del universo a los científicos.

Caps de bou de Costitx
Cabezas de toro de la cultura de los talaiots

Costitx tiene todavía más cosas que mostrar, algunas incluso absolutamente singulares. Son los *caps de bou de Costitx,* extraordinario hallazgo prehistórico que ya despertó el interés del público en 1895, o, al menos debería haberlo despertado. El año anterior habían aparecido tres cabezas de toro, de bronce, en el término municipal de Costitx, cerca de la finca de Son Corró.

Datan de los siglos VI–V a.C., es decir, de la cultura de los *talaiots,* muy extendida en las Baleares. Una de ellas es de tamaño natural; las otras dos son mucho más pequeñas. Todas están fundidas en una sola pieza y coinciden en la captación del detalle y en el realismo; los ojos, los cuernos, la boca y las ventanas de la nariz casi obligan a pensar en que el artista hubiera aplicado al toro una mascarilla.

Lo que en realidad fascinó a los arqueólogos en este extraordinario hallazgo fue su gran semejanza con otros hallazgos de Cerdeña, Malta, Persia, Portugal y Grecia. Esto demuestra que los antiguos habitantes de las Baleares, de los que no existe ninguna manifestación escrita y que en los textos de los escritores griegos y romanos son calificados invariablemente de primitivos, mantuvieron en épocas muy tempranas un contacto muy activo con otras culturas.

Por otra parte las cabezas de toro indican que en Mallorca el toro era considerado como animal sagrado o, al menos, mágico. El culto al toro está documentado en el área mediterránea desde los tiempos más antiguos. Aparece ya en el antiguo Egipto y los frescos del palacio de Cnosos, en Creta (aproximadamente 1500 a.C.), presentan a mujeres y hombres jóvenes efectuando el "salto del toro", de carácter ritual. En la península Ibérica, en una cueva de Lleida aparecen, pintados en las paredes, antepasados de la Edad de Piedra del toro español, armas y figuras humanas. En Termes, Soria, se encuentra la "plaza de toros" más antigua y en ella se sacrificaban ritualmente estos animales. Existía ya cuando los romanos destruyeron Termes el año 99 a.C. En las excavaciones aparecieron también cuernos y miniaturas de toro.

Ahora bien, en 1895 casi nadie dio valor en Mallorca al hallazgo de Costitx, que incluía además cuernos de toro, gorriones y águilas de bronce, cerámicas y eslabones de collares púnicos. Solamente una comisión arqueológica se dirigió a los propietarios de la finca para que autorizasen a los científicos a continuar sus excavaciones y cerrasen el área a personas ajenas. Su mayor temor consistía en que la esperanza de encontrar oro incitase a la población a efectuar excavaciones furtivas, que hubiesen supuesto la destrucción de valiosos testimonios de las épocas correspondientes. La ley entonces vigente reconocía al propietario de las tierras en que se encontraban los yacimientos el derecho a una retribución por los objetos hallados, y él pidió la suma, exorbitante entonces, de 700 duros (3.500 pesetas). Se trataba de una suma ingente sobre todo cuando se piensa en que el salario más alto era de una peseta al día.

La sociedad arqueológica, carente de medios, no logró reunir las 3.500 pesetas. Impotente, recurrió a la prensa, que logró al menos impedir que las cabezas de toro pasasen a manos de los comerciantes de objetos de arte y así desapareciesen definitivamente de la isla y de la España peninsular. Dos mallorquines, ninguno de los cuales era de Costitx, se pusieron en contacto con el gobierno central de Madrid y consiguieron que el Museo Nacional de Arqueología se adelantase a los coleccionistas privados y adquiriese el valioso hallazgo.

Parecía entonces que Costitx había perdido para siempre sus símbolos. Pero Maria Antònia Munar trabajó incansablemente para que volviesen a Costitx aquellos hallazgos prehistóricos, tan importantes para la historia de Mallorca; de hecho ya había intentado con éxito lo imposible. También en este caso sus esfuerzos se vieron recompensados con el éxito. En 1995 se restauró el Santuari de Son Corró, que desde entonces cuenta con las impresionantes cabezas de toro.

Cimas montañosas y espirituales
Randa

Un gigante norteafricano quería explorar el norte de Europa. Como no había ningún bote apropiado para él, plantó sus pies en dos botes, se puso en la cabeza un cesto lleno de piedras para mantener el equilibrio y se lanzó a recorrer el Mediterráneo sirviéndose de una larga vara. A la altura de la isla de Cabrera una corriente separó los botes y el gigante, dando traspiés, hundió su vara en la tierra. Así se formó la profunda bahía de Cala Pi. El cesto de piedras se le cayó de la cabeza, rodó atronador por el Pla y terminó formando los montes de Randa, que de hecho parecen bloques de piedra diseminados sin orden ni concierto y entre los cuales descuella, con sus 549 metros de altura, el Cura, la montaña familiar de Randa.

Randa se extiende como una postal navideña en una depresión de la ladera del Cura

El monasterio de Nostra Senyora de Cura se encuentra en la cima del Puig de Cura y desde sus 550 m de altura ofrece una visión panorámica del Pla.

Ramon Llull recibió sus iluminaciones en la ermita de Sant Honorat.

que se encuentra al abrigo del viento. Como muchos otros pueblos mallorquines, actualmente es el refugio de fin de semana de los descendientes de sus antiguos pobladores, que obtienen sus ingresos en la capital, Palma. En la misma entrada del pueblo se alza la torre de la Església de Sa Immaculata Concepció i d'en beat Ramon, del siglo XVIII. En el altar, del barroco tardío, hay una estatua del beato Ramon Llull, el segundo de los grandes hombres, realmente legendarios, de que puede presumir Randa. Como el gigante de la leyenda, tampoco él era natural de esta población, pero fue en sus montañas, calificadas con frecuencia de mágicas, donde tuvo las visiones e iluminaciones que le inspiraron sus cuestionadas teorías.

Subiendo al Cura desde Randa se comprende hasta qué punto eran mágicas sus iluminaciones. Escarpado, pedregoso, ajeno al mundanal ruido y sólo expuesto al viento de la voz interior, el camino asciende hasta los tres monasterios, habitados en la Edad Media por ermitaños. El camino merece la pena no solo por ellos, pues desde la cumbre se ofrece una visión panorámica de casi toda la isla, con la única exclusión de la parte que queda al otro lado de la sierra de Tramuntana.

Nostra Senyora de Gràcia es el primero de los tres monasterios; está medio incrustado

La pequeña ermita de Nostra Senyora de Gràcia está empotrada en la roca.

No es difícil sentirse cerca del cielo en la montaña monacal de Randa.

Los hermanos de la orden del Sagrado Corazón viven en Sant Honorat en régimen de rigurosa clausura.

lateralmente en la montaña y da la impresión de haber sido construido en un saliente rocoso. En realidad fue un monje franciscano de Llucmajor quien, en el siglo XV, decidió vivir discretamente en este retiro.

Medio siglo después, otro franciscano convenció al propietario de la cesión del eremitorio a la orden de San Francisco, con la condición de que el lugar estaría siempre habitado. Así ha sido hasta hoy.

En el saliente rocoso existente sobre el monasterio de Nostra Senyora de Gràcia trata de mantener el equilibrio el monasterio de Sant Honorat. Según la leyenda, el único contacto que durante mucho tiempo mantuvieron con el exterior sus residentes consistía

en un cubo sujeto por una cinta de cuero en el que recibían o transmitían comunicaciones y comestibles. A diferencia del monasterio de Gràcia, los monjes pertenecientes a la orden del Sagrado Corazón viven en Sant Honorat en clausura estricta y se dedican al estudio del lulismo, es decir, de los escritos del beato Ramon Llull.

Cerca de la cima del Cura se encuentra la cueva de la Mata Escrita, así llamada por la mata aquí existente, con sus hojas llenas de puntos que dan la impresión de estar "escritas". Aquí redactó Ramon Llull gran parte de sus escritos. En el monasterio del Cura, el que se encuentra a mayor altura de los tres de Randa, hay una sección en la que no se puede entrar sin autorización; en ella se daban antiguamente clases de gramática y de lulismo. Construida en el siglo XV, estuvo abierta, con una breve interrupción, hasta el año 1826. Existe posibilidad de pernoctar por poco

dinero en una de las 30 habitaciones, esparta-
namente amuebladas, para disfrutar del espíritu y de la tranquilidad que se respira en este
lugar especial.

Es preciso hacer las reservas con mucha
antelación para no encontrarse –en el sentido
más literal de la expresión– con todas las
puertas cerradas.

Unos pocos visitantes, que cada vez son
más, descubrirán aquí una Mallorca "distinta", que es preciso recorrer y que únicamente
se abre a quienes hablen al menos un poco de
español y no crean que los complejos hoteleros de la costa son la encarnación del espíritu
mallorquín.

El primer monasterio se fundó en 1275 en la misma
cumbre del monte, de 549 metros de altura.

Sólo la Serra de Tramuntana impide ver el mar
desde el Puig de Cura a través del Pla.

De alguien que salió a romper corazones y ganó almas
Ramon Llull

Se desconocen tanto la fecha de nacimiento del hijo más ilustre de Mallorca como el lugar en que encontró la muerte aquel escritor, misionero y filósofo. Ramon Llull nació en Palma en 1233 ó 1235 en el seno de una familia noble originaria de Barcelona. Inicialmente nada apuntaba a su vocación posterior. De joven, no parecían preocuparle demasiado sus dificultades para la lectura y sus deficientes conocimientos bíblicos. Fue paje en la corte de Jaime II y vivía al día, sin cargarse de ideas transcendentales.

Ramon, de gran atractivo, sólo se devanaba los sesos, cuando, excepcionalmente, no lograba conquistar el corazón de una dama de la que hubiese quedado prendado. En efecto,

según parece, aunque estaba casado y era padre de dos hijos, no dejó de seducir a las mujeres como paje de la Corte, hasta que de pronto decidió romper todos sus compromisos con el mundo.

Según la leyenda, en el origen de este cambio estaba una mujer. Llull iba tras la dama más bella y deseada de Palma y la siguió en su caballo hasta la iglesia de Santa Eulàlia, donde la encontró arrodillada y entregada a sus oraciones. El objeto de su deseo era Ambrosia de Castellano, que estaba casada con un noble genovés y que, tras este vehemente ataque a su honra, aceptó intimidada una cita.

Sólo que en el transcurso de la cita la dama no le ofreció su amor, sino únicamente sus oraciones, lo cual no podía satisfacer en modo alguno la fama de rompecorazones de Llull. Siguió insistiendo hasta que, en un arrebato de desesperación, la dama descubrió su pecho roído por la lepra y exclamó: "Mi

amante es la muerte". Ramon Llull, que hasta entonces sólo había pensado en trivialidades, debió de sufrir un impacto tan profundo que en adelante decidió renunciar a todos los placeres corporales.

No obstante, los lulistas modernos contemplan con cierto escepticismo esta historia de tintes dramáticos. Según ellos, el motivo determinante que produjo un cambio radical en la vida del escritor fue más bien el hecho de que en una sola noche se le apareciese cinco veces Jesucristo crucificado, visiones que interpretó como una invitación a ponerse en adelante al servicio de su Salvador. Se pasó algún tiempo pensando en la manera de hacer algo con sentido, hasta que finalmente descubrió en el horizonte el objetivo de su vida en el futuro: convertir sarracenos y sufrir el martirio por Cristo. Y escribir un libro

Ramon Llull se sentía más cerca del Creador en el paradisíaco paisaje de Randa.

exhaustivo para rebatir de manera rotunda los errores de los infieles.

Tras haber estudiado en Montpellier y París, donde ingresó en la orden franciscana, visitó los grandes centros medievales de peregrinación de Santiago de Compostela y de Montserrat, para volver, ya purificado, a Mallorca, donde se entregó a la autoflagelación, a los estudios de teología y a su singular visión global de las religiones universales. Pero, como desconociendo los idiomas de los infieles tenía pocas posibilidades de convertirlos, empezó fundando monasterios en los que los monjes pudiesen aprender idiomas orientales. Estaba el problema de que, por haber descuidado durante mucho tiempo su formación, sólo dominaba el catalán, por lo que se puso los hábitos de penitente y dedicó nueve años al estudio del árabe. Su esposa, a quien no convencía en absoluto el cambio operado en su esposo, tuvo que ponerse en manos de un administrador, pues Llull se despreocupó totalmente de los asuntos profanos.

La primera escuela de idiomas de Mallorca

En el silencioso retiro de los montes de Randa y del monasterio de Cura concibió un programa para poner en práctica sus ideas y se dedicó a estudiar idiomas con el fin de ampliar sus conocimientos. Tras aprobar su plan de evangelización, Jaime II se hizo cargo de sus intentos de fundar en Miramar, Mallorca, un convento franciscano en el que 13 hermanos estudiarían árabe. La idea convenció también al papa Juan XXI, quien en 1276 dio su aprobación al colegio de idiomas. Ramon Llull se pasó casi diez años en Miramar escribiendo poemas y estudiando, hasta que redactó los fundamentos de su obra capital *Ars magna,* en la que intentó demostrar irrefutablemente la verdad del cristianismo a través de la razón y no solo por la fe. Para ello desarrolló una ordenación sistemática de los conceptos más importantes, con el fin de hacer más accesibles los conocimientos y más fiables las demostraciones.

Con las sandalias de los apóstoles

Una vez adquiridos los conocimientos imprescindibles, no hubo forma de contener a Llull. Visitó Siria, Palestina, Egipto, Etiopía y Mauritania. Fue profesor en Montpellier,

Ni a sus ochenta años renunció Llull a sus grandes objetivos.

donde explicó el contenido de su *Ars magna.* Consiguió fundar en Roma una escuela de idiomas orientales. Estudió gramática árabe en París y dio clases de filosofía al mismo tiempo en Miramar. Además siguió viajando sin descanso por Túnez, Chipre, Armenia, Rodas y Malta.

Llull dejó una obra escrita cuya extensión es casi increíble. Compuso más de 270 tratados y novelas y un mínimo de 77 libros de poesía. Escribió también textos en árabe, que desgraciadamente se han perdido, y muchos en latín y en catalán.

Su afán de saber y su espíritu de investigación, que desafortunadamente había desatendido durante 30 años, se abrieron camino y se tradujeron en un amplio espectro. En ocasiones se encerraba semanas enteras y estudiaba filosofía desatándose vehemente en improperios contra el principio de la "doble verdad" del filósofo árabe Averroes, de Córdoba, quien, según la errónea interpretación de los filósofos cristianos, afirmaba que las verdades de la razón y de la fe, y, por tanto, de la filosofía y de la teología, se contraponen entre sí, para salir de pronto de su aislamiento con un tratado sobre la filosofía del amor, el *Llibre d'amic e d'amat.*

O bien preparaba sus sermones penitenciales y, como incidentalmente, ideaba una brújula de azimut que, supuestamente, fijaba con precisión la posición de los barcos y permitía prever los temporales. O bien defendía la tesis de que tanto la ciencia como los contenidos de la fe debían proceder de la razón, estableciendo así la ciencia universal o *Ars combinatoria,* consistente en un sistema de tres anillos que se desplazan de forma recíproca. En el primero aparecen nueve palabras clave, como "eternidad", "sabiduría", "virtuosidad" y "voluntad", en el segundo categorías tales como "mayor", "menor" o "igual" y en el tercero preguntas del tipo de "de dónde" y "cómo". Girando los anillos aparece una cantidad ingente de temas sobre los cuales se puede filosofar.

En su obra poética, Llull es el primer poeta que utilizó en su escritura el catalán. Fue, por tanto, el fundador de la lengua literaria catalana, mucho antes de que Dante decidiese escribir en el año 1311 su *Divina Commedia* en italiano y no en latín, obra que mereció la fama de ser el primer poema importante escrito en una lengua romance.

Ramon Llull no renunció nunca al deseo de viajar. A sus cincuenta vigorosos años trabajaba en Nápoles con el rey Carlos II en su peculiar proyecto de cruzada, muy discutido actualmente, aunque en aquellas fechas, cuando todavía era un hecho reciente la expulsión de España de los árabes, en la que su padre había intervenido activamente, la espada y la cruz constituían un remedio excelente para desplazar al islam no solo de España, sino de toda Europa.

De ahí que para muchos críticos Llull sea exactamente lo opuesto a un teólogo que reconoce el mismo valor a las grandes religiones universales y trata de unirlas; piensan que es un fanático religioso. Es cierto que habla de un Dios, pero, sin duda ninguna, se trata exclusivamente del Dios cristiano. En consecuencia, se siente llamado a hacer que los paganos musulmanes abjuren de su falsa creencia en Alá. Cuando funda una escuela misional como la de Miramar, en la que los monjes estudiarán árabe, lo hace únicamente porque está convencido de que será más fácil convertir a los norteafricanos hablándoles en su idioma materno.

En una capilla de la iglesia de Sant Francesc, en pleno centro de Palma, encontró su último reposo el hombre que no dejó de viajar a lo largo de su vida.

Ya en vida el franciscano Llull era una espina clavada en el ojo de los dominicos, quienes, dado su odio a todos los paganos, entendían que la conversión de los judíos y de los musulmanes carecía de sentido. Y el odio, aunque de distinto signo, le costó la vida a Llull. Según se cree, en un viaje a Bujía, Argelia, que realizó en 1315 para hablar en contra del islam y a favor del cristianismo, fue lapidado por una muchedumbre excitada de fanáticos religiosos. Aunque en la iglesia de San Salvador de Artà exista un cuadro que representa la lapidación, probablemente se trata de una leyenda piadosa. Según otros investigadores, un comerciante genovés lo trasladó a sus ochenta años de edad a Mallorca, donde murió pacíficamente. Asimismo la tesis de que murió a los cien años, en 1333, en Italia, pertenece seguramente también al reino de la fantasía.

Ramon Llull, que también es conocido con el nombre de Raimundo Lulio, es beato, pero no ha sido canonizado. En Mallorca, en el marco de la Ilustración, el debate de su canonización dio lugar, entre 1749 y 1777, a destrucciones de imágenes y a batallas campales. La isla estaba dividida; los portavoces de la Ilustración querían impedir la canonización y sus adversarios trataban de conseguirla. Actualmente el problema no existe; tanto en Cataluña como en Mallorca, Llull es honrado como un santo, a lo cual contribuye también el incipiente "nacionalismo mallorquín". Su fiesta se celebra el 29 de marzo. En ese día los fieles visitan su tumba en la iglesia de Sant Francesc, situada en el casco antiguo de Palma, cerca de Santa Eulàlia, donde tuvo su vivencia de iluminación personal, y cerca también del monumento que se erigió en su honor frente al palacio de la Almudaina. Por otra parte en la Universidad de Llull se venían estudiando afanosamente hasta 1842 teología y derecho canónico, por más que poco a poco sus ideas evangelizadoras fueron pasando a segundo plano.

Llull hizo construir en Miramar un monasterio en el que trece monjes se pasaron años enteros estudiando árabe mientras él redactaba su obra capital *Ars Magna*.

293

Una finca típica en Mallorca
Albenya

Los muros, los planos y los elementos arquitectónicos de Albenya, una finca situada entre Randa y Montuïri, facilitan una visión, como si de un manual de historia se tratase, de lo que comenzó mucho antes de la Reconquista. Con anterioridad a la reconquista catalana de 1229 había aquí un asentamiento árabe. La voz árabe *albenya* significa "construcción". Ni siquiera la reestructuración de la finca a principios del siglo XIX llegó a borrar del todo las huellas de los planos árabes.

Albenya es una de las mayores fincas de todo el Pla y desde hace varias generaciones pertenece a la conspicua familia mallorquina de los Morell. En la actualidad son muy contados los casos en que las fincas de este tipo se destinan a la agricultura, pues esta actividad sólo da buenos resultados bajo administración propia y en régimen de autoabastecimiento. En el siglo XIX las gentes de la finca podían vivir de las ventas de trigo, centeno, almendra y otros productos. En invierno trabajaban en la finca tal vez dos docenas de muchachas de servicio y de criados y en verano el número de los mismos superaba fácilmente los cincuenta; entonces una finca de aquellas características era uno de los patronos más importantes.

A finales del siglo pasado la filoxera comprometió toda la estructura de la agricultura mallorquina. Los agricultores tuvieron que hacer frente a una subida de los impuestos, de los salarios y de los gastos de mantenimiento con unos ingresos cada vez menores. Poco después los jornaleros, incluso los no cualificados, preferían trabajar en el turismo, donde al menos tenían la seguridad de contar con sueldos normales.

Ferran Morell, pionero de la terapéutica antituberculosa

El doctor Ferran Morell, que durante mucho tiempo fue jefe de la sección de pneumología del hospital de La Vall d'Hebron de Barcelona, procedía de la familia Morell de Albenya. Este médico efectuó el primer transplante de pulmón de la historia de España. En los años ochenta del siglo XX descubrió un tratamiento para combatir la fiebre asmática que afectaba a la población de Barcelona. Por aquellas fechas venían repitiéndose en la ciudad condal casos graves, mortales en ocasiones, de enfermedades respiratorias que constituían todo un enigma para la medicina. El doctor Morell observó que la fiebre se presentaba cada vez que anclaban en Barcelona barcos con cargamento de soja. Al descargar los barcos en camiones, el polvo de soja se esparcía por el aire y provocaba la epidemia.

Página anterior: la finca Morell, que desde hace muchas generaciones pertenece a la misma familia, es una de las mayores del Pla.

En su infancia Ferrán Morell respiró el aire del campo de Albenya. Después se especializó en la medicina del pulmón y fue el primer español que transplantó el órgano que el hombre necesita para respirar.

En verano las fincas rurales, como la de la familia Morell por ejemplo, son inseparables de la exuberante variedad de la naturaleza.

Miel sólo para los señores
Montuïri

Tot el món és món, menos Montuïri: todo el mundo es mundo, menos Montuïri. Este viejo proverbio mallorquín refleja hasta qué punto estaba apartada esta comarca antiguamente. En la actualidad una carretera bien conservada conduce hasta esta población del Pla y acerca en autobuses turísticos a todo un mundo, que admira las elegantes y afiligranadas casas, muy juntas entre sí, con sus escudos de armas sobre las puertas y con sus patios llenos de flores, y compra en el nuevo supermercado de las perlas. Prácticamente nadie cae en la cuenta de las tensiones sociales que se ocultan tras las "pintorescas" fachadas y bajo la "idílica" superficie.

Aunque desde luego existen, pues inconscientemente las normas tradicionales se han incorporado a lo largo de los siglos a la estructura del pueblo. Como tendidas en una loma alargada, todas las callejuelas, escaleras y calles ascienden hasta el símbolo del antiguo orden, la iglesia parroquial de Sant Bartomeu, tan imponente como el poder de la tradición en Montuïri.

Como en muchos otros pueblos del Pla, también en Montuïri abundan las ermitas y las capillas, muchas de ellas tan escondidas y en tal simbiosis con el paisaje y la naturaleza que no pueden eludir el "romanticismo" turístico. Ahora bien, abriendo realmente los oídos, pueden escucharse aquí ciertos rumores; son los espíritus de la historia, que se retiran para asegurarse de que en adelante no volverá a importunarles el moderno y profano mundo exterior.

Este ambiente encantado y el lema ajeno al mundo de Montuïri no son casuales. Mientras Sant Joan celebra el idilio de la vida rural y Villafranca despliega su habilidad comercial, a pesar de las nuevas comunicaciones Montuïri continúa dormitando un poco, como siempre.

Sacando pecho arriba, pisando abajo: senyors, missatges y jornaleros

Inicialmente parecía imposible que se pudieran superar los límites entre terratenientes, clase media y trabajadores. Como en los clanes sicilianos, también aquí se daba, en las grandes familias de tipo feudal de las clases correspondientes, un patriarca que tenía derecho a inmiscuirse en todos los ámbitos de la vida. Daba lo mismo que se tratara del trabajo de un jornalero, de la asistencia a la escuela de un hijo del capataz o del matrimonio de una campesina: intervenía absolutamente en todo.

Hasta sin sus aspas, los cinco molinos de viento de Montuïri destacan en el pueblo.

En otros tiempos los vecinos de Montuïri sólo se podían permitir unas pocas horas de descanso.

Además, los *senyors* vivían generalmente lejos, en Palma. La defensa de sus intereses en la finca corría a cargo de un *missatge* o capataz, que ocupaba una posición intermedia entre el amo, al que tenía que dar cuenta de los más mínimos detalles, y los braceros. Como los miembros de la familia, los *missatges* vivían en las casas de los *senyors* y formaban un grupo propio, siempre sometidos obviamente a su control.

Los puntos más débiles de la estructura social eran los jornaleros rasos, que a lo sumo trabajaban por semanas en diversas fincas por un salario que sólo les permitía dejar de pasar hambre. "Siempre ha sido así, no se puede cambiar nada; el que protesta se muere de hambre". Esta frase trillada, repetida a modo de muletilla de generación en generación, afianzaba el mantenimiento de la estructura del poder.

En Montuïri se mantuvo hasta los años de posguerra, sin que todavía se sepa exactamente por qué. Sólo una clase media pusilánime, propietaria de fincas pequeñas y de tamaño medio, podía disfrutar de cierta autonomía, aunque con limitaciones; cuando se trataba de fijar los precios de los cereales o de acceder a las fuentes públicas para regar los campos, tenía que plegarse a las condiciones de los *senyors*. Es posible que las claves del aferramiento al pasado se encuentren en la falta de una verdadera "cultura intelectual"; un par

de hagiografías y algún que otro documento jurídico era todo lo que el pueblo creía necesario conservar. Ningún artista, ningún escritor ha tratado de inspirarse aquí.

La libertad seduce y cierra el grifo del campo

A mediados del siglo XX llegaron incluso a Montuïri noticias sobre una nueva y próspera actividad económica. Por primera vez gente joven, que no conocía más que la fuerza y la debilidad de la vida rural, pudo aprender fuera del pueblo un oficio a través del turismo o al menos pasar la temporada principal lejos del hogar, en las soleadas playas de la isla, para volver en otoño con la cartera llena de dinero propio.

Pero quien regresa de un país extranjero que lo ha tratado mejor que su patria sentirá un profundo desprecio por ella. Lo mismo sucedió en Montuïri. La juventud se rebeló, desdeñó la lengua familiar y se negó a bailar las viejas danzas, a cantar las canciones antiguas y, desde luego, a escuchar a los *senyors*, que ya no comprendían el mundo.

Pero "el pasado nunca muere; ni siquiera ha pasado". Estas palabras de William Faulkner tienen perfecta vigencia en Montuïri. Todavía hoy las antiguas clases sociales se mantienen exquisitamente separadas, aun cuando nadie esté autorizado a imponer la separación, y por más que hace ya mucho

tiempo que las mismas se han convertido en comerciantes, artesanos, labradores, obreros, mecánicos, electricistas y profesionales liberales de todo tipo. Todavía se recuerda en el pueblo que a mediados del siglo XX una pareja recién casada quiso celebrar su noche de bodas tomando pan con sobrasada y miel; sólo que no se atrevieron a comprar miel, pues tomar miel era y sigue siendo un privilegio de los *senyors*.

Esta grieta profunda entre tradición y modernidad aparece, muy dolorosamente a veces, en muchas partes de la isla y en múltiples ocasiones. Mallorca se ha catapultado al turismo con excesiva rapidez como para haberse producido una adaptación asimilable. La juventud mallorquina ha adoptado rápidamente las modas y los hábitos de consumo de los turistas; hasta la fecha prácticamente no se ha dado una fusión con las tradiciones y la mentalidad de la isla.

Los fértiles campos del Pla siempre quedan a la vista del pueblo.

Desde codornices hasta perdices
Las estrellas de Son Bascos

En los años noventa del siglo XX, los vecinos de Montuïri tuvieron una idea que resultó ser de gran acierto, como hoy en día puede comprobarse. Decidieron crear una granja de codornices, donde por término medio nacen cada semana más de 5.000 ejemplares de esta gallinácea parda.

La granja de Son Bascos incluye un restaurante en cuya carta se ofrecen, como es natural, platos a base de codorniz en todas sus variantes. La *Coturnix* se presenta asada, acompañada de una salsa de cebolla y tomate, escabechada o también preparada con un buen chorro de vino. En este caso, estas aves de 20 cm de longitud y de poca apariencia se

Dos manos llenas de aves de corral. En primer plano una codorniz, Coturnix, y detrás una perdiz, Perdix.

Un reclamo en plena actuación.

convierten en codornices borrachas, en mallorquín *guàtlleres emborratxades*.

Además de criar codornices, los granjeros de Son Bascos se dedican a otro lucrativo negocio. Crían lo que aquí, con una palabra absolutamente acertada, se llaman *reclams* o reclamos para la caza de la perdiz. En las zonas rurales de Mallorca la caza de esta hermosa ave de color tierra se practica desde hace siglos. Los únicos señuelos utilizados son las perdices macho, que atraen a otros machos para luchar entre sí, en tanto que las hembras se acercan a sus congéneres de distinto sexo con intenciones más pacíficas.

Para adiestrar a los reclamos se busca una perdiz joven e inteligente, que se introduce en una jaula colgada en el patio de la casa cerca de un reclamo con experiencia para que aprenda a imitar su canto. Además, la proximidad de la perdiz veterana tranquiliza al ejemplar más joven e impide que el miedo del aislamiento le ocasiones una pérdida de su voz. El adiestramiento de los reclamos requiere grandes dosis de paciencia, pues lo normal es que la perdiz tarde un tiempo en dominar su virtuoso canto.

El finalizar su clase de canto, el reclamo recibe como alimento una mezcla de almendra mascada y yema de huevo, para que así desarrolle una buena caja de resonancia y emita una voz poderosa. Algunos cazadores dan de comer a los reclamos sólo una o dos noches antes de la caza, otros lo hacen con regularidad.

El día de la caza se coloca la jaula con el reclamo en la zona y se cubre con ramas, de forma que sólo queda una pequeña abertura. En cuanto el rival se aproxima atraído por el potente canto, es abatido con una perdigonada. Entonces el reclamo entona una nueva aria que se designa con el nombre de "canto fúnebre".

A los vecinos de la población de Montuïri, la pasión que sienten por la caza les facilita la oportunidad de organizar una gran fiesta de la perdiz. La *fira de sa perdiu* se celebra el primer domingo del mes de diciembre.

En este mercado de carácter anual se ponen a la venta todas las especies animales relacionadas con la caza. En este caso, sin embargo, los reclamos únicamente atraen a visitantes humanos.

La misma codorniz parece asombrada observando el elevado número de descendientes potenciales.

Guàtlleres amb figues

Codornices con higos

Ingredientes
4 codornices listas para cocinar
sal y pimienta
1 cucharada de mantequilla
1 ramillete de hierbas, por ejemplo, tomillo, romero, orégano
1–2 hojas de laurel
2 cebollas pequeñas muy picadas
1 cucharada de harina
6–8 higos pelados
200 ml de vino blanco
1 cucharada de ralladura de chocolate amargo

Lave las codornices, séquelas con un paño, frótelas con sal y pimienta y átelas debidamente con hilo de cocina.

Unte con mantequilla un molde refractario e introduzca en él las codornices. Agregue el ramillete de hierbas, el laurel y las cebollas, espolvoree las codornices con harina. Hornéelo todo durante 10 minutos en el horno precalentado a 240°C hasta que se dore la harina. Dé la vuelta a las codornices, incorpore los higos y el vino blanco y mezcle el chocolate. Ponga el horno a 170°C y ase las codornices otros 10 minutos. Sirva en el molde.

Dulzor amargo
Mallorca y las almendras

Ya llevaban los árabes algún tiempo confortablemente instalados en Mallorca cuando cayeron dolorosamente en la cuenta de que echaban de menos el gustillo blando y aterciopelado que deja en la boca una tarta de almendras tras una buena comida.

Mientras los griegos cultivaban el almendro desde épocas muy remotas y los romanos aprovechaban sus frutos, los mallorquines desconocían totalmente el "árbol de los musulmanes". Inmediatamente después de conquistar las Baleares, los árabes se preocuparon de plantar los primeros árboles ya en el año 903, sentando así las bases del árbol más extendido en Mallorca.

Desde entonces cada año, en enero y febrero, buena parte de la llanura de Montuïri se transforma en un mar de tonos entre blanco suave y rosa. Existen más de 50 especies de *Prunus dulcis* o almendro dulce; el *Prunus amarus* es la variedad amarga, cuya amigdalina contiene uno de los tóxicos vegetales más peligrosos: el cianuro de potasio. Pero no hay problema; para que el sabor ligeramente amargo que deja normalmente un postre delicioso tenga consecuencias mortales tienen que haberse tomado en estado puro diez almendras amargas como mínimo, y ningún pastelero utiliza tantas para una tarta, a no ser que no se lleve bien con sus clientes.

Los labradores de Montuïri llevan ya siglos manteniendo la tradición del almendro y en los viveros de la zona se crían desde tiempo inmemorial plantas nuevas, A los dos años, cuando la planta ha producido algunos centenares de flores y ha alcanzado el diámetro necesario, se podan sus ramas y se injerta con las flores de la variedad elegida. Las plantas alcanzan su desarrollo pleno entre los 10 y los 15 años. Tras 45 años de trabajo y de producción el almendro iniciará su declive. La planta decae visiblemente y se encontrará arrugada y consumida entre sus descendientes fértiles.

En Mallorca, los almendros no se riegan, sino que crecen de forma natural. En la recolección, a finales de verano, los frutos, poco firmes, se desprenden con varas y se recogen en redes previamente extendidas en el suelo.

Superior: a finales de verano se abaten de los árboles con largas varas los frutos sésiles y poco seguros.

Izquierda: cuando se abren los capullos, los campos se convierten en un mar de fragantes flores.

Las almendras que no caen al suelo espontáneamente reciben el impulso adicional de las varas.

A continuación se recogen del suelo los frutos caídos, que se clasifican en cestos.

Las ramitas y las hojas secas servirán posteriormente para que el menú de las ovejas sea menos monótono.

Los mallorquines encienden sus chimeneas con los restos de la corteza exterior del fruto. Es entonces cuando se extiende por toda la isla su peculiar aroma.

Después de eliminar la corteza exterior, todavía hay que liberar la almendra de otra cáscara.

Finalmente se pela la almendra. Entonces se descubre que bajo la dura cáscara hay una semilla blanda.

Las semillas se separan de las duras cáscaras y se preparan para elaborar tartas de almendra, chocolate de almendra, *nougats* de almendra, aceite de almendra, licor de almendra e infinidad de variantes, incluido el turrón, que los niños de toda la península esperan impacientes mucho antes de Navidad.

Existen diversos tipos de turrón y cualquiera de ellos puede ser todo un regalo de viaje. El más exquisito es el turrón duro, que generalmente presenta la forma de una tableta de chocolate y que contiene grandes trozos de almendra incrustados en una masa blanca de yemas y miel. Con un café solo y un brandy mallorquín (de la marca Soau): un placer incomparable.

Gató d'ametlla

Pastel de Almendra

No se concibe un banquete mallorquín sin este postre clásico. Suele servirse con un helado de almendra. Su receta, originaria de Valldemossa, se ha extendido poco a poco por toda la isla. Merece la pena probar un trozo, pues hay más recetas de pastel de almendra (todas fundadas en la receta básica) que variedades de almendra.

Mezcle batiendo el azúcar en polvo con las yemas. Agregue la ralladura de limón, la canela y la vainilla raspada de la vaina. Incorpore las almendras molidas. Bata consistentemente las claras, incorpórelas a la masa y mezcle todo uniformemente. Pase todo a un molde desmontable engrasado y hornéelo durante 55–60 minutos en el horno precalentado a 180°C. Deje enfriar el pastel y colóquelo sobre una blonda de tartas. Esparza por encima una buena capa de azúcar en polvo.

Ingredientes
250 g de azúcar en polvo
8 huevos, claras y yemas separadas
la cáscara de un limón
una punta de canela molida
1 vaina de vainilla
250 g de almendras peladas y muy molidas
aceite para engrasar el molde
azúcar en polvo para espolvorear

Una exquisitez crujiente y pegajosa: el crocante de almendra.

Lengua universal y dialecto regional
Biniali

Biniali da la impresión de que no existe; ni siquiera aparece en muchos mapas de Mallorca. Minúsculo y perdido en los tiempos que corremos, parece aguardar con impaciencia a la sombra de la sierra de Tramuntana una nueva oportunidad, un milagro. Tal vez sean éstas las mejores condiciones para la originalidad, pues el colorido local de Biniali ha marcado a dos (al menos) notables personalidades, cuyos temas predilectos y obsesiones perpetúan su nombre: el primero, acérrimo defensor de un dialecto regional casi desaparecido; el segundo, desinteresado promotor de una lengua universal que casi no se habla.

Marià Jaquotot Molina
A la entrada de Biniali, cerca de la carretera de Sencelles, hay una casa del siglo XIV. Pertenecía a Marià Jaquotot Molina, que vivió en ella hasta su muerte en 1995. Había nacido a principios de siglo, procedía de una familia francesa y fue uno de los pioneros y defensores del esperanto, lengua internacional artificial. Jaquotot era un observador atento de su tiempo y llegó a la convicción de que, dada la afluencia cada vez mayor de extranjeros ávidos de sol, Mallorca ofrecía condiciones ideales para la difusión y utilización de esta lengua artificial.

El esperanto fue creado por el médico polaco Zamenhof a finales del siglo XIX. La idea consistía en resolver, a través de una lengua fácil de aprender, el problema de comunicación que ha venido separando entre sí a los hombres desde la caída de la torre de Babel.

Antes de la aparición de las primeras lavadoras, la colada era una labor muy penosa. En poblaciones apartadas como Biniali, no todas las casas disponen todavía de agua corriente y hay que acudir a la fuente.

Desgraciadamente la humanidad no parece haberse interesado mucho por la idea; hasta la fecha este proyecto de comunicación internacional no ha superado el millón de adeptos.

Marià Jaquotot fue uno de los más comprometidos. Colaboraba en un comité que trataba de difundir el esperanto mediante publicaciones y escritos regulares. En compañía de Miquel Arbona, Gabriel Vida y Bernat Rabassa, en 1961 Jaquotot fundó la *Baleara Esperanto Asociació*, dedicada a la difusión del esperanto en España y, obviamente, sobre todo en las islas baleares. Ese mismo año organizaron en Palma un congreso de esperantistas españoles.

Las cosas no han cambiado en el aislamiento de Biniali. Como tantos otros pueblos del Pla, a principios del siglo XX Biniali sufrió una dramática regresión demográfica. En efecto, a este tipo de pueblos durante mucho tiempo, demasiado largo en ocasiones, no llegó nada de la nueva prosperidad. Los campesinos no tenían demasiadas opciones: emigrar a Centroamérica o a Sudamérica o tentar la suerte en el joven y problemático ramo del turismo; en cualquier caso la salida era forzosa. Generalmente sólo se quedaron los mayores, muchos de ellos en la humillante situación de depender de la ayuda de los emigrados. Los relojes avanzaban, pero el tiempo permanecía parado.

De 1960 en adelante el auge del turismo sentó las bases de la enorme riqueza de Mallorca a finales del siglo XX, pero al mismo tiempo agravó durante mucho tiempo el problema rural. En la actualidad más del 80% de los mallorquines trabaja en los centros turísticos de la costa y acude a sus poblaciones de origen sólo para dormir o para pasar el fin de semana.

Sin embargo, poco a poco los pueblos como Biniali se han revalorizado como lugares tranquilos entre los profesionales liberales o los extranjeros, que se enamoraron de las viejas casas rurales, muchas de ellas en ruinas,

y se establecieron en ellas. Restauraron los viejos edificios con todo esmero en el estilo mallorquín tradicional, pero no todos, ni mucho menos, hicieron el esfuerzo de aprender el mallorquín. Una evolución de este tipo no hubiera agradado en absoluto –al menos en el caso de Biniali– a Don Francesc de Borja Moll.

Don Francesc de Borja Moll

Nació en Menorca, la isla vecina a Mallorca, en el año 1903 y fue defensor y promotor de su lengua materna, el catalán, una lengua que, aunque viva, estuvo durante mucho tiempo amenazada de extinción.

El catalán venía retrocediendo desde el siglo XVIII, cuando Felipe V declaró la oficialidad del castellano, que desde entonces se llamó generalmente español. Las otras cuatro lenguas habladas en España fueron desplazadas a un segundo término en la apreciación y adquirieron el carácter de vulgares, separatistas e incultas. Con Franco llegaron incluso a dictarse penas de prisión para quienes hablasen en público vascuence, gallego, catalán y mallorquín. La consecuencia fue –Franco se mantuvo en el poder hasta su muerte, en el año 1975– que las generaciones más jóvenes no dominaban estas lenguas, cuya supervivencia se debe únicamente a la tenacidad de

A pesar de todas las represiones y prohibiciones, el catalán es hoy una lengua viva gracias a hombres como Don Francesc de Borja Moll.

personas como Don Francesc de Borja Moll, que organizaban de forma clandestina grupos de conversación, hablaban en catalán en reuniones convocadas para conspirar y procuraban que los niños recibiesen "clases particulares" de catalán.

Por tanto, Borja Moll fue una figura clave de la cultura mallorquina. Desde 1920 se dedicó al estudio de la lengua, de la literatura y de la política de las Baleares y publicó libros en catalán en la editorial de su propiedad. Lo más importante de su legado fue una obra realmente monumental: un diccionario de las tres variantes catalanas, que son el catalán, el mallorquín y el valenciano. Borja Moll pudo apoyarse en los trabajos preliminares del vicario general de la diócesis y compilador de cuentos monseñor Antoni M. Alcover, que había nacido en Manacor en 1862 y murió en 1932. Borja Moll trabajó en su diccionario dialectal durante 43 años, a sólo unos pasos de distancia de la casa en que Marià Jaquotot soñaba en un mundo que hablase esperanto.

En una población tan alejada del mundo como Biniali, Marià Jaquotot soñaba con un mundo que hablase esperanto.

El centro del mundo
Sineu

Según la leyenda, el eje que impide que el mundo se derrumbe pasa bajo el campanario de Sineu. Mucho más abajo cuatro columnas sostienen la Tierra; desgraciadamente tres de ellas se han desmoronado y la cuarta gime bajo el yugo de la responsabilidad. ¿Es Sineu el centro del mundo?

En absoluto. Pero sí es el centro de Mallorca, tanto geográfica como históricamente. En efecto, Sineu fue la capital del reino de Mallorca desde principios del siglo XIII hasta mediados del siglo XIV. Y aun cuando la pequeña capital disfrutó de una edad de oro muy corta, los vecinos de Sineu se sienten muy orgullosos de su ciudad y de su belleza urbana y noble.

Por otra parte, ni siquiera es seguro que Jaime I, que al conquistar Mallorca acabó con 300 años de dominio árabe, pusiese alguna vez

Según una leyenda local, el eje del mundo pasa justo por debajo del campanario de Sineu.

Actualmente la vieja estación de la antigua capital de Mallorca no invita a viajar, sino a reponer fuerzas.

su augusto pie en Sineu. La residencia real fue obra de su hijo, Jaime II, quien en 1309 ordenó la transformación de una casa señorial en palacio y trató de que la nueva capital estuviese directamente comunicada con Palma. Sólo cuarenta años después otro Jaime, el tercero, se quedaba sin su reino y sin su capital, Sineu. Los aposentos regios de la planta superior se llenaron de polvo, la cocina y las habitaciones del personal de servicio enmudecieron y en la bodega las cubas aguardaban su destino vacías en vez de estar llenas de caldos reales.

Fue Felipe II quien a finales del siglo XVI tuvo un gesto de compasión; sometió el palacio a una cura de embellecimiento y lo puso en

Un león alado, símbolo del patrono de la ciudad, el evangelista San Marcos, guarda la entrada de la iglesia parroquial, dedicada a Nuestra Señora de los Ángeles.

manos de la orden de las religiosas de la Concepción, que todavía viven en él en la más rigurosa clausura.

¿Fueron los gigantes los primeros pobladores de Mallorca?

Hacia el año 2000 a.C. Sineu contó con otros vecinos, totalmente diferentes. Se trataba de gigantes. Así al menos se afirma en el lenguaje popular, pues según un texto antiguo sólo ellos pudieron construir los numerosos *talaiots*, formados por losas de varias toneladas de peso, que se encuentran en los alrededores de Sineu. Por otra parte, el hallazgo, nunca del todo aclarado, de un esqueleto humano de tres metros de longitud abona la tesis de los gigantes. Apareció en el año 1718 detrás de la iglesia de Sineu, bajo una losa sepulcral en la que aparecían un lancero y signos desconocidos en el mundo cristiano y culto.

En cualquier caso resulta indudable que algunos de los que se establecieron en Sineu eran romanos. Todavía pueden contemplarse restos de la época romana y Plinio, el gran viajero de la Antigüedad clásica, que recogió escrupulosamente en sus escritos todo lo que había encontrado de interés durante sus viajes,

cita en el siglo I d.C. la población de "Sinium" en la isla de Mallorca.

Las crónicas municipales señalan también que la "media luna pasó por Sineu como por el mar, sin dejar huellas". De los 300 años de dominio árabe sólo quedó la técnica de la disposición y del riego de los campos, un gran legado

en una comunidad básicamente agraria que durante siglos fue el principal granero de la isla.

Vigilantes de Sineu

Palma es la nueva capital, cierto, pero Sineu sigue siendo única, aunque no sea más que por la herencia que le queda de su época de capital en el centro de Mallorca. Se trata del mercado de los miércoles, que desde hace 700 años llena las estrechas calles que rodean la iglesia. La visita merece la pena, y para encontrarlo sólo hay que seguir a la gente que lleva bolsas en la mano.

Concebida como un bazar móvil, cada calle del mercado tiene cosas distintas que ofrecer. Frente a la iglesia los vendedores de frutas y verduras intentan convencer a los clientes de la calidad de sus productos dándoselos a probar generosamente. Quienes se hayan olvidado de desayunar podrán llenar aquí su estómago, exceptuados quienes no admitan por la mañana aceitunas y alcaparras en vinagre, de un tamaño que va desde el de las lentejas hasta el de las guindillas. Los segundos preferirán entrar en uno de los muchos bares existentes

Los vecinos de Sineu están orgullosos del pasado de la antigua capital de la isla.

La visita a un café es, obviamente, inexcusable. En los alrededores del mercado de Sineu la oferta es variada.

Bastones de nudosa madera de olivo y collares para perros; así el caballero y su perro podrán pasear tranquilamente.

En Sineu llevan vendiéndose animales útiles desde hace 700 años. En este caso pintadas y gallinas esperan compradores.

Cuencos de aceitunas en todas las variantes imaginables, de alcaparras y de guindillas en vinagre. Está permitido probar el producto para facilitar la elección.

en los alrededores del mercado y tomar una *ensaïmada* y *cafè amb llet*, en vaso, naturalmente, recordando los tiempos de los inventores del bazar.

A la vuelta de la esquina la gente se arremolina alrededor de montones de manteles, de servilletas, de camisones y de ropa interior, entre la que se puede encontrar desde un minúsculo tanga hasta un calzoncillo largo. En la calle siguiente están los tallistas y los ceramistas; durante horas enteras se hacen y deshacen pilas de platos en un intento de encontrar el modelo preferido, se analizan rompecabezas infantiles, carracas y móviles y las amas de casa pasan de largo señalando desconfiadamente con el dedo el interior de algunos morteros de madera de olivo: solamente uno que no tenga ni grietas ni golpes sirve para algo; hoy en día se hacen muchas chapuzas, hay que escapar de aquí como del diablo.

A sólo unos pasos de este lugar se encuentra el centro del mercado de Sineu. Desde lejos se oyen relinchos, mugidos, balidos, graznidos, rebuznos y gruñidos; tampoco la nariz tiene problemas para adivinar de qué se trata. Las yeguas con sus potros esperan impacientes, hinchando sus ollares, una liberación de las vallas que no llega, los cerdos ocultan sus ojos de botón bajo sus tambaleantes orejas y las gallinas y las palomas entablan de caja a caja un diálogo interminable de cacareos y arrullos.

Pero en el mercado de Sineu los éxitos de venta son fundamentalmente los burros, pues, aunque obstinados, están en condiciones de trabajar a los veinte meses de edad, y el Pla es justamente una comarca que no puede renunciar a este peludo animal de carga. Y también, increíble pero cierto, las pintadas. Su miedo extremo las convierte en "aves vigilantes" muy solicitadas, que cacarean escandalosamente a los extraños mucho antes de que éstos hayan divisado siquiera la granja. Cuando ya no atienden el servicio de guardia o han perdido la voz, sirven para una comida extraordinaria de domingo.

Quien no esté interesado por un miércoles de estas características podrá reponerse magníficamente de su visita al mercado en uno de los *cellers* de Sineu, donde le servirán una apetitosa ración con un buen vino. ¿Desea algo más?

El mercado de Sineu de los miércoles funciona como un bazar; clasificadas por productos, las calles de los puestos del mercado se enredan alrededor de la iglesia.

Un reino en el centro del mundo
Mallorca 1276–1349

En 1997 el reino de España estaba de fiesta. En el mes de mayo Juan Carlos I hizo públicos los esponsales de su hija menor, la infanta Cristina, con el jugador de balonmano vasco Iñaki Urdangarín. Hasta la celebración de la boda en octubre casi toda España tuvo ocasión de compartir cada día la felicidad de la joven pareja. Casi toda España y casi todos los días. Y estalló la bomba. Un espléndido día de verano se difundió la noticia de que el rey había concedido a los novios el título de duques de Mallorca.

Los mallorquines estaban atónitos: ¿Quién había oído hablar alguna vez de los "duques de Mallorca"? En la isla hubo reyes, en otros tiempos Mallorca fue un reino, no

un ducado más de los miles que hay. Rápidamente se atribuyó la candente noticia a una falta de precisión, lamentable pero comprensible, del servicio de información motivada por la precipitación, y se produjo la rectificación correspondiente: Cristina de Borbón y Grecia e Iñaki Urdangarín eran "duques de Palma".

Y Mallorca recuperó la calma. La tempestad desapareció con la misma rapidez con que se había presentado y nuevamente llegó la habitual y agradable brisa del mar. Obviamente la Casa Real nunca había pretendido reducir de un plumazo a la condición de ducado todo un antiguo reino, y menos aún el de Mallorca.

En efecto, la isla de Mallorca fue en una época un reino independiente. Sólo durante 73 años y hace ya 700 años, pero lo fue. Para la conciencia que Mallorca tiene de sí misma no cuentan los años, sino el esplendor, la

La conquista de la ciudad de Palma, reflejada en este fresco medieval, duró tres meses.

fama y la preeminencia económica que la condición de reino trajo consigo.

España: una alfombra parcheada

Año 1228: de España como estado no se puede hablar ni por aproximación. En el siglo XIII la península Ibérica estaba formada por una docena de dominios distintos; sólo Portugal presentaba sus actuales fronteras políticas y geográficas. Los conquistadores cristianos recuperaron de los árabes los tercios central y septentrional de la península en una maniobra, de casi 800 años de duración, que ha pasado a la historia española con el nombre de Reconquista. Todavía los diferentes reinos –León, Castilla. Navarra, Aragón y Valencia– luchaban en paralelo contra los árabes.

Los árabes, establecidos en el continente desde el año 711, controlaban el sur divididos en varios emiratos. Su dominio se extendía desde Badajoz, al oeste, hasta la frontera con Valencia en el este pasando por Jaén y Murcia. Se enseñorearon de las Baleares desde el año 798 con suerte alterna y definitivamente a partir del año 902, con *Medina Mayurka*, la actual Palma, como capital, y con un lugarteniente del califa de Córdoba como autoridad suprema.

Una sociedad rica con tres culturas

En política interior la isla se caracterizó por la convivencia pacífica de cristianos, judíos y musulmanes. Los árabes introdujeron sus sistemas de riego y de cultivo con tan buenos resultados que la isla resultaba prácticamente independiente, pues era capaz de subsistir con sus propios productos. Una administración perfectamente organizada, en la que los judíos trabajaban mano a mano con los musulmanes, y una hábil política de comercio exterior alumbraron una Mallorca rica, repleta de suntuosos palacios, baños, mezquitas y bibliotecas.

Así se explica que sus vecinos catalanes contemplasen con ojos de envidia una isla que ocupaba una posición muy favorable desde el punto de vista estratégico y también que la mirasen con odio, pues todos los emires de Mallorca compartían la misma afición: la piratería. Sus piratas arrebataban y saqueaban todo lo que se movía en el Mediterráneo. Por el contrario, los árabes de Mallorca rechazaban siempre con éxito los contraataques de los piratas cristianos; el mismo conde catalán Ramón Berenguer tuvo que retirarse tras un año de asedio. No obstante, continuó luchando con la pluma y plasmó sus aventuras en una epopeya, el llamado *Liber Maiolichinus*. Y así avivó en la nobleza catalana el espíritu de conquista y de venganza. Con el pretexto de liberar del yugo árabe a los hermanos y hermanas cristianos que habitaban Mallorca, los nobles hicieron propaganda a favor de una expedición militar y obtuvieron una respuesta positiva.

Hasta que Palma pasó a manos de los conquistadores cristianos, el rey y sus hombres tuvieron que apañárselas en campamentos. En este fresco del palacio Berenguer de Aguilar de Barcelona, pintado hacia 1280, aparece Jaime I en la entrada de su tienda frente a las murallas de la ciudad.

Una flota de 143 barcos y la peste rumbo a Mallorca

Su joven monarca Jaime I, que acababa de cumplir 20 años, tenía buenos motivos para ampliar su reino. Como pingüe botín que era, Mallorca no solo uniría y enriquecería a unos nobles siempre levantiscos, sino que liberaría al rey de sus intrigas; además con su afán por expulsar a los infieles la Iglesia le proporcionaba una coartada perfecta. En la Nochebuena del año 1228 quedó decidida en Barcelona la conquista de Mallorca y el día 1 de septiembre de 1229 zarpaban rumbo Este 143 barcos con 20.000 hombres. Una fuerte tempestad estuvo a punto de abortar la operación, pero Jaime hizo una promesa para aplacar las iras de San Pedro. Si la empresa se saldaba con un resultado favorable, ordenaría inmediatamente la construcción de una catedral en Mallorca. San Pedro respondió positivamente y el soldado Riudemeya plantó el estandarte real en la playa de Santa Ponça. Una cruz alzada en el lugar recuerda el hecho todavía hoy.

Jaime I, que a los cinco años era rey de Aragón, Castilla, Montpellier, Perpignan y el Rosellón, tenía 20 años cuando conquistó Mallorca.

El mapa refleja la situación del Mediterráneo tras la división del reino decretada por Jaime I.

La conquista de la ciudad de Palma se prolongó durante casi cuatro meses. Fue el último día del año 1229 cuando los cristianos consiguieron por fin quebrar la resistencia que ofrecían los árabes; el *wâlî* Abu Yahia se rindió con las siguientes palabras: "Alá lo ha dispuesto así". Las batallas campales y los saqueos que se produjeron a continuación dieron lugar en Palma a un baño de sangre con la consecuencia de que por primera vez la epidemia de peste tendió a Mallorca una mano de muerte.

El último bastión en caer fue la fortaleza de Alaró, que desde hacía tiempo venía considerándose inexpugnable; el gobernador con mando en plaza se rindió sin lucha provocando la consternación de sus seguidores, pues entendía que la situación no tenía salida. Los últimos rebeldes buscaron equivocadamente refugio en las cuevas del Drac; los cristianos les hicieron sudar con fuego, humo y vapores espesos y en el año 1232 se enseñorearon de toda Mallorca.

Bayona	GASCUÑA	PROVENZA
Pamplona	Montpellier	Pisa • Florencia
NAVARRA		Perusa
Zaragoza	Perpiñan	ESTADOS PAPALES
ARAGÓN	CÓRCEGA	Roma

Mapa: Bayona, GASCUÑA, Montpellier, PROVENZA, Pisa • Florencia, ESTADOS PAPALES, Pamplona, Perusa, NAVARRA, Perpiñan, Zaragoza, CÓRCEGA, Roma, NÁPOLES, ARAGÓN, Barcelona, L'Alguer, Nápoles, Valencia, MALLORCA, Menorca, CERDEÑA, Ibiza, Mallorca, Murcia, Ciutat de Mallorca, Cagliari, Palermo, Mesina, SICILIA, Collo, Argel, Túnez, Bougie, Bône, TÚNEZ, Orán, 0 300 km, MALTA

Reino de Mallorca
Reino de Aragón
Reino de Navarra

[Manuscrito histórico — documento medieval en latín]

Rey con cinco años y conquistador de Mallorca con veintiuno: Jaime I

Entonces, Jaime I, rey de Aragón, Castilla, Montpellier, Perpignan, el Rosellón, Provenza y Baleares, ordenó la demolición de la gran mezquita e inició la construcción de la catedral prometida. Repartió el territorio insular entre sus fieles compañeros de armas y la Iglesia y se adjudicó aproximadamente la mitad de las tierras.

Muchos de sus hombres abandonaron muy pronto la isla de Mallorca y vendieron sus tierras divididas en parcelas a los campesinos. El rey Jaime I recurrió a los privilegios y a las subvenciones para ganarse las simpatías de las gentes que vivían en la última incorporación a su reino. Llegaron a la isla inmigrantes procedentes de Italia, el Rosellón, Provenza, Aragón y Cataluña. La población que habitaba Mallorca olvidó la lengua árabe y empezó a hablar la lengua catalana, aunque lo hizo con el particular acento del sur de Francia.

El principio del fin de la libertad. Jaime I dispuso que a su muerte, en 1276, su reino se dividiera en dos monarquías. Su primogénito, Pedro, fue designado rey de Aragón y de Cataluña, en tanto que el menor, Jaime, reinaría en Baleares, el Rosellón y Montpellier. En este documento los hijos sellan la división.

Mallorca no fue un reino independiente hasta que reinó Jaime II.

El rey niño produce una buena impresión y Mallorca prospera

Coronado rey a los cinco años de edad y desposado a los trece con Leonor, hija de Alfonso VIII de Castilla, a pesar de su juventud Jaime I tenía una gran experiencia en asuntos de Estado. Tras conquistar Mallorca, intentó sellar la paz con los árabes que se habían quedado en ella. Sabía que sin su colaboración y sin sus profundos conocimientos, la isla no llegaría lejos. También los judíos, como expertos en cuestiones de economía, eran imprescindibles en la nueva Mallorca.

De este modo Mallorca conoció una nueva etapa de esplendor inmediatamente después de la Reconquista. Eliminada la piratería, los astilleros, las armerías y las tejedurías distribuyeron sus codiciados productos por toda la cuenca mediterránea. La nueva catedral estaba prácticamente terminada y no tardaría en iniciarse la construcción del castillo de Bellver. Mallorca prosperaba como lo volvería a hacer a mediados del siglo XX.

El último rey de Mallorca, Jaime III, subió al trono el año 1324. El reino contó todavía con un plazo de 25 años hasta la batalla de Llucmajor, que significó su desaparición.

Un testamento funesto

Pero entonces Jaime I cometió un error que comprometió la libertad de Mallorca. Su hijo mayor, Pedro, se hizo con la corona de Aragón y de Cataluña y su hijo menor fue, con el nombre de Jaime II, el primer rey de una Mallorca independiente. Jaime II terminó el castillo de Bellver, fundó Manacor, Petra, Llucmajor y Felanitx y fijó la residencia real en Sineu. Su hijo Sancho I, enfermo de asma y sin descendencia, sólo reinó 13 años, durante los cuales el poder económico de Mallorca siguió desarrollándose como espontáneamente.

En el año 1324 le sucedió en el trono su sobrino con el nombre de Jaime III. Pero

Abu Yahia, gobernador de Mallorca, entrega la capital a Jaime I. El relieve se encuentra en el Carrer Estudi General de Palma.

Este blasón adorna el palacio real de Sineu y recuerda los 73 años en que Mallorca fue un reino independiente.

en la cercana Cataluña, Pedro II, nieto del "estafado" Pedro I, no había olvidado la afrenta histórica. Ocupó Mallorca en un ataque relámpago e hizo huir a Jaime III al Rosellón. En 1349 Jaime III intentó, aunque en vano, la Reconquista de su reino. En la batalla de Llucmajor perdió su vida y Mallorca su libertad.

Apenas 150 años después se casaban en la península Fernando II de Aragón e Isabel I de Castilla, sentando así las bases del Estado español. Mallorca, que formaba parte de Aragón, se españolizó y el descubrimiento de América relegó a la isla, ombligo del mundo en otros tiempos, a un segundo plano de la historia.

Un obsequio de Cartago
La alcaparra

En los campos de los alrededores de Llubí se practica afanosamente la horticultura desde hace miles de años. Algo que no es de extrañar, pues la tierra es fértil y la cercana Serra de Tramuntana protege las plantaciones del viento. En el primer milenio los árabes familiarizaron a los vecinos con sus ingeniosas técnicas de riego, de terrazas y de conservación. De ahí que las estrechas calles del pueblo, con sus casas de piedra pequeñas y de poca altura, hayan sido siempre un lugar de comercio de vino, de hierbas, de frutas, de verduras y sobre todo de la reina de todos los productos de Llubí: la alcaparra.

Una vez más los mallorquines sacaron partido de la destreza árabe. Antes de la Reconquista los campesinos de Llubí habían asimilado perfectamente los métodos de riego de los árabes y cultivaban frutas, verduras, cereales, hierbas y vinos. Pero sobre todo se

Inferior: no es una bebida. Pasados tres meses, las alcaparras son una guarnición refrescantemente ácida o bien se toman entre horas en forma de tapas.

Derecha: desgraciadamente las maravillosas flores de la alcaparra se desechan en la trabajosa recolección.

especializaron en el cultivo de una pequeña planta, de color verde intenso y de soberbias flores rosa: la alcaparra.

La *taperera*, que tanta fama ha dado a Llubí, llegó probablemente a la isla con los cartagineses antes de la era cristiana, aunque la primera referencia al importante capítulo que representa la alcaparra en la economía de Llubí data de 1789. No obstante, hubieron de pasar casi dos siglos antes de que pudiera establecerse una industria en toda regla.

En efecto, en 1977 Joan Rosselló fundó una fábrica de conservas que, dedicada inicialmente a la elaboración de la aceituna, se especializó pronto en la alcaparra. Finalmente en 1985 se reunieron 63 pequeños productores de Llubí para fundar la *Sociedad Agrícola Transformadora Llubinera*, con el objetivo de organizar mejor a los agricultores de la isla y, sobre todo, de conseguir una presencia conjunta en los mercados. En la actualidad Llubí, junto a otros pueblos, como Campos, es el centro de producción de alcaparras más importante de Mallorca.

Las alcaparras son arbustos cuyas raíces se hunden varios metros en la tierra. La *taperera*, alcaparra o alcaparrera, es una especie poco exigente, que incluso se mantiene verde cuando las otras plantas hace tiempo que dejaron de luchar contra el sol implacable del verano. La época de la recolección es ligeramente anterior a la abertura de los capullos. Como éstos son muy pequeños, su recolección es relativamente difícil y costosa. Además los capullos son muy delicados y deben tratarse con sumo cuidado para que no sufran deterioros durante la recolección. Es el caso, sobre todo, de las alcaparras nuevas y pequeñas, que pasan por ser las mejores, y, por lo tanto, son también las más caras.

Todavía hoy la recolección es manual. La operación se complica por el hecho de que el arbusto se protege con espinas en la parte exterior de los tallos con frutos. Los capullos se desprenden con un movimiento rápido y seguro de la mano. Para defenderse de los ataques de los puntiagudos aguijones, los recolectores llevan guantes y manguitos.

Después se eliminan con cuidado las partes vegetales sobrantes y los cuerpos extraños que hayan podido incorporarse a la cosecha durante la recolección o el transporte. A continuación las alcaparras se ablandan durante tres meses en cubas. Finalmente se eliminan los tallos y se procede a la clasificación por tamaños. Se introducen en tarros de cristal y se encurten en un vinagre suave de vino, *envinagrat,* para su venta y consumo.

Los mallorquines toman las alcaparras directamente del tarro con *pa amb oli*, el famoso pan con tomate y aceite de oliva. No obstante, la alcaparra desarrolla su principal función en la cocina sencilla, concretamente en un plato llamado *llengua amb tàperes* o lengua de ternera o de cerdo con alcaparras. La alcaparra presta un punto de acidez especial a los platos y a las salsas.

Los mallorquines no son los únicos que incluyen las alcaparras en un plato de lengua de ternera (o de cerdo) perfectamente preparado, pero sí disfrutan del privilegio de poder utilizar estos frutos recién recolectados.

Llengua amb tàperes

Lengua con alcaparras (para 4–6 personas)

La alcaparra, cuanto más pequeña, mejor. De todos modos hay que incorporar a cada plato, partidos en cuartos, algunos *taperons*, alcaparras muy grandes que pueden llegar a tener el diámetro de la uña del dedo pulgar. Junto con la raya, la lengua es uno de los grandes clásicos de la cocina de la alcaparra y quien aprecie realmente su aroma tendrá ocasión de probarlos en Mallorca; las alcaparras mallorquinas pasan por ser las más exquisitas del mundo.

Ingredientes
1 lengua de ternera, entre 1 y 1,3 kg
sal
manteca de cerdo
3 cebollas peladas y picadas
2 tomates pelados, sin pepitas y picados
4 hojas de acedera muy picadas
2 hojas de tallo de apio muy picadas
1 hoja de laurel
4 ramitas de perejil muy picadas
60 g de alcaparras
4 alcaparras grandes *(taperons)*
pimienta negra poco molida
canela

Limpie y lave esmeradamente la lengua. Introdúzcala en una olla, añada sal y cúbrala con agua. Póngala al fuego y cuézala a fuego medio durante 45 minutos. Retire la lengua, enfríela con agua fría y quítele la piel. Reserve el caldo de la lengua.

Caliente la manteca de cerdo en una *greixonera* –olla de barro típica de Mallorca–, rehogue brevemente la lengua con la cebolla y el tomate, incorpore después la acedera, el apio, el laurel, la pimienta negra y el perejil y vierta una parte del caldo de lengua. Haga hervir todo a fuego medio durante media hora. Retire la lengua. Pase el caldo por un colador o bátalo cremosamente con la batidora. Incorpore las alcaparras y los *taperons* y sazone la salsa con un poco de canela. Corte la lengua y vierta encima la salsa de alcaparras.

Las alcaparreras cubren de verde intenso los campos cultivados cuando otras plantas llevan ya mucho tiempo secas.

Símbolo de la fugacidad: las flores se abren por la mañana y al mediodía ya están marchitas.

Es cuestión de dar con el momento preciso. La recolección empieza poco antes de abrirse los capullos.

En el momento de la recolección los capullos deben arrancarse con un movimiento firme de la mano.

Las alcaparras pequeñas son las más caras precisamente porque deben recolectarse con especial cuidado.

Tras la recolección deben eliminarse escrupulosamente los restos vegetales y los cuerpos extraños.

El calamón común encuentra arroz
Sa Pobla

Un extranjero llamó la atención de los influyentes señores de la *Societat Mallorquina Econòmica D'Amics del País,* fundada para activar el desarrollo de la economía de la isla. Su nombre era Alexandre de Cauterac, era francés y presentó una propuesta inaudita hasta entonces: secar 1.000 de las 2.850 hectáreas que comprendía la Albufera y destinar la mitad del terreno ganado al cultivo de verduras y fundamentalmente de arroz, un alimento que hasta entonces no había desempeñado el más mínimo papel en Mallorca.

Pero aquellos buenos hombres eran por lo demás bastante escépticos; en aquel momento no podían sospechar ni de manera remota que hoy los mallorquines relacionarían Sa Pobla con el arroz, y desde luego con un arroz de excelente calidad. Les preocupaba la posibilidad de que se agotasen las fuentes subterráneas que

alimentaban la laguna y suministraban agua a casi todo el Pla. Además, la guerra contra Napoleón trasladó prácticamente a todos los hombres jóvenes de sus tierras a los campos de batalla. Por otra parte, como francés que era y por tanto enemigo en aquellas fechas, De Cauterac no solo no era bien visto en Mallorca, sino que, como tantos compatriotas suyos, fue expulsado del país.

Esto sucedía en el año 1799; de este modo se desvanecía el sueño del arroz. Unos pocos campesinos trataron de cultivar arroz en la Albufera, pero los *arrossaires* vivían en circunstancias muy difíciles; quien no moría de hambre, moría de malaria, una enfermedad que se propagó con gran rapidez en aquellos terrenos pantanosos. La situación cambió cuando los agricultores advirtieron el momento del día en que aparecía el anofeles transmisor del paludismo y cuando se descubrió que la quinina constituía un remedio eficaz de prevención y de curación.

Afortunadamente sucedió así, ya que los terrenos de aluvión de la laguna son de una

Los domingos, la plaza del mercado de Sa Pobla se llena de aromas y colores procedentes de las tierras agrícolas del interior.

fertilidad extraordinaria; las condiciones climáticas y de cultivo son tan favorables que pueden darse hasta dos y tres cosechas de la tierna patata temprana de piel fina que tanto aprecian en las islas Británicas. El terreno pantanoso de la Albufera ofrece asimismo condiciones ideales para el cultivo del arroz. Sorprendentemente los árabes, tan versados en cuestiones de técnicas agrícolas, no tuvieron esta idea, pues su eficacia hubiera estado asegurada sin tener que recorrer la dura carrera de obstáculos que tuvo que salvar varios siglos después el proyecto del cultivo del arroz.

El cultivo del arroz en Mallorca

El cultivo del arroz no se puso realmente en marcha hasta el año 1901, pero entonces se hizo de un modo precipitado. En efecto, las reservas de agua y la fertilidad del terreno debían facilitar desde el primer momento una producción de arroz por hectárea superior a la del Levante español y a la del delta del Ebro. Sin embargo, las cosas no salieron exactamente como se esperaba. El coste del transporte hasta la península era demasiado elevado y la comercialización, sobre todo en el continente, resultaba sumamente difícil debido a la competencia de los productos importados de Valencia y de Murcia. En el año 1908 la empresa *Agrícola Industria Balear* decidió por lo tanto interrumpir el cultivo del arroz.

Sin embargo, es evidente que en la isla de Mallorca las cosas funcionan de un modo distinto que en otros lugares. En efecto, la desaparición de la *Agrícola Industria Balear* fue aparentemente la chispa que venía necesitando el "proyecto arroz" para ponerse definitivamente al rojo vivo. El propietario de los terrenos de cultivo de la Albufera dividió los arrozales y los vendió a los vecinos de las poblaciones de Sa Pobla y de Mura, quienes parcelaron la laguna, sanearon los sistemas de riego, limpiaron los canales y crearon incluso el puesto de trabajo de "regador". Desde entonces la producción de arroz de la zona es cuantitativamente modesta, pero de una calidad excelente.

Superior: accesorios para los deportistas: jinetes, lanzadores de botellas y aficionados al fútbol encuentran en el mercado su pieza de diseño.

Inferior: controles de calidad: visitar el mercado de Sa Pobla implica necesariamente tocar, husmear y probar.

Paraíso natural en el norte
S'Albufera

Actualmente, la Albufera es un parque natural protegido. Con sus 2.400 hectáreas, sigue siendo el mayor humedal de las Baleares, a pesar de que sólo cuenta con la tercera parte de la superficie que encontró el naturalista romano Plinio cuando lo visitó en el siglo I d.C. Plinio dejó constancia del envío a Roma, en calidad de exquisiteces, de calamones comunes y de martinetes de la Albufera.

Tras su aprovechamiento con fines exclusivamente económicos, en la actualidad el Gobierno insular mantiene un modélico centro de protección de la naturaleza y de información, que con sus recorridos de carácter pedagógico y sus paseos ofrece al visitante la oportunidad de conocer por observación directa flamencos, garcetas comunes, calamones comunes, buitres negros y raras especies de sapos cuyo hábitat es la Albufera.

La cocina regional está asimismo marcada por los productos de este entorno natural. La *espinagada*, por ejemplo, consiste en una empanada fuerte de espinacas que se prepara con anguila de la Albufera y se sazona con el pimiento rojo picante de Sa Pobla. El uso del pimiento picante parece remontarse a los tiempos en que el agua de la laguna estaba infestada de gérmenes patógenos y la gente de la zona trataba de protegerse recurriendo al pimiento rojo, al que se atribuían beneficiosos efectos desinfectantes.

Alrededor de 200 especies de aves utilizan el parque natural de S'Albufera como residencia permanente o como estación intermedia en sus migraciones.

El fuego de la continencia
Festa de Sant Antoni

Apenas iluminados por las llamaradas del gran fuego, los diablos acosan al hombre de largas barbas, que tiene problemas para defenderse de ellos y que se las arregla santiguándose. Las horribles figuras retroceden espantadas, pero inmediatamente reanudan sus ataques, vuelven a acosar a su víctima y la derriban hasta que ésta consigue espantarlas de nuevo con el signo de la cruz. El 16 de enero, víspera de San Antonio, se encienden los primeros *foguerons* del año, grandes hogueras a cuyo resplandor danzan hombres enmascarados y queman *dimonis*, muñecos en forma de demonios, en señal de su triunfo sobre el mal. Al igual que en las danzas de *cossiers*, también en este caso el tema de la tentación y la salvación, de la seducción y de la virtud, ocupa el punto central en los festejos. Se representan las tentaciones de San Antonio y los peligros que la carne supone para el espíritu, cuya superación simbólica alcanza a todos cuantos han tomado parte en el rito. El espectáculo se prolonga entre dichos mordaces hasta altas horas de la madrugada.

En torno a San Antonio existen múltiples leyendas. Es el patrono de los animales, sobre todo de los cerdos, y contribuye a curar las enfermedades, incluida la ludopatía. De ahí viene la frase: "El primer fuego quema a San Antonio y acaba con el juego". Todas las leyendas relacionadas con San Antonio abad están estrechamente unidas al fuego como protección frente a los vicios y las tentaciones. El santo nació en Egipto en el año 251 y se pasó la mayor parte de su vida, entre ayunos y oraciones, en el desierto de Libia. Es considerado como el primer monje cristiano y, como sucede en estos casos, fue tentado en repetidas ocasiones en la soledad del desierto por el demonio en forma de mujer. Para defenderse, encendió una hoguera y caminó sobre el fuego —el dolor como arma contra el placer—.

Para la orquesta popular constituye un gran esfuerzo tocar para ahuyentar los vicios y las enfermedades.

Éste es el origen de la costumbre de encender hogueras como remedio contra el ergotismo, enfermedad que durante los siglos X y XI causó la muerte de un gran número de mallorquines. La grave dolencia, que en adelante se designó con el nombre de "fuego de San Antonio", tenía su origen en el centeno parasitado por el cornezuelo. En la fase final los afectados presentaban, sobre todo en los dedos de las manos y de los pies, manchas negras en la piel, malolientes y gangrenosas, que parecían quemaduras y solían ir acompañadas de espasmos musculares y de trastornos mentales. Como no existía ningún remedio eficaz para combatir la enfermedad, los mallorquines recordaron las viejas imágenes de San Antonio en medio de las llamas y trataron de espantar a los malos espíritus encendiendo hogueras.

La fama de San Antonio como patrono protector de los animales se fundamenta en su amor a los animales, según se desprende de una leyenda casi "ecologista". Una cerda había

Los vecinos del pueblo se divierten hasta primeras horas de la mañana contemplando los seres fabulosos que vomitan fuego y dirigiéndose frases ocurrentes.

El fuego espanta a los malos espíritus. Después se celebra con fuegos artificiales la victoria sobre las fuerzas de las tinieblas.

parido un cochinillo pequeño y débil que apenas si podía tenerse en pie. San Antonio se compadeció del pobre animal y lo bendijo. Acto seguido, sanó repentinamente y echó a correr. El cochinillo estaba tan agradecido al santo que en adelante no dejó de acompañarlo. De acuerdo con la lógica de los viejos rituales, que tanto nos sorprende desde la perspectiva actual, tradicionalmente el 17 de enero se sacrificaba un cerdo en honor a San Antonio. Solía ser un cerdo tan cebado que era incapaz de llegar por sí solo hasta el banco en que había de ser sacrificado.

Todavía más antigua es la costumbre del *pi de Sant Antoni*. Se trata de un pino alzado y enjabonado en cuyo extremo superior hay una gallina atada. Los jóvenes intentan trepar por el resbaladizo tronco para hacerse con la gallina; obviamente son muchos los que resbalan una y otra vez y caen al suelo entre las risas de los espectadores.

Día de la vecindad

A primeras horas de la mañana del día 17 de enero todavía hay algún resto de hogueras en las calles de Sa Pobla. Los vecinos que, disfrazados de demonios, no han dejado de acosar al santo con sus ataques durante toda la noche, aprovechan para descansar un par de horas, en tanto que el santo y sus fieles tienen la seguridad de que las enfermedades, los vicios y las tentaciones han quedado desterrados del pueblo hasta el año siguiente.

Pero nada más despertar se pone en marcha el siguiente punto del programa de festejos. Se trata de sacar brillo a la casa, de abrir las puertas en actitud de invitación y de iniciar los preparativos de la suculenta comida del mediodía. En este día hay que contar con numerosas visitas, y la *espinagada* mallorquina, un plato a base de anguila y verduras que se prepara para celebrar la fiesta, debe ser suficiente para todos los amigos y conocidos que deseen probarlo.

Superior: durante la recolección, de fresas en este caso, los agricultores se ayudan los unos a los otros.

Inferior: antiguamente se creía que los pimientos rojos picantes protegían de las intoxicaciones alimentarias.

Espinagada

Empanada de verdura y anguila de agua dulce
(para 6–8 personas)

Ingredientes para la masa

20 g de levadura

agua templada

una pizca de azúcar

500 g de harina

200 ml de aceite de oliva

sal

Ingredientes para el relleno

800 g de anguila fresca

4 dientes de ajo cortados
en láminas finas

1 ramita de perejil picada

pimienta, sal, pimentón
y el zumo de un limón

200 ml de aceite de oliva

300 g de guisantes recién pelados

200 g de espinacas frescas sin tallos,
cortadas en trozos de tamaño mediano

3 cebolletas cortadas
en trozos

1 guindilla picante cortada
en aros finos

Una vez secos, los pimientos rojos encienden en la lengua el verdadero fuego de San Antonio.

La *espinagada* es, por tradición, la comida con que el 17 de enero se celebra la fiesta de San Antonio en Sa Pobla y en otros pueblos y ciudades; es un día de "puertas abiertas" en el que todos los amigos, y también los extraños, están invitados a tomar un trozo de *espinagada* y una copa de vino.

Grandes hogueras encendidas en medio de las calles proporcionan calor en esta estación húmeda y fría a los que participan de la fiesta y se reúnen alrededor del fuego para escuchar a quienes, acompañándose de la *ximbomba* o zambomba, entonan canciones de contenido mordaz y picante. La atmósfera está llena de humo y desde lejos se divisa el pueblo iluminado por el resplandor de las hogueras. Esta visión y el incomparable sabor de la *espinagada*, tan picante que quema en la lengua, serán lo que permanezca en el recuerdo de la fiesta de San Antonio.

La masa

En principio puede servir cualquier masa de pan elaborada básicamente con harina blanca, siempre que lleve 200 ml de aceite de oliva por 500 gramos de harina.

Comience disolviendo la levadura en un poco de agua templada, mézclela con una pizca de azúcar y con una cucharada de harina y manténgala en un lugar caliente. Esparza la harina sobre una tabla, forme un hueco en el centro e introduzca en él la masa previa, aceite de oliva (templado), agua y una pizca de sal y amase hasta que se forme una masa homogénea, la cual se mantendrá en un lugar caliente cubierta por un paño hasta que se haya doblado su volumen.

La víspera o al menos unas horas antes, limpie las anguilas, lávelas, quíteles las espinas y córtelas en trozos iguales. Déjelas en maceración con ajo, perejil, zumo de limón, pimentón y aceite de oliva, y resérvelas.

Extienda uniformemente la masa ya preparada y estírela sobre una placa de horno rectangular y generosamente untada de aceite de forma que sobresalgan los bordes. Pinche con un tenedor la masa en la placa. Hierva los guisantes en agua durante 5 minutos, páselos por un colador, salpiméntelos junto con las espinacas y las cebolletas partidas en trozos de tamaño mediano y rehóguelo todo en aceite de oliva con los aros de guindilla picante. Distribuya la mezcla uniformemente por la masa, incorpore la anguila marinada y hornéelo todo durante 35–40 minutos, hasta dorarse, en el horno precalentado.

La *espinagada* cubierta tiene también mucha aceptación. Para elaborarla se doblan las cantidades de masa y se prolonga 15 minutos el tiempo de cocción.

Fuerza en la colina
Alcúdia

Para empezar, una pequeña confusión. La población de Alcúdia se encuentra en el lugar en que en el año 123 a.C. los romanos fundaron su primera ciudad en la isla de Mallorca. Los romanos la llamaron "Fuerza", como si hubieran pretendido introducirla en la historia con este nombre como buen augurio. Sólo que la "Pollentia" romana, la ciudad más antigua de Mallorca habitada de forma ininterrumpida, se llama en la actualidad Alcúdia, en tanto que la pequeña población de Pollença, situada a sólo 10 km tierra adentro, rescató en algún momento el viejo nombre romano del polvo de la historia y le dio un nuevo brillo, distinto en cualquier caso.

Los responsables de esta confusión de nombres fueron los vándalos. Cuando invadieron Mallorca en el siglo V, liquidaron la *pax*

Fundada en el año 123 a.C. cerca de la costa, Pollentia fue la primera ciudad romana en Mallorca. La especial importancia que tenía para el Imperio se explica por la posición geográfica que ocupaba respecto de Roma, situada al este, en tanto que Palma no adquirió importancia hasta más tarde, cuando los romanos se interesaron más por España.

El teatro romano de Pollentia, hoy Alcúdia, acogía a 2.000 espectadores y ofrecía una soberbia vista de la cercana bahía.

romana y arrasaron Pollentia, que quedó inmediatamente despoblada para no volver a poblarse jamás. Los supervivientes se establecieron en el interior y fundaron Pollença. Unos 400 años después los árabes fundaron una nueva ciudad en la colina, cerca de las ruinas romanas. La traducción árabe de "colina" es *al-kudia* y éste fue el nombre de la nueva ciudad. La antigua Pollentia les sirvió como una especie de supermercado de piedras, aunque no todo se adaptaba a sus proyectos.

Fue una verdadera suerte, pues de este modo han podido conservarse a lo largo de los siglos plantas urbanas romanas que en otras partes se hubieran destruido para construir edificios nuevos.

La sastrería de Julio César

No todos los yacimientos romanos de la ciudad de Alcúdia son accesibles a los visitantes, pues muchos se encuentran en manos de particulares, en el jardín por así decirlo, como algo privado auténticamente antiguo. Pero el teatro romano, apacible y retirado, se recuesta en una colina natural con sus sencillas gradas previstas para 2.000 espectadores. Como sucede en muchos otros teatros de la Antigüedad clásica, el paisaje se integra en el escenario. Además desde él se disfruta de una soberbia vista de la bahía de Port d'Alcúdia, con algunos restos de edificios municipales, fuentes públicas, canalizaciones y calles enteras en primer término. Estos restos y el Museo Arqueológico permiten adivinar la espléndida y activa ciudad que fue la Pollentia romana.

La isla de Mallorca interesaba sobre todo por su situación, pero Roma tenía además especial interés en deshacerse en el Mediterráneo occidental de los piratas mallorquines, que no solo se atrevían a atacar a sus barcos mercantes, sino también a sus navíos de guerra. En consecuencia en el año 123 a.C. el Senado envió a la isla al procónsul Quinto Cecilio Metelo con un gran contingente de tropas para desembarazarse de los honderos. Los resultados fueron positivos, pues según parece los romanos no tuvieron que luchar demasiado para asentarse en el país. A pesar de los temidos honderos baleares –la tautología es evidente, pues "Baleares" deriva de *baliarides*, que significa "honderos"–, Roma cortó por lo sano la escasa resistencia y no tardó en ocupar toda la isla. Metelo, que desde entonces pudo llamarse el "Baleárico", fundó Palma en el

año 122 a.C. y estableció en Mallorca a 3.000 veteranos y colonos. Murió en el año 115 a.C.

Ciudades como Pollentia no tardaron en atraer a romanos de la metrópoli hastiados de la vida urbana, por lo que en poco tiempo alcanzó un gran esplendor. Se establecieron en ella sobre todo tejedores y sastres jóvenes, que hicieron de la nueva ciudad un centro de la moda de

Jaime I inició en 1300 la construcción de las murallas de Alcúdia. Hacia 1660 Felipe IV las amplió y añadió un segundo anillo de murallas.

En las tierras de Alcúdia, el fuego, el agua, el viento y la tierra convierten S'Albufera en un escenario natural.

vanguardia. Para ser alguien en Roma había que llevar togas, ropa y abrigos de Pollentia. Según los historiadores, el mismo Cayo Julio César prestó juramento vestido con la *latixclavia*, una toga mallorquina.

Capacidad defensiva por fuera, riqueza artística por dentro

La Alcúdia árabe no pudo legar a la posteridad muchas cosas de su segunda época de esplendor; durante los siglos XIII y XIV los conquistadores cristianos dinamitaron su legado. No obstante, en Alcúdia se conserva una *sínia* delante de la puerta occidental de la ciudad; se trata de una noria árabe puesta en movimiento por burros. Inmediatamente detrás se alzan las monumentales fortificaciones que rodean el casco antiguo, cuya construcción inició Jaime I en 1300, aunque hacia el año 1660 Felipe IV las amplió y reforzó con un segundo anillo de murallas. Las murallas de la ciudad se conservan en perfecto estado, incluida la iglesia fortaleza, en la que se

podía orar brevemente antes del ataque inminente de las hordas: la iglesia de Sant Jaume.

En el interior de este cordón de seguridad de piedra custodiado por palmeras, Alcúdia aguarda ofreciendo la posibilidad de viajar a través de la historia del arte: desde una sepultura de la Edad de Bronce, exactamente dentro de las murallas, hasta el soberbio Ayuntamiento renacentista pasando por la iglesia románica tardía de Santa Anna con su decorativa cubierta de madera. Aguarda asimismo con sus soleadas plazas y con sus discretas callejuelas en las que, siempre que un coche no toque la bocina, es posible escuchar y percibir el rumor de la historia.

La península que se adentra en el mar por detrás de la ciudad recuerda la importancia estratégica de Alcúdia. Se llama Sa Victòria; quien vencía aquí dominaba una parte decisiva de la isla, a la vez que la Talaia d'Alcúdia, una montaña de 444 metros de altura situada en la península, le garantizaba una atalaya natural

hasta Menorca. Actualmente hay una carretera hasta la cumbre; en ella puede llegar a calarse el motor del coche, pero la subida habrá merecido la pena, al igual que la visita a la capilla de Nuestra Señora de la Victoria, que resistió porfiadamente los intentos de robo de los piratas árabes, volviendo milagrosamente una y otra vez a su sitio, decidida a quedarse en su capilla, situada a 140 metros sobre el nivel del mar.

No está documentado el punto concreto en que desembarcaron romanos y vándalos para fundar o destruir Alcúdia, pero es posible que el puerto actual de Alcúdia, el Port, se encuentre en tal lugar. Ahora en vez de las galeras romanas se alinean aquí mezclados los yates y los barcos de pesca y las bermudas, la ropa de playa y las gorras de visera sustituyen en las calles a las elegantes togas romanas. Aquí empieza, en efecto, la bahía de la playa de arena más bonita de Mallorca, que con sus más de veinte kilómetros hasta Cap Ferrutx se despereza en suaves arcos bajo el sol. En ningún otro lugar de la isla tiene la luz de la mañana tanta magia como aquí, cuando cautelosamente despierta la Albufera tierra adentro y la playa se perfila en una difusa luz roja.

Aquí caben todos los deportes acuáticos y los adictos al ejercicio físico podrán ir en bicicleta a Pollença, a Cala Sant Vicent o al legendario cabo de Formentor a través de una soberbia carretera de montaña, pasando junto al hotel del mismo nombre, magníficamente situado junto a la playa, que ha conocido jornadas maravillosas y huéspedes ilustres.

Donde antiguamente desembarcaron los romanos, se balancean hoy los veleros de Port d'Alcúdia.

Con sus kilómetros de playa, la bahía de Alcúdia es una tentación para los adoradores del sol y para los aficionados a los deportes náuticos.

Luchando contra mosquitos y toros
Muro

En el siglo XIII, Muro fue durante algún tiempo un pueblo fantasma; la peste bubónica y el paludismo lo despoblaron por completo. Fue la única vez, pues desde entonces la población de esta pequeña ciudad hace causa común con su nombre, que promete fuerza, tenacidad y capacidad de resistencia.

Aquí la vida siempre ha sido peligrosa. La proximidad de la Albufera, con sus aguas salobres y con la presencia del mosquito transmisor del paludismo, trajo a Muro enfermedades, pestes y muertes durante siglos. Los que podían hacerlo se refugiaban en terrenos más secos y menos peligrosos.

Pero entonces se corría el peligro de morir de hambre, pues en definitiva se abandonaba la comarca situada entre Muro y Sa Pobla, que se caracteriza por unas tierras fértiles, negras y ricas. Y así, desgarrada por el conflicto planteado entre unas tierras fértiles y a la vez peligrosas, la gente terminaba volviendo a Muro.

Para sobrevivir, no había más remedio que organizarse. Tras la expulsión de los árabes, que habían introducido y desarrollado la agricultura, y después de la repoblación de finales del siglo XIII, en Muro se establecieron diversos gremios; carpinteros, canteros, orfebres, panaderos

Superior: dos mujeres se permiten un momento de descanso charlando delante de la puerta.

Derecha: las palmeras proyectan largas sombras sobre la parroquia de Muro, construida en el siglo XIII y dedicada a San Juan Bautista.

y sastres se aseguraban su sustento y a la vez abrían vías comerciales y formativas. De esta época proceden los cimientos de la impresionante iglesia parroquial de Sant Joan Baptista; dada la hostilidad del entorno, los vecinos no podían prescindir de ningún modo de una protección divina especial.

Cuando el tradicional cultivo de cereales resultó insuficiente para alimentar a una población en constante crecimiento, los campesinos de Muro descubrieron el sistema del *amitger*, una especie de cooperativa agrícola en la que una parte de la población aportaba los materiales, los animales o las tierras y la otra el trabajo. Los beneficios de este proyecto común se repartían entre las partes implicadas. Como mínimo desde que se consiguió la desecación parcial de los mortíferos pantanos, los vecinos de Muro tienen fama de ser unos auténticos talentos organizadores y muy trabajadores. Y también de no ser precisamente unos maestros

de la diplomacia. Su árbol genealógico étnico explica hasta cierto punto que esta fama no sea tan sorprendente.

En efecto, Muro estaba ya poblado hacia el año 2500 a.C.; se conservan cuevas habitadas en aquellas fechas anteriores a la cultura de los *talaiots*. La cultura de los *talaiots* construyó sus típicas torres de vigilancia, cuyos restos siguen rodeando el lugar como hace más de 3.500 años. Los hallazgos de monedas y enterramientos indican que los romanos se establecieron en este lugar. El Museo Etnográfico de Muro recoge orgulloso esta historia.

En la Edad Media los vecinos de Muro estaban organizados en gremios y asociaciones.

Lo que es bueno para el hombre no puede perjudicar a las ovejas, que también reciben la bendición.

Corridas de toro en la cantera
La plaza de toros de Muro

En diversos puntos situados en los alrededores de la población de Muro hay una piedra muy especial, la piedra *marès,* que es una piedra caliza formada por compresión de capas arenosas del cuaternario. Se trata de una piedra de color

Superior: para la plaza de toros de Muro se habilitó una cantera circular que después se "recicló". Sin embargo, las excavaciones no fueron suficientes para todo el complejo y, para el graderío y las cuadras, hubo que recurrir a las canteras cercanas.

Izquierda: el toro empuja a caballo y picador contra la barrera, creando una situación difícil que el matador, vestido con su traje de luces, se apresura a resolver. El público, que en una plaza de toros es al mismo tiempo árbitro, protesta ruidosamente y ofrece un asesoramiento gratuito.

claro, con cálidos destellos amarillos, que se encuentra con frecuencia en zonas costeras y se explota a cielo abierto. Tras la extracción de la piedra *marès,* queda una cantera excavada que en otros tiempos se utilizaba para guardar el ganado e incluso como invernadero natural, ya que quedaba protegido del viento y estaba dotado de un microclima especial.

Pero a los imaginativos vecinos de Muro les atrajo la posibilidad de utilizar la cantera abandonada como plaza de toros. Como eran las menos las canteras explotadas con este tipo de planes de reciclado, para poder realizar el proyecto hubo que abrir una nueva cantera, a principios del siglo XX, que tuviera forma de plaza de toros.

Pero además del coso propiamente dicho, una *plaça de bous* cuenta con toda una serie de dependencias, entre ellas cuadras para los toros, un patio de caballos, una capilla y, naturalmente, gradas para el público. En Muro los arquitectos de la *Plaça Monumental* utilizaron

la piedra *marès* para las gradas superiores y excavaron directamente en la roca las cuadras y las gradas inferiores. Vendieron la piedra no utilizada para pagar a los obreros y amortizar los costes de construcción.

Desgraciadamente las cuentas no salieron, ya que la piedra de la explotación era de una calidad más baja y no pudo emplearse para la construcción de las tribunas del público. No quedó más remedio que adquirir piedra más cara, con la consiguiente elevación de los costes de la obra, que se dispararon enormemente. No obstante, el esfuerzo mereció la pena. La plaza de toros de Muro se hizo famosa en toda España por su belleza y su situación fuera de lo común y para los toreros de primera categoría constituía un honor actuar en ella. Todas las grandes figuras del toreo del siglo XX, desde Antonio Ordóñez a Espartaco y Enrique Ponce pasando por El Cordobés, honraron con su presencia los carteles de la *Plaça Monumental* y su arena clara.

Sueños mallorquines de tela
El cáñamo

Tela con motivos en forma de lenguas, *tela de llengües:* así se denominan en la isla de Mallorca las telas bicolores con motivos geométricos. Se fabrican mediante una técnica especial, el *ikat.* A diferencia de lo que sucede en los *kilim* o en los tejidos Jacquard, en los tejidos *ikat* la urdimbre se tiñe con el dibujo previsto y se teje con hilo de trama blanco o de color natural. En el caso de tratarse únicamente de un modelo de rayas, los tejedores tensan en el telar urdimbre de distintos colores y traman hilo blanco.

Las fértiles tierras de la comarca de Muro se adaptan, más que ninguna otra de la isla, al cultivo de una planta especial que en otras zonas, constantemente amenazadas de sequía,

encuentra muchas dificultades para desarrollarse. Se trata del cáñamo, cuya denominación latina es *Cannabis sativa.* Hasta la fecha no se han registrado cambios, pues la demanda de productos de cáñamo en Mallorca sigue siendo la misma de antes, aun cuando tras la plaga de parásitos –una más, sólo que esta vez no fue la filoxera– de mediados del siglo XX, el mercado no se haya recuperado del todo.

Elaboración del cáñamo

El cultivo del cáñamo se realiza ya desde el tercer milenio a. C. Los primeros documentos que se conocen proceden de China. En la India se cultivó en grandes superficies a partir

Los viejos telares eran íntegramente de madera de olivo y de pino.

También en los telares modernos la *tela de llengües* se elabora efectuando a mano cada golpe de la lanzadera.

Una trama blanca y unos hilos de urdimbre blancos originan una tela blanca. En Mallorca esta tela se vende para cortinas, manteles y cubrecamas.

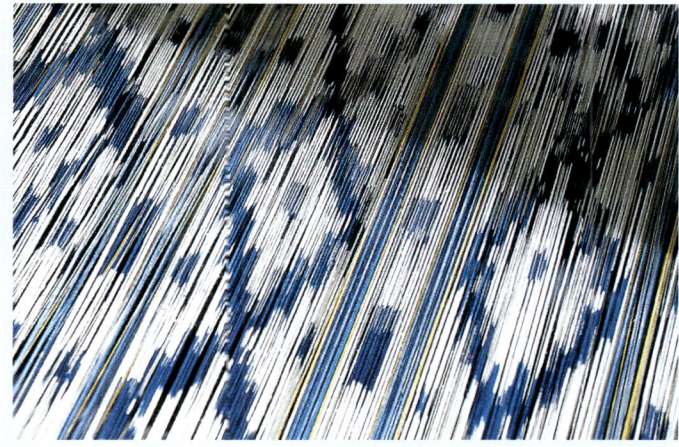

Para el tejido de *ikat* los hilos de urdimbre se tensan y se tiñen con el dibujo deseado; tradicionalmente se utiliza mucho el azul.

La trama blanca reduce el contraste de los colores y difumina ligeramente el dibujo.

En las tejedurías modernas hay *tela de llengües* de todos los anchos y colores. Teniendo en cuenta el destino final, se emplean también otras fibras.

del siglo IX a.C., pero fueron los romanos quienes finalmente lo introdujeron en la isla de Mallorca 800 años después.

No es nada fácil cultivar cáñamo; supone mucho trabajo y además huele mal. La siembra exige un gran cuidado, pues el cáñamo es una planta diclina y sólo se desarrolla cuando los brotes masculinos y femeninos se plantan a la distancia recíproca adecuada. Cuando la planta de cáñamo alcanza su impresionante altura de hasta cuatro metros, se corta a mano con grandes dificultades. Antes de que puedan desprenderse sus fibras, se lleva a cabo un proceso de descomposición en el que se desprenden biogases de olor desagradable y que puede llegar a causar dolor de cabeza, náuseas y sopor. De ahí que por un decreto del siglo XVI estas

fuentes de contaminación atmosférica deban situarse a un cuarto de milla española (que equivale a 1,28 km aproximadamente) de la población más cercana.

Antiguamente con estas fibras resistentes se fabricaba incluso ropa de trabajo. En Mallorca un ajuar de novia como es debido debe incluir ropa de cama, mantelerías y toallas de cáñamo y probablemente, junto a las piezas de color blanco o natural, habrá también *tela de llengües*. Estos resistentes tejidos han vuelto a experimentar, a finales del siglo XX, un notable auge, después de haber cedido la supremacía durante varios años a los tejidos sintéticos, más fáciles de tratar y "más modernos". Ahora vuelven a apreciarse sus luminosos colores y sus alegres dibujos. En más de un pueblo

mallorquín se han desempolvado los viejos telares, que vuelven a gemir bajo el incesante ir y venir de la lanzadera. Junto a las de Muro destacan por su perfección artesanal las *tapisseries artesanals* de Santa Maria del Camí y de Pollença. Rindiendo tributo a la modernidad, trabajan con telares 80 cm más anchos que los tradicionales para plasmar los sueños mallorquines en color.

De ahí que los mallorquines no juzguen necesarios otros sueños alimentados a través del cáñamo. No existen indicios de que se hayan inhalado la resina o las hojas de la planta como escapatoria a los problemas de la realidad cotidiana. Sólo como antirreumático casero suele tomarse aquí una tacita de una infusión de cáñamo.

El Palau March, que ofrece una soberbia vista de la catedral de Palma, es sólo uno de los suntuosos inmuebles de la Fundación March.

Pirata, oportunista, mecenas
Joan March de Santa Margalida

La aldea de Santa Margalida está habitada desde hace más de mil años y desde 1679 cuenta con una soberbia iglesia, rodeada de árboles y construida en un pequeño llano que se encuentra en un nivel superior con respecto al pueblo. A principios del siglo XX se instalaron aquí una fábrica de licores y algunas industrias de artículos de cuero, ninguna de las cuales inscribió su nombre en los libros de historia. Fue en el año 1880 cuando en una cabaña un porquero tuvo un hijo que uniría para siempre su nombre con el de la aldea. Era Joan March Ordinas, de Santa Margalida, una de las mayores fortunas de su tiempo, intrigante, pirata, mecenas, criminal para unos, una vergüenza para otros y siempre un enigma. Su pueblo natal no le dedicó ningún monumento, como sucede en otras partes con sus hijos ilustres y, de no haber sido por los dos

monumentos que él mismo construyó, un suntuoso mausoleo en el cementerio de Palma y la Fundación Joan March, probablemente nadie hablaría hoy de él.

¿Escrúpulos? ¿Qué son?

Es evidente que reunió una serie de cualidades que en general sólo se dan aisladamente en la gente: el don de saber ganarse a alguien y, si el intento no da resultado, comprarlo; un sexto sentido para estar, como la aguja de una brújula, en el lugar preciso en el momento exacto; una falta absoluta de escrúpulos, por ejemplo dejando morir en el puerto a toda una partida de ganado de sus competidores antes que permitirles hacer negocio; y un don para presentarse siempre como ganador. Obtener el máximo rendimiento de la nada fue su lema ya desde sus años escolares, cuando no vendía cigarrillos enteros, sino sólo caladas. Tampoco tardó en descubrir el negocio de los préstamos de dinero; quien había recibido en préstamo 10 céntimos suyos tenía que devolverle 20 una semana después.

En lugar de cuidar los cerdos de su padre, el joven Joan se las ingenió para vender su carne. A los veinte años firmó un contrato en firme con una fábrica de embutidos de Barcelona. Pronto se introdujo en el contrabando de tabaco con origen y destino en Argelia, compró a hombres de paja y a las tripulaciones de la competencia con resultados positivos, hasta el punto de que en pocos años los ingresos nacionales por impuestos sobre el tabaco descendieron de 50 millones a 165.000 pesetas.

Paralelamente acabó con el reparto de tierra tradicional en Mallorca. A principios del siglo XX la vieja nobleza con dinero atravesó serias dificultades. Los antiguos pequeños labradores encontraron un trabajo más seguro en la industria y las granjas y las fincas quedaron desatendidas. March se hizo con tales propiedades, las dividió en miniparcelas que vendió a precios de saldo a los antiguos criados y que, dado su elevado número, le proporcionaron enormes ingresos. A lo largo de su vida gestionó más de 40.000 inscripciones en el registro de la propiedad. Para no ceder a otros los onerosos derechos de tramitación y los intereses, fundó su propio banco, la Banca March, que todavía hoy tiene agencias en todos los pueblos de Mallorca y en la misma península Ibérica.

Su instinto para los negocios y su absoluta falta de ética y de moral lo llevaron a enredar la madeja durante la Primera Guerra Mundial y le acarrearon definitivamente una inmensa fortuna. Con los británicos llegó a un acuerdo para controlar, mediante una contraprestación en efectivo, los movimientos de la flota alemana en el estrecho de Gibraltar. A su vez puso a disposición de los alemanes pilotos que les permitían moverse con seguridad en el Mediterráneo. Cuando los alemanes apresaban uno de los barcos mercantes de March, todos salían ganando; los alemanes, con dinero de por medio obviamente, obtenían acceso ilimitado a todo lo que necesitaban, y March, además de asegurarse unos ingresos por las ventas realizadas en aquellos supermercados flotantes, las primas de los seguros por la pérdida de las mercancías. Solamente en el año 1917 registró 2.500 *shopping tour* alemanes de este tipo. Como entretanto March se había hecho con todas las compañías navieras del Mediterráneo

Joan March fue uno de los hombres más ricos de su tiempo y también uno de los más cínicos.

español, entre ellas la Trasmediterránea, siempre activa, la elección no resultaba difícil.

Durante cierto tiempo el hombre de éxitos que era March disfrutó de gran veneración en Mallorca y hasta la misma izquierda política le brindó su apoyó por ser el único que había dado al traste con las rancias costumbres feudales y, aunque indirectamente, en el año 1926 le facilitó el acceso a las Cortes de Madrid, y, por tanto, a la clase dirigente del país. Posteriormente las intrigas de March durante la Guerra Civil española descubrieron a la izquierda el tipo de hombre a quien había apoyado. También esta vez supo March estar en el sitio justo. Aunque todavía no se ha demostrado de un modo concluyente, es más que probable que March financiara con "generosos" préstamos la guerra fascista de Franco. Y por lo que se refiere al suministro de minerales, de petróleo y de hierro, tan importante en una contienda bélica, el mallorquín tenía en mayor o menor medida el monopolio en el Mediterráneo.

A pesar de todas sus conexiones y de sus intentos de corrupción clásica, en una ocasión March estuvo a punto de ser procesado. Fue detenido como sospechoso del asesinato del hijo de su socio Josep Garau, pero en el último momento los jueces fueron trasladados. March huyó finalmente a Gibraltar con el personal del establecimiento penitenciario y reanudó sus negocios para convertirse, a mediados del siglo XX, en uno de los hombres más ricos del mundo. Nadie ha podido saber nunca con exactitud lo rico que fue.

En el año 1955 March decidió cambiar de imagen y pasar a formar parte de la alta sociedad. Por primera vez no le bastaba sólo el dinero, por lo que se convirtió en mecenas y creó la Fundación Joan March, inicialmente con sede en Palma y, en 1976, a los 14 años de su muerte a causa de un accidente, en Madrid. En un primer momento la Fundación Joan March se dedicó casi exclusivamente a las artes plásticas y creó becas generosas para pintores y escultores. Se dio a conocer al gran público en 1960 efectuando grandes donaciones al Estado, como por ejemplo el códice del *Poema del Mío Cid.* A la muerte de March, en 1962, la Fundación amplió su radio de acción a programas de investigación en biología, sociología y política europea. Son casi 6.000 los estudiantes e investigadores que desde 1957 han prestado servicios a la ciencia con ayudas de la Fundación, la cual a su vez ha obtenido premios nacionales e internacionales.

En 1990 se inauguró en Palma la *Col·lecció March d'Art Espanyol Contemporani,* con filiales en Madrid y en Cuenca. En ella, junto a otras exposiciones no permanentes, pueden contemplarse 58 obras entre cuadros y esculturas. No falta prácticamente ninguno de los grandes creadores españoles del siglo XX: Arroyo Barceló, Chillida, Dalí, Julio González, Gris, Miró, Picasso y Tàpies. Exceptuado Salvador Dalí, muchos de ellos fueron del bando republicano durante la Guerra Civil y probablemente se revolverían en su tumba de saber que sus obras estaban expuestas en el museo de un viejo protector de la Falange. Además, en el edificio de Palma utilizado como museo March estableció en el año 1916 la primera sede de su banco, del que probablemente fluyó mucho dinero a las arcas de Franco.

Por lo demás sólo pagan entrada al museo los turistas, los habitantes de la isla entran gratis. Además, consciente de que ni esto ni su apuesta a favor del arte y de la ciencia iban a granjear a March mayores simpatías de los mallorquines, la Fundación intenta llegar al corazón católico y español presentando cada año en el Palau March de Palma uno de los Nacimientos más valiosos.

En cualquier caso March jamás fue amigo de los biógrafos. Se cree que él primero y sus herederos después adquirieron todas las biografías rigurosas que se publicaron sobre su persona, entre ellas *El último pirata del Mediterráneo,* de Manuel de Benavides.

Joan March creó su propio banco para desarrollar negocios inmobiliarios en condiciones favorables. La Banca March tiene filiales en todos los pueblos de la isla.

La iglesia del pueblo
Maria de la Salut

Santa Maria de la Salud. Como sucede con el pueblo Maria de la Salut, los curiosos nombres marianos españoles tienen su origen generalmente en una aparición milagrosa de la Virgen, aparición que determinó la construcción de una iglesia. Este tipo de historias se repite a todo lo largo y ancho de España, y por tanto también aquí. Se trata de que, por miedo a los invasores árabes, los campesinos ocultan bajo tierra una estatua especialmente venerada de la Virgen. Siglos más tarde, tras la Reconquista, un campesino, o, mejor aún, un niño encuentra casualmente la estatua.

La estatua de la Virgen suele emitir una luz brillante y, una vez liberada del polvo de los siglos, dirige bondadosamente su palabra a sus asustados descubridores, que advierten claramente el deseo de la Virgen de que se construya una iglesia en su honor en el mismo lugar de la aparición. El nombre de la Virgen correspondiente y el de la iglesia construida depende de dos posibilidades. Por una parte, la imagen lleva consigo algo que la distingue. En el caso de la aparición mariana de Menorca, por ejemplo, estaba acompañada por un toro manso, por lo que el lugar de peregrinación recibió el nombre de Verge del Toro. Pero puede suceder, como probablemente sucedió en Maria de la Salut, que su aparición se acompañe de un milagro. En efecto, esta advocación mariana relacionada con la recuperación de la salud apareció oportunamente en una época en que la peste reclamaba un peaje muy alto en Mallorca; es posible que los enfermos se curasen ese día o que la epidemia desapareciese de pronto. Con el tiempo no queda memoria de lo sucedido, sólo permanece el nombre, y también la estatua, que seguramente era anterior al periodo árabe y que actualmente adorna el altar principal de la iglesia de Nostra Senyora de la Salut.

La imagen reaparece sobre la puerta principal, de estilo barroco, del año 1697, pero esta vez no en actitud de caridad y de amor, sino con gesto decidido de amazona, como madre de los verdaderos creyentes que refrenda la supremacía de la única religión verdadera. Es difícil encontrar una expresión más rotunda de la diferencia que la Iglesia establece entre la etapa del primer cristianismo y la época posterior a la Reconquista.

Favores espirituales

En general pueblos como Maria de la Salut sacaron un gran partido del dominio árabe. Los árabes aportaron a la agricultura unos sistemas eficaces de riego y plantas útiles nuevas, como el albaricoquero, el almendro y la higuera. Los campesinos no temían la persecución religiosa, pues la época árabe en Mallorca se caracterizó

La iglesia barroca de Nuestra Señora de la Salud destaca sobre el pueblo y es visible a gran distancia.

por la convivencia pacífica de los cristianos, los musulmanes y los judíos.

Todo aquello terminó cuando el monarca Jaime I reconquistó Mallorca. La isla y sus dominadores volvían a ser cristianos, pero el poder y la influencia económica continuaban estando en manos de los seguidores de Moisés y de los profetas. Si querían conservar el poder, los dominadores cristianos tenían que cambiar rápidamente las viejas estructuras, mediante leyes en la medida de lo posible, por la fuerza en caso de necesidad.

Dicho en pocas palabras, podía quedarse quien abjuraba de sus falsas creencias, mientras que quien se negaba a hacerlo sufría el destierro, la cárcel o la hoguera. Se aplicaba la palanca del poder en los puntos en que la sociedad era más vulnerable, es decir, en los ámbitos de la lengua, la educación, los derechos civil y mercantil y la propiedad privada. De todo esto se fue apropiando la Iglesia poco a poco; estableció un monopolio sobre la educación en la lengua por ella elegida, de forma que el saber leer y escribir se convirtió en privilegio de una elite reducida, adinerada y selecta.

Los conversos declarados culpables de herejía perdían sus bienes, sus casas y sus fincas, que pasaban automáticamente a engrosar las propiedades de la Iglesia. Todas estas tierras y propiedades se conocían con el nombre de "bienes de manos muertas", pues por pertenecer a la Iglesia no podían venderse y en cuanto

masa comercial quedaban al margen del sistema económico. Por otra parte aquellas tierras tenían que ser cultivadas, por lo que con sus grandes fincas la Iglesia se convirtió en uno de los patronos más importantes de la isla. En el siglo XVI los gremios exigieron a sus nuevos miembros pruebas de "limpieza de sangre"; de este modo quedaron excluidos los descendientes de judíos y de árabes y la Iglesia consiguió hacerse, en un espacio de tiempo relativamente corto, con el control de casi todo cuanto acontecía en la isla, apoyada por las clases dirigentes y por los reyes católicos de España.

La influencia de la Iglesia se mantuvo prácticamente inalterada hasta la muerte de Franco en 1975, al menos en zonas rurales como el Pla. En efecto, al término de la Guerra Civil la Iglesia formaba un estado dentro del Estado y controlaba la educación, la cultura y, obviamente, la moral hasta en el dormitorio.

La iglesia de la liberación en versión mallorquina: Jaume Santandreu

Maria de la Salut dio a la Iglesia un hijo realmente extraordinario. En efecto, fue en esta población mallorquina donde en los años setenta del siglo XX el párroco Jaume Santandreu organizó uno de los centros comunitarios más progresistas de toda España. Inspirándose en las tesis de los teólogos sudamericanos de la liberación Leonardo Boff y Gustavo Gutiérrez, fundó en la ciudad de Palma centros de acogida,

de orientación liberal, para ayudar a drogodependientes y alcohólicos.

El conflicto estaba servido. La Iglesia oficial no acababa de aceptar a los teólogos de la liberación, cuyos postulados de liberación de las masas pobres del brazo conductor y opresor de la Iglesia cuestionaban su poder y su estructura económica. Pero para hombres como Santandreu, todas las personas tienen derecho a vivir fuera de la pobreza y de las necesidades extremas, por lo que el amor al prójimo es un acto de responsabilidad social.

No pasó mucho tiempo sin que la Iglesia no se desembarazase del rebelde párroco. No obstante, tras su destitución Santandreu continuó siendo un reformador popular que con sus numerosos proyectos, concebidos en el contexto del evangelio, creó centros de acogida para los necesitados.

El silencio del tiempo
Ariany

"No hay aquí notas falsas, ni montañas espectaculares, ni desfiladeros de vértigo. Los llanos y las planicies dotan a la tierra de un movimiento suave y en este escenario habita el mejor de todos los huéspedes: el silencio. Es el silencio que permite escuchar las voces de la naturaleza y los ecos del tiempo (...). Todo se debe a que aquí el hombre y la naturaleza nunca jamás han interferido recíprocamente". Con estas palabras consigue Guillem Frontera, de Ariany, una maravillosa caracterización de la atmósfera de su pueblo y de todo el Pla, de lo que constituye su modo de ser. Su descripción nada tiene de extraño, pues desde el cementerio, situado en un nivel algo superior y cerca de la maravillosa iglesia parroquial de Nostra Senyora d'Atocha y de su cúpula, se ofrece una arrebatadora visión del paisaje suavemente ondulado del llano.

Por otra parte, aquí no ha sucedido nada especial. El pueblo de Ariany, de 800 habitantes, ocupa un lugar muy pequeño en los manuales de historia de la isla y en la memoria colectiva. Es el municipio más reciente de Mallorca. Para enfrentarse por sí mismo al tercer milenio, se separó en 1982 de la cercana población de Petra, a la que, sin embargo, hay que ir para repostar. En muchos sentidos Ariany se parece a una mosca atrapada en ámbar; arrollado por una belleza singular y por los azares de la historia, no tardó en sufrir el olvido.

Es posible que el éxodo rural no haya afectado a ningún otro pueblo de Mallorca tanto como a Ariany. Como nunca contó con fábricas ni con relaciones comerciales, fuera de la agricultura no tenía ni tiene ningún puesto de trabajo que ofrecer. Ningún centro social, ninguna bolera y ningún cine impiden a los jóvenes salir a otros pueblos a divertirse; los que se quedan a lo sumo podrán optar en sus horas libres, tras la jornada laboral, por el grupo de

La vegetación tropical protege a Ariany del mundo exterior como si de un muro se tratase.

danzas populares, el campo de fútbol o la piscina. Eso sí es que hay jornada laboral, pues hasta los hermosos molinos del viento de los alrededores dejaron de poner sus elegantes aspas al servicio de la extracción del agua o de la molienda de cereales y nadie ha vuelto a activarlos.

Ni siquiera el turismo ha pisado esta población; hace siglos que no ha llegado hasta aquí ninguna novedad ni revolución alguna, pero son muchos los que se han ido fundamentalmente a Palma y las playas turísticas, a trabajar y a tomar parte en las ventajas y en los inconvenientes de la Edad Moderna. Para los fines de semana les queda el campo, el pueblo de sus padres, que una generación atrás y con muchas menos oportunidades, arrancaban a las tierras familiares heredadas la cantidad de trigo, de avena y de centeno que apenas si les daba para sobrevivir.

Intereses acumulados durante 400 años en forma de corderos viejos

No es extraño, por tanto, que en un pueblo como Ariany persistan ciertas peculiaridades medievales que de vez en cuando afloran a la superficie. Una curiosidad de esta caja de trastos viejos del feudalismo es el *alou* o impuesto que se paga al señor. Se trata de una peculiaridad jurídica que como tal sólo está vigente en las islas Baleares y únicamente en comarcas tan olvidadas como las que rodean a la población de Ariany.

"Para comprender el *alou* hay que remontarse a la historia antigua", afirma Miguel Coca, profesor de Derecho Civil en la Universidad de Baleares. "Cuando los catalanes conquistaron Mallorca en el siglo XIII, dividieron

En un pueblo como Ariany prácticamente no hay juventud.

Cuando una finca cambia de dueño, pueden aparecer sorprendentes deudas acumuladas desde la Edad Media.

las tierras entre sus fieles colaboradores, sus amigos políticos y la Iglesia. Los nuevos propietarios no tenían más quehacer que cobrar el salario del trabajo ajeno, a no ser que una finca pequeña y perdida no rindiese lo suficiente; en tal caso la vendían".

Pero junto al precio de compra se establecía una cláusula adicional, el *alou*, que les garantizaba unos ingresos extraordinarios directos y lucrativos en el momento de la venta. Según Coca, tales ingresos consistían en "un cordero al año, un par de sacos de trigo o una gallina. Como el *alou* estaba vinculado a la propiedad y por tanto se inscribía en el registro de la misma, el derecho no se extinguía nunca". Muchas generaciones abonaron religiosamente el *alou*, pero los acreedores murieron y sus herederos se multiplicaron en todas las direcciones. Sólo que en casos como el de Ariany las fincas se transmitieron por herencia y rara vez cambiaron de manos por venta.

En consecuencia puede darse el caso de que alguien quiera vender una finca que es desde

hace años propiedad de la familia. Entonces sucede lo siguiente. El notario encargado de la transferencia del inmueble está obligado por ley a descubrir todo lo que tenga relevancia jurídica sobre el objeto. Basta repasar el polvoriento registro de la propiedad para comprobar que la finca lleva 400 años sin abonar el *alou* de un cordero por año más intereses e intereses compuestos. Según un sonriente Coca, "lo curioso del caso es que, aunque esté olvidado, el *alou* continúa vigente. Lo desconocen totalmente el vendedor y los herederos de los antiguos propietarios de la época de la Reconquista, pero está vigente".

Para adquirir la propiedad legal de la finca, el comprador deberá abonar el *alou*, pero ¿cómo hacerlo? El profesor Coca señala que "en Baleares existe una ordenanza que simplifica y hace exigibles las transacciones de este tipo. Cuando los herederos son desconocidos, el comprador está obligado a dar a conocer sus intenciones de compra en el boletín oficial y los herederos disponen de un plazo de cinco años para reclamar sus derechos, que obviamente hoy se abonan en efectivo, no mediante corderos o gallinas". Si no lo hacen, el *alou* caduca definitivamente. Si los herederos aparecen, perciben su *alou* hasta la fecha de la venta, pero después se extingue. En palabras de Coca, "es absurdo prolongar indefinidamente una costumbre de estas características, sobre todo cuando hace ya una eternidad que está olvidada".

No obstante, existen abogados especializados en la figura del *alou*, a los que en ocasiones seducen unas atractivas comisiones. Pero también entonces la astucia está en el detalle. Cuando la finca era muy modesta y el comprador era un pobre hombre cargado de hijos, muchas veces se abonaban *alous* simbólicos, consistentes, por ejemplo, en el derecho a poder ocupar en cualquier momento una silla dentro de la finca y a tomar un vaso de agua. Estos *alous* reflejan el valor de la finca en el momento de la venta, pero difícilmente pueden traducirse en dinero contante y sonante ni tampoco en honorarios.

Actualmente estos restos del pasado feudal resultan curiosos y embrollados, pero descubren la dureza de unas realidades sociales y la dependencia, prácticamente indestructible, de los hombres del campo respecto de los grandes terratenientes. En definitiva este tipo de estructuras sociales y sus consecuencias determinaron, entre otras cosas, la actuación de hombres como el párroco Santandreu.

Izquierda: las dunas de Son Serra pertenecen a Ariany.

Inferior: en Mallorca los animales de cerdas y plumas disponen todavía de mucho espacio para hozar, escarbar y revolcarse.

Un placer
paradisíaco
Higos de Ariany

"Se toman frescos durante la recolección, se secan en grandes cantidades para consumir una parte en la isla y para enviar otra al extranjero y se utilizan también para cebar los cerdos, que engordan muchísimo con ellos...". El fruto a cuya utilización se refería el archiduque Luis Salvador de Austria en esta cita que data de 1897 es el higo.

Mucho antes de que los árabes introdujesen en Mallorca el almendro, los romanos se habían presentado en la isla con un paradisíaco agasajo: la higuera. Aunque en realidad procede de Asia Menor, la *figuera* se adaptó rápidamente al suelo mallorquín y desde entonces sus frutos, blancos, rojizos, morados o casi negros, son muy apreciados. Junto al almendro y el olivo, esta planta, que pertenece a la gran familia de las moráceas, puede presumir perfectamente de formar parte aquí y ahora del paisaje típico de esta tierra.

La higuera, que da vida a la vegetación característica mallorquina, llega a alcanzar los cien años de edad. Es un árbol de altura media y sus hojas son de gran tamaño, presentan un color verde claro y forma lobulada y, desgraciadamente, desempeñaron un papel importante en el Paraíso terrenal. Podría decirse que la higuera da incluso la impresión de ser consciente de las consecuencias del desliz humano que dio fama a sus hojas y de que lo siente; cuando en invierno se desprende de sus hojas, sus ramas, desnudas y caídas, resultan deprimentes y no dejan de producir una extraña sensación de temor.

Sus frutos presentan unos tonos que van del verde amarillento al lila y los campesinos los recolectan, con el sudor de su frente, desde el mes de julio hasta principios de septiembre. Durante este tiempo los frutos maduros se

La higuera se viste cada año exuberantemente de verde a lo largo de casi un siglo.

extienden en *canyis,* que son estructuras de madera hechas con palos, para secarlos durante el día. Por la tarde los *canyis* se ponen bajo una cubierta protectora, para repetir la operación al día siguiente. En este largo y pesado proceso de recolección y secado interviene la familia al completo. Hasta los más pequeños ayudan a colocar los higos en los *canyis,* a darles la vuelta y a retirar las piezas malas. Como siempre ocurre en la economía agraria tradicional, aquí no se desperdicia nada; el ganado disfruta con la dulce ración extra que se le ofrece de cuando en cuando.

Antes de proceder a su almacenamiento definitivo, los frutos, que para entonces ya presentan su conocido aspecto rugoso, se cuecen durante unos instantes en el horno. Algunos campesinos aseguran que dejan transcurrir veinte días para, después, verter agua hirviendo sobre los higos para eliminar a los parásitos y que después vuelven a secarlos. Este procedimiento se repite con las quince variedades de higos que se producen en la isla de Mallorca y que presentan escasas diferencias de sabor.

En el resto de Europa ya se sabe perfectamente que, en la lengua coloquial meridional, el higo es sinónimo del órgano sexual femenino. Así, los turistas políglotos no se sorprenden de que las canciones mallorquinas incluyan muchas historias, generalmente de doble sentido, relacionadas con las *figues*.

También el burro disfruta entre horas de su ración de fruta.

Los higos recolectados se extienden todavía hoy en plataformas de madera para secarse al sol.

A partir de julio la higuera siente el peso de sus frutos y sus ramas se inclinan hacia el suelo.

Los frutos, que despiden todas las tonalidades imaginables de azul y verde, se recolectan hasta septiembre según su grado de maduración.

Dado el gran número de especies existentes, los higos mallorquines desbordan todas las normas europeas.

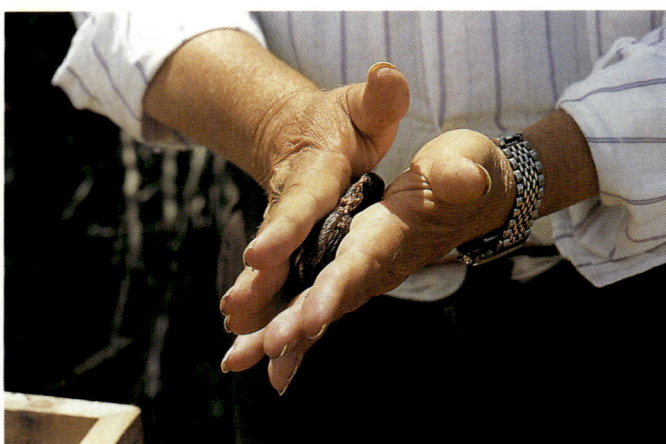

Los higos maduros se aplastan antes de ser colocados en las plataformas de madera.

Cada mañana se sacan los higos al sol para trasladarlos bajo cubierta al atardecer.

El proceso dura alrededor de 20 días. Los higos secos endulzarán más de una tarde de invierno.

Pa de figa

Pan de higo

Ingredientes
1 hoja de higuera
500 g de higos secos molidos
anís o licor de anís al gusto
granos de anís al gusto
125 g de almendras, peladas
y partidas por la mitad
almendras para decorar

Los mallorquines amasan el pan de higos en un abrir y cerrar de ojos, con la misma habilidad y rapidez con que conciben canciones de doble sentido.

En primer lugar se mezclan los higos con granos de anís, con almendras y con un chorro de licor de anís. Después entra en juego la vena artística. En efecto, como en el antiguo Egipto, en la siguiente operación la masa informe de la pasta se convierte en una formación piramidal. Si el resultado es satisfactorio y la pirámide se mantiene sobre la superficie de trabajo lo mismo que su homónima en el país de los faraones, se traslada la obra de arte total a una hoja de higuera extendida. Es el momento de decorarla con almendras enteras incrustadas; entonces suele desplomarse y a veces pierde la forma conseguida. Ahora es cuestión de esperar, pues el pan de higo debe secarse en un lugar aireado. Se toma con café o con una copa de licor de anís.

Los higos, secados bajo un sol implacable, son la base de la clásica receta mallorquina del pan de higo.

El éxito que brota de la tierra
Petra

Los árabes, que fundaron esta pequeña población en el interior de la isla, inspirándose en su gran hermana jordana la llamaron "la radiante". Su sol, sin embargo, pareció ponerse definitivamente durante los años setenta del siglo XX, cuando los responsables de la planificación del tráfico tomaron la decisión de que la línea ferroviaria Palma-Artà pasase por Inca, aislando así a Petra de la capital.

Actualmente el pueblo atrae sobre todo a grupos de turistas que se proponen visitar el lugar de nacimiento y el correspondiente museo dedicado a su hijo más famoso, fray Junípero Serra. A diferencia de este franciscano, gran viajero, su pueblo natal, olvidado del mundo, no tuvo demasiada suerte. Los intentos de algunas familias de desarrollar la economía de Petra a través de la vinicultura se malograron como consecuencia del auge de los vinos de Navarra, de la Rioja y del Penedés. Y en cualquier caso la historia de un pequeño éxito económico anuncia un final que, aunque velado por la tristeza, es típico del Pla.

La Paduana: la fábrica de soda más antigua de la isla

"Esto también lo puedo hacer yo", debió de pensar en los años treinta del siglo pasado el cabeza de la familia Fortezza Bonnin de Petra cuando trabajaba para una conocida fábrica de soda de Artà. Dicho y hecho. La primera inversión que efectuó, en colaboración con su hermano, en lo que más tarde se convertiría en una industria floreciente fue una pequeña máquina de soda que instalaron en la casa de sus abuelos. Con mucho esfuerzo llenaban cubos de agua delante de la finca y los llevaban hasta la casa. Una vez allí, agregaban anhídrido carbónico y el agua mineral estaba a punto. Era el comienzo.

Unos años después, al intensificarse la demanda de agua carbónica se trasladaron a Na Capitana, propiedad familiar situada en las afueras del pueblo, donde había una fuente. Allí construyeron la fábrica; en el solar se alzaba un inmueble de una sola planta en el que instalaron una máquina mayor.

Surgieron entonces nuevas posibilidades. En adelante los innovadores hermanos no solo produjeron soda, sino también naranjadas y zumos de piña. Las fórmulas de composición de las bebidas adquirieron carácter definitivo cuando uno de los dos descubrió, tras largas y esmeradas pruebas, las dosis de los diversos ingredientes.

Grandes arcos abiertos y un rosetón adornan la iglesia parroquial de Sant Pere de Petra.

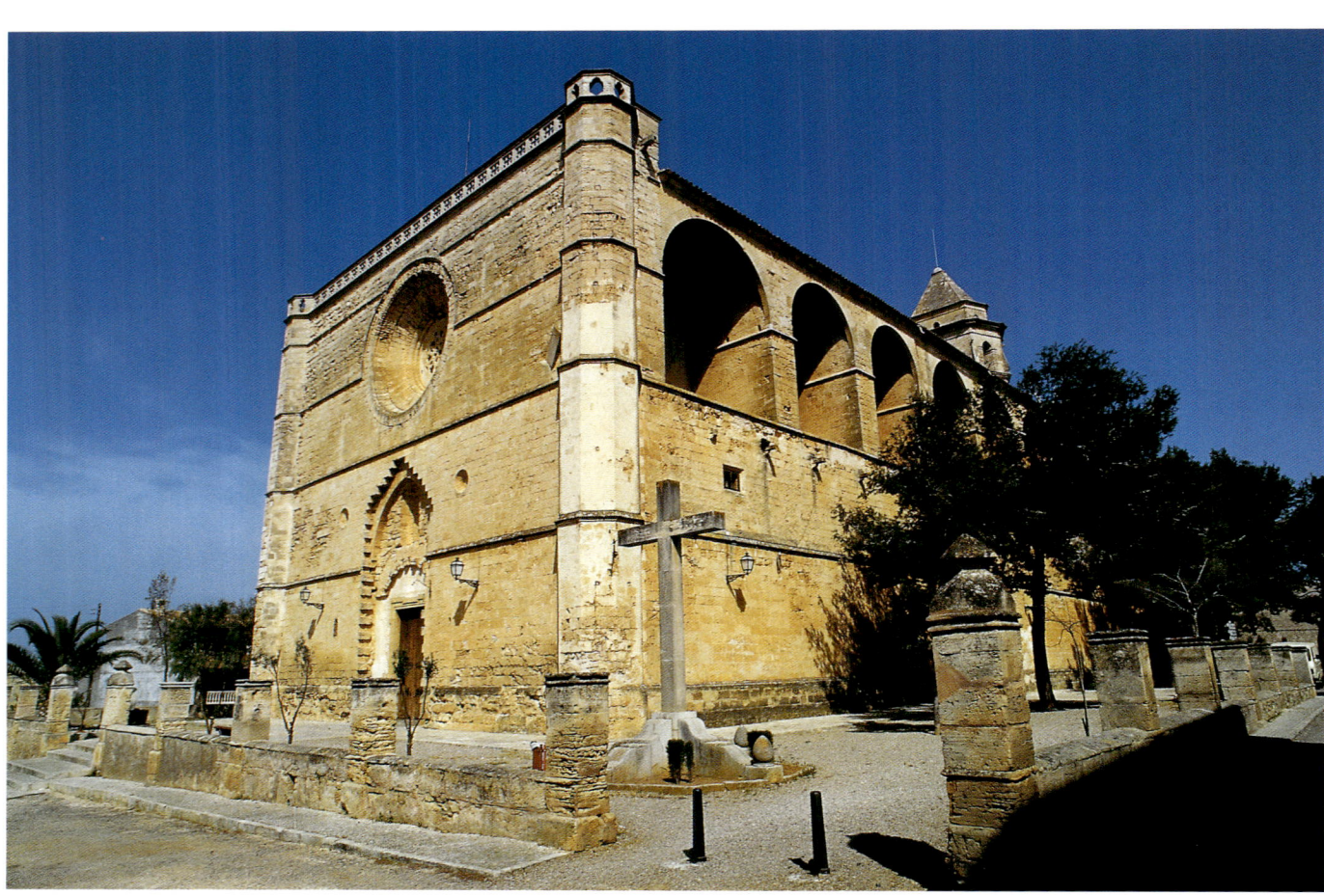

Monumento en honor de la campesina mallorquina.

Las rigurosas pruebas que realizaba con las distintas combinaciones posibles le valieron el sobrenombre de El Químico. Las botellas de agua recibían una tras otra su dosis de anhídrido carbónico y, a continuación, se procedía a cerrarlas herméticamente. Una empresa de Barcelona era la que les proporcionaba los extractos de frutas necesarios para elaborar los refrescos, y las botellas las compraban en la ciudad de Palma.

Posteriormente excavaron un pozo, del que extraían agua con la ayuda de un burro. Entretanto el trabajo iba superando con creces la capacidad de los dos hermanos; una antigua nodriza llegaba cada día a la instalación para lavar las botellas y un joven las distribuía. Al final la entrega dejó de efectuarse exclusivamente en una carreta de burro y empezó a utilizarse para este propósito un viejo camión, en el que destacaba con orgullo el nombre de la empresa familiar: La Paduana. Cuando el negocio prosperó, el burro pasó definitivamente a la jubilación. Se adquirió un camión nuevo, que se bautizó con el optimista nombre de El Gran Poder.

No faltaban motivos. En los años cincuenta la producción diaria de La Paduana era de unas 80 botellas de agua mineral y de unas 40 de otros refrescos. Al enfermar la abuela, los fundadores de la empresa, siguiendo la tradición mallorquina, acudieron con sus hijos a su casa de Petra y se hicieron cargo en adelante de las fincas agrarias. Crearon una empresa dotada de una estructura similar a la de las cooperativas con la que daban de comer a un total de doce personas; mientras unos miembros de la familia trabajaban en el campo, otros se dedicaban a la fabricación y venta de refrescos. Cada nueva botella que se vendía suponía una aportación a las arcas de la gran familia, que posteriormente lo reinvertía en la ampliación de la empresa.

Por su parte El Químico no dejó de desarrollar nuevas recetas de refrescos. La planta embotelladora se encontraba en el zaguán de la casa, en pleno centro de la población de Petra. Es cierto que vivían y trabajaban en condiciones realmente precarias, pero la gran demanda del mercado les permitió ampliar su área de aprovechamiento e incrementar la producción.

El Químico frente a la competencia

El negocio iba prosperando cada vez más y el futuro parecía halagüeño hasta que llegó el turismo. En realidad esta circunstancia hubiera debido de representar un nuevo periodo de prosperidad para los activos hermanos y su familia. Pero con los veraneantes, llegó también la competencia a Petra. Grandes empresas de la cercana Barcelona suministraban a la hostelería todos los artículos que necesitaba el prometedor negocio de los huéspedes en vacaciones: desde la ropa de cama hasta los refrescos pasando por los muebles, y además todo llegaba a su debido tiempo. Las pequeñas empresas mallorquinas, que tantas esperanzas tenían depositadas en el turismo, no podían hacerles frente.

Con el paso del tiempo, las recetas de El Químico ya no conseguían entusiasmar a nadie, sobre todo desde que en el año 1886 dos estadounidenses garabatearon en una ficha una receta y la bautizaron con el nombre de 7X. Por el momento no ha llegado a desvelarse el misterio del maravilloso brebaje que, según parece, al principio contenía hojas de coca entre sus ingredientes. Pero, con su inconfundible logotipo, la composición, todavía desconocida, de la pardusca bebida ha logrado inundar todos los rincones del mundo y deja muy pocas posibilidades de hacer frente a la supremacía entre dulce y pegajosa de las botellas de vidrio o de las latas de aluminio. Ni siquiera a La Paduana.

Antes de que La Paduana pudiese disponer de su primer camión, un honrado burro aliviaba el trabajo.

El hermano Junípero y los indios
Fray Junípero Serra

"El 24 de noviembre de 1713 fue bautizado Miquel Josep Serra i Ferrer, hijo de Antonio Serra, labrador, y de su mujer Margarita". Tras esta sencilla inscripción en el registro de la pequeña parroquia de Petra se oculta el nacimiento de su hijo más ilustre, que pasó a la posteridad con el nombre de fray Junípero Serra.

Muy pronto se vio que José Miguel era un muchacho muy despierto. Pero en Mallorca, y mucho menos en un pueblo de 2.000 vecinos como Petra, no había ninguna posibilidad de saciar la sed de conocimiento. De ahí que entonces los padres encaminaran a sus hijos hacia el ejército o bien, como en el caso de Miguel Serra, los entregaran al cuidado de la Iglesia católica. Su padre entró en contacto con un clérigo bien acomodado de la catedral de Palma, que le prometió hacerse cargo de la educación de Miguel.

En el otoño del año 1729 Antonio y Margarita confiaron su hijo de dieciséis años de edad al acomodado clérigo. Tras aprender a leer y escribir, recibió clases de filosofía y el 15 de septiembre de 1731 ingresaba en la orden franciscana. Cambió su nombre por el de fray Junípero (enebro). Se decidió por este nombre porque en la historia de la Iglesia su tocayo fue considerado como el seguidor más ferviente de San Francisco de Asís, fundador de la orden franciscana.

Fray Junípero no tardó en convertirse en un retórico brillante; los sermones que predicaba en las iglesias y en los conventos tenían mucha fama, se imprimían sin pérdida de tiempo y se distribuían a los fieles. En el año 1742 se graduó en la facultad de teología de la Universidad Ramon Llull de Palma. Pero fray Junípero quería volar más alto, mejor dicho, llegar más lejos. Según Francisco Palou, su futuro biógrafo, el joven franciscano devoraba prácticamente todos los informes sobre los monjes de la orden en el Nuevo Mundo. Le llamó la atención sobre todo la vida de San Francisco Solano, el "apóstol de las Indias Occidentales". Desde entonces fray Junípero no tenía más objetivo que el de ir al Nuevo Mundo para convertir a los infieles y trató por todos los medios de conseguir su traslado inmediato a América. Finalmente, en la primavera de 1749 fue aceptada su solicitud de plaza en las misiones de México.

Fray Junípero se embarcó inmediatamente en dirección a Málaga, desde donde continuó su viaje en un barco mallorquín hasta Cádiz, que entonces era el mayor puerto atlántico de Europa. Tuvo que esperar dos meses y medio hasta conseguir una plaza en el barco *Nuestra Señora de Guadalupe*. Poco antes de que zarpara el navío, escribió una carta a sus padres, a su hermana y a su prima de Petra. Como su familia no sabía leer, remitió la carta a su íntimo amigo fray Francisco Serra, que leyó la carta a los destinatarios. En ella no disimulaba la alegría que lo embargaba al dejar tras de sí los estrechos límites de su patria para ser fiel a su vocación.

Enviaba un saludo especial a su madre, pues estaba convencido de que por sus oraciones Dios lo guiaría en su singular aventura. No

Retrato de fray Junípero Serra existente en el convento de Santa Cruz de Querétaro, México.

El idílico patio del Museo Fray Junípero Serra de Petra resiste perfectamente la comparación con los patios de la capital.

Cocina de la casa natal de fray Junípero.

volvería a ver nunca más a sus padres ni tampoco la isla de Mallorca.

El 18 de octubre de 1749 pisaba por primera vez suelo americano en Puerto Rico y, tras una nueva travesía en barco, extraordinariamente penosa, el 18 de noviembre llegaba a Veracruz. Cerca del puerto una gran tempestad lanzó contra la costa el barco, que milagrosamente no se hundió. No obstante, en ningún momento pensó fray Junípero en no llegar sano y salvo a Veracruz. Fiel al refrán *L'home propos i déu dispos* ("El hombre propone y Dios dispone"), el franciscano se encontró con que su vida se encaminaba en la única dirección posible.

El 14 de diciembre del año 1749 emprendió en Veracruz, en compañía de un hermano

En el monumento situado frente a la iglesia de Sant Francesc de Palma, fray Junípero aparece alzando la cruz como símbolo de sus éxitos misioneros y protegiendo paternalmente a un niño indio desnudo.

franciscano del convento de Jerez de la Frontera, una marcha llena de privaciones a través de la montaña en dirección a México. Los 400 km de marcha a pie les requirieron dos agotadoras semanas. Los dos frailes recorrían unos 25 km al día. Por fin, el día de fin de año llegaron a la ciudad de México, capital entonces del virreinato de Nueva España.

Sin pérdida de tiempo se pusieron en marcha hacia la escuela apostólica de San Fernando. El superior del convento recibió a fray Junípero con los brazos abiertos a la vez que le decía: "Nos ha llegado un enebral". Pocas horas después Serra y su acompañante celebraban en el Nuevo Mundo la misa de Año Nuevo

Loreto fue la población española más antigua de la península de la Baja California. La ciudad fue fundada en 1696 por el jesuita Juan María de Salvatierra. En 1770 los franciscanos, con fray Junípero, establecieron aquí el centro de aprovisionamiento tanto de la Baja California como de sus expediciones a California. Las visitas de inspección se regulaban desde Loreto: como los centros misionales, distribuidos a lo largo de los 1.600 kilómetros de la región costera, estaban muy distanciados los unos de los otros, la Iglesia estableció un servicio que visitaba cada cierto tiempo las "iglesias de visita" y atendía a los fieles.

de 1750. Después se dirigieron a Sierra Gorda. El paisaje se ajustaba tanto a la descripción de San Francisco Solano que fray Junípero quedó profundamente impresionado. Los montes alcanzaban los 3.200 metros de altura y estaban rodeados de valles en los que se alternaban paisajes semidesérticos con oasis tropicales desbordantes de exuberante vegetación.

Sin embargo, los chichimecas, cuya conversión al cristianismo se les había encomendado, se morían de hambre, por lo que no mostraban el menor interés por los nuevos dioses.

De ahí que fray Junípero empezase familiarizándose con las nuevas técnicas de horticultura y de agricultura con el fin de transmitirles después su mensaje y convencerlos de la nueva religión. Por esta colaboración suya de carácter activo, algunos historiadores lo califican hoy de primer promotor de la ayuda al desarrollo en la historia cristiana. Durante 18 años se mantuvo el franciscano fiel a sus misiones de Sierra Gorda y de la ciudad de México.

Cuando en 1768 los indios expulsaron a los jesuitas de la península de la Baja California y

Iglesia misional
Iglesia de visita
Ruta pavimentada
Ruta no pavimentada
Caminos

0   100 km

Santa Rosalía
San Ignacio
San José
Mulegé
Guadalupe

Londo
La Purísima
Loreto
Comondu
San Javier
La Presentación
Ligui

Ciudad Constitución
Dolores
San Luis Gonzaga
La Pasión

GOLFO DE CALIFORNIA

OCÉANO PACÍFICO

La Paz
San Pedro
Ensenada de Palmas
Todos Santos
Santiago
San José del Cabo
Cabo San Lucas

N

los franciscanos se hicieron cargo de sus misiones, la orden puso a fray Junípero al frente de los centros misionales de aquella apartada región. Un año después José de Gálvez, hombre de confianza del rey Carlos III, le encomendó la creación de nuevas misiones en la Alta California, el actual estado de California. El nombramiento como superior de los franciscanos de California y la petición real descubrieron finalmente la verdadera vocación de fray Junípero.

La disposición real se fundaba en que, hasta aquel momento, ninguna nación había reivindicado los territorios de la costa occidental norteamericana. Empezaba la lucha por la región entre españoles, ingleses y rusos. Misioneros y soldados emprendieron, con fray Junípero, una expedición de más de 2.000 kilómetros en dirección norte. La marcha era más que penosa; los expedicionarios carecían de víveres, estaban enfermos de escorbuto y no dejaban de sufrir los ataques de los indios.

El 17 de julio del año 1769 fray Junípero puso la primera piedra de la misión de San Diego, aunque sólo para comprobar cómo quedaba reducida a escombros el 15 de agosto tras un gran ataque de los indios. Las autoridades civiles propusieron la retirada, pero fray Junípero, que nunca perdió la fe en el éxito de sus empresas, convenció al gobernador de la necesidad de aguantar hasta el 20 de marzo del año siguiente, esperando al buque *San Antonio,* que llegaría desde San Blas cargado con provisiones y refuerzos. El añorado barco llegó el día 19 de enero e inmediatamente inició fray Junípero la reconstrucción de la misión.

Llevó adelante su obra con celo proverbialmente misionero y en pocos años fundó 21 misiones, que organizó a modo de pequeñas poblaciones. En 1771 fundó las misiones de San Antonio de Padua y de San Gabriel y a continuación las de San Luis, San Francisco, San Juan Capistrano y Santa Clara. En 1782 sentó las bases de la gran misión de San Buenaventura. La más famosa de todas ellas fue, sin duda, la de San Francisco de Asís, fundada en 1776, que posteriormente dio lugar a la ciudad de San Francisco. Esta misión existe todavía hoy y lleva el nombre de "Mission Dolores".

La última tarea que con casi setenta años fray Junípero Serra llevó a cabo antes de morir fue la fundación de la misión de San Carlos Borromeo de Carmelo.

OCÉANO PACÍFICO

San Francisco de Asís

Santa Clara de Asís

San Antonio de Padua

San Luis Obispo de Tolosa

San Gabriel Arcángel

San Carlos Borromeo de Carmelo

San Buenaventura

San Juan Capistrano

San Diego de Alcalá

Falleció en San Carlos, en el año 1784. A su muerte entró en vigor una disposición eclesiástica que lo convirtió en una de las figuras claves de las misiones cristianas. Cinco años después su discípulo y biógrafo Francisco Palou Amengal publicó el libro *Relación Histórica de la Vida y Apostólicas Tareas del Venerable Padre Fray Junípero Serra,* que constituye un canto de alabanza al franciscano. El libro es tanto más admirable cuanto que su autor permanece totalmente en segundo plano, aun cuando fue él, y no fray Junípero Serra,

Fray Junípero creó en California nueve fundaciones misionales. La más famosa de ellas fue, sin duda, la de San Francisco de Asís, fundada en 1776, que posteriormente daría lugar a la ciudad de San Francisco. La iglesia de la misión no tardó en ser conocida por el nombre de un lago cercano, la Laguna de Nuestra Señora de los Dolores, y todavía se conserva en San Francisco con el nombre de "Mission Dolores". La iglesia, construida en 1791 con adobe mexicano, era tan sólida que resistió indemne el terremoto de 1906.

MISSIONS CALIFORNIANES

SAN GABRIEL ARCANGEL 8 DE SETEMBRE 1771

quien puso la primera piedra de la misión de San Francisco. Cien años después se erigió un monumento en honor de fray Junípero Serra en la ciudad mexicana de Monterrey, donde desembarcó en 1749.

Cuando en el año 1931 se creó en el capitolio de Washington la galería de héroes, cada uno de los estados norteamericanos pudo elegir a dos de sus hijos más famosos para que estuviesen representados en ella a través de una estatua. Uno de los representantes elegidos por California fue fray Junípero Serra. Las misiones norteamericanas fueron magníficamente restauradas a partir de los años treinta del siglo XX y buena parte de ellas ha recuperado su antiguo esplendor.

En la ciudad de Palma de Mallorca, un instituto de formación profesional y una calle llevan el nombre de fray Junípero. En su pueblo natal de Petra se erigió un monumento en su honor; se encuentra entre palmeras en la plaza Padre Serra y representa al franciscano espiritualizado, con la cruz en alto y la cabeza baja.

Hay, además, paneles con ilustraciones que reproducen su biografía. En Petra pueden visitarse asimismo su casa natal y el museo que se le ha dedicado. En 1976, cuando además de celebrarse el 200 aniversario de Estados Unidos, se conmemoró también la fundación de San Francisco por fray Junípero, Norteamérica envió dinero para contribuir a la creación del museo, que hasta entonces estaba exclusivamente a cargo de la iniciativa privada.

En estos momentos sólo se echa de menos una biografía objetiva de la personalidad del franciscano. En efecto, junto a sus admiradores y partidarios, hay críticos que le reprochan su participación en las masacres llevadas a cabo por los españoles. Con motivo de su beatificación en el año 1988, en la ciudad de Roma, se dijo públicamente que él y los monjes que lo acompañaban mataron a indios que se negaban a convertirse al catolicismo. Como no existen datos sobre la filosofía de la religión de fray Junípero, es imposible una explicación definitiva de su comportamiento con los "infieles".

Un total de 1000 indios recibió el bautismo en San Gabriel tras la primera misa celebrada a los pies de una cruz clavada en el suelo.

Derecha e inferior: en Petra los distintos capítulos de la vida de fray Junípero aparecen reflejados en azulejos. En San Carlos un indio escucha las palabras de fray Junípero, mientras que en San Juan ambos colaboran en las tareas agrícolas. ¿Reinó siempre la misma armonía?

MISSIONS CALIFORNIANES

SAN CARLOS BORROMEO DE CARMELO
3 DE JUNY DE 1770

MISSIONS CALIFORNIANES

SAN JUAN CAPISTRANO
1 DE NOVEMBRE 1776

Esplendor y gozo de la vida rural
Sant Joan

Un extraño representante de la familia porcina, el *porc negre* o cerdo negro, constituye la base de la vida de los campesinos de Sant Joan, que es un pueblo apartado del Pla. Con el hocico pegado al suelo, los cerdos y cerdas de piel oscura husmean los jugosos prados y los patios domésticos en busca de bocados exquisitos. La mayoría de ellos disfruta de una libertad que los rosados portadores centroeuropeos de cola en espiral no pueden ni siquiera soñar en sus oscuras pocilgas. Si hubiera en la tierra un paraíso para cerdos, los cerdos negros de Sant Joan estarían muy cerca de vivir en él.

Hasta finales de otoño en cualquier caso. Entonces, en efecto, el día de San Martín les llega su última hora, concretamente para la *festa des botifarró* del mes de octubre. Ellos son los proveedores de todos los embutidos y jamones que se elaboran y se consumen en Mallorca

con fervor y arte. La única posibilidad que un *porc negre* tiene de escapar al triste futuro que le espera como estrella de un potaje de domingo reside en poseer cualidades extraordinarias para la cría.

Ausente de las rutas turísticas, Sant Joan conserva una originalidad que desde hace mucho tiempo se viene echando de menos en la misma Mallorca. Los vecinos del pueblo llegan a decir que son los únicos guardianes de las verdaderas esencias mallorquinas. Es posible que no les falte razón. De hecho los pulmones de Sant Joan todavía respiran el aire que exhalaba la Mallorca rural antes de los tiempos del turismo de masas.

Els Calderers: la idílica vida rural
Un edificio de revoque amarillo tan compacto como lúdicamente encajado en el paisaje y con enredaderas de hiedra hasta el tercer piso, un balcón a la derecha con una barandilla de corte italiano, un pequeño calvario con una imagen de la Virgen en la fachada bajo el balcón. Els Calderers es el nombre de esta venerable casa

Una tradición de siglos no puede perderse de la noche a la mañana: un mulo acerca al trabajo al hombre y su carro.

destartalada, antigua finca construida exactamente en el año 1700 al pie de la ermita del Puig de Bonany. Casi 300 años más tarde, en 1993, una familia mallorquina tuvo una idea tan original como brillante: ¿Por qué no mostrar en las viejas salas cómo era antaño la vida rural en Mallorca? Así surgió este maravilloso museo de los viejos tiempos, en el que es posible contemplar con asombro cómo se lo pasaban los señores de la casa y el servicio, cada uno en su planta correspondiente.

Una figurita por aquí, un tapete de encaje por allá, sillones monumentales y elegantes sofás, retratos al óleo de abuelos y antepasados en las paredes: son otras tantas muestras del exquisito gusto de sus propietarios. Los viejos mallorquines no solo sabían disfrutar de su prosperidad, sino también hacer demostración de ella. Las salas de estar y los dormitorios situados en la primera planta ofrecen una imagen

La finca Els Calderers, en Sant Joan, es, desde 1993, un museo de la cultura mallorquina de la vivienda de los buenos tiempos del pasado.

impresionante en este sentido. Una colcha de encaje, delicada e inmaculadamente blanca, cubre una cama de caoba y, apoyado en la ventana con vistas al jardín, un estrecho escritorio femenino aguarda a una escritora inspirada. Pero, a pesar de las largas horas de trabajo, tampoco se vivía mal en la planta baja, campo de operaciones del personal de servicio. El ama de llaves daba orgullosamente lustre una vez al mes a la cubertería de plata y sacaba el máximo brillo del cobre. Todavía hoy brilla en su honor en las antiguas dependencias de la casa. En los establos y en las cercas se criaban todos los animales autóctonos posibles y hasta algún que otro ejemplar de *porc negre* saludaba al visitante con un gruñido. Había varios edificios contiguos para guardar los grotescos utensilios que ayudaban a arrebatar las subsistencias a los campos, los bosques y los prados. Todo con la ayuda de Dios, naturalmente, como lo recuerda todavía hoy la capilla privada.

Museos privados y cocina familiar: Sant Joan

En el cercano pueblo de Sant Joan no hay tanta suntuosidad. Ni volutas ni blasones adornan las sencillas casas de labranza. Año tras año una nueva capa de cal crea un blanco limpio y garantiza que ni las paredes ni el revoque alimenten intenciones de separarse de la obra de mampostería. Quien puede hacerlo coloca un anaquel de chapa de madera comprimida y sillas cojas de metal a la vista de los transeúntes y asigna un lugar oculto en el depósito de muebles de los cuartos interiores al viejo mobiliario rústico, cada vez menos frecuente.

Entre estos muebles de tradición secular se encuentra el *canterano* o cómoda de tres cajones, muy adornada con marqueterías en el exterior. En su interior hay paquetes delicadamente atados de sábanas varias veces almidonadas y prensadas, junto a algún que otro fardo de *roba de llengües*, la tela mallorquina con motivos en forma de lenguas, y manteles y servilletas profusamente bordados. Unas bolsitas de espliego los protegen de las voraces polillas. Tanto la cómoda como su contenido formaban parte del ajuar que, sucesivamente enriquecido con nuevas piezas, entregaba solemnemente la abuela a la madre y ésta a la hija.

Durante mucho tiempo los suntuosos muebles de caoba fueron símbolo de pobreza; no había forma de agenciarse nada nuevo. Desde que se desarrolló la conciencia nacional mallorquina a finales del siglo XX, la suerte se puso del lado de los viejos muebles rústicos. Las piezas, muchas de ellas hechas a mano, se han revalorizado y se consideran como muestras de una época de la cultura autóctona, aun cuando sus propietarios no sean necesariamente conscientes de ello.

Sin embargo, los sabuesos de las antigüedades no se llevan demasiadas alegrías en Sant Joan. A pesar de haber sido tradicionalmente

Hubo un tiempo en que estos fabulosos muebles de caoba fueron símbolo de pobreza.

menospreciados, los "trastos rústicos" antiguos no se venden prácticamente nunca; quien se desprende de un objeto de este tipo vende una parte de su alma y lamentará toda su vida haber "traicionado" la herencia familiar por cuatro cuartos.

Las jarras, los cubos, las colchas y las sábanas eran algo más que simples objetos de uso; a través de ellos se medían la prosperidad y el prestigio de una familia. La fiesta anual de la matanza del día de San Martín constituía otra muestra del bienestar económico. Lo mismo que el volumen de los ahorros, el rinconcito o *raconet* en mallorquín, el dinero de reserva que siempre se ocultaba, se enterraba o se cosía en alguna parte. Una mala cosecha, una res enferma o la boda inesperada de una prima de cuarto grado eran otras tantas jugadas del destino para las que había que estar preparado.

Los labradores mejor situados de Sant Joan dividen todavía hoy su casa en dos ámbitos. En el primero comen, duermen y actúan de acuerdo con el lema de "aquí soy una persona, aquí puedo ser yo". El otro es el salón. Es la sala de exhibición, en la que los propios miembros de la familia sólo entran en ocasiones especiales y nunca con botas llenas de barro ni con ropa de trabajo sucia, algo que vigila especialmente

En muchas casas los nuevos sofás y los óleos antiguos decoran la misma sala. No pueden faltar ni la camisa de fiesta del abuelo ni la colección de sombreros.

En estas bodegas se guardaban en otros tiempos, ordenadamente distribuidas por las paredes y el suelo, las provisiones para el invierno.

la dueña de la casa. Ninguna partícula de polvo tiene tiempo de asentarse en el salón, pues a la "tarjeta de presentación" de la prosperidad de la familia se le saca brillo y se le quita el polvo casi todos los días.

Los ceniceros de plata, que tradicionalmente acostumbran a regalarse en bodas y primeras comuniones, rivalizan con las jarras de cobre y con los platos de estaño. Las blancas paredes están llenas de paisajes, naturalmente pintados al óleo. Unos tapetes con muchos bordados, generalmente elaborados por la abuela durante largas horas de trabajo esmerado, protegen mesas y sillones del humillante desgaste y de la pérdida de color que suele provocar la luz del sol. En esta sala no tiene cabida el mobiliario rústico, que recuerda demasiado los tiempos en que no podía adquirirse un simple armario de pared de madera prensada de fabricación industrial.

En las zonas de la finca donde se desarrolla la vida propiamente dicha de los labradores, concretamente en la parte posterior de sus viviendas, la limpieza no es tan escrupulosa; no obstante, el ambiente que se respira es extraordinario. El televisor, que reposa en un rincón, está casi permanentemente encendido y, por encima de él, el techo rebosa de embutidos y de jamones empezados (siempre hay uno como mínimo). Junto a ellos cuelgan del techo tomates puestos a secar. En las sillas se amontonan la

ropa de plancha, cestos llenos de fruta o útiles de costura. Aparatos eléctricos de todo tipo configuran el aspecto general de la cocina, aunque los lavaplatos más bien escasean, pues tradicionalmente es la abuela la que se encarga de fregar.

De hecho, las zonas rurales de Mallorca llaman la atención, entre otras cosas, porque los lazos familiares que en ellas pueden constatarse son considerablemente más firmes que los que se establecen en los núcleos urbanos. En el caso de quedarse solo uno de los progenitores, éste siempre pasa a formar parte del hogar de uno de los hijos. Asimismo, la reclusión de las personas mayores en una residencia de ancianos está considerada como una violación grave del cuarto mandamiento de la Ley de Dios, que habla de honrar al padre y a la madre. De esta manera, la abuela colabora en las tareas domésticas sólo en tanto en cuanto su salud se lo permita, mientras que el abuelo pasa el tiempo en el café jugando a cartas.

No son solo los campesinos de Sant Joan, sino también los habitantes de las ciudades los que conceden una gran importancia a la exhibición de su fortuna. En su caso un vestíbulo con una gran escalinata sustituye al salón. En la planta superior llaman inmediatamente la atención los cuadros al óleo y las cortinas de brocado. En muchos casos las últimas se apartan lateralmente para que los vecinos de enfrente puedan tener una visión directa de los objetos que, por su valor, se consideran los tesoros de la casa. Se aprovechan las grandes ocasiones, como una primera comunión o un aniversario, para invitar a amigos y vecinos a una mesa bien puesta. Esta necesidad de mostrar a los demás lo que se tiene se remonta a los tiempos en que muchos mallorquines se vieron obligados a emigrar para buscar su sustento en otros lugares. Después, cuando regresaban al pueblo ya como hombres ricos, exhibían con gran orgullo sus bienes a los que habían optado por quedarse.

En las celebraciones importantes, tanto las familias campesinas como las urbanas sacan sus mejores piezas, de manera que convierten en todo un salón la sala principal de la casa, que normalmente se tiene cerrada a cal y canto.

El cielo en llamas
Sa Nit de Sant Joan

Día 24 de junio. Solsticio de verano. En esta *nit del foc* o noche del fuego, los montones de leña se multiplican en las plazas, en las calles y en los paseos. En cuanto se pierde en el mar el último rayo de sol, todos ellos estallan en fuego e iluminan el cielo nocturno en un escenario mágico. El chisporroteo de las llamas y el borboteo de la resina todavía fresca se mezclan con los mordaces cantos festivos y las llamaradas de las hogueras descomponen los movimientos de los danzantes en fantásticas instantáneas.

Aquí, como en casi toda Europa, este ritual se basa en la idea de que a lo largo de esta noche la naturaleza despliega fuerzas especiales. Un día al año el sol domina toda la existencia y una sola noche al año, dada su corta duración, los malos espíritus se encuentran sin defensa y al descubierto.

Como muchas de estas fiestas, el solsticio de verano es de origen pagano y en Mallorca lo celebraron tanto los romanos y los fenicios como los árabes y los judíos. Y, como tantas veces, posteriormente la Iglesia tuvo que admitir que el pueblo no dejaría de celebrar esta noche, por lo que creó una fiesta religiosa para dotar al conjunto de un marco respetable. El 24 de junio se celebra la fiesta de San Juan Bautista, que según el Nuevo Testamento era unos meses mayor que Jesús, por lo que la noche pagana dio paso a la *Nit de Sant Joan*. Sólo que concretamente en Sant Joan se continúa llamando, en la más pura tradición pagana, la *festa del sol que balla* o fiesta del sol que baila.

El acontecimiento capital de la noche de San Juan es un ritual que rinde homenaje al astro rey con fuegos artificiales y redobles de tambor. Es posible que la mayor parte de los participantes no sepa que este homenaje al dios solar es una herencia de sus antepasados de la cultura de los *talaiots*, si es que no es anterior, pero, ¿importa algo a estas alturas?

Por otra parte, a lo largo de las 24 horas del día de San Juan hay muchas cosas que hacer para prepararse para todo el año. En Manacor, por ejemplo, la víspera de la fiesta los niños menores de un año son presentados al público entre las ramas desgajadas de un árbol que se llama *vimer* en medio de un griterío y un vocerío ensordecedores, obviamente. Aparte de otras cosas, se pretende así protegerles de las hernias inguinales.

Por otro lado, quien se bañe en el mar al ponerse el sol puede estar seguro de que no sufrirá ninguna enfermedad en todo el año. Escribe Carlos Garrido en *Mallorca mágica*: "Cortando este día poco antes del amanecer un puñado de corazoncillos o de hierbas de San Juan e introduciéndolo en una botella llena de agua o de aceite de oliva se obtiene un remedio universal para las cortaduras y las heridas". Las mujeres que hayan sembrado previamente 13 garbanzos sabrán el día de San Juan cuántos años tienen que seguir esperando todavía a su príncipe azul o, si ya lo tienen, cuántos hijos les dará; es importante saberlo.

Izquierda: en la noche de San Juan todo lo que puede quemarse sirve para celebrar el comienzo del verano.

Derecha: las lluvias de chispas de los fuegos artificiales y las hogueras iluminan el cielo durante la noche más corta del año.

Joan Morell, instrumentista, se ha especializado en instrumentos propios del folclore: flautas, dulzainas y *xeremies* o gaitas mallorquinas.

Haciendo sonar huesos al compás
Instrumentos musicales mallorquines

Aparecen en las fiestas populares, pero a veces tocan "sin más" en las plazas o en las bocacalles; los músicos folclóricos mallorquines están en todas partes. El turista no tardará en advertir que uno de los músicos tiene en sus manos unas castañuelas, pero es posible que sea la primera vez que ve el extraño artefacto que cuelga de su cuello. Se trata de una especie de escalera formada por un determinado número de varillas de hueso de oveja; van dispuestas en paralelo una tras otra, están agujereadas y aparecen ordenadas a lo largo de un cordón. El músico las "toca" golpeando con la mitad de una castañuela, de forma que los huesos suenan. Los restantes instrumentos refuerzan el peculiar sonido del *ossos;* así se llama este instrumento folclórico, que en otras regiones de España recibe el nombre de *huesera* o *arrabel.*

Basta mirar el calendario de días festivos para comprobar que en Mallorca se mantiene muy viva la tradición de las fiestas religiosas, de los aniversarios, de las romerías y de las fiestas locales. Todos los pueblos de la isla, por pequeños que sean, honran a su santo patrono con una brillante fiesta, aparte de que a lo largo del año no faltan ocasiones para las *festes,* en las que se interpreta música y se baila hasta el agotamiento. En ellas, como es natural, no pueden faltar los grupos folclóricos con sus instrumentos típicos.

El instrumento más famoso de Mallorca, al igual que en el resto de España, es la guitarra, cuya variante de menor tamaño, el *guitarró,* es sencillamente insustituible en la música popular mallorquina. La misma importancia tiene en la vida musical otro instrumento tradicional, la mandolina, sin la cual no puede concebirse la *rondalla.* La historia de la gaita es muy distinta. Aunque en realidad suele considerarse como el instrumento nacional de Escocia, Galicia cuenta con una variante de este instrumento de penetrante sonido. La gaita llegó a Mallorca desde Galicia e inmediatamente fue rebautizada con el nombre de *xeremia.* Sus silbidos al sesgo acompañan al caramillo, *flabiol,* a la ruidosa pandereta y a las tableteantes *castanyoles* o castañuelas, que para el turista son un símbolo del folclore español. Pero se equivocan quienes piensan que, cuando tocan la gaita, los gaiteros mallorquines llevan el típico

La flauta corta mallorquina se llama *flabiol* o caramillo y se toca con una sola mano.

kilt escocés; en la isla de Mallorca un hombre con falda es tan raro como un olivo en las Tierras Altas de Escocia.

Junto a estos principales representantes, hay otros instrumentos, sencillos y de fabricación propia, que tienen su puesto fijo en los grupos folclóricos. Están, por ejemplo, los tambores y los panderos o panderetas. La pandereta está formada por un aro de madera, cuyo vano está cubierto con una piel, y por varias placas metálicas móviles encajadas en los agujeros del aro, que producen sonidos agudos al golpear la piel con la mano. Los *ferrets* se parecen al triángulo y se golpean con varillas de hierro.

Durante mucho tiempo los instrumentos sencillos no despertaron el menor interés en Mallorca y estuvieron a punto de caer en el olvido, hasta que alguien se acordó de ellos. Actualmente existe la posibilidad de escuchar y de admirar los extraños sonidos que pueden arrancarse de los almireces, las llaves, las cucharas, las botellas labradas, las carracas, los cascabeles y las campanillas.

Pero independientemente de los instrumentos destinados a uso doméstico, la fabricación de violines para profesionales cuenta también con una importante tradición en Mallorca. Hace unos 200 años los constructores mallorquines de instrumentos musicales eran famosos internacionalmente, aunque no estuvieran a la altura de la fama de Stradivari, italiano de Cremona. Los instrumentos, que estaban artísticamente trabajados, se exportaban por aquellas fechas fundamentalmente a Sudamérica, y hoy el visitante aficionado puede contemplarlos en los museos. Como actualmente existen en la isla varios festivales musicales, cuyos ingresos en parte pasan a engrosar los fondos de ayuda destinados a los constructores de instrumentos, algún que otro taller, por ejemplo en la población de Felanitx, ha podido volver a contar con una demanda creciente.

En Mallorca casi todas las canciones y prácticamente todos los bailes tienen un acompañamiento instrumental y únicamente se cantan

El *ossos* es un elemento importante de la música popular mallorquina.

a capella los cantos relacionados con el trabajo. La imagen en que los labradores aparecen trillando o recogiendo aceitunas con una pequeña orquesta al fondo pertenece más bien a las películas populares españolas que se hacían en la década de 1950.

No obstante, aun los que no aprecian demasiado la música folclórica y se consideran más bien aficionados a la música religiosa tienen ocasión de asombrarse en Mallorca. En la isla hay más de 100 órganos históricos; sólo en la capital, en Palma, pueden escucharse 28 de ellos. Los ingresos obtenidos en el festival de órgano que se celebra cada año han hecho posible la restauración de algunos de estos instrumentos, como el de Sant Andreu de Santanyí, que fue construido en el siglo XVIII por el organero mallorquín Jordi Bosch. En las parroquias de las localidades de Porreres, Campos y Sa Pobla, el denominado "rey de los instrumentos" viene sonando igual de bien que hace cientos de años.

Tres hombres para cinco instrumentos; tocar al mismo tiempo la flauta y el tambor exige la máxima coordinación.

Melones y rap mallorquín
Vilafranca

"... Para eso preferimos dárselos a los cerdos", decía irritada la campesina de Vilafranca al mayorista de Palma que le había ofrecido un precio demasiado bajo por sus melones. Pero su marido se había plantado en la carretera con una balanza y con unas cestas de melones; era preferible una clientela de paso, que compraba poco pero con regularidad, que someterse al yugo de los precios fijados por los mayoristas.

El éxito de su empecinada reacción fue tal que para el mediodía del día siguiente había conseguido vender toda la mercancía y sus vecinos decidieron imitarlo. Fue así como comenzó todo, al menos según la leyenda que circula por Vilafranca, y faltó tiempo para que la calle principal se convirtiera en un bazar de frutas y verduras. Esto sucedía a principios de los años treinta del siglo XX, antes de que estallara la Guerra Civil.

Una cosa es segura. Los numerosos viajeros de paso por Vilafranca tienen que satisfacer dos necesidades apremiantes. En primer lugar pararse, bajarse del coche, llevarse la cámara a los ojos y apretar el disparador; la calle principal, con sus puestos de frutas y verduras artísticamente adornados, es demasiado pintoresca y bonita. Después, escuchar el concierto de los dueños de los puestos, que se entregan a auténticas y sonoras discusiones verbales en su intento de captar, con los mejores melones, las manzanas más sanas, las uvas más jugosas y las lechugas más apetitosas, compradores en busca de productos saludables.

En Vilafranca, además de melones y sandías se pueden comprar tomates *de ramellet* o tomates de colgar. Se trata de aproximadamente un kilo y medio de tomates secos, que, trenzados mediante un cordón, pueden colgarse fácilmente en un lugar fresco de la casa. De este modo conservan su aroma durante meses enteros, sin arrugarse ni pudrirse.

También se venden cebollas, berzas y ajos, los ingredientes básicos de la sopa mallorquina, consistente en verduras que, directamente procedentes de la huerta, se cuecen y se vierten

En Vilafranca el oro de la tierra se exhibe en las aceras: melones, ajos, pimientos rojos o ñoras con sus congéneres picantes, secos y en ristras.

con su caldo sobre unas finas rebanadas de pan mallorquín seco. Últimamente son muchos los restaurantes y tascas que ofrecen este plato tradicional de las comarcas agrarias; no lo hacen tanto porque este vigoroso potaje constituya una de las cimas de la gastronomía, sino como contrapunto autóctono de las inevitables piernas de cerdo y carne empanada.

Rendimiento máximo en campos pequeños: cereales y melones

En Vilafranca el melón, en todas sus formas y tamaños imaginables, es el principal cultivo y da pie para celebrar una vez al año, en otoño, *Sa Festa des Meló*. Se trata de un hecho algo extraño, pues esta población se encuentra en una comarca tradicionalmente dedicada al cultivo cerealístico.

La marcha triunfal de la variante dulce de la calabaza y el pepino empezó a principios del siglo XX. Fue entonces cuando algunas grandes

fincas se dividieron en parcelas, operación en la que no dejó de intervenir el magnate de la economía y futuro mecenas del arte Joan March. De este modo se multiplicaron los pequeños agricultores que adquirían campos cada vez más pequeños y obtenían unos ingresos progresivamente decrecientes.

En consecuencia, para incrementar sus ingresos empezaron a cultivar frutas y verduras en vez de dedicarse exclusivamente a los cereales. Así, los campos del labrador que ajustaba hábilmente sus cálculos producían dos y tres cosechas anuales en lugar de una sola. Relativamente poco exigentes, los melones se desarrollaban maravillosamente en los campos de

Estos puestos de frutas en las aceras impiden pasar de largo.

Los agricultores tienen que curvar sus espaldas para cosechar el pimiento.

secano de Vilafranca y se vendían tan bien como los cereales en los mercados de Campos y Llucmajor primero y de Palma después. La gran demanda hizo posible realizar algunas inversiones, como la compra de un tractor en sustitución de la tradicional fuerza muscular del mulo.

Asimismo los agricultores no tardaron en recurrir a las nuevas técnicas de siembra y de cultivo, de forma que a mediados del siglo XX los melones de Vilafranca cubrían todas las necesidades de la isla. También entre los turistas se extendió la fama de la calidad de los melones frescos, que en Vilafranca estaban literalmente en la calle. La cifra de ventas se disparó.

Fieles al lema de que "lo que funciona con melones puede funcionar con otras cosas", los vecinos de Vilafranca efectuaron experimentos con otros productos, sobre todo con los tomates *de ramellet*, tan poco exigentes como aromáticos, sin los cuales es sencillamente impensable un buen *pa amb oli*.

Los campos de sandías casi maduras parecen un conjunto de globos a punto de iniciar el ascenso. Una vez recolectadas deben consumirse inmediatamente, pues, separadas de la planta, se echan rápidamente a perder.

Función de gala para Sugar Baby
Sa Festa des Meló

Desde que a mediados de los años treinta del siglo XX la irritada campesina de Vilafranca empezó a vender directamente sus melones en la calle principal del pueblo, los puestos de frutas y verduras atraen con sus vivos colores la atención de compradores y turistas. Entretanto, los puestos de venta de estas cucurbitáceas de color amarillo, verde claro o verde oscuro, reticuladas o de un brillo aterciopelado, han venido conformando la imagen de esta pequeña población.

Sesenta años después, los *meloners* decidieron crear una fiesta del melón, que desde el año 1994 tiene carácter anual. El punto culminante de la *Festa des Meló* es el *Concurs des Meló*, en el que la cantidad se impone a la calidad: vence quien presente el melón de más peso. Cada agricultor lleva su mayor pieza, que puede ser verde, amarilla o estriada, y la coloca al lado de gigantescos rivales. Los frutos, de hasta quince kilogramos de peso, se pesan entre las exclamaciones de asombro y de entusiasmo de los espectadores y los vencedores reciben premios.

De ahí que la variedad *Sugar Baby* nunca gane este concurso, aunque es el melón que más abunda en España y el que acaso presente las proporciones más atractivas; es esférico y a los 80 días de maduración tiene un diámetro de unos 20 cm. Brillante, de color verde botella y tal vez más abundante es el *Dulce de América*,

Los melones *Sugar Baby* y *Sa rodona* esperan en cestos el momento de competir.

que también se llama sencillamente *Sa rodona*, no hace falta decir por qué. Por el contrario el *Fairfax*, alargado y de color verde amarillento, tiene una estructura más poderosa y, por tanto, generalmente es el favorito. Puede alcanzar en ocasiones los 50 cm y, tras 90 días al sol de las islas Baleares, puede llegar a pesar sus buenos 10–15 kg.

Aun cuando sólo de distinguen dos grupos principales, concretamente la *síndria* o sandía y el *meló* o melón, existen innumerables variedades de este acuoso fruto: alargados o redondos, monocromos o con dibujos, amarillos o verdes, del tamaño de un balón de balonmano o baloncesto. Los agricultores de Vilafranca distinguen

Los expertos dictaminan sobre los frutos del tamaño de un balón de baloncesto.

Todos esperan en tensión el juicio infalible de la balanza digital.

tres variedades. El *aiguardenter* es el de mayor tamaño y, en su fase de maduración plena, sabe a aguardiente. El *meló eriçó* o melón erizo es algo más pequeño que el *aiguardanter*, tiene una pulpa más clara y una corteza de color verde amarillento. El *meló de gra d'arròç* o melón de grano de arroz, por el contrario, es pequeño y de color verde y tiene un sabor extraordinariamente intenso. Sea cual sea la variedad elegida de entre las tres existentes, los esféricos balones frutales son desde hace años verdaderos éxitos de ventas. Además, junto a su excelente calidad, los precios se mantienen estables. Los productos procedentes de Vilafranca pueden encontrarse en todos los mercados de Mallorca y constituyen, con las ensaimadas, un artículo de venta segura. Y sin haber tenido que recorrer el pesado camino de las instancias, aunque no protegida, la referencia "de Vilafranca" equivale por sí misma a un sello de calidad.

El motivo por el que los melones gozan de tanta aceptación es principalmente el gran porcentaje de agua que contienen, alrededor del 93%, lo que los convierte, precisamente en verano, en un producto que calma la sed y además deja en la boca un agradable sabor dulce. Por si fuera poco, a quienes hayan calmado su sed el día anterior con alcohol de elevada graduación y tengan la sensación de que su cabeza tiene más o menos el diámetro de la variedad *Sa rodona* les vendrá muy bien tomar melón, pues es un excelente depurativo renal.

Los espectadores observan impresionados la pieza vencedora.

No obstante, el verdadero aficionado al melón (es decir, aquél que no lo toma sólo por sed o por resaca) conoce bien la importancia que tiene la elección del melón para disfrutar al máximo de él, pues, como ocurre con casi todo los verdaderos placeres requiere un momento adecuado. Es importante "pillar" el melón en su punto preciso de maduración ya que, tomado antes de tiempo, resulta amargo, y si se toma ya pasado de tiempo tiene un regusto a ligeramente fermentado.

De ahí que los mallorquines, que también saben vivir, hayan desarrollado diversas filosofías para comprobar con garantías de éxito el grado de maduración de un melón. Unos golpean la corteza con los dedos: el hecho de que suene como un tambor es un signo relativamente seguro de maduración suficiente y augura un placer refrescante. Otros aprietan ligeramente con los dedos el extremo opuesto al arranque del tallo; si el melón cede, es que está *en el seu punt*, en su punto.

Cantantes callejeros modernos
La música popular

Vilafranca tiene fama también por un artículo no comestible: la música mallorquina popular. Hasta los años ochenta del siglo XX la música popular se limitaba a los grupos folclóricos, que actuaban en bodas y en fiestas locales. Entonces Tomeu Penya, natural de Vilafranca, dio el salto a los mercados catalanes superando los límites de la isla. Modernizó la música mallorquina tradicional, mezcló instrumentos nuevos y antiguos, incorporó elementos de la música *etno* a los cantos generalmente monótonos de la isla e incluyó en las canciones textos agudamente equívocos en ocasiones, pero con frecuencia críticos y a favor del medio ambiente. Tuvo un éxito rotundo.

En efecto, tras una opípara y suculenta comida a los mallorquines les gusta contar historias y cantar canciones mientras toman un café y una copa de licor. Según avanza el tiempo el contenido de las canciones es cada vez más picante y subido de tono e indefectiblemente acaban metiéndose con la autoridad; no hay nada que divierta más a un verdadero mallorquín. En épocas pasadas disfrutaba del máximo respeto en los pueblos quien, a lo largo de un concurso, era capaz de hacer los mejores versos con las impertinencias más impactantes y más sugestivas. El moderno cantor callejero que es Tomeu Penya ha sabido dar a todo esto un sello de calidad.

Tomeu Penya ha sabido incorporar otros ritmos *etno* a la música popular mallorquina. Además ha logrado introducirla en la península Ibérica tras haberla dotado de textos de carácter crítico y social.

Actes religiosos i populars
Montision cerca de Porreres

Fue, sin duda, un día feliz el 14 de enero del año 1954 cuando los vecinos de Porreres empezaron a reparar el camino que une su ciudad con el Santuari de la Mare de Déu de Montision. Iniciaron con su mejor voluntad las obras comunales a primeras horas de la mañana y aquel día de invierno lograron batir un récord; los musculosos hombres de Porreres consiguieron poner a punto en un solo día los tres kilómetros de sinuosa carretera.

No pensaban en obtener una recompensa económica mientras la gotas de sudor caían por su espalda y su frente; trabajaban sólo por la recompensa divina. Sencillamente su trabajo atendía el bien común y era una cuestión de honor participar en él. Desde entonces tienen fama de poseer un marcado sentido de la comunidad y una gran capacidad de organización. Obviamente esto acentúa su tendencia a reunirse cada semana en grupos afines: Porreres pasa por ser la cuna de la vida asociativa mallorquina.

Tanto si se trata de la clásica sociedad coral como si se trata de un grupo folclórico, prescindiendo de algunos cazadores y de algunos palomeros, las aspiraciones de los vecinos de Porreres se orientan hacia la cultura. Es probable que todo se deba a los frailes franciscanos, que ya en 1551 fundaron una escuela de retórica y de gramática en el monasterio de Montision; los seminaristas recibían clases de latín con tal éxito que pronto hubo que ampliar la escuela. A mediados del siglo XVII la fama de aquella escuela conventual había traspasado las fronteras de Porreres. Con la imponente cifra de 500 alumnos, el número de inscripciones superaba al de cualquier otro centro educativo de la capital, Palma. Todavía hoy Porreres sigue marcando con brillantez la pauta en cuestiones de cultura; el índice de analfabetismo queda aquí muy debajo del 27% que se alcanza en algunas partes de la Mallorca rural.

La colina de Montision, de 254 metros de altura, debe su nombre a la Virgen del monte Sión, a la que está también dedicado el santuario del convento. Con su portal desbordante de arabescos, esta pequeña iglesia conventual es, con mucho, la más bella del país, o al menos del Pla. Dos familias nobles, los Duzay y los Mesquida, promovieron la construcción del complejo, por lo que sus blasones aparecen en el interior de la iglesia. El de los Duzay se encuentra a los pies de Nuestra Señora de Montision, tallada en mármol en el siglo XV por un cantero mallorquín; los Mesquida se contentaron para el suyo con una capilla lateral.

El antecedente del santuario fue una ermita, que existía allí desde el siglo XIV y que estaba

El luminoso claustro del monasterio de Montision no tiene cuatro sino cinco ángulos.

La estatua en mármol de la Virgen de Montision es copia de una escultura bizantina en madera.

consagrada al eterno misterio de la aparición de la Virgen. En el año 1498 los ermitaños debieron de pensar que la residencia era demasiado ascética y construyeron una nueva capilla, que adornaron con una imagen de Nostra Senyora de Montision, una estatua en madera de una Virgen bizantina. Pero al extenderse la fama de la escuela conventual, una Virgen bizantina de madera parecía poca cosa y se cambió por la actual de mármol.

Sin embargo, esta última imagen no pudo eludir el destino hacia el que parecían encaminarse todos los conventos a principios del siglo XIX. Como consecuencia de la secularización promovida por los liberales, el Santuari de Montision quedó abandonado y empezó a sufrir graves deterioros hasta el cambio de siglo aproximadamente. Hacia el año 1900 se inició una reconstrucción que, en cualquier caso, respetó el estado primitivo del centro de peregrinación, que tan interesante resulta desde el punto de vista del turismo.

Desde la explanada en forma de terraza –inevitable en todo *santuari* mallorquín: con soberbias vistas del cercano San Salvador y del santuario y, a través del Pla, de Campos, Felanitx y Manacor– puede accederse a una escalera que asciende al claustro del convento. Se trata de un conjunto único, pues el claustro, de sólidos arcos de medio punto, no es cuadrado ni siquiera rectangular, sino que tiene cinco ángulos. Las antiguas celdas de los monjes daban

a él, pero hace ya mucho tiempo que se destinan a peregrinos y a turistas con preocupaciones artísticas.

Desde el lado del patio inmediatamente anterior a la pequeña iglesia, resulta prácticamente imposible dejar de pensar en las típicas iglesias rurales mexicanas que suelen aparecer en las películas norteamericanas del oeste, fácilmente identificables por su frente compacto con ventanas pequeñas, las campanas suspendidas en el aire, el muro de fachada que sobrepasa el remate y, como aderezo, dos pequeñas construcciones a derecha e izquierda a semejanza de torrecillas y un viejo pozo decorativo que se erige en la plaza situada enfrente. En el interior de la iglesia se impone la imagen de la Virgen Blanca, una escultura que, sin duda, produce al visitante un efecto llamativamente discordante. En efecto, la Virgen de mármol y el Niño parecen contradecirse tanto en su configuración artística como en su mensaje. La Virgen es dulce y tímica, la aureola de su cabeza es el único elemento que la distingue como "la bendita entre todas las mujeres", sus ropas la envuelven con perfiles suaves y una mirada inocente y reconcentrada la dota de vulnerabilidad y al mismo tiempo de una cautivadora belleza. El Niño, por el contrario, es tosco y poco refinado, parece que está pataleando en los brazos de su dulce madre y es tan macizo y pesado que da la impresión de que vaya a caerse de un momento a otro. Esta representación de

la Virgen con el Niño coincide con las características que conforman el Pla: amable y suave como los almendrales en flor por un lado, rústico y tosco como los enormes y secos terrones por el otro.

Montision se llena al completo una vez al año. El primer domingo después de Pascua, el *diumenge de l'Àngel*, un gran gentío no solo formado por los vecinos de Porreres sube hasta el santuario. Una procesión interminable asciende al Massís de Randa por la sinuosa carretera. Después de atravesar frescos y sombreados pinares, pasa junto a unas columnas góticas, que constituyen los restos de un grupo de catorce que representaban los siete gozos y los siete dolores.

Entonces comienza lo que en el lenguaje administrativo del municipio de Porreres se llama *actes religiosos i populars*. Los trajes regionales y los grupos folclóricos crean el ambiente en el que no dejan de influir las bebidas servidas en el bar del santuario.

Las estaciones del *Viacrucis* del camino que conduce al monasterio, situado a 254 m de altura, se adornan con imágenes en azulejos.

Fragancia oriental
Albaricoques

De repente todo el mundo quiso comer albaricoques. A finales del siglo XIX este dulce fruto, que en Europa central se asociaba directamente con el soleado sur, vivió una auténtica eclosión. Los mismos mallorquines comían albaricoques frescos, secos o en mermelada y los exportaban "a Europa" en forma de concentrados. Pero fueron sobre todo los ingleses, los franceses y los escandinavos quienes casi llegaron a perder la cabeza por esta fruta típica de las tierras soleadas.

Por otra parte, los albaricoques existen desde hace muchísimo tiempo. En China se conocía el albaricoque ya en el tercer milenio antes de Cristo. Todo apunta a que, en la Antigüedad, la fragante rosácea llegó a Europa y prosiguió su marcha triunfal a Mallorca a través de la civilización árabe, que además fue la que le dio nombre: la llamó *al barkuk*, palabra de la que derivan *albercoc* en mallorquín y *albaricoque* en castellano.

Sin embargo, hasta el siglo XIX no fue precisamente un artículo de gran consumo. El albaricoque se cultivaba en tierras de secano y casi exclusivamente para el consumo propio, debido, entre otras cosas, a que su periodo de recolección es muy corto y a que se estropea rápidamente.

Al iniciarse el periodo de prosperidad de finales del siglo XIX, la producción mallorquina de albaricoque fue esplendorosa. Hasta los años setenta del siglo XX el albaricoque disfrutaba de una gran aceptación; el único inconveniente fue que, entonces, otras regiones pensaron también en aprovecharse del negocio. El albaricoque no pudo resistir la competencia de Marruecos, Túnez y Turquía, países donde la producción era más barata. Por lamentable

Los árabes introdujeron el albaricoque en Mallorca a finales del siglo VIII.

que parezca, durante los años noventa los mallorquines se vieron obligados a destruir 50.000 toneladas de albaricoques al año, pues su recolección, embalaje y transporte dejaron de ser rentables.

Pero afortunadamente los mallorquines no encontraron motivos para renunciar totalmente a una fruta que tantos usos admite. Constituye un ingrediente importante de la cocina mallorquina y se utiliza en postres dulces, en forma de mermelada, como remate de la tradicional ensaimada y como toque final de sustanciosos platos de carne. O sencillamente como orejones. Con el nombre de orejones se comercializan en Mallorca los albaricoques muy grandes, secos y cortados por la mitad en sentido longitudinal, que parecen orejas de grandes proporciones.

El albaricoque debe pasar del árbol al cesto en junio.

Cómodamente sentadas las mujeres parten y deshuesan el aterciopelado fruto.

Docena a docena, la estancia se llena de dulce aroma y de luminoso color.

Para el transporte el ajuste es riguroso; así no se cae ninguna pieza.

El mismo sol que maduró los albaricoques los seca lentamente.

Secos sí, pero ¡cómo! El sol de Mallorca garantiza su jugosidad y dulzor.

Oriente y Occidente en el mismo plato: sabroso entrecot de vacuno con albaricoque dulce.

Entrecôte amb albercocs

Entrecot con albaricoques (para 4 personas)

Ingredientes
4 entrecots de vacuno
150 g de beicon en lonchas
500 g de albaricoques maduros
1 vaso de vino blanco suave
1 cucharada de miel
pimienta, sal

Lo más interesante de este plato es la salsa dulce, que obviamente puede utilizarse con otras carnes poco asadas, con una chuleta de ternera o con cordero. (Adviértase, en cualquier caso, que en Mallorca los albaricoques maduros de la receta tienen una intensidad de sabor de la que carecen, aun en plena recolección, los productos importados).

Seque con un paño de cocina los entrecots de vacuno, salpiméntelos y fije con palillos las lonchas de bacon en la carne. Dore a fuego vivo los entrecots por los dos lados en aceite caliente en una sartén de hierro colado. A continuación áselos a fuego lento hasta que la carne esté todavía ligeramente rosa por dentro.

Divida por la mitad los albaricoques, quíteles el hueso y cuézalos en un poco de agua. Cuando a mitad de la cocción (aproximadamente 7–8 minutos) se haya evaporado el agua, incorpore el vino blanco suave y la miel y deje que se reduzca lentamente. Pase por un colador. Sirva los entrecots dorados con las lonchas de bacon sobre la salsa de albaricoque. Acompañe con vino blanco frío, no muy seco.

Ensaïmada de lujo: los medios albaricoques y el azúcar glasé convierten la ensaimada en una multicolor torta de verano.

El oro en el bote: convertidos en mermelada, los albaricoques aportan una nota cálida de color para untar sobre el pan.

Derecha: energía solar concentrada. En esta ocasión no son las placas solares, sino los albaricoques, los que concentran la energía del sol de Mallorca.

La tierra de oro del artesano
Porreres

De repente cruje a la izquierda una tinaja quebrada, a la derecha se regatea y se escuchan lamentos y alabanzas, la gente pasa por los puestos, en alguna parte alguien gruñe irritado. Ruidos de calderas de cobre, de sartenes de hierro, de canalones de cinc y de vasos de estaño por delante, ladridos, mugidos y balidos por detrás: es *Sa Fira* de Porreres. Cada año, a finales del mes de octubre, el pueblo organiza esta pequeña feria en la que se exponen los productos de su artesanía (artística). Durante mucho tiempo fue más importante para los vecinos del pueblo que el tradicional mercado de ganado que todavía se celebra al lado.

De todos modos, Porreres no es precisamente el ombligo del mundo, ni siquiera de la isla de Mallorca. Exceptuados el *Diumenge de l'Àngel*, festividad que tiene lugar una semana después de Pascua en la que se acude en romería al santuario de Montision, y la fiesta de *Pancaritat*, en Porreres la vida es bastante tranquila. Sólo el 16 de agosto, el *Dia de Sant Roc*, en que se celebra la fiesta del patrono del pueblo, los gritos de alegría y el desorden se adueñan de las calles; las celebraciones religiosas, las marchas festivas, los concursos y los bailes hacen sudar a los vecinos y a sus invitados.

En la Plaça d'Espanya de Porreres hay mercado todos los martes, pero solamente los libros de historia consignan el hecho de que en otros tiempos esta población llegó a superar en importancia económica a la misma residencia de la familia real que fue Sineu. Del esplendor de antaño únicamente quedan hoy dos casas señoriales, perfectamente conservadas, con sus típicas y anchas puertas cocheras, y la impresionante iglesia parroquial de *Nostra Senyora de Consolació*.

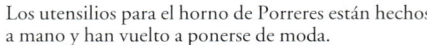
Los utensilios para el horno de Porreres están hechos a mano y han vuelto a ponerse de moda.

Pero en el Pla no todos lamentan haber sido arrollados por la vida moderna. Concretamente la pequeña villa de Porreres, aparentemente al margen del tiempo –aunque en su Ayuntamiento puede visitarse un pequeño museo, realmente interesante, de arte contemporáneo con dos obras de Dalí–, es un excelente ejemplo de cómo se puede hacer virtud, y sobre todo un lucrativo negocio, del miedo a perder valores y costumbres: recurriendo, por ejemplo, a la artesanía tradicional para fabricar objetos de uso cotidiano.

Antiguamente la elección de material para la fabricación de objetos de uso cotidiano resultaba fácil; los canalones eran normalmente de cinc, las campanas de cobre y los faroles y objetos domésticos de hojalata o de hierro. En todas estas cosas el pequeño pueblo de Porreres era grande. Y sigue siéndolo, mejor dicho, vuelve a serlo.

En efecto, algunas tiendas de antigüedades han incorporado talleres en los que los visitantes, tanto mayores como pequeños, pueden ver cómo los artesanos trabajan el metal y comprar en la tienda los objetos recién fabricados. El éxito está garantizado desde el momento en

Aceiteras, jarras y moldes fabricados artísticamente a la antigua usanza.

Dando cuidadosamente la última mano al canalón de cinc.

que los artículos tradicionales encuentran cada vez mayor aceptación.

Pero no siempre ha sido así. En los años cincuenta del siglo XX desaparecieron del mercado los materiales tradicionales, pues los "plásticos", recién descubiertos, se adueñaron de todo el continente europeo. Para ser alguien, había que poseer fuentes, coladores, exprimidores, palas, hojas y cepillos del nuevo material maravilloso.

La vuelta a los viejos tiempos

En los años setenta, el material tan apreciado antes fue desacreditándose lenta pero inexorablemente, al principio sólo por razones ideológicas, pues se ponía en tela de juicio su "artificialidad", el hecho de que no fuera "natural". Pronto se adujeron también motivos relacionados con la salud; para potenciar su consistencia y su resistencia y para ahorrar material los artículos contenían materiales de relleno. Estos últimos podían ser perfectamente inocuos, como el serrín de corcho o de madera, pero también se recurría al asbesto. Cuando se descubrieron los riesgos para la salud que implicaba el asbesto, los objetos de plástico dejaron ya de cotizarse al alza.

Los materiales tradicionales cobraron nueva vida. Desapareció de las casas la mayor parte de los objetos de plástico y se inició una vuelta a "lo de antes". Aparecieron en el mercado empresas que volvían a fabricar los "buenos artículos de siempre". De pronto volvieron a imponerse la hojalata, el cinc, el cobre y el hierro, que, sobre todo en el centro y en el norte de Europa, adquirieron carácter de objetos de culto, por los que se pagaba tranquilamente un precio tres o cuatro veces superior al de los artículos de plástico.

Arrollados cada año desde 1950, más o menos, por una oleada de turismo extranjero, los mallorquines temieron que las multitudes y las influencias extrañas que introducían en el país les llevasen a perder su identidad y a olvidar sus tradiciones y sus destrezas artesanales. Sin embargo, en cuestión de artesanía sucedió exactamente lo contrario, pues había cambiado la mentalidad de los visitantes extranjeros, los cuales, si antes se reían de la vieja paellera metálica suspendida sobre el fuego, empezaban ahora a apreciar estos sencillos objetos. El colador metálico de cocina más común recuperó partidarios y el entusiasmo se extendió a los canalones de cinc y a las estufas de hierro del centro de las casas.

Los insulares recordaron en muchos sentidos sus viejas costumbres y empezaron a trabajar con total entusiasmo, como sucedió en Porreres, según los antiguos modelos y utilizando materiales primitivos. Esta reconsideración, que cada vez es más marcada, de la tradición

mallorquina no solo impulsó los viejos talleres artesanales, sino que determinó la creación de nuevos talleres y negocios en los que se comercializaban ventajosamente los resultados de las técnicas artesanales de trabajo y producción.

Los visitantes centroeuropeos son los mejores clientes de los artesanos. Acuden a los talleres casi en actitud de veneración, admiran la habilidad manual de los artesanos y echan gustosamente mano de su monedero para hacerse con el recién fabricado objeto de sus deseos. Hoy vuelve a ser rentable la producción de artículos tales como canalones de cinc, lámparas y objetos de uso común de hojalata, hermosos utensilios antiguos de cocina de estaño y cencerros tradicionales, *picarols*, que se fabrican como hace siglos.

En cualquier caso a nadie ofende el que algún que otro artículo no sea originalmente mallorquín. Los zapatos con suelas de neumáticos viejos de automóvil o de lona tienen en definitiva la misma aceptación que las sartenes o los moldes de horno. Los cazadores de recuerdos no caen en la cuenta de que este tipo de calzado se encuentra en realidad en todo el sur de Europa, tanto en Creta como en Portugal.

Los cencerros tradicionales decoran la entrada de la casa en vez de balancearse en el cuello del ganado.

Migjorn

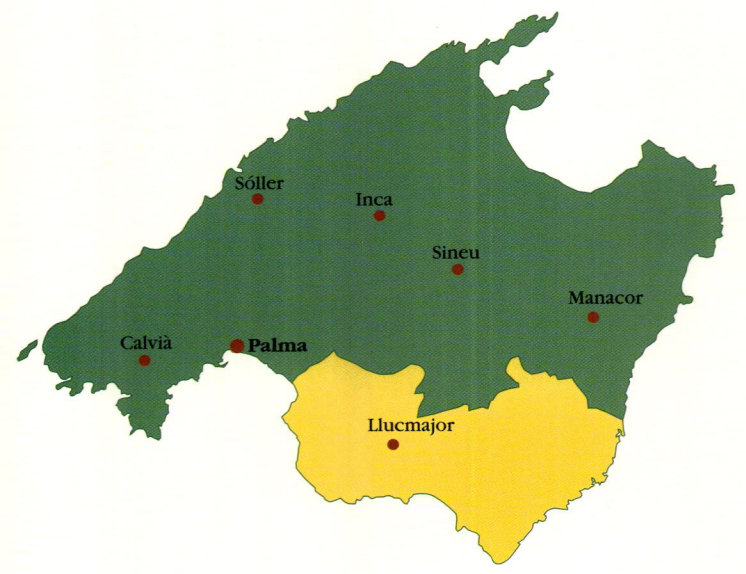

en la minúscula isla de Cabrera. Pero fue en 1349 cuando el Migjorn entró definitivamente en la historia. Pasados más de 110 años desde la Reconquista, Jaime III tuvo que presenciar, con mayor o menor impotencia, cómo Pedro IV de Aragón invadía la isla y lo obligaba a exiliarse en el Rosellón. El 25 de octubre de 1349, apoyándose en un ejército diezmado por la peste, trató de recuperar en Llucmajor la isla perdida y, a la vez, la corona de la Mallorca independiente. Fue un intento malogrado. Jaime III murió en el campo de batalla y Mallorca pasó a formar parte definitivamente de la corona de Aragón.

Vivir sin agua

Es difícil juzgar hasta qué punto este hecho influyó directamente en la vida cotidiana de los campesinos. La clave de su vida y de su supervivencia en una comarca de tales características residía y todavía reside, básicamente, en la adaptación perfecta a las circunstancias, fuera cual fuera el soberano. Cuando el agua es un bien tan preciado, es imposible desarrollar una ganadería y una pasticultura incapaces de subsistir sin grandes cantidades de agua. Lo cual no significa que la agricultura no tenga ninguna posibilidad.

Sal y sol, arena y piedra
El Migjorn

Cuando está tan alto que la propia sombra se esconde entre los pies, el sol acaba de recorrer la mitad de su trayecto diario. Es el mediodía, *migjorn* en mallorquín, y también la intersección entre este y oeste, el sur. El "mediodía" de Mallorca hace honor a su nombre. Aquí la mayor de las Baleares deja de ser una isla de flores y se concentra absolutamente en llevar el sol como *leitmotiv* en su nombre. En ningún otro lugar de la isla llueve tan raras veces y tan poco; justamente una tercera parte de los 800 litros por metro cuadrado que constituyen el promedio de Mallorca, bajo en cualquier caso, riega las sedientas tierras del Migjorn, tendidas entre sólo dos elevaciones del terreno dignas de tal nombre: el Puig de Randa, de 501 metros, en Llucmajor, y el Puig de Sant Salvador, en Felanitx, a 510 metros sobre el nivel del cercano mar.

El resto del Migjorn se tiende plano, casi al nivel del mar, bajo un sol radiante, aparentemente medio dormido, agostado, sesteando, sin acabar de despertarse. Pero las apariencias engañan. Con sus alrededor de 100 habitantes por kilómetro cuadrado, este trozo seco e inhóspito de tierra supera los 80 de la media española y los 75, Palma excluida, de la mallorquina.

Los hallazgos prehistóricos, como los del asentamiento talayótico de Cabocorb Vell, al sudoeste de Campos, indican que el Migjorn, junto a la región nororiental, fue una de las primeras comarcas mallorquinas habitadas permanentemente por el hombre. Las resguardadas calas meridionales, muchas de ellas semejantes a fiordos, ofrecían protección; el mar, realmente tranquilo, garantizaba una arribada segura y las tierras del interior proporcionaban animales y vegetales suficientes para vivir. Los fenicios establecieron hacia el año 300 a.C. su primer emporio mallorquín

Doble página anterior: en el sur de la isla, el bosque mixto mediterráneo proporciona una sombra refrescante e impide que el polvo de la tierra se disperse en todas las direcciones.

En las proximidades de la Colònia de Sant Jordi, esta torre defensiva guarda desde 1596 la tranquilidad de las tierras y las gentes del Migjorn.

En efecto, en esta comarca se desarrollan perfectamente ciertas especies de la flora y la fauna con bajo nivel de exigencias. Así, por ejemplo, en Felanitx, al nordeste del Migjorn, la vid se encuentra tan bien que facilita el 90% de la producción mallorquina de vino blanco, gracias a la combinación de unos suelos calizos inundados por un sol seguro con el agua que puede llegar del Puig de Sant Salvador.

Asimismo a lo largo de los siglos los albaricoqueros y los almendros han dado muestras de ser rentables como suministradores de sustancias alimenticias, y los olivos, sus colegas silvestres y unas plantas tan extremadamente resistentes como las chumberas se han impuesto en la lucha darvinista por la existencia. En los alrededores de Campos, las descendientes de las vacas frisonas, que aquí se llaman *frisons,* proporcionan leche para los *piris,* la variante mallorquina del queso cuadrangular y de fuerte sabor de la cercana isla de Menorca.

Hambre, peste, piratas

Es obvio que trabajar en el campo con tales condiciones climáticas no es idílico en absoluto. El agua sigue siendo un problema. La moderna maquinaria agrícola y los abonos alivian algo el trabajo bajo un cielo permanentemente azul, pero ni siquiera ellos alumbran como por arte de magia un jardín del Edén floreciente y exuberantemente verde. En el siglo XVI durante años enteros las precipitaciones fueron tan bajas y

En el "mediodía" de la isla, un árbol adulto es una enorme conquista de la naturaleza. Las vistas de los espacios naturales son arrebatadoramente hermosas.

En el sur se desarrolla más de un artista vegetal de la supervivencia.

En el siglo XVII se reformó la iglesia del Convent de Sant Bonaventura de Llucmajor, que no contó con su campanario nuevo hasta 1820. Los mallorquines asocian Llucmajor a la pérdida de su libertad. En la batalla que se libró a las puertas de la ciudad en el año 1349 contra las tropas aragonesas de ocupación, Jaime III murió intentando recuperar su reino.

Sobre el rosetón este ángel barroco dirige su mirada, con sus mofletes y su curiosidad, hacia los tejados de Llucmajor.

tan superficiales que la gente no tuvo más remedio que acudir a los molinos cerealísticos de Campos para moler algarrobas, que en realidad es comida propia de los animales.

Además del hambre, otras plagas visitaban habitual y lamentablemente la vida del Migjorn, dedicada básicamente a la agricultura. La peste, la malaria y el ergotismo, causado por el centeno intoxicado, hacían sistemáticamente estragos en una población campesina deficientemente alimentada.

Otras plagas llegaban desde el mar. La localidad de Santanyí, por ejemplo, la noche de San Marcos del año 1388 comprobó dolorosamente que nada impedía a los piratas árabes quemar y saquear la ciudad y secuestrar a sus habitantes para liberarlos mediante una contraprestación económica o para venderlos como esclavos. Todavía hoy el aspecto urbano de Santanyí indica que hasta muy entrado el siglo XVIII sólo la fortaleza defensiva y unas sólidas murallas de *marès,* piedra singularmente fina y dura, protegían mínimamente la comarca frente al ataque de los temidos piratas. Hasta que no pudieron sentirse seguros, los habitantes de la ciudad no mostraron el menor interés por la decoración estética basada en el Cordero de Dios de sus blasones. Éste es el origen de un plano urbano compacto y defensivo, que durante los últimos 200 años ha descubierto la dispersión mediterránea como elemento arquitectónico.

Asimismo la iglesia del apóstol San Andrés, fortaleza de la fe y de la esperanza, no se sometió a obras de remodelación hasta el siglo XVIII, con la única excepción de la capilla del Rosario, donde el Cordero de Dios sigue siendo la clave que mantiene unida la bóveda. En las casas particulares se puso de moda adornar con artísticas rosas de *marès* dorado de Santanyí, *estrelles mostrejades,* las aberturas de aireación. Se trataba de algo absolutamente impensable cuando todavía existía el peligro de un ataque de los piratas, pues para ellos este tipo de detalles constituía una provocación.

En las comarcas rurales de Mallorca, como es el caso de Migjorn, la iglesia es una presencia constante no solo en forma de edificios. No obstante, las monjas y los frailes viven mayoritariamente en estricta clausura.

A finales del siglo XX se explota la sal en 130 hectáreas de esta comarca, con una técnica que se limita a mejorar el principio básico de la naturaleza y acumula en el paisaje montañas blancas, que, visibles a distancia, no son fáciles de contemplar sin gafas de sol. No muy lejos de aquí, en el único balneario termal de Mallorca, los Banys de Sant Joan, los romanos buscaban un alivio para sus enfermedades de la piel, sus alteraciones digestivas y sus problemas circulatorios. No obstante, las aguas, mínimamente radiactivas, sulfurosas y a una temperatura constante de 38,7 grados, no contaron con una casa de baños hasta 1516. Hasta entonces los enfermos se zambullían en las salobres aguas terapéuticas junto con los cerdos, las vacas y otros bañistas todavía más desagradables. En la actualidad, tras una larga serie de vicisitudes las dos fuentes de Sant Joan, concretamente Font Santa y Font Sa Bassa, son propiedad privada y se integran en un balneario.

La costa del Migjorn no ha sido debidamente valorada hasta el siglo XX. La piratería obligó a la población a renunciar a la pesca en esta zona. Únicamente cabe destacar los pequeños puertos de Porto Colom, el puerto de Felanitx, y Portopetro, puerta de la bahía de Santanyí; desde el mar, el resto de la tierra daba la impresión de estar totalmente deshabitado. A principios de siglo XX algunos agricultores se tomaron como una inocentada o una broma el que la gente se acercase a la playa simplemente para sentarse o tumbarse en ella, que llevasen sus cestos de comida y que se bañasen en el mar. Del mar llegaban los conquistadores, los piratas y, en el mejor de los casos, las algas utilizadas para abonar los campos.

Calas con formato de ensueño

Los extraños bañistas representaban los primeros indicios de un cambio radical de valoración. En aquella costa deshabitada y sin edificar, la floreciente industria turística encontró calas con formato de ensueño. La más próxima a la capital, la Platja de Palma, que ocupa parte del término municipal de Llucmajor, se convirtió en pocos años en uno de los ejemplos del turismo de masas. En apreciación de los críticos actuales, los baños de S'Arenal, en el extremo sudoriental de la bahía, han desarrollado conceptos como el de "Ballermann" (camorrista) o "calle del jamón" y "de la cerveza" y han creado en la playa, de 40 metros de anchura, un escenario de los horrores, con silos de hormigón bajo el nombre supuesto de hotel. Los partidarios de S'Arenal sostienen, por el contrario, que la gente de pocos recursos y las familias con hijos encuentran aquí exactamente lo que buscan: una playa de primera categoría, aguas poco profundas y aptas para el baño y unos servicios que no les recuerdan que están en el extranjero más de lo estrictamente necesario.

Empezando el día a la mallorquina en el Café Colón de Llucmajor: *ensaïmada,* café y prensa.

Estas experiencias, sin embargo, impidieron que otras playas corrieran la misma suerte. El caso más famoso del Migjorn es la playa de Es Trenc, que en los años ochenta del siglo XX estuvo a punto de convertirse en un paraíso de vacaciones con un sediento campo de golf. Las protestas de los ciudadanos fueron tan enérgicas que se anularon incluso licencias de construcción ya concedidas. Algunas se toleraron; así se construyó un aparcamiento y se instalaron un par de puestos de helados y de salchichas. Pero Es Trenc siguió siendo lo que siempre fue: la mayor playa de arena casi intacta de Mallorca.

Por el contrario, a la vuelta del Cap de Ses Salines, hacia el este, se suceden no playas anchas, sino románticas calas hasta llegar a Cala Ratjada, en la región de Llevant. Es cierto que ni Cala d'Or, ni Cala Mondragó, ni Cala Figuera han podido preservar su virginidad como Es Trenc, pero tampoco han sufrido la invasión masiva de visitantes que se produjo en S'Arenal.

En invierno, como muy tarde, vuelven a recobrar su soledad inundada de sol. Entonces acuden al Migjorn huéspedes de otras características; lo hacen a cientos, sudando, pedaleando en sus bicicletas junto a los muros secos por la ardiente llanura. Las carreteras, apartadas pero asfaltadas, permiten realizar un ejercicio más suave que la sierra de Tramuntana, donde los obstinados se pelean con las montañas, aparte de que el Migjorn es la patria de uno de los grandes del gremio. En su Felanitx natal Guillem Timoner, seis veces campeón del mundo de ciclismo tras moto, les facilita repuestos y consejos en su tienda de bicicletas.

No es el único hijo ilustre del sur mallorquín. En Felanitx no solo vio la luz del mundo el pintor contemporáneo Miquel Barceló, sino que también es hijo de la ciudad el arquitecto gótico Guillem Sagrera, autor de la Llotja de Palma. Lo es igualmente, así al menos lo quiere la leyenda, nada menos que Cristóbal Colón, el "descubridor" de un mundo nuevo, que para los habitantes del Migjorn empieza justamente aquí, en el sur, entre la sal, el sol, el mar y la piedra.

Derecha: en el extremo meridional de Mallorca los vientos procedentes de los desiertos africanos pueden alterar el mar por la mañana. El sol naciente lo transforma todo en una fantástica sinfonía de grises azulados y de rojos anaranjados.

Doble página siguiente: en la playa de Ses Covetes las sombrillas esperan a los bañistas ávidos de sombra. Es difícil que haya aquí problemas de saturación, incluso en temporada alta.

Luchando por la libertad y por un lugar al sol
Llucmajor

Los albaricoqueros, conocidos por el dulzor de sus frutos, bordeaban probablemente los caminos de Llucmajor cuando en el otoño del año 1349 Jaime III, al frente de 3.000 hombres de a pie y de 400 jinetes, se disponía a arrebatar desde aquí el reino de Mallorca de las manos de su primo Pedro IV de Aragón y a recuperar su libertad. Pedro IV se había apoderado de Mallorca en el año 1343 en un ataque relámpago; pretendía corregir el error histórico, desde la perspectiva aragonesa, en que incurrió su bisabuelo al dividir el reino a su muerte entre Aragón y Mallorca.

Pero las tropas de Jaime III, acuarteladas en el Rosellón, donde se había refugiado el monarca, estaban agotadas, extenuadas por el hambre y debilitadas por la peste. No tenían nada que hacer frente a los soldados del ladrón de tronos de la península Ibérica. En la batalla de Llucmajor del 25 de octubre del año 1349 Jaime III fue decapitado por un soldado que no pudo perpetuar su nombre en los manuales de historia, algo que sí hizo el lugar en que Mallorca perdió definitivamente su libertad. Dos monumentos recuerdan los hechos. La cruz conmemorativa de la Plaça de Sa Batalla, en la entrada suroriental de Llucmajor, señala el lugar de la derrota; se trata de una sencilla cruz de piedra con el escudo del reino de Mallorca. En Llucmajor un grupo escultórico

Los domingos la Plaça d'Espanya se llena hasta rebosar de los tesoros de la agricultura mallorquina. Es difícil encontrar en las tiendas las apetecibles almendras y nueces con miel.

Derecha: este peluquero de Llucmajor obsequia al joven mallorquín con un cómodo corte de pelo.

Inferior: los viejos amigos se pasan tardes enteras jugando a las cartas.

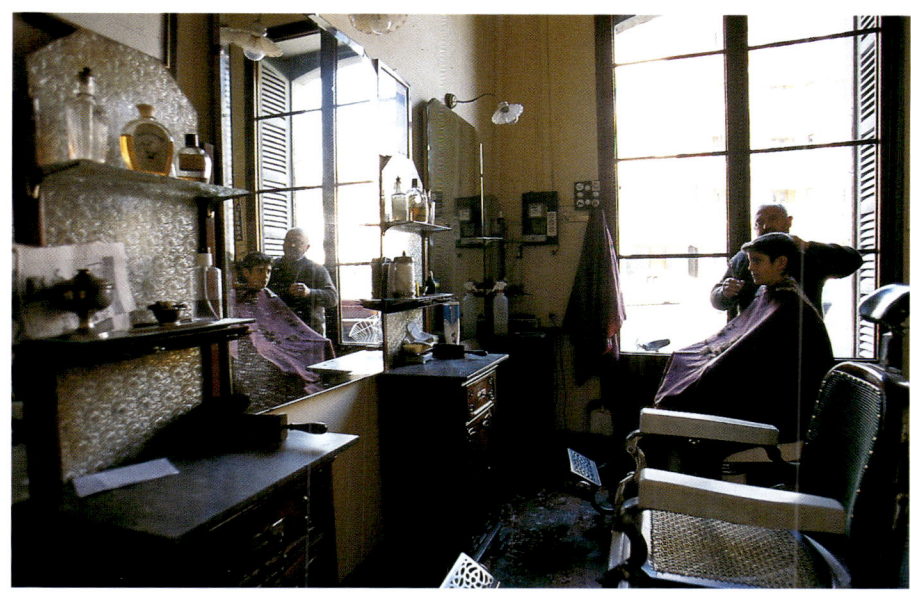

de piedra presenta al moribundo soberano Jaime III tendido en el suelo con su cota de malla, en tanto que un soldado de su guardia hace ondear al viento de la isla la bandera de Mallorca. La iglesia de Sant Miquel de Llucmajor acogió tras su muerte al último rey de Mallorca hasta que en el año 1905 fue inhumado en la catedral de Palma junto a su abuelo, Jaime II.

Playa polémica: S'Arenal, estigma o favorita

El mismo Llucmajor está muy lejos de vivir del recuerdo de lo que no debió ser. Las extensas plantaciones de albaricoqueros han dado a la

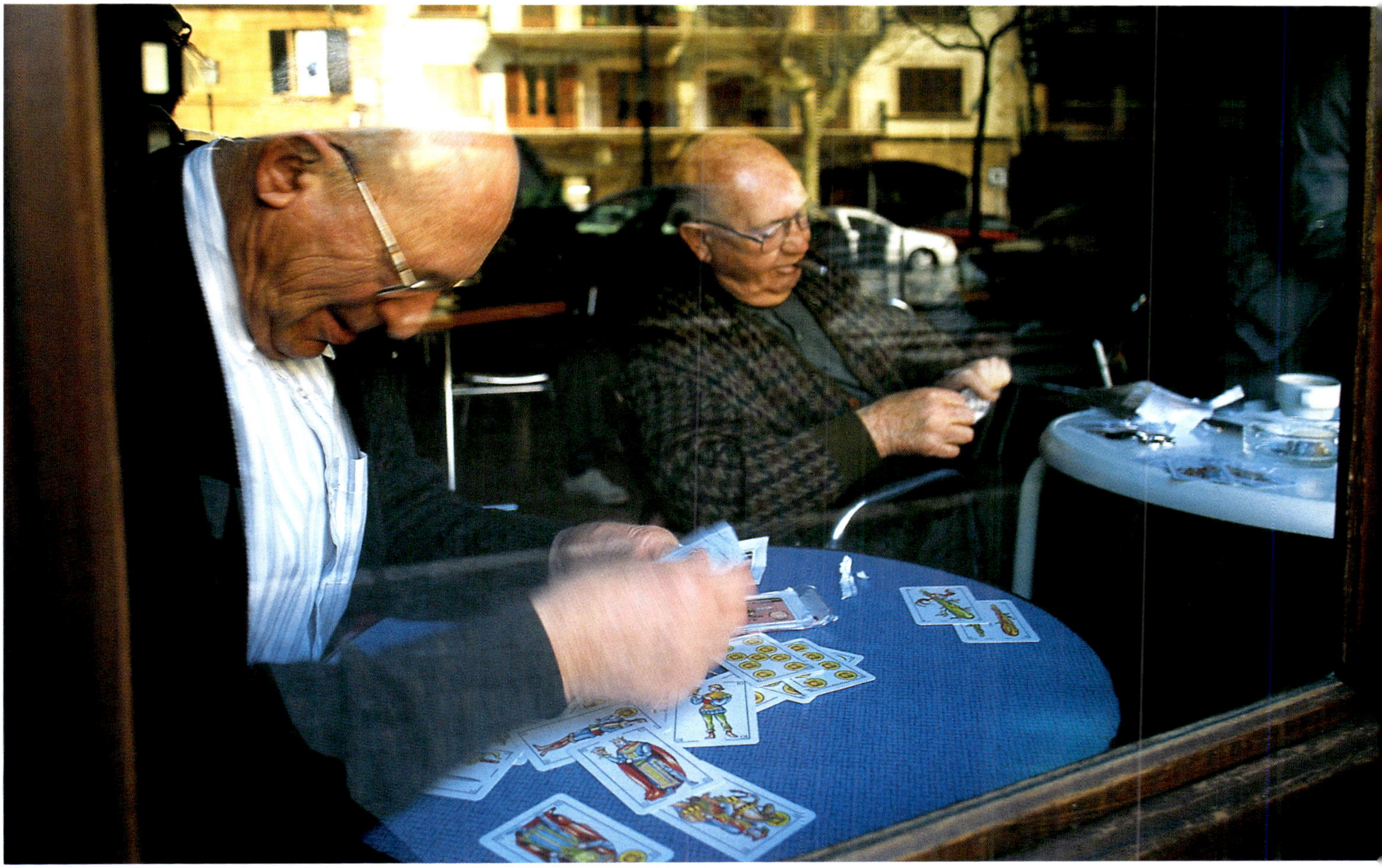

población un motivo más de gloria. Y un tercer monumento civil honra a los integrantes
de un gremio que hasta muy entrado el siglo XX
constituía el segundo punto de apoyo de la economía de la pequeña ciudad. Eran los zapateros, que actualmente también trabajan en
ocasiones para las grandes marcas francesas.
Los notables edificios modernistas de estilo
barcelonés del centro indican que las cosas no
le fueron mal del todo a la ciudad.

En el momento de su construcción, a principios del siglo XX, el término municipal con-
cluía en la playa todavía virgen y encajada
entre dunas y pinares que apenas sesenta años
más tarde se convertiría, junto con Calvià, en
el prototipo del turismo de masas. En efecto,
S'Arenal pertenece al término municipal de
Llucmajor y no a Palma, aunque en la actualidad se incorpore sin solución de continuidad
al extrarradio de la capital.

En el año 1861 la situación era diferente.
Entonces se construyó una vía de comunicación hasta Llucmajor, el Camí de S'Algar, y
once años después se alzaba la primera casa de
S'Arenal. Hacia 1900 algunos veraneantes más
disponían de un refugio en la playa y se intensificó la demanda de terrenos edificables, por
lo que se crearon parcelas, se mejoraron las
carreteras y hasta se construyó un empalme de
ferrocarril. En los años veinte los veraneantes,
fundamentalmente mallorquines de la cercana
Palma, tomaban el sol en la playa en régimen
de separación de sexos. Fue en los años cincuenta cuando emergió de las dunas el primer
hotel, que constituyó el pistoletazo de salida
del desarrollo que todavía oscurece la fama
turística de la isla y ha provocado agresivas
reacciones en sentido contrario.

A los 30 años del explosivo incremento del
turismo en Mallorca, S'Arenal no deja a nadie

Al ponerse el sol la playa de S'Arenal se queda vacía.
Tras las lomas, la próxima batería de sombrillas y
tumbonas espera en Calvià iniciar el servicio a la
mañana siguiente.

indiferente. Para los dispuestos a aprender de los
errores del pasado, S'Arenal representa exactamente el paradigma de lo que nunca debió
suceder. Actualmente para disfrutar de las dunas
y de los pinares hay que recorrer un largo camino
en dirección a Cala Brava pasando junto a una
kilométrica muralla inexpugnable de torres hoteleras, discotecas, restaurantes, tiendas de
recuerdos y supermercados de artículos centroeuropeos. Privada de la protección de las
dunas y de las raíces de los árboles, la playa de
S'Arenal, de 40 metros de anchura, desapareció
en el mar en el año 1989 como consecuencia de
un temporal de invierno. Se procedió rápidamente a la reposición de las 400.000 toneladas
de arena desaparecidas, pero ahora las dunas

subacuáticas se desplazan sobre el fondo del mar y asfixian parcialmente la fauna animal. Se han construido arrecifes artificiales de bloques de cemento para que sirvan de refugio a moluscos, peces y plantas.

La playa, anacrónicamente dividida en *balnearis,* se ha convertido en un fin en sí misma en la lucha por un lugar al sol. Cada balneario cuenta con su propia clientela y los tinglados de otras épocas son ahora pabellones posmodernos de acero y aluminio. El más famoso, el balneario número 6, ha tenido acceso al mundo cinematográfico como "Ballermann" y ha sido estudiado por los sociólogos como fenómeno de masas. El hecho no deja de resultar curioso, pues el culto de "Ballermann" se basaba simplemente en clubes enteros de bolos, grupos de jóvenes solteros y fugitivos de la rutina diaria que, al compás de las canciones alemanas de moda, se pasaban todo el santo día trasegando al hígado a través de una pajita jarras y jarras de cinco litros de sangría para dirigirse entre tropezones, totalmente borrachos y muchas veces alborotando, al hotel barato del otro lado del paseo de la playa.

De la cultura mallorquina, cualesquiera que fuesen sus tendencias, ya no queda aquí nada; gracias al tipo de vida alemana y al idioma, la "calle de la cerveza" y la "calle del jamón" creaban en los clientes la ilusión de que, a dos horas de vuelo de su lugar de origen, podían sentirse aquí como en casa.

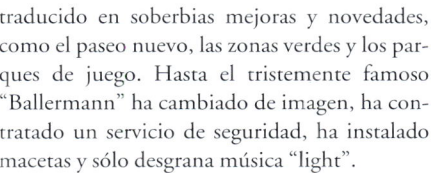

Cuando la fama se viene abajo...
En el "Ballermann" la esencia del turismo de masas ofrece su cara más desinhibida.

Pero la otra cara de la moneda de S'Arenal descubre las ventajas y la necesidad de la playa. Con sus aguas poco profundas y con un declive casi inexistente, S'Arenal es una playa segura para los niños, para quienes no saben nadar y para las personas mayores. En las postrimerías del siglo XX los grandes ingresos de la población se han traducido en soberbias mejoras y novedades, como el paseo nuevo, las zonas verdes y los parques de juego. Hasta el tristemente famoso "Ballermann" ha cambiado de imagen, ha contratado un servicio de seguridad, ha instalado macetas y sólo desgrana música "light".

Y, desde luego, no todos los turistas de S'Arenal van al "Ballermann". Los partidarios de S'Arenal dicen que tiene que haber lugares turísticos de masas para la gente que no puede permitirse un hotel de cinco estrellas durante las dos semanas de que dispone al año para tostarse al sol, para las que habrá de ahorrar penique a penique durante las otras cincuenta semanas. Son clientes que quieren 14 días de sol y de playa y se desentienden de los experimentos culinarios. No necesitan un programa cultural ambicioso fuera del estandarizado espectáculo de flamenco que se organizará por la noche en el hotel, ni pretenden exhibirse después en su álbum de fotografías posando junto al hoyo 13 del campo de golf, sino brillar con sus cremas solares en la tumbona conseguida con tanto esfuerzo, mirando al mar. No les preocupa lo más mínimo que a sus espaldas los bloques de hormigón se sucedan sin solución de continuidad allí donde la naturaleza tenía previsto un pequeño paisaje de dunas.

A pocos metros de distancia los adoradores del sol disfrutan en la playa de una jornada de vacaciones absolutamente normal.

La ronda del humo y del fuego
Atalayas de Mallorca

Uniendo felizmente lo nuevo y lo antiguo, dos construcciones se alzan en la costa de Cala Pi. La primera, un faro moderno, señala la tierra firme a los barcos de paso. La segunda, un muro de piedra circular de dos plantas, data de 1662 y lleva ya varios años jubilada, pero en su época en activo cumplía una misión similar, aunque orientada hacia el interior de la isla; "piratas a la vista", era el mensaje transmitido desde la *talaia* durante varios siglos.

Antiguamente la torre vigía o atalaya de Cala Pi contaba con otras 84 colegas repartidas por las costas mallorquinas. Visibles todas entre sí, fueron construyéndose desde finales del siglo XVI, cuando para los mallorquines los piratas árabes representaban el máximo peligro.

Es cierto que la población mallorquina fue víctima de incursiones sucesivas desde tiempo inmemorial, circunstancia que no la privó de dedicarse ella misma a la piratería, pero sólo pensó en una defensa cerrada cuando el enemigo se consolidó. Demasiado tarde para Llucmajor. En 1578 y en 1579 desembarcaron en Cala Pi piratas árabes, que secuestraron a algunos vecinos para forzar un rescate, para reducirlos a la esclavitud o para mantenerlos en cautividad.

Fueron sobre todo los hermanos Barbarroja quienes, tras encumbrarse por medio de sus crímenes desde la piratería a la condición de gobernadores turcos, crearon graves problemas a los cristianos en el siglo XVI. Ni siquiera el emperador del Sacro Imperio Romano y rey de España Carlos V (1500–1558) pudo hacerles frente y fracasó en su intento del año 1541 de combatirlos en Argel.

Fue entonces cuando el bandolerismo estalló con toda su fuerza. Los hermanos Barbarroja

Un anillo de 85 atalayas rodeaba la isla desde el siglo XVI. Constituían para los habitantes de la isla un sistema de alarma contra las incursiones de los piratas norteafricanos y turcos.

todavía controlarían durante varios años más el Mediterráneo occidental, todas las ciudades de Mallorca fueron saqueadas por los piratas y, ante este panorama, el Occidente cristiano se aprestó rápidamente a defender sus costas.

En Mallorca los habitantes de las ciudades costeras se retiraron algunos kilómetros hacia el interior; en los puertos importantes, aunque desprotegidos, la gente vivía pendiente de lo que pudiera suceder. De ahí que hacia el año 1560 el arquitecto italiano Jacobo Paleazzo recibiera el encargo de construir, al igual que en su país, un anillo de atalayas a lo largo de la costa. Sin embargo, como se desprende de la fecha de construcción de la torre de Cala Pi, habrían de pasar todavía cien años antes de cerrarse el círculo.

En las *talaies* había noche y día dos o tres hombres contratados por los vecinos del pueblo para los servicios de vigilancia. En cuanto avistaba un barco pirata, el equipo de guardia de la *talaia* daba la alarma a las torres próximas; de día lo hacía mediante señales de humo y de noche empleaba el fuego. Así, la Torre de l'Àngel en Palma, que tenía carácter de central, tomaba nota del peligro y enviaba las tropas necesarias para afrontar la defensa. Mientras llegaban los jinetes armados, los vecinos del pueblo luchaban como buenamente podían, lo mismo que sus antecesores de la cultura de los *talaiots* se defendían con sus hondas de quienes se acercaban a saquearlos.

Las *talaies* protegieron la isla hasta finales del siglo XIX. Entonces, el Ministerio de Defensa las cedió al de Economía, el cual, dada la imposibilidad de una utilización adecuada de las mismas, decidió subastarlas. Desde entonces ha desaparecido un total de 30 torres, usadas probablemente como canteras. Entretanto, las que todavía se conservan se han convertido en miradores para disfrute de paseantes y de turistas, aun cuando en pleno siglo XX algunas recuperaron su función de vigilancia en la persecución del contrabando.

En la despoblada península de Ferrutx todavía hay torres visibles la una desde la otra. Son en total tres las torres –de Morei, Aubarca y Jaumell– que permanecen lejos de toda vía de comunicación. Asimismo a la Torre de la Mola, restaurada por su nuevo propietario con absoluta fidelidad al original, sólo puede accederse a pie.

Los poco aficionados a caminar pueden acercarse en coche hasta el Mirador de ses Ànimes, por ejemplo, cerca de Banyalbufar, que, situado a 250 metros sobre el nivel del mar, ofrece una vista de toda la línea costera meridional. Debe su excelente conservación a su anterior propietario. En efecto, estimulado por su afán de conservar todo lo mallorquín, el archiduque Luis Salvador restauró su *talaia* con sus propios recursos.

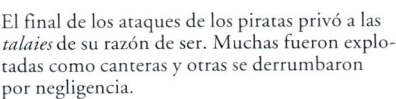

El final de los ataques de los piratas privó a las *talaies* de su razón de ser. Muchas fueron explotadas como canteras y otras se derrumbaron por negligencia.

Favorito del diablo
El pimiento

"M'importa un pebre", "me importa un pimiento". El mallorquín que oye esta frase sabe perfectamente que su interlocutor no está interesado en el tema de la conversación. En cambio, el turista no acaba de comprender de buenas a primeras qué tiene que ver en esto el pimiento. Excepto en el mes de septiembre, pues basta mirar alrededor para comprender el origen de la expresión.

En efecto, en septiembre llega el momento de recoger los pimientos maduros y de que las mujeres procedan a enristrarlos. A continuación los mallorquines cuelgan estas ristras de color carmín durante un mes en las paredes de sus casas para que se sequen; es frecuente ver fachadas enteras llenas de miles de estos pequeños frutos rojos. Un pimiento solo carece de importancia.

La cocina mallorquina es impensable sin el pimiento. Como verdura, no puede faltar en el *trempó* o "ensalada de verano", un acompañamiento que incluye cebolla y tomate y que se sirve con sepia, *sípia amb trempó*, o con coca, *coca amb trempó*. Del mismo modo, tampoco el *frit mallorquí* o fritura mallorquina puede concebirse sin pimiento rojo y verde. El pimiento interviene incluso en el proceso de elaboración del queso; el *formatge sec* o queso duro con un año de maduración se frota parcialmente con aceite de oliva y pimentón para lograr una mejor conservación.

Fue Cristóbal Colón quien trajo de América las semillas de esta planta solanácea, actualmente conocida a través de múltiples variantes en todo el mundo.

Variedades infernales

Los *pimientos del piquillo de Lodosa* proceden de la comunidad autónoma de Navarra y son los únicos pimientos con Denominación de Origen. Los *piquillos* son pimientos pequeños, de 10 centímetros de longitud máxima, y siempre se recolectan cuando están rojos. Se asan a la brasa antes de despepitarlos y pelarlos. A continuación se introducen en latas o en tarros de cristal. Los restos de la piel carbonizada suelen considerarse como la señal de marca del mejor pimiento de España.

Tras su recolección en septiembre, los pimientos se enristran. Durante un mes las coloridas ristras adornan las paredes de las casas hasta que se secan por completo.

El pimiento de los campos mallorquines suele resultar de menor tamaño, pero como contrapartida tiene un sabor más intenso que el de la península. Los suelos calizos y la permanente escasez de agua que sufre la isla son factores que impiden que los frutos alcancen un gran desarrollo.

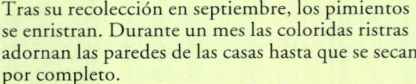

Izquierda: una vez secos, con los pimientos de menor tamaño y más picantes se obtiene el *pebre vermell* o pimentón.

En Mallorca el cultivo de los *pebres* se realiza fundamentalmente en la región de la Colònia de Sant Jordi. En general, se distinguen dos variedades: los *dolçes* o pimientos dulces y los *coents* o pimientos picantes. Los *dolçes* son de mayor tamaño y se corresponden más o menos con los pimientos morrones, en tanto que los *coents* son algo más pequeños y naturalmente más picantes.

Con esta última variedad se elabora el *pebre vermell* o pimentón. Tras haber permanecido colgados aproximadamente durante un mes en la pared de la casa, los frutos se han secado a causa del sol y se han arrugado como consecuencia de la pérdida de agua. Entonces es el momento de deshacer las ristras y de arrancar los tallos.

A continuación, los pimientos se secan en el horno a una temperatura constante y más bien baja. Después se cortan los pimientos en trozos del mismo tamaño y se pasan por enormes molinos giratorios hasta que se consigue un polvo de intenso sabor en condiciones de ser utilizado.

Por ejemplo, se utiliza para alcanzar la fase final que, como resulta obvio en Mallorca, ha de tener el cerdo negro: la *sobrassada*, el embutido nacional de las Baleares, que debe a la pimienta su color rojo. El pimentón picante proporciona el toque necesario a un plato como los *cargols amb sobrassada* o caracoles con sobrasada y el pimentón dulce se utiliza como especia en el *arròs a la marinera* o arroz a la marinera.

Tumbet

Guiso de otoño (para 4–6 personas)

Ingredientes
1 kg de tomates maduros (para la salsa)
8 dientes de ajo
4 berenjenas hermosas maduras
2 calabacines compactos verdes
4 pimientos verdes
8 patatas medianas resistentes a la cocción
Aceite de oliva
Sal y pimienta

Para preparar la salsa de tomate, empiece cortando los tomates en trozos. A continuación, sofría en una cazuela de hierro colado cuatro dientes de ajo machacados con un poco de aceite de oliva. Finalmente, incorpore los tomates y hierva a fuego lento.

Corte en rodajas las berenjenas y los calabacines, espolvoréelos con sal y manténgalos en reposo durante 30 minutos. Lave los pimientos, pártalos en dos mitades, elimine las pepitas y los nervios y trocéelos. Pele las patatas, córtelas en rodajas y séquelas utilizando un paño de cocina.

Caliente el aceite de oliva (unos tres dedos de altura) en otra cazuela, fría en él sucesivamente las rodajas de patata, escúrralas y páselas a una *greixonera* u olla de barro o a una sartén de hierro colado. Fría las rodajas de berenjena y calabacín en el aceite restante y escúrralas un poco antes de extenderlas sobre las patatas. Fría a continuación el pimiento con el resto de los ajos (machacados), escúrralos y extiéndalos sobre la patata, la berenjena y el calabacín. Es muy importante que en las verduras haya la menor cantidad de aceite posible. Para mayor seguridad es recomendable extender sobre un papel de cocina las verduras ya escurridas para que éste absorba todos los restos de aceite.

Sazone con sal y pimienta recién molida y a continuación vierta sobre la verdura a través de un colador la salsa de tomate ya reducida. Mantenga la cazuela refractaria durante 10 minutos en el horno precalentado a 170°C. Sirva el plato frío o caliente o recaliéntelo al día siguiente. Para acompañar el *tumbet* se recomienda un vino tinto fuerte de la tierra, por ejemplo de Binissalem.

Los pimientos maduros se arrancan de la planta con el tallo. Hay que esperar a que el pimiento se seque para retirar con cuidado el tallo.

Sea cual sea su forma, los pimientos rojos contienen mucha vitamina C. Indispensables en el *trempó* mallorquín y en la sobrasada.

Quesos suaves
y fuentes rumiantes
Campos

Aunque está poblado desde hace mucho tiempo, Campos no se ha preocupado de parecer *guapo,* como dirían los mallorquines. La iglesia de Sant Julià, construida en 1248, fue remodelada implacablemente hacia 1870, aunque por fortuna sólo en su exterior. El hermoso artesonado del interior permaneció intacto, lo mismo que un cuadro pintado por Bartolomé Esteban Murillo hacia 1640; en la melancólica semioscuridad de la iglesia, su *Santo Cristo de la Paciencia* refleja con sus luminosos colores la infinita paciencia con que Cristo soportó el dolor.

La mayoría de los visitantes abandona el pueblo sin rostro de Campos después de contemplar la obra maestra de Murillo para dirigirse a la cercana playa de Es Trenc o a las únicas termas que tiene Mallorca, los Banys de

Sant Joan. De esta forma, no solo se pierden las mejores empanadas de toda la isla, las de la *pastisseria Can Pomar,* situada en el centro del pueblo, sino que pasan sin detenerse por delante de las grandes fincas de la salida del pueblo y de los soberbios complejos de piedra *marès* —con toda su rusticidad al descubierto— y desaprovechan la ocasión de probar y de comprar queso mallorquín directamente del

Antiguamente las prensas que forzaban la separación del queso y del suero eran de madera. El cubo situado en el extremo derecho recogía el suero. Actualmente el suero fluye directamente a las pocilgas de los cerdos desde los impecables depósitos de acero.

Sus predecesoras frisonas han dado su nombre de *frissons* a estas vacas.

productor. Campos, en efecto, es el centro de la industria lechera mallorquina: en sus prados vallados hay diseminadas vacas lecheras que rumian una y dos veces hierbas y pastos al servicio de una leche de fuerte sabor.

Un negocio redondo: queso piris cuadrangular

Hay que señalar inmediatamente que el queso *piris* de Campos es una copia lejana del famoso queso menorquín con D.O.C., aunque se trata de una copia más que aceptable, ya que el segundo domingo de mayo los productores de leche se reúnen anualmente en el mercado de ganado de Campos y se ponen al día en todos los temas relacionados con los métodos de cría, los cruces y la dieta del ganado. Se elige la mejor leche de vaca de raza frisona, que está

Derecha: el aromático aire del mar dota al cremoso queso de un sabor intenso.

Superior: durante su proceso de curación los quesos *piris* se frotan cada cierto tiempo con aceite, que los protege de las voraces moscas.

muy extendida en la isla de Mallorca y desciende de un ganado frisón importado, y el mejor semental recibe una banda de honor en reconocimiento de los servicios prestados al registro pecuario.

Lo curioso del queso mallorquín (y del menorquín también) es su forma cuadrangular, que se consigue depositando la leche cuajada en un paño de 60 x 60 cm cuyos extremos se unen en cruz. Antiguamente los ganaderos utilizaban un fermento de la raíz de la alcachofa, pero actualmente recurren en general al cuajo en polvo. A continuación se somete el queso a la fuerte presión de una prensa de resorte que en pocas horas extrae el exceso de suero, para satisfacción de los cerdos de la granja, que se relamen con él.

Después se saca el queso del paño y se mantiene 24 horas en salmuera. Es el momento de tomarlo como queso fresco, suave y cremoso. No obstante, la mayor parte de la producción se comercializa semicurada o totalmente curada, por lo que se le aplica concienzudamente una capa de aceite de oliva y de pimentón y se cura durante tres meses al aire salino del mar. Así se consigue un queso que, aunque no tan picante como el de la isla vecina, no deja de desprender un aroma a hierbas sazonadas por el sol y a sal marina fundida en nata.

Balnearios con vacas y cerdos

Muy cerca, las fuentes termales de Sant Joan contribuyen a aliviar, en caso de necesidad, la sensación de plenitud y el aletargamiento provocado por una ingestión excesiva de queso. Por otra parte, ya los romanos sabían que la Font Santa y la Font Sa Bassa, que huelen a moho, ejercen una acción benéfica en todas las enfermedades de la piel. En la Edad Media la gente atribuía poderes mágicos a aquellos manantiales de aguas sulfurosas, que brotan a una temperatura de 38,7°C. En el siglo XIV acudía tanta gente a bañarse en ellas que se exigió al gobierno insular la construcción de un balneario. En efecto, como señala una crónica, hasta entonces no siempre era recomendable el baño al aire libre; "(...) en las sucias aguas nadan animalitos parecidos a gusanos" y los bañistas "tienen que pelearse por un espacio con las vacas y los cerdos que se refrescan en las mismas aguas".

El primer balneario, muy sencillo, se construyó en 1516. Previamente la iglesia erigió una capilla, la de Sant Silvestre i Santa Coloma, para desvirtuar la fama de mágicas que tenían las aguas. Con el primer balneario, se intensificó la afluencia de enfermos a las aguas sulfurosas, salinas y ligeramente radiactivas. Y surgió el conflicto, pues el propietario de la finca, el Marqués de Palmer, no aceptaba que las termas, ubicadas en terrenos de su propiedad, estuviesen bajo la jurisdicción del municipio de

Es probable que los romanos conociesen las fuentes calientes y sulfurosas de Sant Joan. De todos modos hasta el siglo XVI no hubo aquí un balneario, que desde luego no estaba alicatado con el lujo que presentan en la actualidad las salas de baños del único balneario de Mallorca.

Antiguamente quienes acudían a Sant Joan a recobrar su salud se bañaban al aire libre y en compañía de animales y gusanos. En la actualidad, los baños de mármol y los azulejos de colores vivos crean un ambiente de higiene y de relajación.

Campos. Sus descendientes no condescendieron hasta el siglo XIX, cuando finalmente se construyó un pequeño balneario dotado de canalizaciones, de un albergue y de instalaciones terapéuticas. Así se ha mantenido hasta hoy, aunque desde 1909 el balneario es de propiedad privada y se explota como un hotel.

Una playa de ensueño que se niega a crecer

Bañarse sin complicaciones, aunque sin más efectos terapéuticos que los que naturalmente produce en el cuerpo y en el espíritu una hermosa playa, es el lema de Es Trenc, una de las mejores playas y de arena más fina de toda Mallorca. ¿O se debe tal vez a los *bunkers* de la Guerra Civil española el que esta playa siga siendo tan tranquila a finales del siglo XX? Hay, desde luego, un par de restaurantes, hay duchas, hay sombrillas y hay un enorme aparcamiento en el antiguo pueblo de pescadores de Ses Covetes, en el extremo norte de la playa. En la Colònia Sant Jordi, situada al sur, varios hoteles pequeños y edificios de apartamentos se alinean a lo largo del único acceso a la playa. Pero todo ello sin ofender a la vista, como sucede en muchas otras partes, incluso cerca de aquí. Para que las cosas continúen como están, el movimiento ecologista *GOB*, que no pudo evitar la construcción del aparcamiento de Ses Covetes, ha conseguido que en Sant Jordi el turismo se quede en mantillas, aunque éstas hayan cedido por el uso.

A pesar del servicio de sombrillas, la playa de Ses Covetes es muy tranquila. Al final de la larga bahía la fina arena se confunde con las lisas rocas.

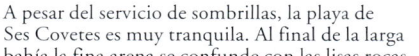

Puzzle a la mallorquina
Muros secos

No está definitivamente resuelto el problema de si la técnica de la construcción de muros es una herencia de los antepasados de la cultura de los *talaiots,* que sin utilizar argamasa alzaban santuarios y atalayas de enormes piedras labradas y de varios metros de altura, o si es de origen árabe. Las Baleares no son las únicas que cuentan con esta forma singular de reciclado de la piedra; se han registrado técnicas similares en Bretaña y en las islas Británicas. En todos los casos la idea de base es la misma: necesidad de construir sin un material de construcción o de relleno suplementario, convertir *in situ* lo enojoso en aprovechable.

En efecto, en las tareas agrícolas de cada día las piedras sueltas en los campos son más que un engorro. Rompen las rejas de los arados, los animales y los hombres se lastiman con ellas las articulaciones de los pies y de las manos y además taponan los arroyos. Por el contrario, acumuladas en forma de muros separan un campo de otro, protegen del viento la tierra, la siembra y la recolección, impiden la dispersión de un hato de ganado y transforman una zona montañosa escarpada en una multiplicidad de superficies planas.

Las *tanques* o, en su versión más común, *marges* no son en absoluto acumulaciones de piedra tan primitivas como parecen a primera vista en su variante agraria. Todo lo contrario. Si el constructor del muro o *marger* ha hecho un buen trabajo, su *marge* será prácticamente eterno. Antiguamente los mismos campesinos dominaban esta técnica, que se ocupaba de todo menos de la belleza; ésta última se daba espontáneamente y jamás constituía un objetivo por sí misma.

Actualmente el *marger* es una profesión artesanal que desde 1986 cuenta incluso con una escuela en Sóller, la *Escola de margers de Mallorca.* Durante dos años y medio los alumnos aprenden en ella lo que en otros tiempos el padre enseñaba a su hijo: a tener en cuenta las características de las piedras. En efecto, un buen *marger* necesita poco más que un cesto o *senalla,* un trineo para el transporte o *carete,* una cantonera o *capserrat* y unas cuantas varas de cuerda. Y fuerza muscular naturalmente, para manejar constantemente el martillo y el cincel, pero también, tratándose al

Una cuerda tendida aproximadamente a un metro de altura sirve al *marger* o constructor de muros secos para establecer el límite superior.

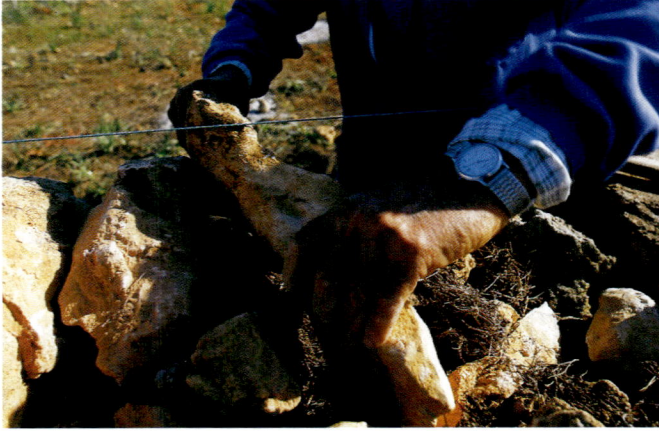

Los huecos existentes entre las dos paredes del muro se rellenan con guijarros y tierra. Para la hilada superior el *marger* utiliza piedras grandes.

Para lograr una estabilidad mayor, las piedras de la cubierta deben encajar bien las unas en las otras. Unos martillazos oportunos resultan definitivos.

El esfuerzo ha merecido la pena. En opinión de los *margers,* ningún muro de hormigón supera la belleza y la solidez de un *marge.*

menos de los sencillos muros de los campos, un sentido infalible que se desarrolla a partir de la experiencia y la paciencia.

El *marger* empieza su labor alineando grandes piedras para la base, el *asentament*, de unos 90 cm de anchura; a continuación apila por los dos lados piedras de tamaño medio formando estrechas paredes que se acercan en su parte superior y rellena el hueco con guijarros; una serie de piedras grandes, la *filada de dalt*, de sólo 80 cm de anchura, remata el muro.

Tan sencillo. Y tan difícil. Efectivamente, levantar las piedras una a una, comprobar si ajustan y tallarlas hasta que ajusten son operaciones que exigen mucho tiempo. En su lugar el *marger* desarrolla una concepción tridimensional tan perfecta que le basta ver una piedra en el suelo para advertir su encaje perfecto, de forma que las condiciones de presión y de rozamiento sean las adecuadas y el agua de la lluvia se deslice sin retenciones.

Cuando el muro está realmente bien hecho, las piedras situadas en las filas centrales, el *sostreig*, presentan siempre su lado estrecho hacia afuera; entonces se necesitan más piedras, pero la estabilidad es mayor. Las piedras transversales, por el contrario, no son un fallo de principiante, sino escalones para que la gente pase al otro lado cuando el muro supere el metro y medio de altura.

La escuela superior de los *margers* maneja el martillo y el cincel con una habilidad y un

Superior: la escuela superior de la construcción de muros secos se llama *marjat*. Las piedras se tallan con precisión y se disponen formando dibujos, que pueden ser sencillos, como en este caso, o muy trabajados. Este tipo de muros soporta grandes presiones y ha mostrado su eficacia a lo largo de los siglos como muro de protección y como pared exterior de las casas.

tino enormes. Tratándose de fachadas de casas y de muros sometidos a una fuerte presión, como son los que soportan huertos en terraza y calles, los *margers* colocan las piedras prácticamente sin solución de continuidad, sin dejar grandes huecos.

En ninguna otra parte destaca tanto la belleza cálida y luminosamente dorada del *marès* como en las *marjades,* que es como se llaman los muros de protección. Recientemente se ha intentado abaratar este caro y largo proceso con muros de hormigón revestidos de piedra de mampostería. Pero las falsificaciones pocas veces son satisfactorias; éstas concretamente se deshacen en el interior y se desmoronan. Es algo que no sucede tan fácilmente en un *marge* auténtico, siempre que su *marger* haya atendido la voz de sus piedras.

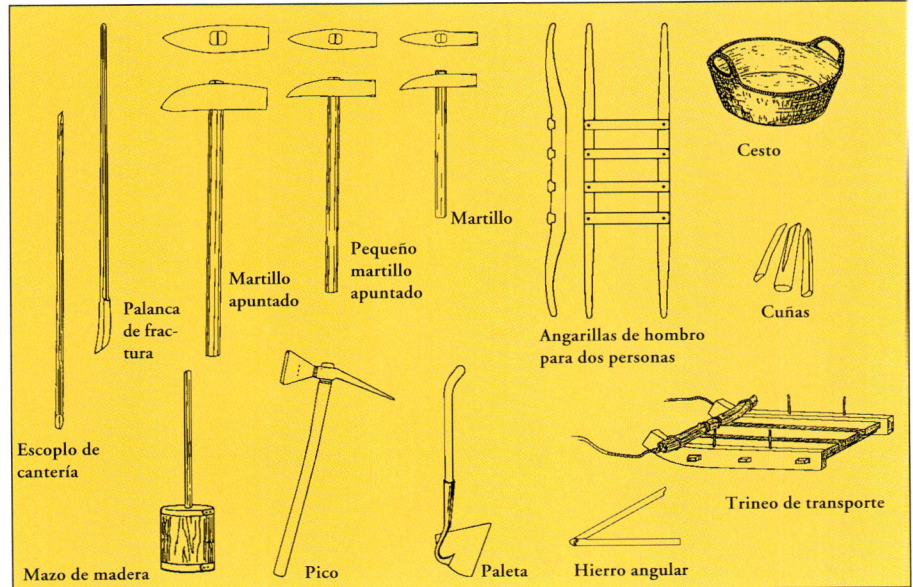

Palanca de fractura

Martillo apuntado

Pequeño martillo apuntado

Martillo

Escoplo de cantería

Cesto

Cuñas

Angarillas de hombro para dos personas

Mazo de madera

Pico

Paleta

Hierro angular

Trineo de transporte

Izquierda: las máquinas no tienen mucho que hacer en la construcción de los muros secos. El *marger* se contenta con unas pocas herramientas y con algunos sistemas de transporte. Sus herramientas más importantes son los martillos de distinto grado de contundencia, una palanqueta y un cincel. El hierro angular se sustituye en muchos casos por una sencilla plomada. La paleta obviamente no introduce mortero en el muro, sino sólo tierra y guijarros para rellenar el hueco interior.

Sabor a mar
Hinojo marino

Durante los siglos XV y XVI grandes grupos de mujeres y de niños recorrían con sus cestos las costas del Mediterráneo y recogían cantidades ingentes de hojas de una planta determinada antes de que un barco se hiciese a la mar para emprender una larga travesía. A continuación lavaban las hojas y las ponían en vinagre para que se conservasen durante varios meses, y, ya en el barco, formasen parte de los víveres de los marineros. De esta forma suministraban a sus hombres la vitamina C, pues el hinojo marino, que previene de manera eficaz del temido escorbuto, era una planta conocida desde hacía siglos, por lo que se incluía en todos los sacos de marinero en calidad de medicamento preventivo.

La aparición de preparados más eficaces contra la enfermedad número uno de los marineros ha significado prácticamente el olvido total, fuera de los países mediterráneos, de esta planta de flores amarillas. Pero a finales del siglo XX los homeópatas redescubrieron sus virtudes terapéuticas. Desde entonces es posible adquirir hinojo marino en polvo en tiendas de productos naturales, en establecimientos de productos dietéticos y en herboristerías. Es una verdadera pena, porque en polvo una planta de sabor tan fuerte no sabe prácticamente a nada.

Esta planta de flores amarillas, perteneciente a la familia de las umbelíferas, se parece al hinojo silvestre. Crece exclusivamente en las costas del Mar Negro, de las islas Canarias, del Atlántico europeo y del Mediterráneo. El *fonoll marí*, así se llama en mallorquín, aparece junto a otras plantas medicinales, hierbas, olivos silvestres y la *macchia* autóctona.

Las mujeres de los marineros vienen recogiendo desde hace siglos hinojo marino en los acantilados, como aquí en Estellencs, para que sus esposos dispongan en el mar de unas reservas de vitaminas.

flores azules, la bellísima crucífera lanceolada marítima *Rubiaceae cruccianelle maritima* y la *Diotis candidissima*, algodonosa y con una blancura de fábula. Mirando con atención el suelo, junto a las hojas de hinojo marino puede recogerse una lila marítima que, seca, permitirá recordar las vacaciones junto a un copa de licor de *fonoll marí.*

Es una planta coriácea, de hojas uni o biplumadas, verdeazuladas y carnosas, que pueden alcanzar hasta siete centímetros de longitud y que maduran para la recolección en verano. Una vez cortadas, se encurten en un vinagre suave de vino durante un mes, hasta que, ligeramente picantes, pueden dar el toque final a muchas especialidades culinarias. Marinado, el hinojo marino sazona diversos platos típicos de arroz, como el *arròs brut* o el *pa amb oli.* Pero el *fonoll marí* es también muy apreciado como verdura ácida encurtida y hace la competencia a la famosa alcaparra mallorquina. Entre otras cosas porque la recolección del hinojo marino es mucho más fácil que la de la alcaparra. Mientras que para recoger la "alcaparra espinosa" hay que pasarse horas enteras de rodillas sobre el suelo y tener sumo cuidado para que las ganchudas espinas no penetren en los dedos, la recolección de las hojas de hinojo marino puede coincidir con un paseo instructivo por la costa.

Por otra parte el paisaje costero de esta isla balear permite conocer otras plantas pertenecientes a la familia de las umbelíferas, como el eringio marítimo, *Eryngium maritium,* de

409

La maldición y el oro del agua
Ses Salines

En el extremo meridional de Mallorca el aire parece fundirse en verano. Las pocas plantas silvestres y cultivadas que todavía resisten viven en ascuas; el trigo con sus espigas cortas y los árboles con sus hojas diminutas y sus agujas tratan de sacar el máximo partido de la escasa oferta alimenticia de la naturaleza.

Ya en primavera los tonos amarillos y pardos de la sed predominan en esta parte del Migjorn, pues aunque llueva nunca llueve mucho y es difícil aprovechar el agua en unos terrenos agrietados y duros. En esta comarca las precipitaciones sólo alcanzan un tercio del promedio mallorquín, que ronda los 800 litros por metro cuadrado. El horno de la isla evoca más las áridas estepas de Grecia o de Judea que la muy celebrada isla de las flores que es Mallorca.

Sin embargo, hasta en esta región seca y hostil a la vida la naturaleza es generosa con un tesoro singular. Lo que parece un paisaje lunar muerto y sin valor alguno desde los baños termales de Sant Joan hasta el Cap de Ses Salines es en realidad una "mina de oro".

Derecha: en las lagunas de Ses Salines, el sol necesita los meses que transcurren entre abril y septiembre para hacer que cristalice la sal del agua del mar. Después se reflejará tan deslumbrantemente en las montañas de sal que cuesta mirar sin gafas de sol. Depurado y envasado, el oro blanco del mar llega después a los canales de distribución y a las despensas de los consumidores.

Superior: en las salinas sólo pueden vivir seres vivos especializados en la supervivencia.

En efecto, en la zona conocida con el nombre de *Salines de Llevant* se extrae del mar el oro blanco imprescindible para la vida humana. Los fenicios y los romanos aprendieron aquí de la naturaleza el modo de obtener la sal, pues la zona se encuentra parcialmente bajo el nivel del mar y se inunda con las tormentas de primavera. Durante el abrasador verano se evapora el agua de las lagunas saladas y queda una sal marina casi pura.

Es cierto que desde el año 1850 una empresa extrae la sal industrialmente, pero en el fondo el procedimiento aplicado es el mismo. En abril se llenan con agua del mar estanques cuadrados de 250 metros de lado. Cada primavera se rellenan unas 130 hectáreas de salinas artificiales, frente a las 300 hectáreas de hace 100 años. Durante el verano el sol realiza su obra de evaporación; el agua se transvasa repetidamente de un estanque a otro para que la cristalización sea más fina y más rápida. En septiembre

las excavadoras retiran las gruesas capas de sal, que se desmenuzan y se mantienen en depósito en forma de enormes y cegadoras montañas hasta que se depuran y se empaquetan para el consumo.

Artistas de la supervivencia en un biotopo salino

Alrededor de las salinas se han desarrollado en el transcurso de los años una flora y una fauna propias, marcadamente darvinistas. Son muy pocas las plantas capaces de vivir en terrenos salados de humedad permanente. Las que pueden hacerlo se llaman halófitas y se dividen en dos grupos: las plantas con tolerancia a los cloruros son suculentas, cilíndricas y carnosas, como la sosa; las sulfatohalófitas, entre las que se incluyen el tamarisco o taray, plumoso y de aspecto ligeramente descompuesto, y el caramillo arbustivo, aminoran su metabolismo reduciendo la superficie de las hojas.

El faro del Cap de Ses Salines debe contentarse con la descarnada compañía de las pitas. En el extremo más meridional de Mallorca, a 200 km de África, el agua dulce y la lluvia son bienes escasos.

El hecho de que los estanques pierdan su blancura y adquieran una tonalidad rojiza se debe a la acción de un microorganismo, el *halobacterium,* que es el alimento preferido del minúsculo cangrejuelo de la sal, de siete milímetros, que a su vez constituirá el menú de aves limícolas tales como la cigüeñuela, el archibebé común y el pato cuchara. Hasta 170 especies de aves viven cerca de las salinas; de cuando en cuando aparece el águila pescadora en busca de un suculento bocado.

Cosmética en lugar de cirugía para un servicio de aguas saladas

El agua, la sal y la manera de separarlos son problemas que vienen planteándose en Mallorca desde los años noventa del siglo XX de un modo que es cualquier cosa menos idílico. En efecto, al no disponer prácticamente de fuentes propias y depender fundamentalmente de las precipitaciones, Mallorca es un territorio en el que escasea el agua potable. Los siete millones de turistas que la visitan cada año, que se duchan dos veces al día y quieren secarse con toallas recién lavadas antes de dirigirse al bien regado campo de golf, no contribuyen precisamente a aliviar el problema.

Simultáneamente las precipitaciones, de importancia vital en Mallorca, son progresivamente menores y han pasado de los 1.170 litros por metro cuadrado de 1991 a los 517 de 1993, sin perspectivas de mejoría. Además en Mallorca no existe una separación entre el agua potable y el agua industrial y un campo de golf consume la misma agua que el campesino bebe del grifo o del pozo de su casa. Si es que le llega.

En el interior de Mallorca muchos veranos los cortes de agua son habituales.

En el verano del año 1993 hubo que llevar agua potable en barcos desde la península, mientras millones de litros se perdían como consecuencia de unos anticuados sistemas de canalización o fluían directamente al mar por falta de tuberías. Por consiguiente la sal aparece donde debía darse en cantidades mínimas, concretamente en las aguas subterráneas, pues el mar subsana automáticamente las deficiencias. Se han contabilizado ya 4,7 gramos de sal por litro, el triple de lo tolerado por el organismo humano. El índice de sal de las aguas subterráneas se reduce al 1,5 por mil con agua de los manantiales de la Tramuntana, pero esto es cosmética, no cirugía. Hace ya tiempo que se desaconseja a los niños, a las personas mayores y a los enfermos beber agua del grifo.

En 1995 un complejo puso en marcha en Palma un sistema que en el fondo coincide con el de las salinas del reseco Migjorn: descomposición del agua del mar en sus dos componentes principales, el agua y la sal, con la única diferencia de que en las salinas se evapora la primera y se extrae la segunda. De este modo, el gran pozo de Pont d'Inca, del que también depende Palma, cuenta con un ligero alivio, aunque no deje de ser una gota sobre una piedra ardiendo.

En el horizonte resplandece la isla de Cabrera, antesala del Migjorn, mientras que el sol de la tarde cubre de oro las rocas del Cap de Ses Salines.

De idílica, nada
La vida rural en Mallorca

Hasta el último tercio del siglo XX un campesino mallorquín no acababa de comprender que alguien quisiera pasarse voluntariamente dos o tres semanas en su granja y que encima le abonase dinero. El turista diría que había pasado sus vacaciones en una granja y, al regresar a su fría patria, hablaría con entusiasmo de la vida rural, de los animales, de los olores, de los sonidos y de la comida sencilla y natural. Ésta sería una cara de la moneda, la moderna, la que se comercializa bien y mantiene profundamente escondido su reverso.

En efecto, la otra cara de la vida rural refleja básicamente siglos de hambre y de enfermedades, de trabajo duro para engrosar la riqueza ajena, de injusticias de la naturaleza y del poder de quienes arrebataban a los pobres hasta el pan de sus platos. En una forma de vida de estas características un concepto como el de las "vacaciones" no tiene prácticamente cabida dentro del vocabulario y, en caso de tenerla, hace referencia más a las vacaciones ajenas que a las propias.

A finales del siglo XX todavía se destina a la agricultura el 70% de la superficie de la isla, aunque sólo 11 de cada 100 mallorquines se dedican a ella, representando justamente el 2,5%

Las parras no pueden ocultar que la vida del campesino tampoco era placentera en la época de las primeras fotografías.

del producto regional bruto. Hasta la era de la explosión del turismo el funcionamiento de la economía era diametralmente opuesto; casi el 90% de los mallorquines vivía directa o indirectamente del campo.

Cuando todavía se podía vivir. Durante la dominación árabe los campesinos mallorquines no se daban desde luego la gran vida, pero al menos tenían la posibilidad de ser dueños de sí mismos en sus campos. A partir del año 1229, con la Reconquista cristiana de Mallorca, esta situación se modificó radicalmente. Tras la expulsión de los árabes y al término de la Reconquista, llegó el *repartiment*. Jaime I repartió la mitad de la isla entre la nobleza catalana, que le había prestado su ayuda, y la Iglesia. Se adjudicó en propiedad personal la otra mitad y, como la mayoría de los catalanes a los que benefició con sus donaciones, confió las fincas a administradores.

Los campesinos cortaban el trigo a mano bajo un sol de justicia, sin utilizar ningún tipo de máquinas, y tenían que contentarse con cualquier cosecha. En Mallorca hubo con demasiada frecuencia graves problemas de falta de víveres.

Sólo cuando los grandes terratenientes decidían vender parte de sus propiedades podían los agricultores hacerse con tierras propias. Hasta entonces eran, en el mejor de los casos, simples *missatges* de una gran finca, es decir, capataces o administradores, y en el peor de los casos jornaleros o *roters*, es decir, subarrendatarios en las peores tierras. En medio había una muchedumbre de arrendatarios sin recursos ni derechos, que tenían que compartir con el *senyor* de la tierra los beneficios que tanto esfuerzo les habían supuesto.

El destino fue especialmente cruel con los campesinos entre los siglos XI y XIV. En esta época las cosechas catastróficas se sucedían con regularidad implacable tan seguidas las unas de las otras que un buen año no lograba remediar el hambre y la miseria. Sin ríos y totalmente a merced de la lluvia, Mallorca dependía totalmente del agua que San Pedro se permitiese enviar sobre todo en abril, pues es el mes en que los campos, recién sembrados, deben impulsar el primer desarrollo antes de que el calor del verano lo paralice todo. A mediados del siglo XIV, cuando los campesinos mallorquines habían aprendido a hacer pan con algarrobas, pues no disponían ni de trigo ni de centeno, los gobernadores catalanes

introdujeron la figura del *botiguer*, una persona que acaparaba, racionaba y repartía lo poco que los campesinos habían conseguido acarrear desde sus tierras hasta sus graneros y pajares.

Ahora bien, no eran sólo la sequía y el hambre lo que atormentaba a la población rural. Por su situación insular y por la inexistencia de posibilidades de evacuación, Mallorca ofrecía un terreno ideal para todo tipo de enfermedades. No existían prácticamente canalizaciones, los pozos de la finca o del pueblo eran otros tantos focos permanentes de bacterias y de virus y las cloacas de las poblaciones constituían campos muy propicios para las ratas y las moscas. En consecuencia los agentes patógenos de cualquier tipo no solo contaban con los mejores caldos de cultivo, sino que encontraban entre los campesinos unas víctimas insuficientemente inmunizadas. Hasta muy entrado el siglo XIX la población rural se alimentaba fundamentalmente de habas, coles, aceitunas, pan, aceite y albaricoques secos. Carne sólo había, si es que había, los días de fiesta. Algunos de los platos "típicos" de la isla, como por ejemplo las *sopes mallorquines*, no son más que la

Desde la cuna a la tumba, la vida del campesino mallorquín se reducía a trabajar, trabajar y trabajar. Quien tenía demasiados años o estaba demasiado débil para las labores agrícolas cuidaba las cabras. Conceptos tales como el de jubilación no llegaron a la Mallorca rural hasta el siglo XX.

En muchos casos los terratenientes no tenían mejor alojamiento para los jornaleros y sus familias que estas chozas primitivas.

cocina de la pobreza, que aprovecha los restos, sólo que no más de tres veces al día.

Cuando no era la peste la que diezmaba pueblos enteros, se propagaban las epidemias de malaria. Los historiadores hablan en sus crónicas de enjambres tan enormes de mosquitos mortales que formaban en el aire nubes o columnas negras. En el siglo XVIII un médico de Palma llegó a establecer una relación entre el paludismo y el hecho de que donde había hornos descendía el número de enfermos. Cuando encendió en diversas partes de su ciudad natal, Artà, hogueras enriquecidas con azufre, la epidemia perdió virulencia y finalmente desapareció. No obstante, fueron los turistas del siglo XX quienes acabaron con los mosquitos; las quejas masivas de los importadores de divisas obligaron al gobierno a actuar de manera eficaz contra la plaga de las picaduras.

En el caso de verse obligados a mezclar centeno en el pan, los campesinos corrían el peligro

Prácticamente no hay diferencia entre las dos fotografías. Como en el grabado del libro sobre las Baleares del archiduque Luis Salvador, en el siglo XX la mula y el campesino constituían una unidad de trabajo indispensable en el campo mallorquín.

de contraer el ergotismo. El centeno es, en efecto, un cereal especialmente propenso al cornezuelo, cuyas toxinas provocaban en el hombre fiebres altas, convulsiones, diarreas, vómitos, gangrenas y trastornos mentales. En cualquier caso, los enfermos con deficiencias nutricionales morían en muy poco tiempo por desfallecimiento.

Pero ni siquiera cuando la cosecha salía buena y ninguna epidemia hacía estragos en la isla podía hablarse de una vida laboral tranquila. Desde el siglo XIII al siglo XVIII los piratas árabes no dejaron de marcar en sus cartas de navegación la isla de Mallorca como uno de sus objetivos favoritos. Tras establecerse durante algún tiempo de un modo regular en la isla de Cabrera, asaltaron y saquearon una y otra vez Mallorca sobre todo en los siglos XV y XVI. Los campesinos veían impotentes cómo se quedaban cada cierto tiempo sin su pan del día siguiente.

Actualmente está muy extendida la idea de que el carácter relativamente cerrado de los mallorquines es una herencia de aquellos siglos oscuros. Oprimidos por los señores y los explotadores feudales, en constante peligro de muerte por la falta de lluvias, por la mala calidad del

Las herramientas se fabricaban en la granja. La mayoría consistía en una pieza de madera con una hoja o pala adaptada a su función.

agua y por las subsiguientes enfermedades, contra las cuales de nada servían ni los recursos ni las oraciones, y a merced de los saqueadores asesinos no tenían ningún motivo para confiar en alguien. Las únicas constantes de su vida eran la comunidad rural, la familia y la miseria. Cualquier cambio y cualquier intruso llegados desde el exterior implicaban el peligro de desmoronamiento de toda aquella estructura. Así, por ejemplo, la *Societat Mallorquina Econòmica d'Amics del País,* fundada en Palma en el año 1778, tuvo problemas para introducir impulsos, técnicas de cultivo y productos nuevos. En definitiva se había propuesto desarrollar métodos agrarios modernos destinados a hacer evolucionar una cultura rural absolutamente anticuada.

Sin embargo, en el caso de los campesinos mallorquines ni las modernas máquinas agrícolas ni los nuevos sistemas de abono produjeron un cambio comparable al provocado por el turismo. Sorprendentemente los primeros beneficiados fueron los que tradicionalmente se llevaban la peor parte en las herencias: los hermanos menores, que hasta entonces habían tenido que contentarse con las tierras sin valor alguno contiguas al mar, eran los nuevos reyes de la costa.

Entonces los hoteles, los restaurantes, las empresas de autocares y las tiendas de *souvenirs* necesitaban tanta mano de obra que sus hijos

Es posible que la varilla haya descubierto al campesino alguna vena de agua. Será en beneficio de sus campos, pues el agua, tanto la de lluvia como la subterránea, siempre ha constituido un problema para la agricultura mallorquina.

ya no necesitaron recorrer en su vida el camino que se les había venido asignando desde tiempo inmemorial: el hijo mayor en la casa, una hija al convento, un hijo al sacerdocio y otro al ejército. Ahora se hacían camareras, camareros, trabajaban como empleados en un hotel o eran cocineros y volvían cada fin de semana al pueblo de sus padres, donde en ocasiones se sentían como si estuviesen de vacaciones en una casa rural.

Incursiones de piratas en la ciudad de la piedra dorada *Santanyí*

La noche de San Marcos del día 25 de abril de 1388 las llamas enrojecieron el cielo de Santanyí. Piratas árabes procedentes del este habían entrado en la ciudad y quemaron, robaron, mataron y secuestraron todo y a todos los que se ponían delante de su sable curvo.

No hacía mucho que los ediles habían hablado de la posibilidad de construir una muralla para defender mejor la ciudad. Demasiado tarde. En cuanto Santanyí, cuyo nombre deriva de *Sancti Annini (Cordero de Dios)*, se recuperó del primer y peor ataque de su historia, decidió no solo la construcción

Superior: el nombre de la ciudad, "Cordero de Dios", destaca como clave de bóveda en la capilla del Rosario.

de una muralla monumental con puerta fortificada, la Porta Murada, que se completó en el siglo XVI con Sa Torre Vella, sino también la fortificación de las casas, las barracas y las iglesias en el interior del recinto amurallado. Desde las cercanas canteras se trajeron cantidades enormes de la piedra *marès* de Santanyí, compacta y de color dorado claro, y algún que otro megalito pasó de los numerosos yacimientos de *talaiots* de los alrededores a las paredes de una casa.

Inferior: el patio de la iglesia de San Andrés constituye un oasis de paz en medio de la ciudad. Se construyó en el siglo XVI con *marès,* una piedra especialmente fina y dura, procedente de canteras cercanas a Santanyí.

Cuando en el siglo XVIII se reformó la iglesia de San Andrés, de la antigua iglesia fortaleza de 1278 sólo se conservó una capilla lateral, concretamente la Capella del Roser, con su bóveda gótica.

El maestro constructor de órganos Jordi Bosch, catalán, construyó este magnífico instrumento en el siglo XVIII para un convento de Palma. El órgano se salvó de la destrucción del monasterio en 1837 y fue trasladado a Santanyí.

Ninguna de estas cosas causó en los piratas una impresión especial. Realizaron incursiones en Santanyí hasta muy entrado el siglo XVIII, aunque sus brutales acciones alcanzaron su punto culminante entre los siglos XIV y XVII. En sus ataques destacaba por su perfidia el hecho de que no se limitaban a saquear, sino que tomaban rehenes para liberarlos tras un rescate. Muchas familias se vieron obligadas a desprenderse de sus propiedades para poder rescatar a las personas queridas. Los ecos de esta situación llegaron hasta Europa central, donde en el año 1544 Sebastian Münster escribió en su obra *Cosmographia:* "Sus habitantes son

atacados por los sarracenos desde África / que navegan allí libremente/ y adonde los llevan prisioneros / los tasan / los torturan y los reducen a esclavitud o los venden por dinero. Por esta razón los días de fiesta se celebran colectas en las iglesias / para rescatar a los pobres prisioneros".

De hecho no todos los cautivos volvían a Mallorca. Generalmente eran llevados a Argel, donde eran vendidos a los comerciantes de esclavos y a los cobradores de rescates. Estos últimos intentaban descubrir a los rehenes que contaban con un círculo familiar o de amigos con dinero suficiente para pagar el rescate. En el caso de no

poderse pagar el rescate, los cautivos se veían obligados a realizar en calidad de esclavos los trabajos más difíciles en las canteras o en las galeras. Las mujeres cautivas terminaban con frecuencia en los harenes.

Los muros pueden tener aberturas en tiempos de paz

La peste de la piratería no acabó hasta comienzos del siglo XVIII. Fue entonces cuando por primera vez los vecinos de Santanyí empezaron a construir edificios que nada tenían que ver con la defensa o con la protección fortificada. El fabuloso *marès* de Santanyí fue utilizado en

el año 1703 en el Ayuntamiento de Palma, pero para la gente de a pie de Santanyí su utilización, aunque sólo se tratara de un detalle decorativo, constituía una cuestión de honor. Son típicas las *estrelles mostrejades* o aberturas estrelladas en los muros de hasta medio metro de diámetro. Aparecen siempre en las paredes de los espacios que han de estar bien ventilados, como despensas, escaleras, dormitorios y cocinas. Inicialmente los ventiladores en estrella eran muy sencillos, pero los canteros de Santanyí no tardaron en alcanzar un gran dominio en la creación de aberturas realmente afiligranadas, cuyos modelos se integraban en el muro como flores extrañas o como cintas de seda entrelazadas.

En las arcas de la ciudad y de la Iglesia empezaba a haber dinero para algo que no fuera el rescate de cautivos o la construcción de complejos defensivos. En el siglo XVIII la iglesia medieval de Sant Andreu Apòstol fue sustituida por otra nueva, aunque afortunadamente los refinados ediles conservaron la capilla del Rosario de la antigua. En efecto, en la Capella del Roser, conservada en su estado original del siglo XIII, hay unas bellísimas claves de bóveda, en las que son fácilmente reconocibles el escudo de armas de Palma y el Cordero de Dios de Santanyí.

Al mismo tiempo, el convento de los dominicos requirió los servicios del constructor de órganos más famoso de España en aquellas fechas, el catalán Jordi Bosch. En 1837 el convento quedó destruido en el curso de un levantamiento popular, pero el órgano, que sufrió leves desperfectos, fue trasladado a la iglesia de San Andrés de Santanyí. A finales del siglo XX, gracias a la colaboración alemana recuperó su antiguo esplendor, tanto en lo que hace referencia a su magnificencia tardobarroca como a la aterciopelada belleza de su sonido.

Por el erial a la puerta del mar

Saliendo de Santanyí, a lo largo del camino que conduce a las calas con características de fiordos, en las que en épocas pasadas los piratas encontraban fondeaderos seguros y protegidos, se extienden varios kilómetros de terreno llano y árido. Ovejas y sobre todo vacas rebuscan pacientemente en las avaras tierras cualquier brizna de hierba o se refugian a la sombra de las chumberas, de los árboles o de los muros secos. Este paisaje ancho e inundado de luz –en realidad se trata de un "cielaje"– no conoce más límite que el mar, que refleja el cielo en tonos azul oscuro y turquesa en calas tan conocidas como la distinguida Cala d'Or y la solitaria Cala Mondragó.

En estos parajes, de una composición natural absolutamente magistral, hay algunas pequeñas poblaciones que logran mantenerse al margen del impetuoso huracán del turismo de masas. Portopetro es un pueblecito de pescadores que, como engastado en ámbar, vive totalmente al margen de las abarrotadas calas cercanas. Por el contrario, en verano al menos se encuentran sobresaturadas Cala Figuera, Cala Santanyí y Cala Llombart, aunque siempre queda alguna joya en la reserva; un camino trillado conduce desde Cala Santanyí hasta la intersección con la cala siguiente y alumbra una perspectiva que por un momento parece detener el tiempo: en el mar una rueda de roca bate las olas. Es Pontàs se llama esta puerta batiente, sin que se especifique a qué da paso, si al mar hacia fuera o a la tierra hacia dentro. En la actualidad, cuando ya no se producen incursiones de piratas, la reflexión es en cualquier caso inútil.

Superior: un sendero trillado une Ca a Santanyí con la puerta batiente natural de Es Pontàs. El visitante decidirá si se trata de una puerta abierta al mar o a la isla.

Inferior: un par de escalones en la roca y alguna que otra plataforma son suficientes para disponer de una piscina al aire libre de primera calidad.

421

Mástiles con escora
Los llaüts

Desde luego es incapaz de hacer lo que hacía el bote del cuento mallorquín *El barco que andaba por tierra y por mar*. A primera vista, bajo sus velas un *llaüt* da la impresión de que sus mástiles han capeado a duras penas un temporal y necesitan una reparación urgente en los astilleros. Los mástiles, que normalmente son tres, no son perpendiculares, sino que están muy escorados hacia la proa.

Pero así es como tiene que ser. Este tipo de embarcación se utiliza en el Mediterráneo desde hace más de 1.000 años –algunos sostienen incluso que desde tiempos de los antiguos fenicios–. En torno a Sicilia se desliza por las olas con los nombres de *speronara* o *laoutella* y frente a Cataluña atiende por el nombre de *barca catalana;* todas estas embarcaciones, como el *llaüt*, tienen su origen en la *barca llatina. Llatina*, pues la tela que hincha el viento y pone en movimiento a la embarcación, técnicamente se llama vela latina. A diferencia de los grandes veleros, de los arrastreros o de los catamaranes, los mástiles de un *llaüt* no permanecen rectos, sino que se inclinan hacia delante. Cada mástil lleva una vela triangular cuyo lado más largo se asegura a la botavara. Esta botavara o verga latina se iza en el mástil

Botes de vela latina, como los *llaüts*, vienen cruzando el Mediterráneo desde el primer milenio. Los *llaüts* se distinguen de otros tipos de embarcaciones por la escora de sus mástiles.

como un crucero, mientras que el extremo opuesto de la vela se asegura a la proa o a la popa de la embarcación.

Así parece que en el *llaüt* todo está mal, sobre todo cuando –algo poco frecuente hoy día– las tres velas están izadas y recogen el viento sobre el cuerpo de la embarcación en tres direcciones distintas. Ahora bien, el hecho de que se sigan construyendo y utilizando *llaüts* indica que todo tiene su sentido, aun cuando los modelos modernos estén provistos de motor y la *vela latina* sólo se despliegue al viento como una ayuda o en caso de necesidad. Según sea el tipo de embarcación, que puede tener de diez a veinte metros de longitud, un *llaüt* tiene cuatro clases de madera: encina autóctona para la quilla, madera de olivo para

los refuerzos y apuntalamientos, pino para el costillaje y la tablazón y picea para la cubierta. Lo único que se importa de los países nórdicos es la madera de picea.

En la actualidad se utilizan básicamente dos tipos de *llaüt*. El *llaüt senzill* es pequeño y fácil de manejar, mide justamente diez metros y resulta un barco extraordinario para la pesca costera; antiguamente tenía tres quillas para facilitar su arrastre a tierra. El *llaüt coster* es cinco metros más largo y es más seguro y fiable en mar abierto y encrespado. El *llaüt coster* se utiliza en la pesca con *bou*, consistente en una red que, tendida entre dos *llaüts*, se arrastra por el fondo del mar.

En épocas pasadas el *llaüt viatger*, de veinte metros de longitud y preparado para la navegación de altura, transportaba mercancías desde las islas Baleares hasta Holanda y Gran Bretaña. Pero hace ya tiempo que el barco de vapor primero y la aviación después desaconsejaron su utilización para el transporte de mercancías, pero no para el deporte de la vela. En efecto, cada año se construyen unos 300 *llaüts;* no se trata únicamente de los pequeños, sino de los de gran tamaño y aptos para la navegación de altura, muchos de ellos equipados con unos interiores de lujo. No son solo pescadores quienes los manejan en el mar de las Baleares, sino también capitanes de tiempo libre. Los *llaüts* están de moda. Cada vez son más las embarcaciones de este tipo que se

En la construcción de un llaüt se utilizan cuatro clases de madera: encina, olivo, pino y picea. Exceptuada la picea, que procede de Europa central, todos los árboles crecen en la isla.

apuntan para participar en las procesiones marítimas de Mallorca. A pesar de que en el año 1993 el gobierno español prácticamente acabó con ellos: desaparecieron del catálogo oficial de embarcaciones vigente en España

En realidad no podían construirse más *llaüts*, pues carecerían de autorización. Sólo la viva protesta de los constructores mallorquines de barcos logró que se introdujesen las oportunas enmiendas.

Actualmente los astilleros mallorquines únicamente construyen el *llaüt senzill* y el *llaüt coster*. Obviamente tanto en el primero como en el segundo debe darse un ajuste perfecto de la tablazón.

El constructor de *llaüts* Jaume Cifre, de Porto Colom, puede manejarlos con los ojos cerrados. En definitiva sus faluchos deben adornar el Mediterráneo, no hundirse en él.

Celebridades regionales
Felanitx

Felanitx no se deja avasallar tan fácilmente. A ambos lados de la carretera de Santanyí, las *vinyes*, muy tupidas, indican la principal producción de la ciudad de 14.000 habitantes situada en el corazón del Migjorn: nueve de cada diez botellas de vino blanco mallorquín proceden de aquí; así sucedía antes de la plaga de la filoxera de finales del siglo XIX y así continúa siendo 100 años después.

En efecto, los viticultores de Felanitx no se dieron por vencidos, como en otras partes de Mallorca, ni sustituyeron las vides por almendros para obtener nuevos ingresos, sino que, respirando profundamente, decidieron empezar desde el principio. En 1919 fundaron una cooperativa vinícola para asegurar colectivamente la venta y distribución del vino. Desde finales del siglo XX su casa central se destina parcialmente a la asistencia sanitaria, pero en cualquier caso su soberbio diseño en forma de palacio y sus lazos con el modernismo barcelonés reflejan la importancia de la viticultura en Felanitx.

La filoxera empezó a propagarse en los viñedos cuando Felanitx estaba recuperándose de otra catástrofe. El Domingo de Ramos de 1844 durante la solemne procesión se derrumbó el muro de sustentación de la iglesia de

Esta imponente escalinata de la iglesia de Sant Miquel es del año 1762.

Sant Miquel y sepultó a más de 600 personas. Para 414 no hubo salvación; sólo una placa mantiene vivo su recuerdo en una pared lateral de la iglesia.

El aspecto entre manierista y barroco de Sant Miquel es engañoso. La iglesia fue fundada en 1248, pero, como muchas otras iglesias mallorquinas, sufrió repetidas reconstrucciones y ampliaciones. La amplia escalinata de destellos blancos y la fachada son creaciones barrocas de extraordinaria belleza, realizadas en 1762; la puerta correspondiente, coronada y vigilada por el arcángel San Miguel, fue esculpida durante el Renacimiento en el *marès* más fino, al igual que el rosetón, que en combinación con las ventanas laterales de vidrio extiende en el interior de la iglesia una verdadera alfombra de colores.

En la misma iglesia de Sant Miquel, Felanitx sorprende con uno de sus hijos más ilustres; la capilla de Sant Francesc es obra nada menos que de Guillem Sagrera, el maestro de obras del arte gótico mallorquín que también construyó Sa Llotja de Palma y el Castilnuovo de Nápoles.

Dos montañas, dos fortalezas
Ésta es, en efecto, una peculiaridad de Felanitx: el elevado número de hijos ilustres que puede presentar en relación con las proporciones de la ciudad. Además de Guillem Sagrera, existe otra posibilidad de una cita transcendente al tiempo.

Por detrás de la ciudad y pasando por los bastidores escenográficos de los más de 20 molinos de viento sin velas, el camino asciende hasta el lugar de peregrinación número dos de

Esta impresionante y arcaizante puerta da paso a la iglesia bajo un artesonado.

Mallorca después del Lluc: el monasterio de Sant Salvador. A casi 500 metros de altura los mallorquines vienen venerando desde el siglo XVI una Virgen sobre cuya procedencia excepcionalmente no se conocen anécdotas. Al alcance de la vista, pero sin conexión directa con el castillo de Santueri situado enfrente, el señor del mismo construyó el monasterio en el año 1348. En una de sus múltiples reformas, probablemente Guillem Sagrera o en todo caso uno de sus discípulos, creó en el siglo XV una de las pocas obras mallorquinas de alabastro. Se trata de un retablo con escenas de la Pasión de Cristo y con una Última Cena tan realista que se tiene la impresión de que el suave alabastro ha fijado una instantánea.

Desde la montaña del monasterio y desde el castillo de Santueri, erigido por los árabes y reconstruido por los cristianos, del que actual-

Inferior: este suntuoso edificio no alberga una casa noble, sino una cooperativa vinícola.

mente sólo quedan los cimientos, la vista se extiende en grandioso vuelo por el sudoeste de Mallorca. Como Alaró, Santueri fue una espina en el ojo de la Reconquista cristiana y, como refugio árabe, resistió un año de asedio. Cuando cayó Santueri, los vecinos abandonaron Felanitx por un espacio de 100 años, hasta que hacia 1300 la ciudad volvió a poblarse en virtud de una disposición de Jaime II.

Un ciclista profesional, un rebelde, un artista y un navegante

Exactamente 657 años después veía en Felanitx la luz del mundo un gran artista al que se impuso el nombre del santo protector de la iglesia parroquial. Se trataba del pintor y escultor Miquel Barceló. Habían pasado ya seis años desde que el ciclista profesional Guillem Timoner consiguiera el título de campeón del

Izquierda: en el Carrer Nunó Sanç esta casa modernista desafía al cielo con su brillantez.

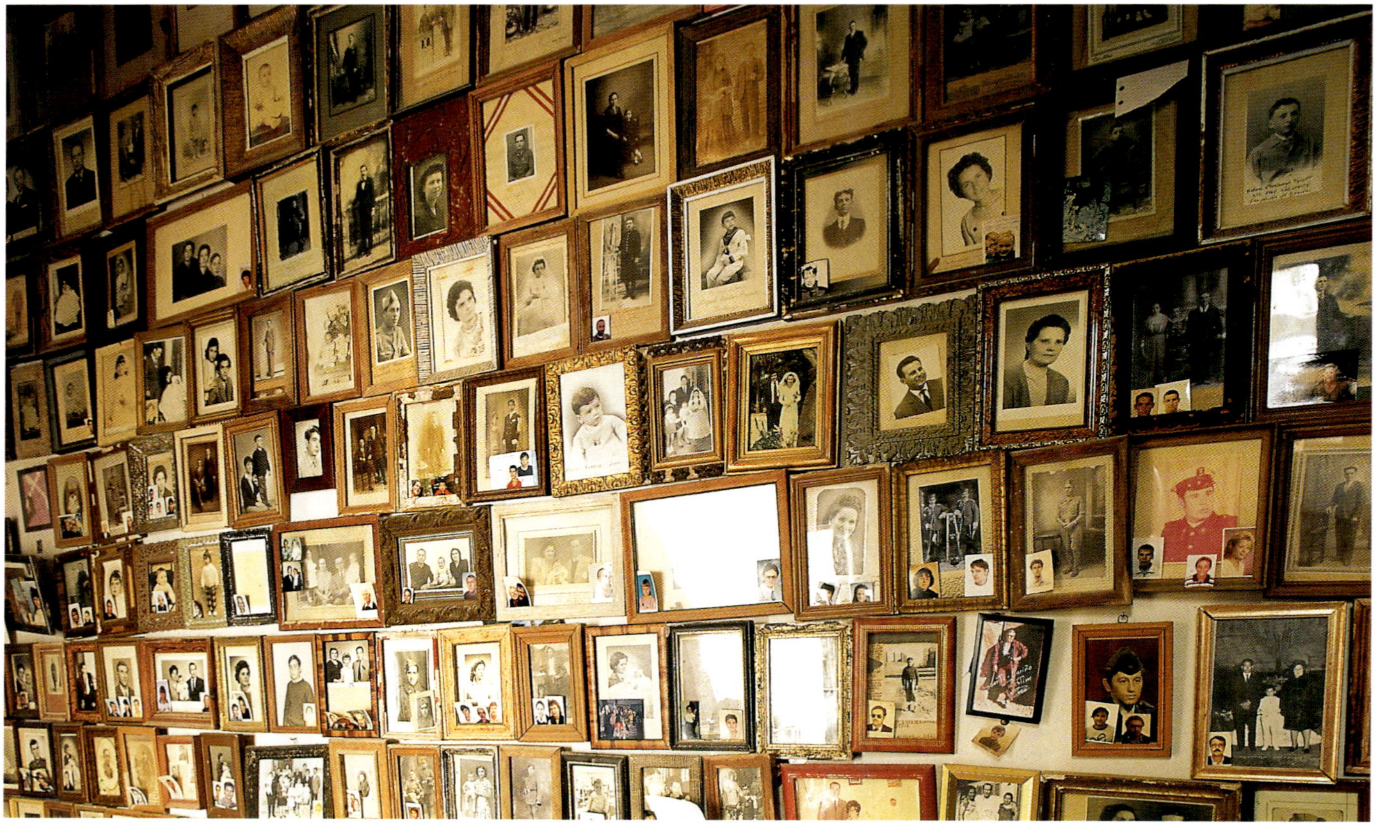

Superior: en Sant Salvador son innumerables los exvotos que reflejan los favores de la Virgen.

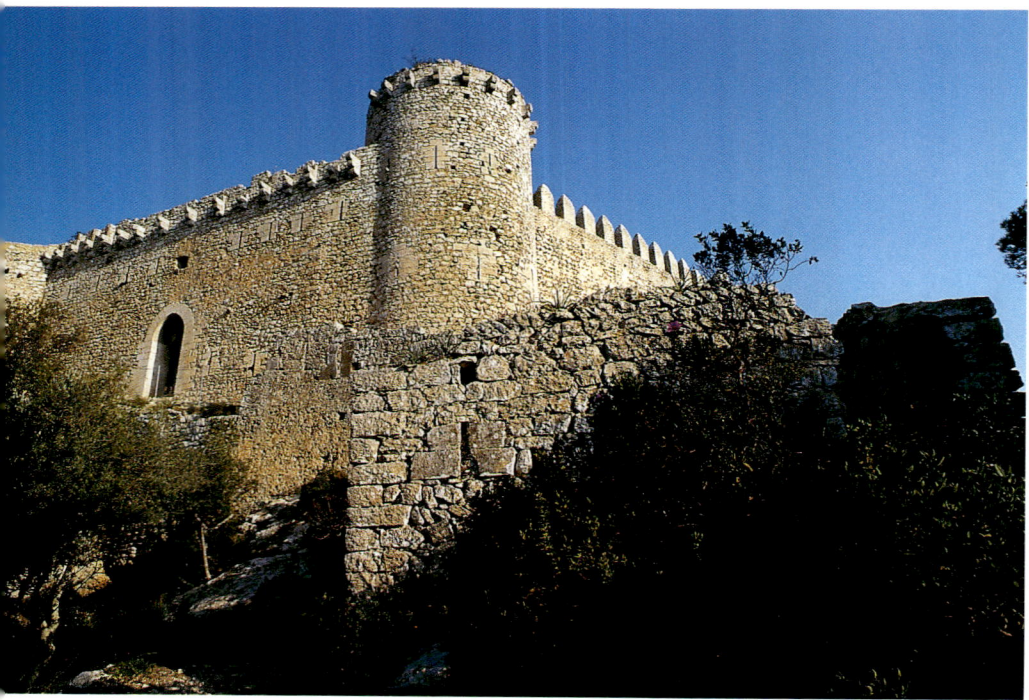

mundo tras moto. Después de obtener el triunfo, ofreció su jersey de campeón, junto con un poema expresando su agradecimiento, a la Virgen de Sant Salvador.

No fueron tan indiscutibles los méritos de Joanot Colom, quien se puso al frente de las sublevaciones de los artesanos en el siglo XVI. De todos modos los manuales de historia recuerdan al rebelde de Felanitx, aunque no en la misma medida que a su tocayo *Cristòfol Colom* (Cristóbal Colón), quien, como nadie duda en la ciudad, procedía de aquí. El Museu de Colom trata de corroborar esta teoría con todo tipo de curiosos documentos y con muchas otras "pruebas".

Según la versión local, durante su estancia, históricamente confirmada, en la prisión del

Izquierda: en el castillo de Santueri los árabes resistieron un año el asedio de las tropas de Jaime I.

castillo de Santueri, el príncipe Carlos de Viana (1421–1461) disfrutó del privilegio de ser atendido por los sirvientes, entre los cuales destacó por su especial solicitud Margalida Colom, una muchacha de Felanitx de la que se enamoró el príncipe heredero de Aragón, acusado de alta traición. El fruto de su amor fue bautizado con el nombre de Cristòfol Colom.

Cuando varios años más tarde dirigió su instancia a los Reyes Católicos, Fernando II de Aragón e Isabel I de Castilla, hizo constar que era natural de Génova. Ya entonces llamó la atención el extraordinario parecido entre Colón y Fernando II, sobrino y tío respectivamente según la "teoría de Felanitx". Esta versión cree explicar asimismo, entre otras cosas, por qué el supuesto genovés Colón apenas si hablaba italiano pero en cambio conocía el castellano, idioma en el que constantemente introducía catalanismos, tanto al hablar como al escribir.

Por lo demás las huellas genovesas tienen otra ramificación mallorquina, concretamente en Palma. Según esta explicación Colón señaló verosímilmente su procedencia de "Gènova", pero refiriéndose sin mayores precisiones al pueblo del mismo nombre situado más arriba de Palma. Los defensores de esta tesis creen que Colón era *xueta*, es decir, descendiente de judíos conversos, circunstancia que obviamente debía silenciar ante los Reyes Católicos. Además en la Gènova mallorquina pudo obtener fácilmente información sobre su proyectada "vuelta al mundo", concretamente de los astrónomos y cartógrafos marinos árabes y judíos, que trabajaron allí hasta muy entrado el siglo XVI.

Lo único cierto es que fue un italiano, Américo Vespucio, quien, en detrimento de Colón, dio su nombre a los dos continentes del Nuevo Mundo. Es posible que Colón hubiera pensado en bautizar las tierras recién descubiertas con un nombre que recordarse su verdadero lugar de procedencia. Entonces probablemente estaríamos hablando hoy de los Estados Unidos de Mallorca.

Pedro IV de Aragón ordenó en 1348 la construcción del monasterio de Sant Salvador cerca de Felanitx en agradecimiento por la superación de la peste negra. El actual edificio procede del siglo XVI.

Yoga en bicicleta
Pedaleando en Mallorca

"(...) Me brotaba del corazón la misma oración, murmurada quedamente con mis labios resecos, tantas veces bañados con las lágrimas de la emoción (...)". Así habla un ciclista en el momento del máximo esfuerzo. Estas palabras se repiten en varios idiomas en el vestíbulo del monasterio de Sant Salvador de Felanitx. Son palabras de Guillem Timoner, nacido en Felanitx en el año 1926, seis veces campeón del mundo de ciclismo tras moto entre 1955 y 1965, una especialidad del ciclismo en pista. En una pista, durante una hora o a lo largo de una distancia establecida que oscila entre los diez y los cien kilómetros, los atletas persiguen individualmente una máquina de velocidad que les precede en una motocicleta.

A lo largo de su carrera como ciclista profesional Timoner consiguió 1.172 victorias, fue campeón de España un total de 24 veces y provocó una eclosión de la bicicleta que se mantiene sin fisuras. En efecto, Timoner no fue sólo uno de los primeros españoles que logró un título mundial, sino que popularizó un deporte que desde entonces ha situado repetidamente España en el olimpo de los mejores. El caso más famoso es el del navarro Miguel Induráin, nacido un año antes de que Timoner se retirase del pelotón profesional; Induráin es el único ciclista de la historia que ha ganado cinco veces consecutivas el Tour de France, dos de ellas incluso haciendo el doblete con el Giro de Italia.

Entre enero y mayo no es difícil que algún que otro profesional mundialmente conocido forme parte de uno de los innumerables grupos de ciclistas mallorquines. Abraham Olano, sucesor de Induráin, entrena aquí, al igual que el alemán Jan Ulrich y el suizo Alex Zülle. Todos ellos comparten pacíficamente la carretera con ciclistas aficionados y ocasionalmente con un automovilista dispuesto a recorrer las rutas menos frecuentadas de la isla sin sudar pedaleando.

Ésta es la principal razón de que Mallorca ofrezca unas condiciones únicas en Europa: una amplia red de carreteras muy poco transitadas y perfectamente asfaltadas. Están además las excepcionales condiciones climáticas; exceptuado el verano, el clima en Mallorca es suave y seco durante todo el año. Por si esto no fuera suficiente, la isla ofrece en un espacio reducido todos los grados de dificultad, desde los llanos del Pla hasta los recorridos de montaña para escaladores de la Serra de Tramuntana. Son sobre todo las rutas del Migjorn y el Pla las favoritas de los ciclistas aficionados; trazadas entre muros secos y almendrales e invadidas por la fragancia de los árboles frutales y por brisa del mar, invitan a la ensoñación por la fusión con el paisaje y por la sensación de formar parte de un todo. Yoga mallorquín sobre dos ruedas.

Hasta el ramo del turismo ha descubierto el mercado ciclista y ha respondido con las ofertas correspondientes. Los aproximadamente 30.000 deportistas que llegan durante los primeros meses del año pueden contar sin problemas con bicicletas de alquiler, incluido el servicio de entrega y recogida, y con dietas especiales para la práctica deportiva. Para algunos hoteles los ciclistas representan incluso la posibilidad de mantenerse abiertos durante todo el año en lugar de cerrar sus puertas de noviembre a marzo.

En Felanitx los ciclistas disponen de un servicio especial en caso de avería. Si no se encuentra recorriendo en bicicleta los sesenta kilómetros de cada día, Guillem Timoner estará en su tienda de bicicletas ofreciendo sus consejos de experto, piezas de repuesto y los últimos modelos.

Guillem Timoner fue seis veces campeón del mundo de ciclismo tras moto. Actualmente prefiere pedalear con su nieta en la playa.

Desde el mar a la montaña, Mallorca ofrece a los ciclistas todos los grados de dificultad y muchos lugares para tomarse un merecido descanso.

El espejo entre los mundos
Miquel Barceló

En las estribaciones de la Serra de Llevant, la población de Felanitx se ha mantenido hasta hoy casi totalmente al margen de la ruidosa cultura de la diversión de la Badia de Palma. Esta pintoresca ciudad, de larga tradición artesanal, transmite un clima que recuerda una Mallorca en la que se han mezclado las influencias de las culturas continentales de Europa, de África y de Arabia para dar lugar a una identidad cultural nacional.

Miquel Barceló nació en Felanitx el 8 de enero del año 1957. Cabe especular sobre el posible parentesco de su familia con el honorable Antoni Barceló. En cualquier caso el navegante que liberó la isla en el siglo XVIII de los corsarios ya tiene su monumento en el puerto militar de Palma. Miquel Barceló todavía está trabajando para merecérselo, aunque de un modo mucho menos marcial y probablemente en un lugar distinto. ¿Contradicciones? Si no existieran, Mallorca no tendría explicación.

Barceló creció en una isla que, por su estratégica situación y por gozar casi permanentemente de buen tiempo, impone un trato distendido con el pasado, con el presente y con el

Setze penjats es el título de esta serie de cadáveres en forma de friso realizada en 1992 con técnica mixta en papel y trasladada después al lienzo. Se trata de una "danza de los muertos colgados". Courtesy Gallery Bruno Bischofberger, Zúrich.

El pintor y escultor mallorquín Miquel Barceló concentrado en un dibujo y recogiendo impresiones de viaje entre los dogon de Malí.

futuro. Esta disposición sirve de caldo de cultivo al tradicionalista en el mejor sentido. Es decir, una vida con polaridad y con su simultaneidad. Mallorca fue siempre objetivo de "peregrinaciones" efectuadas por los motivos más diversos. Refugio de la piratería organizada primero y a merced de los intereses nacionales peninsulares después. Islamismo primero y cristianismo después. Turismo de masas unas veces, silencio recogido otras.

Barceló incorpora esta ambivalencia insular y la tematiza en su obra. Libera puntos de fricción que replantean la tradición en la tensión geográfica entre Europa y África. El vacío como ausencia de plenitud, la muerte como ausencia de vida, el desierto y la melancolía saturnal son los presupuestos de sus metamorfosis artísticas. En definitiva son cadáveres los que en el año 1976 coloca en quince cajas de madera. El cadáver adquiere carácter de símbolo. En el año 1992 pinta en una longitud de diez metros cadáveres de animales que se secan como ropa negra sobre un fondo de amarillo español. En la banda inferior roja aparecen atributos de la muerte y de la vanidad. "El baile de los ahorcados", dos años después. En fechas posteriores, series de polaroid y cadáveres en el frigorífico conservan elementos de sus viajes a Malí, al país de los *dogon*. Las crudas impresiones de los desiertos africanos se traducen en intensidades expresivas para el Viejo Continente. Las exposiciones de

Burdeos, Nueva York, Londres y París difunden y aceptan el espejo mallorquín entre los mundos.

Barceló ha observado atentamente su entorno desde muy pronto, ha acumulado lo visto, sus vivencias, los acontecimientos y sus impresiones y ha asimilado el rico inventario tradicional de su país, que acepta las combinaciones del artista y se deja transformar permanentemente. ¿Qué hacen las plantas y los animales? ¿Qué hace el hombre con ellos? ¿Qué hacen la luz y los colores? ¿Qué hacen la oscuridad y la muerte? Barceló piensa una y otra vez en todas estas cuestiones mientras pasea por el Camí del dimoni o "camino del demonio" que asciende hasta el calvario de Felanitx, e imagina posibilidades de transposición creativa.

En el viaje de estudios que realiza a los diecisiete años descubre en el Musée du Jeu de Paume de París la pintura de Van Gogh, Klee, Wols, Dubuffet y el *art brut*. Al volver a Felanitx y con la impresión profunda de sus visitas a los museos, empiezan a concretarse sus propias soluciones. En Manacor, junto a algunos *objets trouvés,* presenta fundamentalmente caprichosas versiones de insectos, escarabajos, gusanos y moluscos. Se perfila su preferencia por el tratamiento artístico de los cadáveres (en cuanto cuerpos inertes en su última instancia) y por su extenso simbolismo de la muerte; la carne a un paso de la carroña, justamente un momento después de que pueda consumirse... El arte de Barceló ha internacionalizado el tradicionalismo críptico de Mallorca y ha hecho ópticamente accesible la complejidad de cosas no siempre compatibles entre sí. Pero para comprender todo esto hasta sus últimas consecuencias, hay que llegar al gnosticismo en la búsqueda de un desierto que prometa la plenitud.

Este autorretrato del artista es de terracota y procede de 1995. La escultura acusa en su configuración la influencia total de la etnia africana de los dogon, que, huyendo del tráfico de esclavos, se refugiaron en una región impenetrable del recodo del Níger. Aislados y difícilmente manipulables, los dogon desarrollaron una cosmología y una cosmogonía impresionantes, según las cuales todos los planetas de nuestro sistema proceden de una única placenta solar. Esta visión "placentaria" del cosmos reaparece a pequeña escala en la naturaleza de la Tierra. La comunicación entre el Universo y la Tierra se establece a través de artísticas máscaras. Courtesy Gallery Bruno Bischofberger, Zúrich.

Llevant

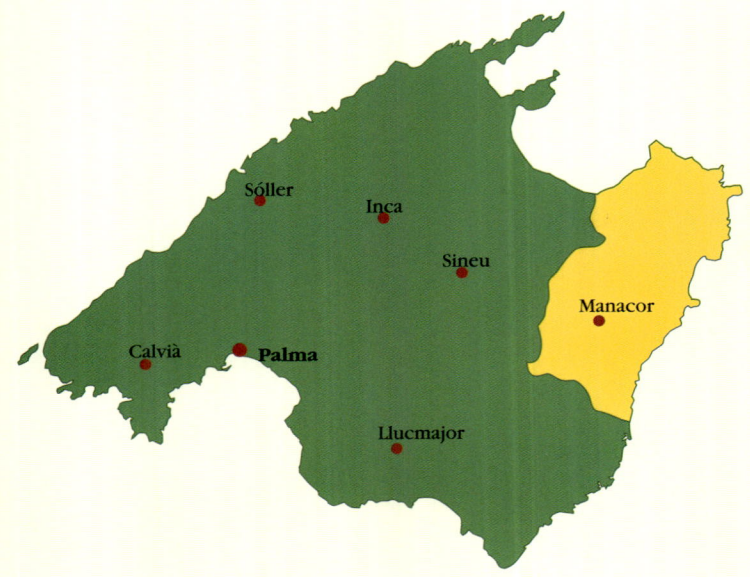

La esencia de Mallorca
El Llevant

Para obtener una buena *garriga* se necesita: rocas calcáreas moldeadas en bonitas formas por el viento, la lluvia y las inclemencias del tiempo y apiladas en suaves montículos; algunos guijarros esparcidos libremente por encima; arbustos de lentisco y retama, brezo, un par de olivos silvestres o asilvestrados, pinos piñoneros y pinos carrascos; sobre todo, no olvidar la lavanda, el romero y la jara para aromatizar, y añadir algunos gladiolos, lirios y orquídeas silvestres para dar un toque de color. Mezclarlo todo bien, y ya tenemos la *garriga,* el monte bajo mediterráneo. Hay numerosas oportunidades de observarlo en el este de Mallorca, una zona que con su nombre honra la salida diaria del sol: *llevant*, levante.

Colinas y montañas, acantilados y playas de arena, calas de ensueño y campos fértiles convierten el Llevant en una especie de concentrado de Mallorca. En ningún otro lugar de la isla se reúnen en tan poco espacio todos los elementos propios de esta tierra de sol y flores; no solo en sentido geográfico, sino en muchos otros. La *garriga*, igual que si fuera un hilo conductor, teñido de varios colores, se extiende a lo largo del levante, llegando por arriba al Cap de Ferrutx y por abajo a las Coves del Drac, las cuevas del dragón. Allí, geólogos y espeleólogos descifran la historia de Mallorca a partir de las estalactitas y las estalagmitas, a 1.300 metros bajo tierra; los turistas, en cambio, disfrutan de un paseo en barca con acompañamiento musical a través de las profundidades artísticamente iluminadas de la isla.

Derecha: dulce nombre para una construcción defensiva: la Torre de Canyamel o "torre de cañamiel" vigila en Artà las aproximaciones de amigos y enemigos.

Página doble anterior: en la península de Ferrutx, el límite de arbolado está a pocos centenares de metros de altitud. Detrás del macizo rocoso, el mar baña la costa de Llevant.

Fortificaciones con tres milenios de historia

También en lo que se refiere a la historia, el Llevant ofrece una representación completa de todos los periodos y acontecimientos significativos de Mallorca. A pocos pasos de distancia detrás de la estación de Artà podemos tomar contacto con la prehistoria de la isla y de sus habitantes. En el poblado de Ses Païsses, los antiguos habitantes construyeron, unos 2.000 años a.C., viviendas y murallas defensivas con enormes losas de piedra, además de aquellas torres tan peculiares que han dado nombre a su cultura: los *talaiots*, sustantivo que deriva de la palabra de origen árabe *atalaia,* torre. Junto con el poblado Capocorb Vell, en el sur de Mallorca, Ses Païsses es el hallazgo talayótico más importante.

A lo largo de los años, la mayoría de las construcciones de estos maestros de la piedra ha sido utilizada por invasores y señores como cantera; hasta en la catedral de Palma se usaron grandes bloques prehistóricos. Hasta hoy, la ciencia ha descubierto muy poco sobre los miembros de esta cultura y su forma de vida. Lo poco que se sabe se ha deducido a partir de las piedras, haciendo paralelismos con otras culturas megalíticas de Gran Bretaña, Cerdeña, Oriente Próximo, así como basándose en las descripciones de exploradores de la Antigüedad como Timeo y Plinio. Aunque estos antiguos pobladores no utilizaban la escritura, son responsables de una palabra que aún está más unida a Mallorca que la denominación de su cultura: su gran habilidad en el

lanzamiento de piedras con honda ha dado nombre a todo el grupo de islas, Baleares, apelativo que deriva de la palabra griega *ballein*, lanzar.

En Artà y alrededores, unos ojos adiestrados hallarán además muchas señales del dominio musulmán. Los jardines floridos y exuberantes, los frutales y huertos frente a las puertas amuralladas de la ciudad fueron obra de los árabes. Una de las vistas más bellas de la ciudad antigua de Artà se puede observar desde la terraza de la parroquia de la Transfiguració del Senyor hacia la llanura. Cuando la iglesia era una mezquita, la gente se lavaba aquí las manos y los pies antes de la plegaria.

Por encima de la parroquia de Artà se extienden montaña arriba los muros de la fortificación, una amenaza tan imponente como elegante a un mundo exterior agresivo a lo largo de muchos siglos, pero, en el fondo, una construcción poco apreciada: nadie quería vivir dentro del anillo defensivo. Cuando se producía algún ataque, los campesinos y habitantes del pueblo buscaban refugio detrás de las murallas, pero tan pronto como desaparecía el peligro, volvían a abandonarlas.

En Capdepera ocurrió este mismo fenómeno, reflejo de una actitud tan obstinada como admirable. Los reyes mallorquines reformaron y ampliaron repetidamente, desde el año 1300, la fortaleza musulmana,

Justo delante de las puertas de Artà se encuentra uno de los pocos poblados talayóticos que se conservan en Mallorca. En Ses Països aún se pueden reconocer cimientos, calles y la muralla del pueblo prehistórico.

acercándola cada vez más al mar y, de este modo, a la amenaza de los piratas; redoblaron el anillo defensivo hasta que tuvieron el mayor alcázar de Mallorca incluyendo la iglesia. Pero ni siquiera un ataque casi fatal ocurrido en el siglo XIV pudo convencer a la población de que viviera de forma permanente en el interior de las murallas. En esta ocasión, una Virgen María milagrosa que apareció entre una niebla espesa les sacó del embrollo, pero ella tampoco se quedó en la fortaleza. La *Mare de Déu de l'Esperança*, Virgen de la Esperanza, vive en un altar en la iglesia de Sant Bartomeu. Y ni los turistas, que llegan a ambas fortificaciones sobre todo para disfrutar de las grandiosas panorámicas que ofrecen, se quedan a pasar una sola noche en ellas.

Árboles y ovejas, caballos y conejos

Y es que lo que divisan desde los dos montes fortificados invita irresistiblemente a realizar más exploraciones. El interior de la zona de Llevant es

Los balidos y el repicar de los cencerros constituyen un escenario acústico habitual en el Llevant, debido a la presencia de grandes rebaños de ovejas.

un muestrario de la convivencia entre hombre y naturaleza. Allí donde la *garriga* tenía que saciar el hambre de la gente, se plantaron albaricoqueros, melocotoneros, algarrobos, almendros y olivos. Además, se cultivan tomateras y lechugas para las ensaladas, y campos de trigo para obtener el pan de cada día.

Hay muros secos y pozos de palanca que riegan y protegen las plantas ante la presencia, entre otros seres, de ovejas y cabras con demasiadas ansias de aventuras. Aquí aún es usual ver un rebaño de ovejas, vigilado celosamente por un perro corriendo a su alrededor y guiado por un pastor con un silbato. Sin embargo, la vida de pastor ha cambiado sustancialmente; antes, era responsable de los rebaños de un *senyor* o de un pueblo entero, mientras que hoy en día, estos animales productores de lana y leche son de su propiedad. Los festines que se celebraban con motivo del esquileo, que se extendían a lo largo de varios días y donde se contaban historias con los compañeros, han ido desapareciendo a causa de la rápida trasquiladura a máquina. Pero las ovejas continúan extraviándose, quieren dirigirse como siempre a los abrevaderos, quedan enredadas en la *garriga*, y en todo ello no les puede ayudar ninguna máquina, sino únicamente el pastor.

En algún que otro muro seco, un cartel advierte de la posibilidad de encontrarse con un perdigón suelto: *coto privado de caza*. En muchos casos, sólo se trata de la definición de una zona de caza en la que no tiene necesariamente que llevarse a cabo tal actividad. Aunque en Llevant, cerca de Son Servera, era donde los reyes de Mallorca iban de cacería en aquellos tiempos en que aún había ciervos y jabalíes, faisanes y corzos. Los nobles halcones caían elegantemente sobre sus víctimas desde la altura, algo que también pertenece al pasado. Los cerca de 30.000 cazadores mallorquines que existen en la actualidad deben contentarse con conejos, liebres, perdices, tordos y palomas salvajes si quieren dar un toque especial a su comida de domingo.

Las fincas situadas alrededor de Manacor acogen a otro habitante de las baleares que es difícil de encontrar en otras partes: el caballo. Tradicionalmente, en Mallorca, los asnos y las mulas desempeñan trabajos pesados y monótonos, como hacer girar norias o arrastrar pesos. Los caballos, en cambio, como máximo tirarán de un carro, pero, ¡de qué manera! A principios del siglo XX llegó a Mallorca la moda de organizar, entre la gente sencilla, carreras de caballos improvisadas. Entonces, los campesinos mallorquines descubrieron que sus forzudos corceles negros estaban especialmente dotados para ello, y empezaron a seleccionar a los mejores para la cría de caballos de carreras. Dos veces al año, los cuadrúpedos mallorquines corren como un rayo por el hipódromo de Manacor con sus crines recortadas, compitiendo por importantes premios y, algunas veces, dejan atrás a sus compañeros del continente.

Perlas a gran distancia de las bahías

Manacor, reducida completamente a cenizas por bárbaros y cristianos y reconstruida de nuevo en cada ocasión, es al mismo tiempo la cuna de uno de los negocios de exportación con más éxito de Mallorca, que constituye un ejemplo de la implantación efectiva de industrias en una zona tradicionalmente rural. En 1902, un inventor alemán instaló aquí una fábrica para elaborar algo que en las boutiques y las joyerías de Europa le iban a quitar de las manos: perlas artificiales. A diferencia de las perlas cultivadas, las perlas patentadas *Majorica* no crecen dentro de un molusco, sino capa a capa dentro de un horno. El calor funde una mezcla secreta de varias sustancias marinas que formarán una perla de color permanente, inalterable y resplandeciente como si fuera auténtica. Ni los expertos son capaces de diferenciarla a primera vista de su pariente marina –ni tampoco la piel de la orgullosa portadora.

De Manacor al mar hay un largo trecho. El camino más corto conduce al puerto más joven de Mallorca, Portocristo. Fundado en 1880, ha sido utilizado durante poco tiempo como puerto pesquero para consagrarse después al *boom* industrial del siglo XX: el turismo. El puerto cerrado y la playa, en una bahía en forma de anzuelo, atraen por igual a propietarios de yates y a constructores de castillos de arena, y sólo una minoría sabe que aquí se decidió el destino de la isla en la Guerra Civil española. Aquí iniciaron los republicanos en 1936 el último intento de reconquistar Mallorca a los fascistas. Desgraciadamente, fracasaron.

En dirección al noroeste, el Llevant ofrece otras muchas calas, alineadas como perlas *Majorica* en un collar, entre las cuales hay algunas tan famosas como Cala Millor, Sa Coma y S'Illot, que hace tiempo dejaron de ser un lugar recóndito para convertirse en un masificado

Inferior: en el puerto de S'Illot, un puente permite atravesar la bahía sin mojarse.

Superior: el hipódromo de Manacor no está lejos. En el Llevant, los campesinos llevan varias generaciones criando caballos para su propia diversión.

Página doble siguiente: en la bahía de Alcúdia hay espacio para todo. Extensas playas, una suave brisa soplando sobre olas pacíficas, aquí y allí una finca o una residencia veraniega.

destino. Pero aún vale la pena ir en busca de calas solitarias con una franja de arena para el colchón hinchable. Sólo para estar ahí cuando el sol se asoma por encima del mar y avanza a lo largo de él con un rayo titubeante, que finalmente toca tierra en Llevant.

En el claustro del antiguo convento dominicano, hoy se escuchan teléfonos en vez de la campana que llamaba a la oración; aquí se encuentra la administración de Manacor.

Muebles y perlas a la sombra del minarete
Manacor

Con sus orgullosos 84 metros de altura, la torre de la iglesia principal de Manacor, Dolors de Nostra Senyora, nos saluda desde lejos. El lugar donde, desde 1236, se rememoran los dolores de la Virgen María, fue ocupado hasta la Reconquista por una de las mezquitas más suntuosas de la isla, en una de las ciudades más acomodadas de la Mallorca musulmana, donde la nobleza poseía palacios y residencias veraniegas. Esta bella construcción fue levantada sobre las ruinas de un poblado que probablemente ya había sido habitado en los tiempos de la cultura talayótica y que se utilizaba como punto neurálgico comercial. A mediados del siglo V, la ciudad romano-bizantina de Manacor fue arrasada por los bárbaros, y hubo que esperar

casi 500 años hasta que los musulmanes le confirieran nuevo esplendor y la convirtieran en uno de sus centros más importantes.

Los conquistadores cristianos hicieron grandes destrozos en la ciudad, en especial en lo que se refiere a la gran mezquita, ya que, como símbolo de los antiguos gobernantes, no podía permanecer en pie de ningún modo. Es de agradecer que al menos construyeran en su lugar, ellos y sus descendientes, una digna sucesora, incluyendo la mencionada torre de una altura récord, la cual, por su esbeltez, recuerda enormemente a un minarete.

Hasta el siglo XIX la iglesia de los Dolores fue continuamente reformada y ampliada, ya

Por fuera imponentes muros, por dentro frágiles miniaturas. La torre del Palau, que data del siglo XV, alberga un museo de muebles.

La capital de las perlas y los muebles ocupa una gran extensión bajo el sol del Mediterráneo.

que tras la expulsión de los musulmanes la ciudad continuó prosperando. Un gran rosetón sobre el altar principal inunda la nave de una luz tenue; en los dos altos púlpitos de piedra situados a izquierda y derecha de éste, los talladores crearon grandes obras maestras.

Pero lo más sorprendente es la imagen del altar, un Cristo crucificado. Una pequeña escalera tras la figura permite admirar de cerca las vestiduras de seda con bordados de oro y el pelo auténtico de la cabeza y la barba. Todo el recorrido está abarrotado de exvotos: imágenes, fotografías y otros objetos de recuerdo como muestra de gratitud por los incesantes milagros de esta figura de Cristo.

En comparación, el antiguo palacio del siglo XIV situado frente a la iglesia tuvo que esperar hasta bien entrado el siglo XX para someterse a un profundo tratamiento de belleza.

Al otro lado de la ciudad, la administración de la segunda ciudad más grande de Mallorca se ha instalado pragmáticamente en el antiguo convento dominicano –después de que en el siglo XIX ya se utilizaran las celdas de los honorables monjes para albergar infames delincuentes–; entonces, en el convento se encontraba la prisión, entre otras instituciones. Hay que reconocer que la administración no priva a los ciudadanos de algo tan valioso como el antiguo claustro, que descansa sobre 32 columnas e invita, con su galería, a permanecer en ella y a soñar. Al antiguo convento de Sant Domènech pertenece la pequeña iglesia de Sant Vicent Ferrer, que debe su nombre al santo mallorquín que había predicado aquí y cuya capilla del rosario es de una belleza francamente deslumbrante.

Una riqueza basada en olivos y pinos

Casi nadie se hubiera esperado encontrar algo así en Manacor, conocido sobre todo por su industria perlífera; con la mano en el corazón, tal como dice bellamente el nombre de la ciudad y como demuestran varios escudos en el convento dominicano. Tampoco es de esperar algo como el Museu Arqueològic, que expone mosaicos bizantinos provenientes de una de las primeras basílicas paleocristianas de Mallorca y que está situado en la antigua torre defensiva

No sólo industria. En el centro de Manacor, el sol se ocupa de suministrar una espléndida iluminación al palacio del siglo XIV situado al lado de la catedral Dolors de Nostra Senyora.

Este prelado observa desde las alturas lo que pasa en la intrincada plaza de la iglesia.

Torre dels Enagistes. Más bien, uno contaría con algo como el museo de muebles de la Torre del Palau, que, por cierto, junto con la Torre de Ses Puntes es uno de los últimos vestigios de las murallas construidas para defenderse de hipotéticos ataques de piratas.

Mucho antes de que se inventara el arrollador éxito industrial de Manacor, las perlas artificiales, la ciudad gozaba ya de una industria floreciente: la elaboración de grandes ladrillos de barro –como relata el archiduque Luis Salvador– y de muebles, al principio hechos básicamente de madera de olivo y pino, hoy en día también de otros materiales importados como el aluminio, el plástico y la madera nórdica. Y aunque la madera no sea tan antigua como los modelos vivos en que se inspiran los dinosaurios de tamaño natural situados frente al "supermercado de productos de madera de olivo" a la salida de la ciudad en dirección a Palma, merece la pena ver la transformación a veces maravillosa a la que se ha sometido el leño veteado del olivo.

Segunda naturaleza
Perlas de Manacor

Los autobuses traen diariamente a la ciudad a miles de curiosos atraídos por un engaño perfecto. Ni siquiera los expertos, se dice, son capaces de distinguir a primera vista entre una impecable perla artificial de Manacor y una perla auténtica. Y aunque las tres fábricas de perlas de Manacor muestran generosamente a los visitantes el proceso de fabricación, lo esencial se mantiene en estricto secreto: la fórmula mágica que constituye la base química de todo el proceso.

La marcha triunfal de estas perlas empezó en Barcelona, donde en el año 1897 un alemán llamado Friedrich Hugo Heusch empezó a imitar la naturaleza a pequeña escala. Pero pocos años después, en 1902, la demanda de las tiendas y las joyerías de Londres, Berlín, Roma y París era tan grande, que Heusch decidió instalar fábricas en las ciudades mallorquinas de Felanitx y Manacor. A partir de este momento, la ascensión de la marca *Majòrica* fue imparable.

Hasta el año 1948, la patente registrada para estas perlas protegió a la familia Heusch y sus más de mil empleados frente a los imitadores, pero tan pronto como este monopolio se extinguió, numerosas empresas intentaron seguir sus pasos.

Sólo han resistido unas pocas, tres de ellas en Manacor, ya que ofrecer precios más baratos con la misma calidad se convirtió enseguida en la cuadratura del círculo. E incluso los dos competidores de *Majòrica* tienen que conformarse con que sus perlas sean conocidas en todo el mundo con el nombre de *Majòrica*.

Más vale hacerlo uno mismo

Mientras que los japoneses, en la elaboración de sus perlas cultivadas, influyen en el proceso natural introduciendo diminutas partículas en los moluscos de cultivo para que éstos formen una capa de nácar a su alrededor, las perlas *Majòrica* se basan en la misma idea pero utilizando otros medios.

Primero se fija en un soporte especial un núcleo artificial y diminuto, endurecido a alta presión. A continuación, se sumerge esta partícula hasta 30 veces en una especie de masa de nácar, que, sin embargo, no está hecha de nácar molido sino de todo tipo de materiales orgánicos marinos, como escamas de pez o arena de valva. Cada capa se calienta a altas temperaturas por medio de quemadores de gas, de modo que las partículas de la mezcla marina se unen formando moléculas mayores o, lo que es lo mismo expresado en lenguaje científico, se polimerizan.

Este proceso de polimerización no solo garantiza una fusión perfecta y compacta, sino que al mismo tiempo permite conservar el color. Las perlas negras, y también las grises y gris azuladas de última moda, obtienen su coloración gracias a la inclusión en la mezcla de minerales de color. Una vez que se han realizado todas las capas, la nueva perla se alisa y se pule con cuidado.

Auténticas para siempre

Estas perlas se sienten sobre la piel como las auténticas, frías pero agradables y, a diferencia de las perlas baratas de plástico, absorben el calor del cuerpo. Ni el sudor, el maquillaje, el perfume, el calor o el frío pueden dañarlas. Incluso si alguien las pisa por descuido, no pasa absolutamente nada: el proceso de endurecimiento en treinta etapas les ha conferido una forma inalterable, lo cual constituye una ventaja frente a las perlas naturales, puesto que éstas, como todo lo que forma parte de la naturaleza, algún día finirán: ceniza a la ceniza, polvo al polvo.

Hay dos cosas que las perlas casi auténticas tienen en común con sus compañeras naturales. En primer lugar, no son precisamente baratas. Si bien es cierto que no valen tanto como el producto que ofrece un molusco a cambio de su vida, requieren una fuerte inversión. No es de extrañar, visto el largo y complicado proceso de fabricación, realizado en gran parte a mano. Y con una garantía de por vida.

Y en segundo lugar, las perlas, también las *Majòrica*, no se pueden recibir como regalo, ya que trae tantos años de mala suerte como bolitas resplandecientes tiene la joya. Sin embargo, si alguien llegara con un estuche de joyería y una sonrisa radiante, no hay que alarmarse: con el pago simbólico de un duro se rompe el maleficio.

Hasta treinta veces se calienta sobre un núcleo especial una capa delgada de masa parecida al nácar. Su composición exacta es un secreto muy bien guardado.

A diferencia de sus modelos naturales, las *Majòricas* son prácticamente indestructibles. Tampoco sufren daño alguno por la acción del sudor o los cosméticos.

Los más estrictos controles de calidad permiten separar el grano de la paja. Algunos fabricantes baratos han tenido que darse por vencidos.

Para que de las brillantes perlas surja un pieza de joyería, éstas se ensartan una por una.

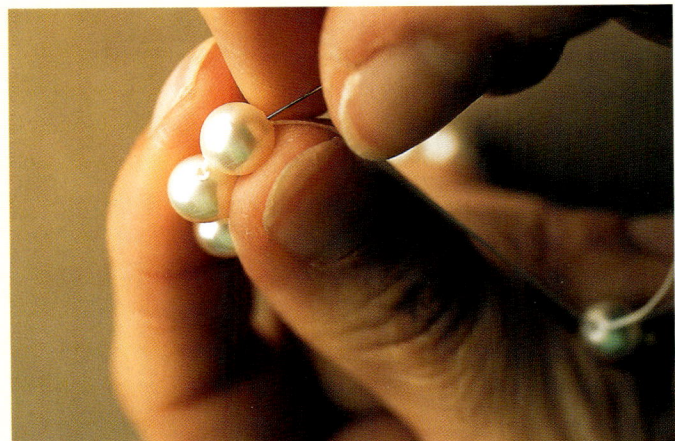

Es imprescindible tener un buen pulso para acertar los diminutos agujeros. Al igual que en los collares de perlas auténticas, las *Majòricas* se anudan una a una.

El concepto de perlas artificiales no solo engaña ópticamente: no son precisamente baratas. Pero al fin y al cabo, no se trata tampoco de copias baratas.

De la granja al hipódromo
Los caballos de Mallorca

¿Trabajar? ¿Tirar del arado, arrastrar sacos llenos de cereales, sacar agua de una noria haciendo círculos interminablemente a la intemperie? Un caballo mallorquín resoplaría desdeñoso ante esta pregunta: ¡para ello existen precisamente los asnos y los mulos!

Los caballos de Mallorca no tienen nada que ver con todo esto. A lo sumo tirarán de un coche, eso sí, pero no para fines de transporte: los ejemplares mallorquines son auténticos caballos de carreras.

Dos veces al año, los aficionados a las carreras al trote, los propietarios de las oficinas de apuestas y los criadores se reúnen en el hipódromo de Manacor y se exaltan cuando, en el Gran Premio para Potros de Tres Años, los potros trotan tan rápido como aguantan sus pezuñas, y cuando en la Diada de Reis, el seis de enero, los corceles adultos arrojan tierra a los espectadores al tomar una curva.

A diferencia de pistas de carreras tan distinguidas como el Ascot británico, aquí se

Los caballos de Mallorca no tienen que realizar trabajos pesados. De eso se ocupan los asnos y los mulos.

No fueron nobles sino campesinos los que iniciaron, a principios del siglo XX, la cría de caballos.

trata de un espectáculo de carácter popular. Entre apuestas y conversaciones profesionales siempre hay tiempo para hacer un trago con los amigos, mientras familias enteras dan vueltas por las cuadras y las zonas de ejercicio para desear mucha suerte a sus favoritos.

Ligeros sulkys en lugar del coche de los domingos

Y es que en Mallorca, la cría y las carreras de caballos no eran un privilegio de la clase alta, sino una afición para quienes tenían un compartimento libre en el establo: los campesinos. Desde el siglo XVIII, los labradores de la Europa central se divertían organizando carreras con caballos, además de utilizarlos para arrastrar carros con fines más prácticos.

La mayoría de las veces se hacía en pistas de carreras improvisadas en las afueras de los pueblos. En 1915 esta costumbre llegó a Mallorca y se convirtió rápidamente en un entretenimiento muy apreciado, para el que se construyeron pistas de carreras sencillas en Sineu, Sa Pobla, Palma, Manacor y Felanitx. Naturalmente, estos primeros circuitos, con una longitud de unos 350 metros, eran todavía muy modestos. No fue hasta más tarde, en los años 20, que aparecieron los grandes hipódromos de Palma y Manacor, cuando el deporte de carreras al trote se había implantado definitivamente –carreras que, por cierto, poco tenían que ver con la idea original–. Entonces, los campesinos

Corriendo tanto como aguante el vehículo; el hipódromo de Manacor es, desde mediados del siglo XX, la principal instalación de Mallorca para la celebración de carreras al trote.

ya habían empezado a elegir, de entre sus caballos de trabajo, a aquellos que eran especialmente rápidos, más ligeros de constitución que los de labranza, y a construirles coches de carreras rápidos y ligeros: los *sulkys*.

Llevaban registros de crianza y fundaron comisiones de control. Descubrieron –y con ellos, también lo descubrió el mundo más allá de la isla– que el caballo de casta mallorquín perfeccionado de esta manera estaba magníficamente dotado para las carreras al trote.

Elegancia y fuerza sobre negras pezuñas
De grandes proporciones, hasta 170 centímetros de altura, generalmente de color negro o marrón oscuro, con un cuello robusto pero curvado elegantemente, los caballos mallorquines son a la vez imponentes y fascinantes.

Como ya había observado *S'Arxiduc*, el archiduque Luis Salvador, normalmente se les corta la crin como un cepillo para que recuerden "vivamente a las figuras de los antiguos caballos". Son tan ligeros y briosos que en Mallorca casi nunca se montan. Para ello, los mallorquines ya tienen a los caballos andaluces, blancos o grises, que son más fáciles de adiestrar.

Pero el último fin de semana de marzo, cuando Palma celebra su fiesta, los caballos mallorquines corren a galope tendido a lo largo de la avenida de Es Born junto con los adversarios de la península, luchando por ganar la carrera de caballos medieval. Algún *jockey*, vestido con los colores del escudo de su municipio y montado sobre un caballo andaluz, sólo llega a ver la cola ondeante de su contrincante mallorquín.

Sin una conversación entre entendidos, una carrera al trote se queda a medias. En el hipódromo de Manacor se puede echar un vistazo para ver qué caballos son más interesantes para la cría. Mientras unos caballos trotadores arrastran los *sulkys* por la pista, el siguiente grupo empieza a prepararse en los puestos de espera.

Música de la naturaleza
Coves del Drac

Año 1339: por orden del gobernador de Mallorca, unos hombres se pasean en la oscuridad de las cuevas del dragón, cuyas paredes de formas fantásticas se iluminan fantasmagóricamente por la luz de las antorchas que han traído consigo. Los hombres toman notas sobre el camino que siguen y la estructura de la cueva, ya que su misión secreta es buscar el tesoro de los templarios, el cual, después de la abolición de esta orden, muy poderosa también en Mallorca, se tiene por desaparecido y se supone en esta cueva. Existe un documento del año 1339, que ahora se conserva en el archivo del reino de Mallorca, que da testimonio de esta expedición, aunque no nos revela si encontraron lo que buscaban. Hace ya unos 3.000 años que los habitantes de Mallorca conocen la existencia de las cuevas del dragón, *Coves del Drac*, situadas aproximadamente a un kilómetro de distancia de Portocristo. Los hallazgos prehistóricos realizados muy cerca de ellas dieron a conocer no solo la mitad de los utensilios de un poblado talayótico, sino también una entrada a esta cueva. Además, su nombre atestigua el conocimiento popular sobre el sistema de refugio subterráneo: los piratas y los templarios, según la interpretación, habrían ocultado aquí sus tesoros bajo la protección de un dragón.

Sin embargo, ni los antiguos pobladores de Mallorca ni los bucaneros se atrevieron a adentrarse más de 200 metros, una distancia desde la que aún puede verse la salida. Estas cuevas ocuparon los titulares en 1878, cuando algunos catalanes desaparecieron tres días dentro de ellas y se dieron por perdidos. Luego, estos investigadores, que resultaron estar vivos, explicaron cosas maravillosas del interior de la cueva, aunque no pudieron precisar hasta qué distancia habían llegado.

Sensación después de tres incursiones

En 1880, el espeleólogo alemán Will se aventuró en la cueva y elaboró un mapa que sólo comprendía las zonas más externas. Pero esto se consideró ya un acto de valentía, puesto que nadie sabía hasta qué punto el interior de la tierra hacía que la aguja de la brújula se desviara de su dirección norte.

En 1896, el francés Edouard Alfred Martel consiguió explorar sistemáticamente la cavidad y cartografiarla. El promotor y patrocinador fue el archiduque Luis Salvador. Martel encontró un enorme lago de aguas cristalinas en las profundidades de la cueva, con una temperatura constante de 20 grados. *No hi ha esperança*,

El lago subterráneo está conectado con el mar y, por ello, es ligeramente salado.

no hay esperanza, escribieron en la pared los confundidos y desesperados catalanes al llegar a este punto. Este lago, bautizado como Llac Martel por el espeleólogo que lo descubrió, tiene 177 metros de longitud, 40 metros de ancho y nueve metros de profundidad.

Sobre él, la naturaleza ha construido una bóveda de 17 metros de altura, en un proceso de millones de años a lo largo del cual ha disuelto y excavado la piedra calcárea con oxígeno y agua de lluvia. La caverna entera está adornada con estalactitas y estalagmitas en las formas más caprichosas. Estas formaciones surgen por un proceso inverso al que provoca el nacimiento de una cueva. La cal diluida en el agua que gotea se solidifica. Como la gota no cae durante millones de años en el mismo lugar, a menudo se crean formas arbitrarias, tanto en las estalagmitas, que crecen de abajo arriba, como en las estalactitas, que van del techo de la cueva hacia abajo, ambas con una velocidad máxima de dos centímetros al año.

El silencio se llena de color y sonido
Poco después del hallazgo de Martel, un mallorquín, Joan Servera, tuvo la idea de hacer algo con las *Coves del Drac*. En 1922 compró por una cantidad escalofriante el terreno comparativamente poco atractivo, cerca de Portocristo, en el que se encuentra la entrada natural de la cueva. Y es que, según las leyes de entonces, y esto lo sabía el cofundador de la oficina de turismo, la cueva pertenecía a la persona en cuya propiedad estuviera la entrada, sin importar la dirección que tomara bajo la tierra.

Servera puso caminos, escaleras y asientos y abrió una nueva entrada cerca de Cala Murta. Después de realizar en la cueva algunos espectáculos privados con música y ballet, en 1935 decidió iluminar en color el interior, igual que si se tratara de un país de ensueño. Desde 1931 ya había barcos orquesta adornados con luces que surcaban el lago, seguidos de dos embarcaciones para los visitantes. Hasta hoy, esta manera de visitar las cuevas apenas ha cambiado: luces y sonidos suaves elevan esta catedral subterránea a un espectáculo turístico; ahora, su calma natural sólo se conserva de noche.

Las gotas de agua consiguen crear como máximo dos centímetros de piedra calcárea al año. Como el agua no cae siempre exactamente en el mismo lugar, surgen las formas más curiosas.

Un fiordo mediterráneo
Portocristo

Para tropas de turistas en tierra y fanáticos del mar en el agua, Portocristo, con su largo puerto natural que recuerda a un fiordo, es sinónimo de un mundo perfecto de eterno tiempo libre y lleno de amenidades. Ya no existe casi ningún barco de pescadores que se aventure por aquí. Allí donde la lengua de mar se ha introducido como un anzuelo en medio del lugar, en lo que fue una vez el puerto mercante de los musulmanes para Manacor, una de sus ciudades más importantes, las olas casi siempre calmadas mecen suavemente los yates y las lanchas motoras, los veleros y los patines a lo largo de días y noches de reposo.

Por encima de todo vigila incólume una *talaia* del siglo XVII, como si el bullicio moderno no le afectara en absoluto. Por lo demás, hay pocas cosas viejas en Portocristo; un amplio *passeig marítim* permite pasear bajo el sol frente a cafés y restaurantes, tiendas de recuerdos y de equipamientos náuticos, y si no fuera por la presencia de algunos monumentos a los combatientes de guerra, extrañamente desconectados, uno podría tener la impresión de que este sitio tiene tan poca historia como rostro.

Un intento de liberación con consecuencias

Pero no es así. Para los mallorquines, Portocristo les recordará siempre a un episodio de la Guerra Civil. En agosto de 1936, cuando Mallorca ya había caído en manos de los fascistas de Franco sin ofrecer resistencia, el barco de combate *Jaume I*, con 12.000 soldados republicanos a las órdenes de Alberto Bayo, puso rumbo al puerto. Lograron recuperar para la república Portocristo y unos 10 kilómetros de isla.

Sólo por tres semanas: después, los nacionales y las fuerzas aéreas italianas contra-atacaron desde Palma. Un baño de sangre en Portocristo dio fin a este episodio, y los republicanos supervivientes se dieron a la fuga. Franco ordenó levantar entonces esos monumentos que no han enriquecido la imagen de la ciudad ni histórica ni estéticamente, como

Entendimiento entre pueblos en el muelle. Los turistas y la gente del país disfrutan por un igual comprando directamente delante del barco.

El paseo marítimo de Portocristo es un lugar muy apreciado actualmente. Aquí fracasó en el año 1936 un intento de expulsar a los fascistas de Mallorca.

tampoco lo han hecho las fosas comunes de los republicanos muertos en combate, que se cavaron a toda prisa en la playa.

Con la consecuencia de que, más de 60 años más tarde, los *bulldozers* que pasan por la playa por las mañanas y las noches aún sacan huesos de la arena. Naturalmente, la mayoría de turistas no lo saben ni tienen indicio alguno de los macabros hallazgos. Para ellos, Portocristo es y será siempre una parte del paraíso, muy bien organizada por cierto.

El brazo de mar entra como un anzuelo en el puerto de Portocristo. Por ello resulta asombroso que no se estableciera un gran núcleo habitado hasta finales del siglo XIX.

La Virgen en la piel de cordero
Sant Llorenç des Cardassar

Ninguna crónica sabe cuánto tiempo hace que viven aquí hombres y animales. Los hallazgos realizados informan de que Sant Llorenç ya estuvo poblado en la época romana tardía, y el nombre, que se conservó incluso en la época musulmana, demuestra la existencia de una población cristiana. Sin embargo, este pueblo de apenas 3.000 almas no recibió su sonoro complemento hasta después de la Reconquista: en el mismo momento en que Jaime I y sus hombres pusieron los pies sobre la isla, se dio a conocer, en un campo cerca de Sant Llorenç, una Virgen que durante el gobierno de los infieles se había escondido en unos matorrales de cardos. El milagroso hallazgo de la *Mare de Déu dels Cards*, la "Virgen de los cardos", dio al pueblo de Sant Llorenç su espinoso complemento *des Cardassar*, "del cardizal".

La iglesia de Bellver se construyó a principios del siglo XIII para la *Mare de Déu dels Cards*.

La imagen de la Virgen, intacta a pesar de las espinas, recibió enseguida, como es natural, una ubicación más confortable y apropiada: ahora está en la capilla lateral de la iglesia de Santa Maria de Bellver, en Sant Llorenç, de la que se tienen referencias poco tiempo después de la Reconquista, en 1236. La figura de madera, probablemente románica, tiene un aspecto tan campestre que parece que el desconocido escultor hubiera hecho un retrato de una muchacha del pueblo. En la *Mare de Déu Trobada*, "Virgen encontrada", no se ha idealizado nada; la capa la envuelve con suaves pliegues, con un brazo sostiene un poco incómoda al niño Jesús y en la mano libre tiene una fruta, como si la acabara de coger del huerto vecino. Únicamente un pequeño coro de ángeles, que cantan y rezan a sus pies sobre unas nubes, convierten a la simpática muchacha del pueblo en la elegida de entre todas las mujeres.

Modestos modeladores del paisaje y trepadores curiosos

El hecho de que la Virgen de Sant Llorenç hubiese elegido precisamente unas matas de cardos como escondrijo y refugio no es nada sorprendente. En los campos que rodean el pueblo siempre se han cultivado almendros, trigo, garbanzos y judías, pero en los prados más alejados situados en las faldas de la Serra de Llevant, los campesinos y los terratenientes han venido criando ovejas y cabras desde el siglo XIV. Y estos animales son conocidos no solo por su eficaz tarea de modelación del paisaje, siempre que pazcan en un sitio donde no se coman la cosecha del campesino, sino también por su extremada frugalidad: los cardos, que la mayoría de cuadrúpedos vegetarianos rechazan, los mastican con la misma paciencia, abnegación y aparente indiferencia que si se tratara de jugosa hierba o deliciosa alfalfa.

Hasta finales del siglo XIX era bastante común tener rebaños de hasta 500 ovejas; hoy en día, uno que tenga 100 reses ya se puede considerar grande. Cada día las propiedades están más valladas, y se edifica o se destina al turismo mucho más terreno, por lo cual aquellos grandes rebaños de ovejas y cabras ya no pueden pastar libremente por los campos, una imagen que a menudo ha sido representada en el arte con un enfoque marcadamente romántico.

Detrás de las persianas está generalmente el salón.

Hoy, al igual que siempre, la vida de pastor muy poco tiene que ver con la vida contemplativa que se le supone en la ciudad: una siestecita bajo un árbol, mientras el perro mantiene unido al rebaño. Mucho trabajo por poco dinero es algo que se ajusta más a la realidad. Lo que sí ha cambiado son las relaciones de propiedad: antes, un pastor trabajaba a cargo de un terrateniente o de la comunidad de un pueblo, y compartía los beneficios con éstos. Normalmente, hoy en día es propietario de su rebaño.

La frecuencia con que un pastor encuentra a otra gente depende de si dichos cuadrúpedos deambulan por pastos abiertos en los alrededores de los pueblos, o si tienen que ir a buscarse la comida a las montañas, donde ya no se practica la agricultura. En el primer caso, el pastor vive en una aldea como todo el mundo; en el segundo, al igual que siglos atrás, pasa largas temporadas con el rebaño lejos del contacto con otras personas.

Mantener unido al rebaño, vigilar que los animales no dañen árboles útiles, curar a los que están heridos, asistir a los borregos y a las ovejas de parto en las horas difíciles, buscar agua –en general, el día no tiene para un pastor suficientes horas para poder hacerlo todo. En los calurosos días de verano, dispone de cabañas de piedra y de madera que le proporcionan a él y al rebaño sombra y refugio. Los pocos abrevaderos que hay en la árida región, denominados *cocós*, son generalmente recipientes naturales de piedra *marés,* relativamente blanda, y están protegidos contra la evaporación con el mismo método que han estado utilizando los pastores durante generaciones: mediante una construcción circular inclinada hecha de pedruscos, que se superponen sin argamasa y se dotan de una pequeña apertura.

Estrenando vestido de verano

Antes de que llegue el verano se esquilan las ovejas para que puedan soportar mejor el calor y ofrezcan menos posibilidades a los parásitos. El esquilado moderno, hecho a máquina, ha quitado cierto encanto a esta actividad, ya que ahora el hombre y el animal terminan tan rápido esta operación, que los pastores ya casi nunca se reúnen a lo largo de varios días para apilar montañas de lana, cantar por la noche al lado del fuego y explicarse historias. Del mismo modo, la química también ha sustituido casi por completo el método tradicional de proteger a las ovejas contra las moscas, algo que antes se conseguía untándolas con aceite. Pero aún siguen recibiendo una señal de color sobre la piel para que su propietario las pueda identificar.

A las ovejas más emprendedoras, se les suelen atar las patas delanteras o las traseras con junco o con una sencilla cuerda no muy prieta. De esto modo, si se escapan no llegan muy lejos, puesto que el perro las puede perseguir, aunque el pastor tiene que vigilar que no se queden enredadas en arbustos o matorrales.

Sin embargo, nada se ha podido inventar aún contra el afán explorador de las cabras. Como siempre han hecho, los pastores las dejan vagar libremente por las montañas y las reúnen al atardecer.

Como protección contra el calor y el polvo, las puertas y las ventanas permanecen cerradas también de día.

Antes, el pastor trabajaba para una propiedad o para un pueblo entero y a menudo recorría la isla durante meses. Hoy en día es propietario del rebaño en la mayoría de los casos y sólo lo lleva a pastar por un terreno limitado.

los rebaños del pueblo, han disminuido considerablemente. Son pequeños empresarios, y las ovejas les pertenecen.

Los pastores, sin embargo, no cuidan únicamente de las ovejas, sino también de las cabras. Estos animales se han mantenido sobre todo en las regiones montañosas e inaccesibles de la Serra de Tramuntana. Vivían, y viven aún, de forma medio salvaje, y son difíciles de controlar. Las grandes fincas de las montañas son colindantes, y los límites no son claros en terrenos poco transitables; por este motivo es imposible tener controladas las relaciones de propiedad, el número y el paso de los rebaños de un pasto a otro. En la llanura de Mallorca aún hay, de forma aislada, pequeños hatos de cabras domesticadas, que en un entorno rural y familiar aseguran el abastecimiento de leche.

Para los cabreros de las montañas, constituye una gran fiesta el día en que reúnen conjuntamente a los animales esparcidos de varios propietarios para compartir luego una parte de los beneficios de su venta. Se trata de un trabajo sumamente cansado y peligroso, ya que a menudo los pastores, al intentar seguir

Pastores en Mallorca

Existen varias ideas sobre la vida pastoril. Por un lado, se tiene la imagen proveniente de la poesía bucólica, inspirada en la concepción tradicional de la vida del pastor, el cual, equipado con un morral lleno y una flauta, va de un prado a otro acompañado de su rebaño. Y, por otro lado, se piensa en el oficio de pastor, que, como una empresa autónoma sobre una superficie que normalmente no sobrepasa los 10.000 metros cuadrados, hace negocio con miles de ovejas.

En algún punto en medio de estas dos concepciones se encuentra la realidad todavía existente en Mallorca. No se trata ni de una vida tranquila y contemplativa ni de un trabajo especialmente productivo; es, sobre todo, una forma completamente diferente de ganarse la vida, que normalmente se transmite de padres a hijos: herencia, tradición, vocación, costumbre o simplemente medio de

subsistencia. En cualquier caso, el oficio de pastor está ligado a una acumulación de trabajo, que debe realizarse tanto en el frío y húmedo invierno como bajo el sol abrasador de verano y a menudo, aún hoy en día, de noche y al aire libre.

En la actualidad los rebaños son mucho menos numerosos, ya que los pastos disponibles se han visto reducidos por el turismo rural o agroturismo, por la construcción de viviendas para las vacaciones y, sobre todo, por la tendencia, mayoritaria durante la última década, de vallar las propiedades. Pero las costumbres y el modo de vida de los pastores son idénticos que los de cien años atrás, aunque existen cambios significativos. Antes, en prácticamente todos los pueblos de la isla y alrededor de la ciudad de Palma había apacentadores autónomos con rebaños que podían llegar a tener 100 ó 200 ovejas. Estos pastores independientes, que a la práctica cuidaban de

Sólo en los cuadros tienen y tenían tiempo los pastores para hacer una pausa contemplativa.

454

Derecha: sin un perro pastor bien enseñado es inconcebible la vida de un ovejero. Además, durante las largas marchas, que duran varios meses, es a menudo la única compañía que tiene el pastor.

a las cabras que oponen resistencia y se escapan, arriesgan la vida de valiosos perros e, incluso, la suya.

El trabajo finaliza con una animada comida al atardecer, en una atmósfera amistosa y con la sensación de haber realizado una tarea conjuntamente. Los cabreros hacen broma y se explican chistes, conversan sobre su oficio y se prometen mutuamente volver a hacer lo mismo al año siguiente.

Para los pastores de ovejas, un día igualmente importante es el que les aguarda a mediados del mes de mayo, cuando se esquilan las ovejas lanudas para que puedan soportar el calor inminente del verano. Antiguamente, los esquiladores trabajaban en grupos formados por 10 ó 12 hombres. Utilizaban unas

tijeras grandes y afiladas, y en un sólo día conseguían "desvestir" a unos cuantos centenares de ovejas.

Las familias de los pastores también colaboraban y, al finalizar la jornada, celebraban todos juntos un espléndido banquete con buen vino. Antes, esto se hacía así cada año. Ahora se esquila con máquinas. Se necesita menos gente, y a menudo el trabajo del esquilador se encarga a trabajadores polacos o árabes que cobran por trabajo realizado.

Inferior: a las cabras les gusta especialmente ir a la aventura y exploran lugares donde ni siquiera el perro pastor les puede seguir. Cuando se las reúne en otoño, siempre falta una u otra, que fundará una familia medio salvaje en libertad.

Verduras con corazón
Alcachofas

Con ello no había contado el padre de los dioses: Cinara se mostró totalmente indiferente, no le hizo nada de caso –y esto, después de que él hubiera cortejado personalmente a esta belleza de larga cabellera en lugar de enviar primero a Hermes, como había hecho alguna vez. El dios del trueno no estaba acostumbrado a ello, y no podía dejarlo pasar así como así. De modo que la esquiva Cinara se vio obligada a compartir el destino de tantos mortales que habían rechazado a un dios o a una diosa: la metamorfosis. Zeus convirtió a esta arisca mujer en una planta parecida al cardo, la alcachofa. De este modo, en forma de arbusto, vivió largo tiempo como un ser

inadvertido por los hombres, una mala hierba espinosa de la que nadie podía o quería sacar ningún provecho. Pero parece ser que Cinara tenía buen corazón, y aunque hubo de pasar mucho tiempo hasta que los mortales lo entendieran y descubrieran que en el tierno centro de su inflorescencia rodeada de hojas escondía una exquisitez, finalmente fue reconocida su virtud.

La alcachofa, *Cynara scolymus*, ya se conocía en la Antigüedad. Los árabes introdujeron esta planta de floración lilácea, la *al-harsuf*, en las islas Baleares, y enseñaron a los mallorquines a cultivar y preparar este vegetal espinoso, cuyo sabor ligeramente avellanado les

Un vegetal espinoso con un corazón muy tierno. Sólo las hojas delicadas del centro se guardan en el bote de conservas.

Carxofes a la parrilla

Alcachofas a la parrilla

Ingredientes
6 alcachofas por persona
aceite de oliva
zumo de limón
sal y pimienta
Pa moreno o un pan que sea bueno para tostar

Primero elimine las hojas exteriores de las alcachofas, córteles la base prácticamente a ras del tallo (3–5 mm de separación) y pártalas verticalmente por la mitad. Prepare dos rebanadas de *pa moreno* por persona. Espere a que disminuya la intensidad del fuego y ponga la parrilla sobre las brasas. Coloque encima de la parrilla las mitades de alcachofa secas con la parte del corte hacia abajo (unos 7–9 minutos), y luego deles la vuelta. Eche con cuidado unas gotas de aceite de oliva en la parte interior de la alcachofa, que ahora mira hacia arriba. Después de otros 5 minutos, condiméntelas con sal y pimienta y un poco de zumo de limón.

Coloque sobre una tabla las rebanadas de pan ya tostadas. Apile las alcachofas sobre el pan tostado en varias capas, con la parte del corte hacia abajo. Cúbralo todo con otra tabla. Presione ligeramente y sírvalo de inmediato. Deben retirarse las hojas ligeramente quemadas, y la mitad inferior de la alcachofa se puede comer entera.

Si lo desea, antes de cubrir el pan tostado con las alcachofas puede frotar las rebanadas con un diente de ajo. Para acompañar se recomienda un vino rosado frío, si es posible de Binissalem.

convenció tanto que para denominarla utilizaron la palabra prestada del árabe, *carxofa*. En la cocina mallorquina no se utiliza tan a menudo como otros vegetales, aunque tiene una presencia general, por ejemplo en los *escaldums*, un plato muy condimentado de volatería, hecho con pollo o pavo, o en las *sopes mallorquines*.

La planta de la alcachofa puede desarrollar durante cuatro o cinco años ocho cabezuelas consecutivas hasta que va perdiendo su fertilidad. Se cosechan de diciembre a mayo, pero según la clase, los arbustos pueden rendir a lo largo de todo el año. La alcachofa tiene que cortarse antes de florecer, ya que si no es incomestible. Su ligero sabor amargo es debido a la presencia de cinarina, una sustancia que tiene efectos desintoxicantes sobre el hígado y la bilis, refuerza la vejiga y los riñones y proporciona mejora a los que padecen reuma.

Existen varios tipos de *carxofa*, como la *violeta*, la *blanca de Tudela* y la *monquelina*. Las que son pequeñas, alargadas y violetas se pueden comer también crudas, aunque para ello es necesario que sean muy jóvenes y frescas, sin que hayan tenido tiempo de convertirse en "paja". Además de la *carxofa* cultivada, en la isla crece una clase silvestre y más pequeña,

el alcaucil. Los alcauciles crecen en primavera y en otoño en los márgenes de los campos y en huertos abandonados, y llaman la atención por su coloración azul oscuro, que evoluciona hasta el lila. Algunas veces es posible encontrarlos en los mercados semanales.

Para prepararlas, se separa el corazón, se corta en finas láminas y se cuecen hasta que están al punto. De las alcachofas grandes, redondas y verdes se aprovecha sobre todo la parte ancha del fondo. De ahí que, cuando alguien está sentado en buena compañía durante un largo rato y se siente muy a gusto, se dice que "está más ancho que una alcachofa". Otra variante, que requiere un poco más de paciencia, consiste en cocer primero la cabezuela entera y, a continuación, sumergir en una salsa el cuerpo carnoso inferior donde terminan las hojas que la recubren.

Encender un fuego con madera de olivo y encina, esperar pacientemente a que la leña se convierta en brasas, colocar una gran parrilla encima y cocer un montón de alcauciles es en Mallorca el preludio indispensable para un fastuoso banquete.

De las alcachofas grandes se come sobre todo el fondo, del que salen las láminas.

Las sugerencias de las guías turísticas y sus consecuencias
S'Illot, Sa Coma y Cala Millor

Había una vez tres playas mallorquinas de ensueño. En sus calas suavemente curvadas en forma de media luna resonaban las olas verde turquesa y esmeralda; la arena blanca y fina se negaba a calentarse excesivamente en pleno verano, y de vez en cuando llegaba una familia autóctona, provista de una cesta de *picnic*, un parasol y juegos de arena para los niños.

Entonces, los veraneantes extranjeros empezaron a abandonar las playas abarrotadas del sur y a explorar el norte en busca de nuevas posibilidades de baño. La extensa cala de Alcúdia fue descubierta y poblada; sólo la rocosa costa oeste, con sus calas escondidas y de difícil acceso, disfrutó de un corto periodo de descanso. Pero Son Servera pronto se convirtió en el blanco de los anhelos turísticos, el diminuto pueblo pesquero de S'Illot fue arrancado de su existencia apagada y trasladado a la deslumbrante luz del turismo masivo. Rápidamente, su nombre fue incluido en las guías turísticas para los centroeuropeos hambrientos de sol, en el capítulo de "sugerencias", y con la misma rapidez se impusieron los componentes esenciales del turismo de masas: playa y hormigón; aparecieron hoteles y casas de apartamentos, tiendas de *souvenirs* y discotecas.

Justo al lado, en Sa Coma, dormitaba una playa aún más extensa y hermosa, desde la

¡No hay que sacar conclusiones precipitadas! Detrás de esta playa, las excavadoras y el hormigón han convertido el sueño en un lugar "habitable".

punta de la bahía hasta el Cap des Pinar, coronada, como el decorado de una película, por las ruinas de un antiguo castillo. Quien consideraba que el secreto de S'Illot ya había sido descubierto por demasiada gente, tanto visitantes como inversores, buscó aquí la quietud y la amplitud de una playa solitaria y virgen... e informó a sus compatriotas de la nueva sensación bajo el sol mallorquín. Una bahía más al norte, la elegante y extensa playa de S'Estanyol d'en Roig, en Cala Millor, sufrió el mismo destino, y gracias a las grandes superficies libres, este nuevo descubrimiento pudo edificarse de forma eficiente y con gran número de plazas

En algún lugar entre las columnas de hormigón se esconde la antigua Sa Coma. Pronto ya no quedará ningún pescador que se acuerde del pueblo tal como era antes de la invasión de turistas.

A los visitantes no les falta de nada en S'Illot, excepto, quizá, la tranquilidad que antes se respiraba en este lugar. De hoteles y restaurantes hay a raudales.

Cala Millor es un destino apreciado por gente de todas las edades de países fríos de la Europa central que vienen aquí a pasar el invierno. El peligro de sentirse solo hace tiempo que ha desaparecido.

hoteleras. Enseguida, a la nueva meca del bronceador y la colchoneta empezó a llamársele S'Arenal de Son Servera en referencia a los feos complejos hoteleros de la costa sur; un nombre que, según el grado de participación en el desarrollo económico, se interpretaba en tono de advertencia o de esperanza.

En las nuevas urbanizaciones se construyeron viviendas y apartamentos para los turistas de larga temporada y para los empleados de las empresas de servicios; en el viejo puerto de Cala Millor, los pocos pescadores que quedaron se encontraron cara a cara con curiosos y compradores que preguntaban en inglés o alemán el nombre y el precio del pescado.

Cerca de allí, huéspedes de otros países lejanos —esta vez del sur— tienen una vivienda provisional: en la Reserva Africana, accesible para todo el mundo con su propio coche o con un *jeep*, hay elefantes, jirafas, leones, avestruces, antílopes y ñus, que se habitúan al clima centroeuropeo y a las caras de los extranjeros antes de proseguir el viaje hacia su zoo de destino en el norte del continente. Seguro que allí reconocen a un par de caras entre los visitantes, sólo que éstos se encuentran ahora en su casa.

El mundo al revés: mientras los bañistas ocupan la playa y el mar, las barcas de pescadores de S'Illot se quedan alineadas en tierra.

Halcones, trampas y redes en la reserva del rey
Son Servera

"En el año del Señor 1229, el caballero Jaume Cervera ha recibido de manos de su majestad, el rey Jaime I, un pueblo en la demarcación de Llevant, que en adelante llevará su nombre, como expresión de la gratitud por su ayuda en la gloriosa Reconquista de Mallorca." Tal documento no existe. Lástima, porque entonces haría ya tiempo que habría terminado la controversia en torno al nombre de Son Servera y a la manera correcta de escribirlo. El pueblo está documentado desde el siglo XIII, y probablemente se llamó así por el nombre de sus señores, la familia noble catalana Cervera.

Sin embargo, cuando en la década de 1990 el gobierno ordenó que los topónimos se escribieran según la ortografía balear, surgió una encendida polémica alrededor de la C y la S. Los partidarios de la S argumentaban que el lugar era conocido desde el siglo XIII por su enorme riqueza en serbas, unos frutos llamados "serves" en mallorquín. Los partidarios de la C, en cambio, mantenían que sus primeros habitantes eran originarios de un pueblo catalán llamado Cervera, que significa "lugar de muchos ciervos" y que también se puede aplicar al pueblo de Son Servera. Finalmente, vencieron los partidarios de la S con sus *serves*.

Nuestra Señora de las Ruinas
Los cerca de 8.000 habitantes de este pueblo apasionado por la etimología se ganan la vida mayoritariamente en los centros turísticos cercanos de Cala Millor, Cala Bona y Cala Morell. El pueblo de sus padres lo utilizan para dormir y como retiro, pero ni la dura vida del campo ni las malas cosechas o el látigo mortífero de la peste les provocan pesadillas. Los almendros y las higueras, los ven como incuestionables elementos decorativos del campo, al igual que las ruinas tras el Bar Nou, de las cuales tenía que haber salido una iglesia. La primera piedra se colocó en 1906, y se construía grandiosamente en estilo neogótico, como puede reconocerse

Tenía que llegar a ser una gran iglesia nueva, la *església nova*. Desgraciadamente, en 1931, después de 25 años de construcción, la fuente del dinero se agotó.

aún en los muros de la nave principal. Para las naves laterales ya no llegó el dinero, y aún menos para el tejado. Después de 25 años de construcción, el sueño se había desvanecido, de modo que las adelfas silvestres y las rosas enredaderas ocuparon el espacio donde debería haberse rezado el rosario –un lugar ideal para celebrar alguna *revetlla* o verbena en verano, un acto folclórico en el que se pueden admirar bailes y escenas de la vida rural mallorquina.

Un pariente lejano de Artemis, el ciervo preferido de la emperatriz Sisí; juntos visitaron al archiduque Luis Salvador en Mallorca hacia finales del siglo XIX.

Coto privado de caza

También hubo otro arte que llegó a su fin en los bosques y los prados alrededor de Son Servera. En cualquier caso, en su variante noble y cortesana, puesto que, en Mallorca, los ciervos, los jabalíes, los faisanes y los corzos ya no se cruzan en el camino de ningún cazador. Además, el noble oficio de halconero hace tiempo que está en el paro, y los terrenos de caza reales han sido divididos en pequeñas parcelas y vendidos a antiguos siervos y a sus descendientes para su explotación agrícola. El hecho de que la mayoría de ellos cuelguen aún hoy en día en los límites de sus propiedades el cartel *Coto privado de caza* no

siempre significa que el propietario ronde al acecho de animales desprevenidos con un elegante traje verde de cazador. La mayoría de las veces sólo quiere decir: aquí empieza mi territorio, y quien se adentre sin permiso puede contar con una bala de plomo.

Hace ya varias décadas que los únicos animales que temen por su vida son las llamadas piezas menores, es decir, conejos, liebres, perdices, tordos y palomas salvajes. Los tiempos en que el rey iba personalmente a cazar son historia. En el año 1302, Jaime II había pagado 85 libras para asegurarse zonas de caza en el Llevant para sus halcones, redes y flechas. De este modo, entre Capdepera y Colònia de Sant

462

En el siglo XIX, cuando se hizo este grabado, la caza mayor prácticamente había desaparecido. Los gallardos perros cazadores perseguían principalmente a patos, conejos y perdices.

dedicaron a cazar los ciervos a diestro y siniestro para llenar sus platos hasta que no quedó ninguno.

Halcones libres en el cielo y perdigones para los orejudos

La antiquísima técnica de la batida de perros siempre ha sido muy apreciada y, en el caso de las aves, la de la caza con red. Los mirlos y las palomas son ingredientes esenciales de la cocina mallorquina, incluso teniendo en cuenta que la técnica de caza, realmente brutal, no provoca simpatías en todo el mundo. Los conejos y las liebres también se ven obligados a abandonar su vida llena de correteos para convertirse en un oloroso guisado. Aunque recientemente lo hacen con una carga de perdigones en el cuerpo. Si les atrapa un halcón, éste ya no proviene de un brazo noble protegido con cuero, sino que cae en picado desde las alturas del cielo mallorquín y entrega el botín a un grupo de jóvenes pajarillos hambrientos.

Los jabalíes se han vuelto escasos en los montes de Mallorca, pero aún se cazan cabras salvajes y perdices.

Pere surgió la *Devesa de Ferrutx*, la zona real de caza. Allí donde actualmente el pintor Miquel Barceló busca inspiración en la naturaleza de su isla, el guardabosque real Pedrolo tenía el encargo de hacer aumentar el número de animales salvajes de tal manera que su majestad se encontrara con un magnífico ciervo bramando delante de sus narices siempre que se le antojara. Desde 1312 hubo un próspero comercio con la cacería, y al cabo de poco tiempo, los hostales añadieron platos de caza en sus menús.

La técnica preferida, especialmente para pequeños animales, era la caza con halcón. Los halconeros mallorquines gozaban de una gran reputación, tal como dejó constancia de ello el trovador López de Ayala: "Los alcotanes criados en la isla de Mallorca son los mejores". Los halcones, a quienes se les cortaba el pico poco después de nacer para que al capturar a su presa no pudieran llenarse el estómago, aprendían a lo largo de unos años de formación permanente a obedecer sólo a un amo y a librarle sumisamente cada pieza de caza obtenida en su caída en picado.

No obstante, bajo el reinado de Jaime III la montería como noble entretenimiento experimentó un sensible declive: la situación política de la isla era tan delicada, que no quedaba tiempo para una actividad tan poco provechosa. Entonces, los animales de caza

que tan cuidadosamente se habían criado se convirtieron en un problema de un día para otro; había demasiados ciervos que se comían la valiosa cosecha de los campesinos; y cuando la situación llegó a su límite, Jaime III vendió sus terrenos de caza. Los nuevos propietarios, campesinos con pocas tierras, se

utilizarse como cesto en la casa y el jardín, en la playa o para ir de compras.

En los campos situados entre Manacor y Artà, el margallón ya crecía libremente cuando todavía nadie había pensado en cultivarlo en grandes plantaciones. Hoy en día, las pequeñas palmas, que llegan a tener hasta un metro de altura, cubren hectáreas de extensión, puesto que en Artà el arte de la cestería aún se escribe en mayúscula, a pesar de la implantación de los plásticos de todo tipo.

La técnica es tan sencilla como brillante. A las hojas en forma de abanico se les corta primero el tronco que mantiene unidas estas obras de arte de la naturaleza. Como son tan largas y delgadas, sólo se dejan expuestas al sol durante muy poco tiempo.

Cuando las palmas están secas y doradas, se ponen en remojo hasta que son lo suficientemente flexibles como para poder someterse a los nudos más retorcidos. El remojo también permite que el canastero no se exponga a cortarse una y otra vez las manos con los bordes afilados de las hojas.

Y entonces se ponen manos a la obra. El trabajo se basa siempre en el principio del tejido, tanto si se trata de un cesto de carga para el lomo de un burro o de un canasto colgante para almacenar queso en la cocina o encima del secadero a resguardo de gatos y ratones: sobre un entramado básico compuesto de hojas o

Este canastero prepara el entramado básico de un cesto. Tanto ahora como antes es una cuestión de experiencia y habilidad.

Canastas con tapa, capazos, recipientes... El archiduque Luis Salvador realizó un inventario de la variedad de producción de cestos mallorquines.

Prueba de resistencia para las palmas
Cestería

La palmera es una planta curiosamente útil. Los grandes ejemplares, como las palmeras datileras y los cocoteros, no solo proporcionan sombras frescas y bellamente perfiladas, sino también unos frutos deliciosos; además, no son demasiado exigentes en cuanto a sus necesidades diarias de agua. Otros ejemplares del género de la palmera de menor tamaño, como

el margallón o palmito, una especie de palma que únicamente es autóctona en las islas Baleares, no proporcionan frutos para el postre ni aceites resistentes al calor, pero sí sombra –aunque no siempre cabe una persona debajo– y unas hojas flexibles y robustas que son fáciles de manejar.

Mientras que las hojas de las grandes palmeras resultan ideales como abanicos de mano e incluso como revestimiento impermeable para los tejados, las del margallón se transforman, bajo las manos hábiles de un canastero experimentado, en cualquier cosa que pueda

tallos especialmente resistentes se tejen las palmas en ángulo recto.

Cuando las hojas húmedas se secan por segunda vez, se encogen ligeramente, lo que confiere al entramado una estabilidad y una consistencia especiales.

Si lo que se quiere es hacer un sombrero que proporcione sombra como la palmera, un cesto de la compra elegante que embellezca a su portadora cuando vaya al mercado o una estera para ir a la playa o para colgar en la pared, se requiere un poco más de fantasía y habilidad.

Con palmas teñidas se crean dibujos hermosos y artísticos, ya sea en el entramado básico, ya sea añadiéndolas como segunda o tercera capa con un resultado final muy decorativo. Aparte de ello, cada cestero dispone de su propio repertorio de trucos para, incluso sin necesidad de emplear color y únicamente

Pequeñas palmas, gran efecto: aún se fabrican cestos con las hojas del palmito.

Tras un hábil trabajo manual, estas bases reciben el cuerpo de un cesto que deben soportar.

mediante giros enigmáticos hacia delante o hacia atrás, movimientos en espiral o retrógrados, conseguir que las palmas creen las figuras más enrevesadas.

Como suele ser habitual en la vida rural, aquí tampoco se desaprovecha nada. Los tallos y los fragmentos de hoja que sobran después de trabajar la palma se descomponen en las fibras largas y resistentes que los conforman. Atándolas sin apretar demasiado se puede obtener una fantástica escoba. Enrolladas entre sí con firmeza, dan lugar a unas cuerdas y sogas extremadamente resistentes muy útiles para atar las cabras, los burros y las ovejas, arrojar cubos al pozo para sacar el agua tan preciada, amarrar barcas al muelle e incluso revestir el asiento de las sillas. Vistas todas estas utilidades de la palmera, estar ahí plantada y proporcionar sombra es una tarea más bien relajada.

Baile bajo control
Artà

Artà es, por así decirlo, "un poco de todo". Basta con que uno dé una vuelta completa sobre sí mismo desde la cima de la colina central de la ciudad para poder observar la gran variedad de paisajes de Mallorca: hacia el noroeste se extiende el mar, mientras que en los demás puntos cardinales se levantan montañas cruzadas por fértiles valles, donde no faltan plantaciones de almendros, bosquecillos de olivos, campos de trigo o el típico bosque mediterráneo de pinos.

Por consiguiente, no resulta nada extraño que el poblamiento de Artà y de sus ricos y atractivos alrededores se remonte a tiempos muy remotos. Una prueba de ello es el asentamiento talayótico de Ses Païsses, que cuenta con más de 3.000 años de antigüedad y que está ubicado en

las afueras de la población. Los hallazgos arqueológicos demuestran que aquí pusieron los pies todas las culturas que alguna vez han intentado establecerse, o por lo menos hacer fortuna, en Mallorca, desde los habitantes originarios a los actuales, pasando por los fenicios, los griegos, los romanos, los bárbaros y los árabes.

Artà vivió su primer gran periodo de esplendor cuando todavía era conocida con el nombre de *Jartan* o *Gertan* (palabra árabe que significa "jardín") y un noble árabe presidía la ciudad. De sus logros urbanísticos, lo único que dejaron los cristianos fueron los magníficos jardines situados ante las puertas de la ciudad.

La imagen actual que ofrece la ciudad procede de los siglos posteriores a la reconquista cristiana. En el año 1230, Jaime I mandó construir, sobre los cimientos de la *almudaina* árabe, un nuevo castillo lo bastante grande y sólido como para proteger a la población y descorazonar a los

Más de 700 años después de la construcción de un castillo sobre las ruinas musulmanas, el propósito de Jaime I ha quedado en la nada. La ciudad de Artà se arrima alrededor de la fortificación en lugar de buscar protección en su interior.

atrevidos atacantes. Diez años más tarde empezaron las obras de la nueva iglesia parroquial, sobre los cimientos de la mezquita, naturalmente.

Ambas construcciones, el castillo con sus extensas murallas dobles y la iglesia parroquial situada justo al pie de la colina, son lo primero que el viajero puede ver desde la lejanía. La parroquia de la Transfiguració del Senyor, en su estado actual, es del siglo XVI y por tanto del pleno Renacimiento, aunque conserva una interesante obra del gótico tardío cuya parte longitudinal inclinada hacia abajo y con siete arcadas asoma hacia el valle. En su interior, la iluminan un gran rosetón y vitrales hasta la viguería de la cubierta con los colores y las historias de importantes santos.

Un púlpito de madera mallorquina lujosamente elaborado conduce hasta el coro y el altar mayor con una representación de la Transfiguración del Señor en el monte Tabor, a la que está dedicada la parroquia.

En el exterior de la iglesia, los cristianos pasaron por alto –o dejaron en pie adrede– algo que pertenecía a la mezquita: el antiguo lugar de meditación y lavado se eleva ligero como una pluma por encima de los tejados de la ciudad y ofrece vistas incomparables del paisaje circundante.

Desde este lugar, 180 escalones orlados por cipreses y dispuestos como si fueran una suerte de guardia real conducen el *via crucis* hasta lo alto del castillo. Al echar una primera ojeada al interior de las murallas, que está sin edificar, uno puede preguntarse si en este lugar llegó a vivir alguien en alguna ocasión. Como sucede en Capdepera, los campesinos y artesanos nunca se decidieron a poner sus hogares al amparo del interior de las murallas, pese a que, al igual que los habitantes de las poblaciones vecinas, solían buscar refugio cuando se aproximaban piratas u otros enemigos, quienes no podían pasar con los brazos cruzados por delante de la aparentemente rica y autosuficiente Artà.

Un código de conducta para la vida en el castillo

En los anales de las crónicas de Artà se relatan los siguientes hechos: a principios del siglo XV, la

La población de Artà tuvo que buscar refugio temporalmente dentro de los muros medievales de la ciudad. Para que, en un lugar tan pequeño no surgiera ninguna disputa, los ediles establecieron reglas especiales de comportamiento.

población era acosada continuamente por corsarios, por lo que el alcalde decretó que todos los habitantes se refugiaran en el castillo. Al tener que compartir un espacio muy estrecho, se hizo necesario regular la vida de cada día con una serie de normas especiales. De lo contrario, los piratas se habrían podido ahorrar la molestia de volver, puesto que los *artanencs* se habrían aniquilado mutuamente con anterioridad. El *batlle,* el alcalde, decidió dictar una serie de reglas sobre los domingos: no se podría comerciar con telas, los esclavos deberían tener el día libre, nadie podría ir a pescar, afeitarse o cortarse el pelo, renegar y escribir nada que no fueran testamentos y actas matrimoniales, y las mujeres no podrían adornarse en ningún caso con cintas o perlas. En el año 1433 fueron prohibidas todas las armas, y esto desencadenó un conflicto armado.

En el año 1459, la población de Artà, que se encontraba hacinada en el interior del castillo, ya había perdido su interés por su afición tradicional, las carreras de gansos, y se dedicaba a una nueva: el baile. De inmediato, varios apóstoles de la moral fueron los encargados de controlar y espiar todo lo que sucedía durante aquellos bailes, y es que nadie podía llegarse

Por Navidad, el muro de la ciudad se llena de legiones celestiales, puesto que el castillo entero se convierte en el escenario de un pesebre viviente tan vistoso como conmovedor.

a imaginar lo que podía ocurrir cuando hombres y mujeres se tocaban al ritmo de la música. Hoy en día, ni las murallas ni el castillo, que han sido restaurados con gran esmero, relatan ya nada de lo que allí sucedió. La atracción principal del edificio es la vista hacia el mar y el paisaje montañoso, donde desde la lejanía aún saluda al visitante un sólido baluarte: la Torre de Canyamel, la torre de cañamiel o caña de azúcar, construida en el siglo XIV con fines más bien poco dulces. Como torre de defensa, protegía la correspondiente *possessió* y fue provista lo mejor posible con matacanes, almenas y escaleras de seguridad para cualquier caso de emergencia.

Desde el castillo de Artà hay que desviar la mirada ligeramente y visitar la iglesia de peregrinación de Sant Salvador. El edificio actual es del año 1832 y desde el punto de vista arquitectónico no constituye ninguna obra maestra, aunque tampoco es nada despreciable. La construcción anterior fue incendiada en el año 1820 después de que una epidemia de cólera acabara con la vida de más de 1.000 personas y de que la iglesia se hubiera utilizado como hospital de emergencia.

La iglesia de peregrinación de Sant Salvador cuenta además con una notable colección de pintura, entre cuyas obras destacan dos que se reproducen en innumerables libros: *La entrega de Mallorca del wâlî árabe al rey Jaime I* y *El martirio de Ramon Llull*. Este último cuadro

muestra la legendaria lapidación del beato por los paganos del norte de África.

Prehistoria en el museo y en las paredes de las casas

De nuevo en la parte inferior de la población aún existen dos opciones, como mínimo, para pasar un rato agradable. En primer lugar, se puede realizar una visita al Museu Regional d'Artà. Presentado como un caótico bazar, a primera vista puede parecer una colección de trastos viejos, pero cuenta con algunas piezas interesantes: fragmentos de cerámica, monedas e instrumentos de los fenicios, romanos y griegos, unas sorprendentes figuritas de guerreros y utensilios del vecino poblado talayótico de Ses Països.

Otra opción es dar un paseo no demasiado rápido por las estrechas y algo reservadas callejuelas de la ciudad, cuyos edificios, construidos sólidamente, carecen con frecuencia de ventanas pero suelen estar adornados con flores; vale la pena ir tranquilamente para poder admirar, en las casas colosales, los macizos portales y estudiar los lujosos escudos de armas. Quien observe detenidamente el lugar correcto, es probable que descubra en sus paredes alguna pieza saqueada del cercano poblado prehistórico.

En pocos metros cuadrados se ha conseguido colocar un surtido completo de mercancías.

Las cesterías de Artà ponen su escaparate directamente en la calle. Las plantas de margallón que necesitan para su trabajo se cultivan a las puertas de la ciudad.

La parte antigua de la ciudad, con sus señoriales palacios, invita a dar largas caminatas y, un detalle amable, no faltan cafés agradables donde poder hacer una pausa.

La iglesia gótica
de Artà adquirió
su apariencia
actual en el
siglo XVI, en
plena época del
Renacimiento.

Volviendo a la Edad de Piedra
Ses Països y la cultura de los talaiots

Justo detrás de la antigua estación de Artà, sólo hace falta cruzar una enorme puerta de piedra construida con tres monolitos para viajar 3.000 años atrás, al poblado prehistórico de Ses Països. Junto con los hallazgos de Capocorb Vell en Llucmajor, Ses Països es el único vestigio de los antiguos habitantes de Mallorca que se conserva, al menos en los fundamentos. A diferencia de lo que ocurre en la isla vecina de Menorca, donde apenas hay un campo que no esconda hallazgos de la época prehistórica, en Mallorca, las continuas invasiones y los saqueos posteriores de los antiguos poblados para utilizarlos como cantera han conseguido borrar casi por completo el recuerdo de la primera cultura de este grupo de islas.

En Ses Països, la gente habitaba dentro de una doble muralla defensiva construida con sillares de dos metros de altura. Dentro de ella se pueden reconocer los fundamentos de las viviendas, las cuales se agrupan en un círculo irregular alrededor de un edificio central, probablemente una torre sagrada.

Cómo vivían allí, qué aspecto tenían, qué estructura social tenían, son cuestiones prácticamente desconocidas hasta hoy. Hasta los numerosos hallazgos de Menorca sirven más para hacer suposiciones que para sacar conclusiones. Los habitantes originarios no dejaron ningún escrito, y aquéllos que escribieron sobre ellos —sobre todo viajeros griegos y romanos— lo hacían desde la distancia histórica y cultural.

Los griegos llamaban *Gimnesias* a la isla, ya que sus habitantes andaban por ahí tal como los griegos estaban acostumbrados a ver a sus deportistas del *gymnasion*, es decir, prácticamente desnudos. Prácticamente, porque vestían pieles de oveja. Escritores de la Antigüedad como Timeo, en el siglo IV a.C., o Diodoro de Sicilia 300 años más tarde, debieron encontrar bastante primitivas las islas de las Baleares, pertenecientes en parte a la Edad de Bronce y en

En el poblado prehistórico de Ses Països, la naturaleza ha vuelto a reclamar sus derechos a lo largo de unos 3.000 años.

parte ancladas aún en el Neolítico; por otro lado, los botones, los broches y las piezas de cerámica que se conservan en los museos de Capocorb Vell, Deià, Manacor, Costitx y Palma demuestran que sabían fabricar aquello que no les caía de los árboles.

Para luchar, aparte de hondas y de un escudo de piel de cabra, se servían también de puntas de flecha y lanzas de cobre y, más tarde, de hierro. Las cabezas de toro de Costitx son una prueba de que sabían trabajar el bronce. Algunos esqueletos encontrados muestran que tenían suficientes conocimientos médicos para realizar trepanaciones –la apertura del cráneo– sin matar al "paciente".

La cultura de las piedras

Otro arte que les valió el nombre de *Balearides* y que más tarde provocó que se llamara *Baleares* al grupo de islas, les llegó a convertir en mercenarios codiciados por los ejércitos cartagineses y romanos: el lanzamiento de piedras con honda, que en griego se denomina con la palabra *ballein,* que significa "lanzar". Tenían tanta habilidad en ello que hasta atacaban barcos romanos, cuya tripulación tenía que buscar refugio bajo cubierta. Sólo cuando Roma se propuso seriamente conquistar la isla de Mallorca, sus habitantes tuvieron que reconocer que no tenían nada que hacer contra la precisión bélica de sus adversarios, y huían a sus *tumuli,* tal como encontramos descrito en un informe romano.

En grandes cisternas excavadas en el suelo se acumulaban reservas de agua.

Lo único que nos sugiere cómo era la distribución de una vivienda en la época talayótica son los fundamentos.

A estos *tumuli* baleares, los arqueólogos les llaman *talaiots,* un sustantivo proveniente de la palabra árabe *atalaya.* A partir de esta denominación, Joan Ramis, un arqueólogo de Menorca, ha acuñado el concepto de "cultura talayótica".

De las cuevas a las montañas

Cuando llegaron los romanos, hacía ya mucho tiempo que las islas estaban habitadas, más de 5.000 años. Se cree que en el siglo VI a.C. el hambre empujó a los habitantes de Provenza a hacerse a la mar en sencillos barcos. En las Baleares hallaron cuevas excavadas por el agua en la costa rocosa, las cuales les ofrecían protección, y una variedad de animales y plantas que les permitía vivir. Pronto empezaron a ensanchar sus guaridas excavando en las rocas, a pintar las paredes con tintes naturales y a cavar unas tumbas curiosamente pequeñas para sus muertos, a los cuales se les cortaban los brazos y las piernas antes de enterrarlos.

En el siglo II a.C. empezaron a construir sepulturas comunes sobre la tierra que parecían barcos tumbados y que, por ello, reciben el nombre de *navetes.* Más o menos en la misma época empezaron a levantar en sitios elevados esas extrañas torres que han dado nombre a su

cultura. No se sabe exactamente qué función tenían los *talaiots*. Su situación encima de colinas y generalmente con vista al mar, algunas veces aisladas y otras formando parte de un pueblo, hace suponer que se utilizaban como torres de vigía y defensa. Qué otras funciones tenían es una cuestión que aún se presta a conjeturas: como lugar de reunión –todos los *talaiots* tienen como mínimo tres habitaciones–, como almacén, como arsenal...

Lo que se sabe con certeza es que no eran torres sagradas, ya que siempre estaban en medio de un pueblo y presentaban la misma forma: un óvalo construido con bloques de piedra en posición vertical accesible desde dos lados, con un par de escalones que subían hacia la *taula*, una de las creaciones más singulares de esta cultura. Denominadas con esta palabra que significa "mesa", las *taules* estaban formadas por un bloque de piedra de hasta cuatro metros de altura que soportaba otro bloque de piedra –por así decirlo, el tablero de la mesa– en un equilibrio perfecto. Debido a su gran altura, estas *taules,* que sólo se han encontrado en Menorca, no podían realizar la función de altar o mesa de sacrificios, y es un misterio de qué modo los pobladores adquirieron los conocimientos estáticos y técnicos necesarios para realizar tal obra.

Basándose principalmente en su relación con los megalitos, se han establecido paralelismos entre la cultura talayótica y otros hallazgos prehistóricos: las nuragas en Cerdeña, los túmulos del norte de Europa, los círculos de piedras como los de Stonehenge en las islas Británicas y el castillo de Micenas con su imponente torre de los Leones en Grecia. Pero la ciencia sigue investigando y especulando sobre qué otras características comunes presentan estas culturas.

En los poblados de la cultura talayótica como el de Ses Països vivían varias familias en una especie de clan presidido seguramente por un jefe o un sacerdote. Según cuenta Diodoro, no eran muy atentos con las mujeres y los niños, aún cuando las primeras les eran extremadamente valiosas. Por una parte, una mujer secuestrada valía de rescate hasta cuatro hombres; por otra parte, el día de su boda una novia tenía que complacer a cada uno de los invitados –una contradicción para nosotros, para ellos seguramente no–. Para que los niños aprendieran a lanzar piedras con precisión, los adultos les ponían la comida en ramas inalcanzables de árboles, obligando a los críos a hacerla caer tirando cantos.

Una leyenda que corre por las Baleares y que dice que tenían que haber sido gigantes para poder mover piedras tan pesadas, queda refutada por la evidencia de esta dieta darviniana.

El arte de lanzar piedras convirtió a los antiguos mallorquines en mercenarios apreciados por los ejércitos cartagineses y romanos.

Torres como ésta han dado nombre a la cultura prehistórica mallorquina: *talaiot,* de la palabra árabe atalaya.

472

Belén, Mallorca
La Ermita de Betlem

En algún lugar de estas montañas debieron esconderse los últimos musulmanes combatientes antes del fin de la Reconquista para intentar conservar para ellos la isla de Mallorca –inútilmente–. En dirección oeste detrás de Artà, el camino conduce a través de un valle pintoresco con un nombre realmente autóctono, Torrent de Cocones (torrente de Abrevaderos), continuando ondulante hasta el paso y cruzando la cima de la Serra d'Artà para bajar después hasta un valle elevado. Allí encontramos la ermita más reciente de Mallorca, la Ermita de Betlem, que fue bautizada con el nombre de Belén porque al principio los ermitaños vivieron en la sobriedad de un antiguo establo de caballos, compartiendo así el destino de su Señor en su nacimiento.

El camino que lleva a la ermita pasa, a través de las suaves colinas, por delante de la lujosa residencia de la familia que hacia el año 1800 cedió una parte de sus tierras a cinco monjes para que pudieran cumplir su sueño de retiro y meditación en tranquilidad, alejados de cualquier tipo de bullicio. Se trata de la residencia señorial *Can Son Morei Vell*, que se levanta encima de uno de los suaves cerros de las faldas de la Serra d'Artà.

Los azulejos decoran las paredes del antiguo establo

Cerca de la ermita de Betlem, la vista adquiere alas para volar por encima de la bahía de Alcúdia.

El alejamiento del mundo atrae al mundo

Pero, como sucede a veces, ocurrió lo contrario de lo que los monjes habían imaginado. Aunque no tenían una Virgen milagrosa, pronto los visitantes acudieron en tropel a Betlem. Con ello terminó el alejamiento del mundo, si bien los peregrinos realizaban donaciones, de modo que al cabo de poco tiempo fue posible ampliar la iglesia. La figura de Cristo con su túnica sagrada ya había sido financiada por los capuchinos de Palma; ahora se pintó en la cúpula de la iglesia la coronación de María en colores vivos y radiantes, y las gentes ricas y devotas de los alrededores contribuyeron con su óbolo para posteriores mejoras. Las paredes revocadas de blanco se adornaron al poco tiempo con un reloj de sol y con mosaicos, mientras que en el jardín del monasterio

El primitivo alojamiento de los monjes, basado
en un establo, se amplió al cabo de poco tiempo,
gracias a las donaciones de los peregrinos, para
convertirse en un auténtico monasterio.

empezaron a crecer plantas y flores. Hoy en día,
un gran número de monjes de la orden de San
Pablo y San Antonio administran el pequeño
alojamiento de los peregrinos y cuidan los colo-
ridos bancales.

Sin embargo, a unos pocos pasos del conjunto
principal, se puede ver aún una muestra de lo que
era la idea fundacional de la ermita: muy cerca de
allí, la Font de l'Ermita o fuente de la ermita
invita, con sus bancos de piedra y una pequeña
gruta, a hacer una pausa –no solo de la caminata,
sino también del mundo–. *El mirador* parece flotar sobre la bahía de Alcúdia y la península de Sa
Victòria, suspendido entre el cielo y la tierra.

Derecha: la iglesia de Betlem es aún muy sencilla en
su interior. La imagen del altar muestra –como no
podía ser de otra manera en un lugar llamado así–
el nacimiento de Cristo.

475

De castillo milagroso a cala de ensueño
Capdepera y Cala Ratjada

Si la Virgen no hubiera intervenido en el momento adecuado, hoy sólo habría ruinas como enormes muelas cariadas en el cielo de Llevant sobre Capdepera. Cuando en el siglo XIV un ataque especialmente cruel de los piratas castigó la ciudad, y los habitantes estaban completamente desesperados porque ni siquiera el castillo parecía lo suficientemente seguro como para protegerles de la horda de asesinos y saqueadores, acudieron a su último recurso: sacaron una pequeña y delicada Virgen de la capilla del castillo, la colocaron sobre las almenas de una de las torres, y acto seguido un banco de niebla cayó sobre los piratas. Éstos quedaron tan perplejos, que huyeron

precipitadamente sin perder ni un minuto. Este milagro, el *Miracle de Capdepera*, aún se canta en las canciones populares, y la Virgen, que desde entonces recibe el epíteto de *Esperança*, disfruta de un sitio de honor en la iglesia de Sant Bartomeu. La torre pasó a llamarse Torre de la Boira (torre de la Niebla) y constituye la puerta de entrada a este castillo salvado de forma tan milagrosa, que es el mayor de Mallorca y está maravillosamente conservado gracias a una cuidada restauración.

Nadie quiere vivir en el lugar del milagro

El castillo, situado sobre la montaña de Racó y visible desde lejos, hace guardia sobre la ciudad y los alrededores. Las almenas y las torres brillan, cálidas y doradas, en la luz vespertina. Sus muros no tienen nada que proteger aparte de la casa del gobernador, una torre defensiva y la capilla

Ni siquiera con el rey Sancho I como vecino accedieron los habitantes de Capdepera a vivir en el castillo, el mayor de Mallorca. Si atacaban los piratas, corrían a refugiarse entre sus muros protectores. Cuando el peligro había pasado, volvían a ocupar sus casas al pie del castillo, las cuales han conformado una ciudad propia y cerrada en sí misma a lo largo de los años.

Una parada del mercado con pescado seco y aceitunas en conserva.

Los musulmanes fortificaron la colina para poder dominar con la vista la tierra circundante.

mencionada, hecho que tiene su explicación: desde el año 1300 ha estado prácticamente deshabitada. Mucho tiempo antes, los musulmanes poseían en este lugar una fortificación, que fue una de las últimas en caer en manos de los cristianos durante la Reconquista. Jaime I recibió en las ruinas de este castillo a los enviados árabes de Menorca, quienes le entregaron su isla sin ofrecer resistencia. El rey decidió enseguida que la fortificación tenía que ser reconstruida y habitada por los campesinos que vivían en las cercanías.

Pero sus planes fracasaron. Ni Jaime II, que dobló el anillo defensivo, ni su sucesor Sancho I, quien en el año 1323 hizo construir una capilla en el recinto del castillo y vivió algún tiempo en él, consiguieron convencer a los campesinos de que se trasladaran a vivir dentro de las murallas. Si los piratas atacaban, buscaban refugio en el castillo, pero volvían a marcharse tan pronto como el peligro había desaparecido. Paseando alrededor de la muralla puede comprobarse en qué se ha convertido el antiguo poblado diseminado alrededor de la fortaleza: en una ciudad activa y floreciente, con calles empinadas con escaleras, llenas de flores y cactus, paredes cubiertas de hiedra y patios interiores donde reina la calma.

Langostas, tartas de la Selva Negra y arte moderno

Al salir del pueblo, la elección es difícil. ¿Ir hacia el norte, en dirección a Cala Mesquida, atravesando un paisaje lleno de olivos y arbustos de lentisco en los que anidan ruiseñores, carrizas y petirrojos, hasta llegar a la Cala Mesquida, un lugar casi –todavía– sin urbanizar?

¿O bien dirigirse hacia el este, hacia Cala Ratjada? El camino también vale la pena, aunque, desde que empezó el turismo de masas, sobre todo de procedencia alemana, este pueblo de pescadores no para de crecer en dirección a Capdepera. No obstante, a pesar de la invasión de bañistas, especialmente en verano, de la omnipresencia de tartas de cerezas de la Selva Negra, matrículas alemanas y placas en los timbres de las casas, Capdepera ha logrado conservar en el núcleo su antiguo encanto de pueblo costero y también su posición como segundo puerto pesquero de Mallorca en importancia, después del de Palma.

Esto se debe, sobre todo, a que los caladeros de la franja de mar entre Mallorca y Menorca continúan teniendo la misma riqueza en codiciados tesoros, especialmente langostas, que son muy apreciadas tanto en la cocina privada como en los restaurantes. Así, los *llaüts* y las lanchas motoras, los barcos arrastreros y los veleros deportivos se balancean unos al lado de los otros en el puerto fortificado, mientras que en los cafés y restaurantes del muelle, tanto los clientes autóctonos como los extranjeros pueden disfrutar de un interesante panorama, como si se tratara de un escenario, con constructores de barcos y reparadores de redes, mercancía recién llegada del mar y orgullosos propietarios de yates limpiando el metal de sus embarcaciones. No hay limpieza que valga, sin embargo, para un curioso montón de 21 anclas herrumbrosas situado en el muelle; se trata de la escultura del francés Arman, un regalo de la Fundación March a los pescadores.

Encima de una colina situada sobre el puerto, el arte escultórico más moderno aguarda al visitante. Allí donde antes había una torre de vigía del siglo XV sin ventanas, la *torre cega*, llamada "ciega" por este motivo, Joan March hizo construir una casa señorial según el estilo tradicional, que actualmente pertenece a su hijo Bartomeu. En el parque de 60.000 metros cuadrados que la rodea, donde únicamente crecen plantas de la flora mediterránea, la Fundación March colocó 53 esculturas, la mayoría de artistas españoles y latinoamericanos –un Chillida, por ejemplo–, aunque nombres como Auguste Rodin, Max Bill o Henry Moore también están representados. De camino hacia el faro situado en la Punta de Capdepera, un

Dos generaciones de torres de vigía a poca distancia: La talaia del siglo XVI hace tiempo que ha agotado su función de protección contra los piratas. El faro no avisa en tierra de la presencia de barcos, sino a los barcos de la presencia de tierra.

pequeño cabo que se inclina indiscretamente hacia el este como si quisiera husmear en la isla de Menorca, la mirada queda atrapada una y otra vez en vistas rodeadas de pinos; por el sur en el Cap Vermell, por el norte, en el Cap des Freu, mientras que justo debajo del camino una hermosa cala sucede a la otra: la Cala Moll y la Cala Gat, donde hay incluso modestos puestos de helados y bebidas; un poco más allá la Cala Agulla con su fina arena y las dunas cubiertas de hierba; al final, la Cala de la Font... aunque estas playas ya no son completamente solitarias, siguen estando lo bastante lejos de las rutas turísticas, así que es casi inevitable soltar un hondo suspiro sobre el cielo y el mar antes de llegar al éxtasis.

Cala Ratjada es, desde siempre, el puerto pesquero más importante de Mallorca.

No siempre tiene que ser una playa de arena. También entre rocas es un gran placer disfrutar de un día de baño en la punta nordeste.

Con rayos y centellas
La pesca en Mallorca

Quedan muy lejos los buenos tiempos para los peces que habitan las aguas mallorquinas. Y además, su dicha duró poco: únicamente en el siglo XVI los habitantes de la isla casi perdieron la costumbre de comer pescado por culpa de los constantes y amenazadores ataques de los piratas, y prefirieron dedicarse a la agricultura en el interior de Mallorca por razones de seguridad. Pero cuando las aguas volvieron a calmarse, los animales marinos se vieron de nuevo perseguidos y amenazados por las nasas y las redes. Y así continúa hoy en día; apenas despunta el alba, ven como las sombras de los *llaüts*, las típicas barcas de las Baleares, se deslizan sobre el arenoso fondo marino y siembran la alarma.

Para los que están dentro de las barcas, hay una diferencia evidente respecto de cómo funcionaban las cosas unos años atrás: hoy ya no existe en la isla el monopolio de los pescadores mallorquines, "gracias" a la aparición de medios de transporte más rápidos y a los perfeccionados métodos de conservación en fresco, puesto que la competencia de la costa atlántica española es enorme. Las aguas costeras de Galicia pueden ofrecer más de una treintena de tipos de marisco y más de una setentena de especies de pez, cuya denominación desafía incluso a los especialistas. Contra esta riqueza de variedades, la isla de Mallorca es incapaz de competir.

Sin embargo, a finales del siglo XX aún había más de 1.300 mallorquines que vivían de la pesca y que se hacían a la mar diariamente. Aunque actualmente las aguas ya no ofrecen grandes cantidades, guardan una gran variedad

En las rocosas costas de Mallorca los pescadores de caña encuentran su botín. Pero si el pez tiene suerte, se le considera demasiado pequeño para la mesa y puede volver al agua.

de peces comestibles y crustáceos. Y es que Mallorca es privilegiada precisamente por ser una isla, ya que los diferentes tipos de costa satisfacen cada una de las necesidades. Hay muchos seres marinos que han establecido en ellas su residencia permanente.

Al sur de la isla hay enormes praderas marinas, aún intactas a pesar de los numerosos pecados ecológicos, donde todo tipo de animales acuáticos buscan su alimento. Y en el suelo arenoso de las aguas poco hondas, que llegan a una profundidad de hasta 30 metros, la mesa está aún mejor servida. Ahí se extiende un mundo propio de hermosas plantas que en las aguas claras de la isla encuentran las mejores condiciones para su crecimiento y que no viven

En la época de los constantes ataques de los piratas, los mallorquines apenas se atrevían a salir al mar. Hoy en día, las aguas del Mediterráneo les mecen pacíficamente.

en ningún otro lugar. Es lo que los biólogos llaman "especies endémicas". Para muchas clases de peces y crustáceos, éste es su hábitat ideal. En estos oasis marinos tienen unas condiciones fantásticas para vivir y realizar el desove. Y un poco más al fondo, en los extensos bancos de arena de las profundidades y al pie de las rocas submarinas, encontramos el mismo paisaje que arriba en la isla, en la piscina del hotel: bellas figuras en colores llamativos yaciendo plácidamente en el banco de coral.

Grandes profundidades con valiosos animales

En una zona aún más profunda, que llega hasta 400 metros, se esconden langostas y cigalas, especialmente en el norte de la isla, donde las rocas escarpadas de la costa de Tramuntana sumergidas bajo el agua constituyen una base excelente para su espacio vital. Los crustáceos son realmente privilegiados; y es que, a diferencia del resto de la fauna marina, gozan de derechos especiales: en las Baleares, del 1 de septiembre al 1 de marzo los pescadores no las pueden ni siquiera molestar. Si durante el resto de la temporada se

deslizan en uno de los cestos –a tanta profundidad no es posible pescarlos con redes– todos los ejemplares que midan menos de 19 centímetros de longitud deberán ser devueltos al mar de acuerdo con la ley. Hace más de cien años que los pescadores conocen el problema de la pesca excesiva. Por este motivo se limitó la pesca con el *bou* o red de arrastre a seis meses.

El miembro noble del mundo de los crustáceos, el bogavante, sólo se pesca de junio a

agosto con cestos para bogavantes o redes de arrastre. Por cierto, los bogavantes enseguida reaccionan con irritación al ser cazados, y después de pescarlos es necesario tratarlos con especial cuidado. El estrés hace disminuir su calidad, y su gusto se vuelve un punto ácido.

Cómo engañar a peces legendarios

En las diferentes profundidades alrededor de la isla de Mallorca hay corrientes que atraviesan

Dos embarcaciones mallorquinas o *llaüts* colaboran para arrastrar conjuntamente una red de pesca a través del fondo del mar.

Los pescadores señalizaban con boyas de canasto las nasas que esperaban bogavantes y langostas.

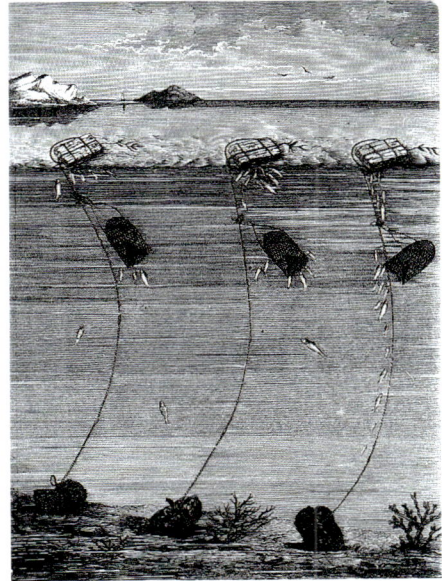

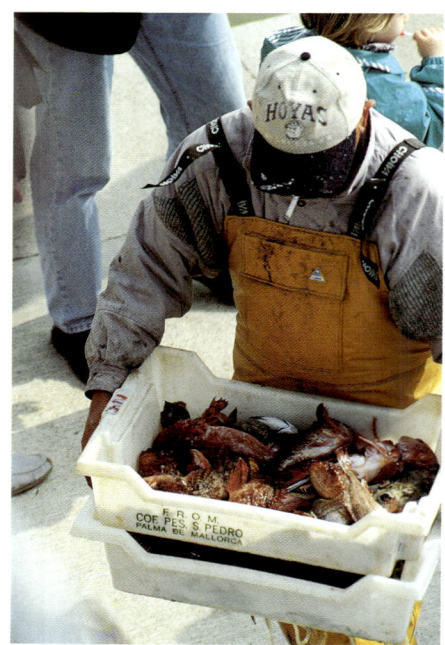

el mar Mediterráneo de punta a punta y traen consigo especies de peces que no son autóctonos de esta zona, como el pez espada.

También el atún, que está encantado de haberse podido escapar de las redes kilométricas de los pescadores portugueses en el estrecho de Gibraltar y de la Costa del Azahar española, vive aquí en constante peligro. En las Baleares se suele pescar con caña y línea de arrastre, principalmente a lo largo de las empinadas costas a una profundidad de 150 a 200 metros.

Estas zonas de pesca cuentan entre las más interesantes, ya que aquí se encuentran los peces de San Pedro, los barbos, las carpas y las percas de mayores dimensiones. Gracias a Dios, los pescadores aún no han puesto sus miras en los delfines, que en los cuentos populares mallorquines –al igual que en otras historias del Mediterráneo– aparecen como amigos del hombre.

Hay que tener en cuenta, por otra parte, que un pescador que no sepa muy bien qué especies

Antes, los pescadores tenían que estar durante meses separados de sus familias, viviendo en sencillas cabañas junto al mar. Ahora sólo hay un salto del barco pesquero a casa –yendo en moto–.

La frescura es lo más importante. Sólo cuando el pescado se ha puesto en hielo pasa del barco a tierra firme.

se encuentran en un momento y en un lugar determinados, no tiene nada que hacer. Más bien hará el ridículo cuando llegue con la red equivocada, especialmente si no conoce bien el fondo marino, pues en sus mallas sólo quedarán corales atrapados, que dañan la red.

Por el contrario, un buen conocedor de las aguas de Mallorca, en invierno pescará con red, que sacará dos veces al día, y en verano utilizará redes de arrastre con las que atrapará peces mayores, e incluso, a veces, pequeños pero inofensivos tiburones.

Al final del verano, toda la isla espera con impaciencia el *raor*, el papagayo, un pez muy poco frecuente. Es un ejemplar muy tenaz y no se lo pone nada fácil a los pescadores: se entierra en el fondo del mar, de modo que es muy complicado dar con él y tiene que pescarse con una caña especial. Debido a tales dificultades es un pez bastante caro, pero la inversión vale la pena, puesto que es una exquisitez. Su carne es muy fina y tiene un gusto delicioso.

Pescar el *raor* ya es bastante difícil, pero en otros casos, la mejor manera de hacerlo es entre rayos y truenos. En aquellas ocasiones en que prácticamente ningún marinero saldría con su barco durante una tempestad, los pescadores mallorquines lo hacen, esperando exactamente el momento en que Júpiter envía relámpagos y truenos desde el cielo para sacar sus *llaüts* al agua. En todo caso, siempre que van detrás de la *llampuga*, la dorada y legendaria lampuga. Parece ser que si se pescan durante una tempestad tienen un sabor especialmente delicado,

quizá, suponen algunos, porque liberan hormonas del miedo cuando las olas las envuelven en su torbellino.

Es tradicional que durante la pesca de la *llampuga* se tiren al agua algunas cajas de corcho o *capses*. Una piedra pesada sirve como ancla y las mantiene en su posición. Así se viene haciendo desde generaciones, como relataba el archiduque Luis Salvador a finales del siglo XIX: "Este tipo de pesca se realiza al anochecer o en noches iluminadas por la luna, puesto que entonces las *llampugues* buscan la sombra que hacen las *capses*. El pescador rodea con su *llaüt* las capses una tras otra extendiendo la *llampuguera*, que tiene una especie de bolsa para contener las *capses*. Cuando ha terminado, se acerca a medida que va atrayendo hacia sí la red, arrastrando las *capses* y capturando los peces, que ya no tienen ninguna posibilidad de escapar".

Inferior: un mal contra el que aún no se ha inventado ningún remedio: pequeñas mallas que se transforman en grandes agujeros. Por este motivo, cada tarde deben revisarse y repararse las redes.

Superior: debido a su terrorífico aspecto, en los establecimientos generalmente sólo se ofrece el rape cortado a filetes.

Verat
Scomber scombrus
Caballa
Familia de los escómbridos

Calamar
Loligo vulgaris
Calamar
Familia de los loligínidos

Orada
Sparus aurata
Dorada
Familia de los espáridos

Anfós
Epinephelus guaza
Mero
Familia de los serránidos

Pop
Octopus vulgaris
Pulpo
Familia de los octopódidos

Llagosta
Palinurus vulgaris
Langosta
Familia de los palinúridos (Fabricius)

Grimald
Hommarus gammarus
Bogavante
Familia de los nefrópid

Llop
Dicentrarcus labrax
Lubina
Familia de los serránidos

Bis
Scomber japonicus colias
Variedad de la caballa
Famila de los escómbridos

Déntol
Dentex dentex
Dentón
Famila de los espáridos

Rap
Lophius
Rape
Familia de los lófidos

Tonyina
Thunnus
Atún
Familia de los túnicos

Petxina
Callista chione
Pechina
Familia de los venéridos

Morena
Muraena helena
Morena
Familia de los murénidos

(Linnaeus)

Anexo

DIOS
Y
ESPAÑA

2

NEPUEU

REFLEXION

CRISTIAN

pixa de porc	pene de cerdo	sofrit	sofrito
pla	llano	solera	solera
plaça	plaza	sopes	sopas mallorquinas, potaje
plaça monumental	gran plaza principal	sorbet de figues de moro	sorbete de higos chumbos
platja	playa	tabac	tabaco
porc negre	cerdo negro	talaia	atalaya
porcell negre	cochinillo negro	talaiot	talayote (monumento prehistórico)
possessió	posesión		
primavera	primavera	tàpera	alcaparra
profund	profundo	taperera	alcaparrera
puig	monte	tapisseries artesanals	tapicerías artesanales
raconet	rinconcito	taronja	naranja
raor	papagayo (pez)	taula	mesa
rap	rape	tavernes	tabernas
reclams	reclamos	teatre	teatro
reconquesta	reconquista	tela de llengües	tela con un motivo en forma de lenguas
repartiment	reparto de tierras en tiempos de Jaime I		
robiol	pasta rellena mallorquina	temps	tiempo
rodó	redondo	terra	tierra
rondalles	cuentos populares mallorquines	terreny	terreno
rostolls	rastrojos	tomàtigues de ramellet	tomates de colgar (literalmente: "tomates en ramillete", que se cuelgan de hilos para que se sequen)
roter	pegujalero, labrador que tiene tierra de poco valor y vive en condiciones de pobreza		
		torn	torno
sa	la (artículo)	torrent	torrente
sabater	zapatero	tramutja	tolva
santuari	santuario	trempó	ensalada mallorquina
semiseques	semisecas	trullada	molienda (porción de aceitunas que se muele de una vez)
senyor/-a	señor/-a		
seques	secas	valentes dones	mujeres valientes
sèquia	acequia	vall	valle
serra	sierra	victòria	victoria
síndria	sandía	vila	villa
sínia	noria	vinyes	viñas
siurell	silbato de arcilla mallorquín	xeremia	gaita mallorquina
sitja	silo, carbonera	ximbomba	zambomba
sobrassada	sobrasada (embutido picante para untar, típico de Mallorca)	xocolateria	chocolatería
		xueta	chueta (judío converso)

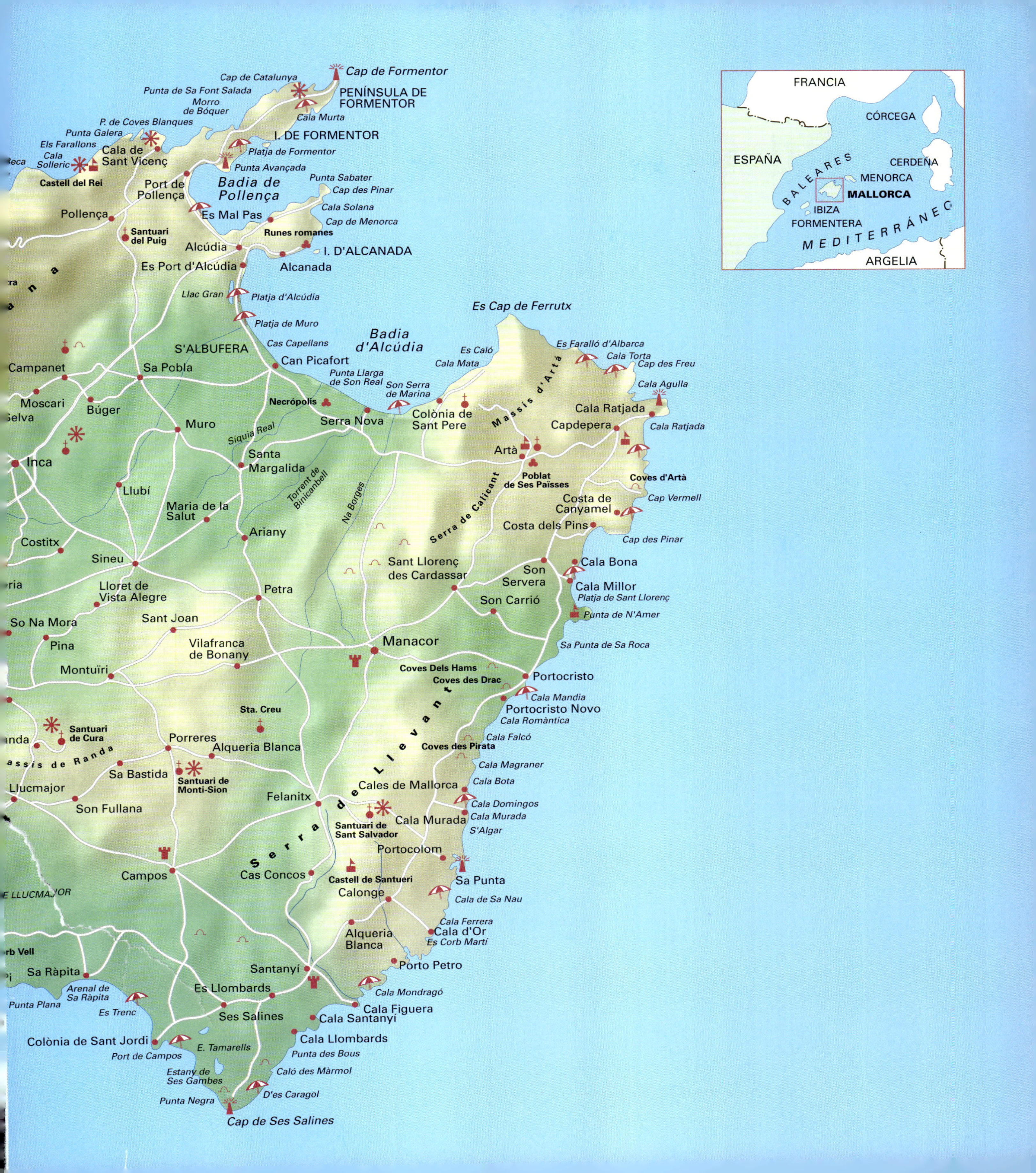
Cap de Formentor
Cap de Catalunya
Punta de Sa Font Salada
Morro de Bóquer
PENÍNSULA DE FORMENTOR
Cala Murta
P. de Coves Blanques
Punta Galera
Els Farallons
Cala de Sant Vicenç
I. DE FORMENTOR
Platja de Formentor
Cala Solleric
Punta Avançada
Castell del Rei
Port de Pollença
Badia de Pollença
Punta Sabater
Cap des Pinar
Cala Solana
Pollença
Es Mal Pas
Cap de Menorca
Santuari del Puig
Runes romanes
Alcúdia
I. D'ALCANADA
Es Port d'Alcúdia
Alcanada
Llac Gran
Platja d'Alcúdia
Platja de Muro
Es Cap de Ferrutx
Badia d'Alcúdia
Cas Capellans
S'ALBUFERA
Es Caló
Cala Mata
Es Faralló d'Albarca
Cala Torta
Cap des Freu
Campanet
Sa Pobla
Can Picafort
Punta Llarga de Son Real
Son Serra de Marina
Cala Agulla
Massís d'Artà
Moscari
Búger
Necrópolis
Colònia de Sant Pere
Cala Ratjada
Serra Nova
Capdepera
Cala Ratjada
Muro
Siquia Real
Inca
Santa Margalida
Artà
Poblat de Ses Païsses
Coves d'Artà
Llubí
Torrent de Binicanbell
Na Borges
Serra de Calicant
Cap Vermell
Maria de la Salut
Costa de Canyamel
Costa dels Pins
Costitx
Ariany
Cap des Pinar
Sineu
Cala Bona
Sant Llorenç des Cardassar
Son Servera
Lloret de Vista Alegre
Petra
Cala Millor
Platja de Sant Llorenç
Son Carrió
Punta de N'Amer
So Na Mora
Sant Joan
Pina
Vilafranca de Bonany
Manacor
Sa Punta de Sa Roca
Montuïri
Coves Dels Hams
Coves des Drac
Portocristo
Cala Mandia
Portocristo Novo
Sta. Creu
Cala Romàntica
Santuari de Cura
Porreres
Alqueria Blanca
Serra de Llevant
Cala Falcó
Coves des Pirata
Massís de Randa
Cala Magraner
Sa Bastida
Santuari de Monti-Sion
Cala Bota
Llucmajor
Cales de Mallorca
Felanitx
Cala Domingos
Son Fullana
Cala Murada
Cala Murada
Santuari de Sant Salvador
S'Algar
Portocolom
Campos
Cas Concos
Sa Punta
Castell de Santueri
Calonge
Cala de Sa Nau
Cala Ferrera
Cala d'Or
Alqueria Blanca
Es Corb Martí
Porto Petro
Sa Ràpita
Santanyí
Arenal de Sa Ràpita
Es Llombards
Cala Mondragó
Punta Plana
Es Trenc
Cala Figuera
Ses Salines
Cala Santanyí
Colònia de Sant Jordi
Cala Llombards
E. Tamarells
Port de Campos
Punta des Bous
Estany de Ses Gambes
Caló des Màrmol
D'es Caragol
Punta Negra
Cap de Ses Salines
FRANCIA
CÓRCEGA
ESPAÑA
CERDEÑA
BALEARES
MENORCA
MALLORCA
IBIZA
FORMENTERA
MEDITERRÁNEO
ARGELIA

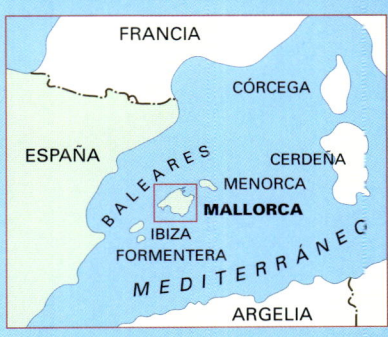

¿En qué hablan los mallorquines?
Sobre català, castellano y mallorquí

Un español no siempre entiende a otro de buenas a primeras, y es que España no se caracteriza precisamente por formar un área lingüística unitaria. En ella se hablan cuatro lenguas: gallego en el noroeste, vasco en el País Vasco y el norte de Navarra y castellano en el centro, el sur y las islas Canarias. El catalán se habla en Cataluña, Valencia y las islas Baleares.

Más de seis millones de personas han aprendido el catalán como lengua materna. Sumando sus diferentes dialectos, como el valenciano, el menorquín, el mallorquín y el ibicenco, se obtiene la cifra de once millones de hablantes, por lo que el catalán, junto con sus dialectos, constituye la mayor lengua minoritaria de la península Ibérica. Si bien es verdad que Don Francesc de Borja Moll tardó 43 años, desde 1920, para escribir en Binialí su diccionario de las tres variantes catalanas (catalán–valenciano–balear), quien ha estudiado una o más lenguas románicas no tiene ningún problema en deducir el significado de muchos de sus vocablos.

Muchos visitantes creen que el *mallorquí* y el *menorquí* son lenguas diferentes con una gramática propia, pero en realidad son variedades del catalán, que ahora vuelven a caracterizar la vida pública después de varias décadas de opresión bajo la dictadura de Franco.

El mallorquín: una lengua apreciada, prohibida y resurgida

Después de la Reconquista de Mallorca a manos de Jaime I, el idioma catalán, en su dialecto mallorquín, pasó a ocupar la posición que ocupaba la anterior lengua oficial, el árabe. El primero en utilizar el catalán en la literatura fue el misionero y filósofo Ramon Llull, que vivió entre 1235 y 1315 y es considerado el "Dante de la literatura catalana".

A finales del siglo XV se produjo la unión de las coronas de Aragón y Castilla, que quedó sellada mediante el matrimonio de los Reyes Católicos, Fernando de Aragón e Isabel de Castilla. La hegemonía política de Castilla provocó que en la Corona de Aragón el catalán retrocediera cada vez más en favor del castellano. Sin embargo, este retroceso de la lengua se limitó a la literatura; el catalán se mantuvo como lengua de la justicia y de la corte y como lengua hablada, al igual que también se mantuvieron los privilegios políticos de que disfrutaban Cataluña y Aragón.

Tras la Guerra de Sucesión española de 1701 a 1714, Cataluña perdió su autonomía política y los reyes Borbones impulsaron el desarrollo de un estado central español en su forma actual. La fiesta nacional de Cataluña, la Diada, que se celebra el día 11 de septiembre, recuerda aún hoy en día la caída de la ciudad de Barcelona y la pérdida de la autonomía.

El castellano se impuso como lengua culta de España, no porque toda la población así lo quisiera, sino porque quedó establecido por ley, también en el caso de Cataluña: en 1716 se declaró el español como lengua de la enseñanza. Y en 1779, las autoridades sentían un miedo tal ante la lengua y la literatura catalanas que llegaron a prohibir que se realizaran obras de teatro en este idioma.

No fue hasta mediados del siglo XIX que el catalán experimentó un resurgimiento. En este renacimiento, *Renaixença* en catalán, la lengua contó con el fomento de varias asociaciones protectoras y fue objeto de estudios lingüísticos. Pero pronto volvieron a cortarle las alas, como ha ocurrido siempre que un poder central inseguro y, por lo tanto, rígido, sólo consigue mantener su posición con dificultades y mediante el uso de la violencia. Tras la Guerra Civil española de 1939, volvió a obstaculizarse seriamente el uso público del catalán. Franco tenía cuentas personales que ajustar con los habitantes de Cataluña, ya que ellos, junto con los vascos, fueron quienes opusieron una resistencia más prolongada a las tropas fascistas.

Las consecuencias de la *decadència* del catalán aún se pueden apreciar hoy en día: la mayoría de los habitantes de Mallorca hablan castellano y utilizan entre ellos los dialectos regionales del catalán, pero muchos mallorquines encuentran natural utilizar el castellano en los asuntos oficiales. Algunos de los isleños tienen, además, un problema adicional: han crecido durante la dictadura de Franco y en la escuela sólo aprendieron el castellano, así que les resulta difícil hacerse entender en mallorquín.

Desde que se aprobó la Constitución de 1978, el castellano es la única lengua oficial y estatal del país, mientras que para los otros idiomas se remite a los respectivos estatutos de autonomía, los cuales otorgan al catalán, el gallego y el euskera la categoría de lenguas oficiales regionales. Gracias a ello las poblaciones y las calles recibieron de nuevo sus nombres originales dialectales. Andraix volvió a llamarse Andratx, Bañalbufar se convirtió en Banyalbufar y San Juan, en Sant Joan. Las *cuevas* volvieron a llamarse *coves* y el *puerto* se llamó de nuevo *port*.

El mallorquín, la lengua hablada en Mallorca, es una variedad del catalán. En la escritura la diferencia es menor, aunque no pasa lo mismo con la pronunciación, que hace que muchos romanistas duden de su talento para los idiomas. Los mallorquines tienen debilidad por el sonido "ch": la combinación de letras tx suena como "ch", así, Felanitx se pronuncia "Felanich"; ig al final de una palabra se pronuncia "ch", por lo que *puig* suena como "puch"; aitx y atx se pronuncian "ach", así, se dice "Andrach".

Índice de palabras en mallorquín usadas en la obra

actes	hechos, actos	caproig	raño
agermanats	miembros de las hermandades de artesanos (como gremios o cofradías) que combatieron conjuntamente contra las clases sociales superiores y sus privilegios; hoy en día significa también: sublevados	capsa	caja
		cargols amb sobrassada	caracoles con sobrasada
		carraques	carracas
		carrer	calle
		cartoixa	cartuja
		carxofa	alcachofa
àguila	águila	cascavells	cascabeles
albercoc	albaricoque	cascall	adormidera
allioli	alioli, ajiaceite	cases de neu	casas de nieve
alou	impuesto que se paga al señor	cassola	cazuela
alqueria	alquería	castanyola	castañuela
ametlla	almendra	castell	castillo
amitger	impuesto que se paga al señor	cega	ciega
àngel	ángel	celler	bodega
anxoves	anchoas	ciutat, la	la ciudad (forma en que los mallorquines denominan la ciudad de Palma de Mallorca)
arròs a la marinera	arroz a la marinera		
arxiduc	archiduque		
assentament	asentamiento	claustre	claustro
avinguda	avenida	coent	picante
badia	bahía	confraries	cofradías
ball des cossiers	danza folclórica	confrares	cofrades
bandolers	bandidos	conill amb ceba	conejo con cebolla
barraca	cabaña, barraca	copa de vi	copa de vino
barri xinès	barrio chino	cossier	bailarín
batlle	alcalde	costelletes de porc	costillas de cerdo
batuda	varea de olivos	amb salsa de magranes	con salsa de granadas
besada	beso	cova	cueva
biga	viga	cremadillo	ponche mallorquín
blocs	bloques	crespells	rosquillas
boira	niebla	creus de terme	cruces de camino
botella labrada	instrumento musical mallorquín	dimonis bonets	pequeños demonios buenos
botifarró	morcilla mallorquina	diumenge	domingo
bou	bou (red de arrastre), toro	dolç	dulce
braser	brasero	dragons	salamanquesas
brossat	requesón	els Blavets	"los azulitos" (niños cantores de Lluc)
bunyol	buñuelo	embassament	embalse
ca'n	forma abreviada para: "casa de"	empanades	empanadas
cabàs	capacho	emperador	pez espada
cabell d'àngel	cabello de ángel	en es seu punt	maduro (literalmente: en su punto)
cafè amb llet	café con leche	entrecot amb albercoc	entrecot con albaricoque
camaiot	morcilla en forma de bola	envinagrat	avinagrado
camí	camino	es	el (artículo)
camilla	camilla: mesita cubierta con una tela gruesa bajo la que la gente se reunía en invierno	esclata-sang	níscalo
		escorxador	matadero, matarife
		espardenyes	alpargatas
		espinagada	empanada rectangular de espinacas con anguila
cap	cabeza		
capella	capilla		

493

esportins	cestos planos de la prensa de aceite	marger	constructor de paredes secas para los bancales
estiu	verano	marges	ribazos, paredes secas con que se delimitan los bancales
fang	barro		
fava	haba	maridet	maridillo, braserillo
fava pelada pagesa	haba pelada al estilo campesino	marjat	construcción de paredes secas para los bancales
faixa	faja		
ferret	triángulo (instrumento musical)	matador	matarife, matador
festa	fiesta	matança	matanza
festa des pa i des peix	fiesta del pan y del pez	meló	melón
festa des sol que balla	fiesta del sol que baila	mestre	maestro
fideus amb cabra	fideos con cabra	miracle	milagro
figa	higo	missatge	mozo
figuera	higuera	molí	molino
figuera de moro	chumbera	mona de Pasqua	mona de Pascua
figues de moro	higos chumbos	monestir	monasterio
fira	feria	Moreneta	Virgen negra (literalmente: morenita)
fira de sa perdiu	feria de la perdiz	moriscos	moriscos
fira del fang	feria del barro	moros i cristians	moros y cristianos, también fiesta mallorquina
flabiol	caramillo		
foguerons	hogueras	morter	mortero
fonoll marí	hinojo marino	musclo	mejillón
font	fuente	navetes	monumentos funerarios en forma de nave
fonteta	fuentecilla		
forn	horno, panadería	negre	negro
frisons	vacas que proceden de vacas frisonas	nispro	níspero
frit de matança	fritura de matanza	nevaters	hombres que traían nieve de las montañas
garrover	algarrobo		
gató d'ametlla	pastel de almendra	nit	noche
gelat	helado	nit de foc	noche de fuego
gelera	nevera	oli d'oliva verge extra	aceite de oliva extra virgen
gent	gente	oliva	aceituna, oliva
granissat	granizado	olivera	olivo
greixonera	olla de barro típica de Mallorca que aún se utiliza hoy en día para cocinar	olleria	alfarería, ollería
		orellons	orejones
grimald	bogavante	ossos	instrumento musical mallorquín hecho de huesos
guaret	barbecho		
guàtlleres amb figues	codornices con higos		
guàtlleres emborratxades	codornices borrachas	pa amb oli	pan con aceite
herbes	hierbas, licor de hierbas	pa de figa	pan de higo
hivern	invierno	pa moreno	pan mallorquín con muy poca sal
horta	huerto	pagès	campesino
illa	isla	palau	palacio
innocentada	inocentada	panades	empanadas de Pascua
jonquillo	pescado muy pequeño	pancaritat	bendición del pan, reparto del pan
jurats	jurado, miembros del jurado	pandero	pandero
llagosta	langosta	passeig	paseo
llaüt	falucho, embarcación costera de dos mástiles	pastisseria	pastelería
		pati	patio
llaüt coster	falucho costero	pebre	pimienta
llaüt senzill	falucho sencillo	petit	pequeño
llaüt viatger	falucho de viaje	peu de cabra	percebe, pie de cabra
llengua amb tàperes	lengua con alcaparras	pi de Sant Antoni	pino de San Antonio
lluç	merluza	picarol	esquila, cencerro

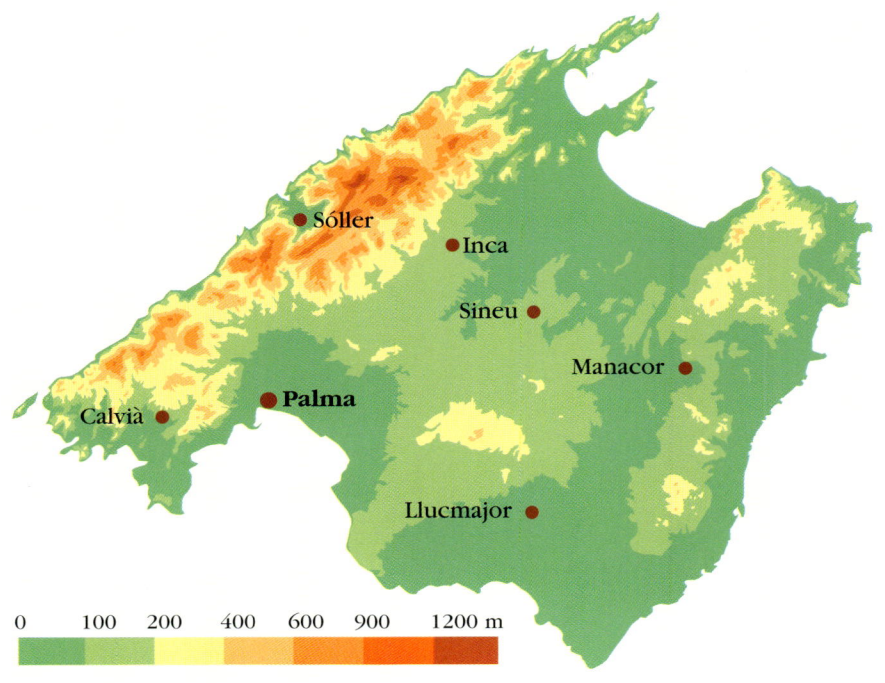

En el siglo V los vándalos expulsaron a los romanos y 80 años después la isla fue bizantina durante un breve espacio de tiempo. Los árabes ocuparon Mallorca en el año 902. En 1232 Jaime I puso fin a la Reconquista cristiana de Mallorca con la recuperación total de la isla. En 1349 el reino de Mallorca pasó a formar parte de la corona de Aragón. Tras la unión de Aragón y Castilla en 1479, Mallorca se integró al Reino de España. Hasta el siglo XVII la isla sufrió repetidamente los ataques de los piratas turcos y árabes. En la Guerra Civil española (1936-1939) Mallorca cayó casi sin resistencia en manos de los fascistas del general Franco. Las Baleares alcanzaron la condición de comunidad autónoma en el año 1983.

Superior: la situación y la forma de Mallorca son una cuestión de oblicuidad. Las dos sierras del oeste y del este confieren a la isla una forma de paralelogramo.

Turismo:

La principal fuente de ingresos de Mallorca desde los años sesenta del siglo XX. De los 100.000 turistas de 1950, los 350.000 de diez años más tarde y el millón de 1966 se ha pasado, con un incremento anual progresivo, a los 6,2 millones de 1998. Lo mismo sucede con las plazas de hoteles y de apartamentos; se ha pasado de las 8.200 de 1950 a las cerca de 390.000 de 1998, una cuarta parte del volumen español total. El 37% de los que llegan a Mallorca son alemanes, seguidos por un 32,2% de británicos y un 8,9% de españoles.

Desde los primeros pobladores hasta nuestros días:

Los primeros pobladores de Mallorca llegaron en el VI milenio a.C. por vía marítima probablemente desde el sur de Francia. Hacia el año 1000 a.C. aparecieron los primeros poblados de la cultura de los *talaiots*. A partir del año 300 a.C. los fenicios crearon en Mallorca centros comerciales. Los romanos conquistaron Mallorca el año 123 a.C. Los primeros edificios cristianos se encuentran a partir del siglo II d.C.

Inferior: La rosa de los vientos de Mallorca indica la procedencia de los vientos y sus efectos.

Tramuntana
Frío, agudo y cortante, levanta olas frente a los acantilados y seca la tierra.

Mestral
Cuando se levanta, hasta las más ambiciosas nubes de lluvia pierden su oportunidad.

Gregal
Los campesinos esperan confiados la lluvia que suele traer y los turistas lo maldicen.

Ponent
Alivia los días de verano con su fresca brisa, pero en invierno arrastra rabioso nubes de lluvia.

Llevant
Se presenta con aspecto templado, cálido incluso en verano, pero en invierno puede desarrollar una fuerza de huracán.

Llebetx
Lanza sobre Mallorca la humedad y el calor de las Azores.

Xaloc
El viento de la sauna trae calor húmedo en verano y lluvia a cántaros en invierno.

Migjorn
Pone un resplandor de oro en los días lánguidos de primavera y otoño y extiende sobre la isla cálidas capas flotantes de calina en verano.

MEDITERRÁNEO

Pu...
Es Cingle
Racó de Mortitx
Es Cingle des Pi
Racó de Sa Figuera
Es Morro d'en Llobero
Es Morro de Sa Vaca   **Puig Roig**
                                        1002
Sa Calobra   Torrent
Es Morro de Sa Corda   de Pareis   **Santuari de**
                                               Senyora de
Es Morro de Cala Rotja
                                  Puig de
S'ILLETA   **Massanella**
Sa Punta Llarga   **Puig Major**   **1348**
                       1445
Port de Sóller   **Es Port**   Caimari
Cap Gros
Punta dels Dolç   L'Horta   Fornalutx
Cala de Deià   **Mancor de la Vall**
Punta de Deià   Lluc-   Sóller
               Alcari
Punta de Sa Foradada   Deià
                                                  Castell
Miramar   **1064** **Es Teix**   Orient   **d'Alaró**   Lloseta
Cala de Valldemossa
                       Alfàbia   Alaró
Port des Canonge   Valldemossa
Platja de Son Bunyola   Binissale...
Es Cavall   Bunyola
S'Arenal   Consell   Sencelle
Punta des Verger   Palmanyola
Punta Roja   Banyalbufar   Santa María   S'Alo...
Punta de Son Serralta   Esporles   del Camí
                                                      Marratxí   Santa
Punta de S'Algaret   Estellencs   Eugènia
Es Penyal de S'Evangèlica   Establiments   Pòrtol   Santa
Es Ratjolí   **1026**   Puigpunyent   Son Sardina
                    Puig de Galatzó   **Aeroport**
Punta Fabioler   **Son Bonet**
Morro de Sa Ratjada   Galilea   Sa Vileta   Es Pont d'Inca
Cap de Tramuntana   Algaid...
                   S'Arracó   Capdellà
SA DRAGONERA   **Palma**   **Aeroport de**
                         Andratx   Calvià   **Castell de**   **Son Sant Joan**
Punta Galinda   Sant Elm   Sant Agustí **Bellver**   Sant Jordi
Es Cap des Falcons   Coll d'en
                         Peguera   Cas Català Rabassa
Port d'Andratx   Costa de   Portals Nous   Can Pastilla
              la Calma   Es Pilari
Es Cap de Sa Mola   Palmanova   Platja de Palma
              Santa Ponça   Magaluf   S'Arenal
                                    Badia de Palma   Platja de S'Arenal
ES MALGRAT   Cala Falcó   T. de Son Verí
                                        Cap Enderrocat   **Bella Vista**
I. DEL TORO   Portals Vells   Cala Vella
         Cales   Cala Figuera
         Portals Vells   Cap de Cala Figuera   La Fossa   ...A MARINA D...
                                        Sa Pedrera de la Seu
                                        Cap de Regana
                                        Sa Pedrera   **Capoc...**
                                        Sa Cova des Lladres
                                        Cap Roig   **Cala**
                                             Cala Pi
                                        C... Blanc

MALLORCA

N

0 —— 5 km

⚲ Faro

🏰 Torre

✝ Monasterio

● Iglesia

🏛 Castillo

♣ Poblado de la Antigüedad

⌒ Cueva

✳ Vista panorámica

⛱ Playa

✈ Aeropuerto

Anexo

Mallorca en cifras

(agosto 1999)

Superficie:

Mallorca tiene 3.618 kilómetros cuadrados, con una longitud aproximada de 110 kilómetros entre Sant Elm y el Cap de Formentor y una anchura de unos 70 kilómetros.

Situación:

En el Mediterráneo occidental, a 200 kilómetros aproximadamente de Valencia, de Barcelona y de Argel.

Orografía:

La isla se encuentra rodeada por dos sierras, una al sudeste y otra al noroeste: la Serra de Llevant y la Serra de Tramuntana. Los montes más altos de la isla son el Puig Major (1.445 m), el Puig Massanella (1.348 m), el Puig Tomir (1.103 m), el Puig de l'Ofre (1.091 m), el Puig des Teix (1.064 m) y el Puig Tossals (1.047 m).

Clima:

Mallorca disfruta de un clima subtropical templado, caracterizado por inviernos cortos y suaves y veranos cálidos, con un promedio de 7,9 horas de sol al día y con escasas precipitaciones (1.500 milímetros por metro cuadrado en el norte y 400 en el sur).

Población:

La cifra total es de 650.000 habitantes, de los que 350.000 viven en la capital, Palma. Además, hay entre 30.000 y 80.000 extranjeros con residencia más o menos estable en Mallorca. En los años cuarenta del siglo XX la isla contaba únicamente con 60.000 habitantes. Después de Palma, las ciudades mayores de la isla son Manacor (28.000 habitantes), Inca (21.300), Llucmajor (19.000) y Sóller (11.000).

Administración:

Mallorca forma parte de la comunidad autónoma de las Baleares. El *Govern Balear* gobierna la comunidad autónoma y en cada isla hay un *Consell Insular*. Mallorca se divide en siete regiones, llamadas tradicionalmente comarques, que no constituyen delimitaciones políticas: Palma, Tramuntana, Ponent, Llevant, Pla, Raiguer y Migjorn. Políticamente la isla se articula en 53 municipios *(municipis)*.

Idioma:

En cuanto parte integrante del estado español, la lengua oficial de Mallorca es el castellano o español. Desde 1983 es también oficial de pleno derecho el mallorquín, variante regional del catalán. Sobre todo en los centros turísticos de la isla se hablan cada vez más el inglés y el alemán.

Economía:

Los mallorquines tienen una de las rentas *per capita* más altas de España: 2,86 millones de pesetas frente a los 2,3 millones de la media española. La principal fuente de ingresos, con un 75%, se encuentra en el sector de las prestaciones de servicios, orientado casi exclusivamente al turismo; viene a continuación la industria de la construcción, con un 10%. Casi tres cuartas partes de la isla son superficies útiles para la actividad agraria, pero sólo representan el 2,5% del producto regional bruto y ocupan al 11% de la población activa. La tasa de paro es del 13,9% y se sitúa 3,4 puntos por debajo de la media española.

Datos climáticos de Mallorca

Temperatura media en C°	Ene.	Feb.	Marzo	Abril	Mayo	Junio	Julio	Ago.	Sep.	Oct.	Nov.	Dic.
Día	14,1	14,8	16,6	18,9	21,9	26,0	28,9	28,8	26,9	22,5	18,1	15,1
Noche	6,3	6,3	7,9	10,4	12,8	16,9	19,6	20,2	18,1	13,9	10,2	7,6
Horas de sol al día	5,2	6,5	6,6	7,9	9,8	10,5	11,4	10,6	8,5	7,1	5,7	5,0
Temperatura del agua en C°	14,0	13,0	14,0	15,0	17,0	21,0	24,0	25,0	24,0	21,0	18,0	15,0
Días de lluvia	8	6	8	6	5	3	1	3	5	9	8	9

Distancias entre las principales poblaciones
en km

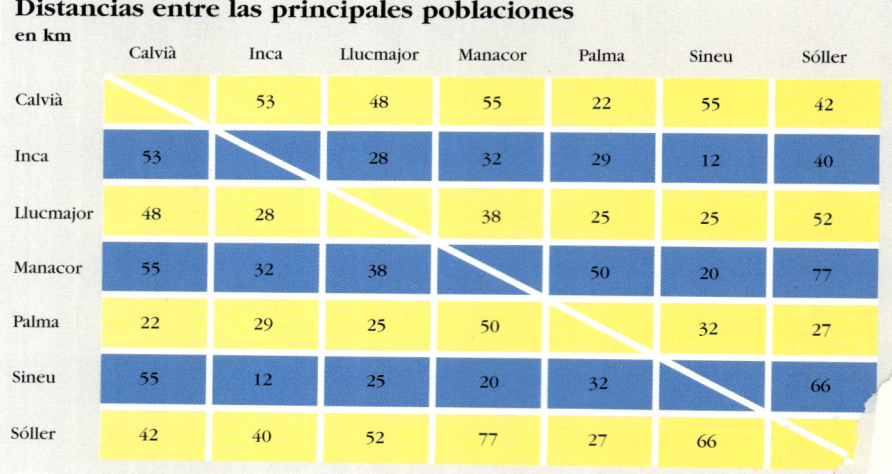

	Calvià	Inca	Llucmajor	Manacor	Palma	Sineu	Sóller
Calvià		53	48	55	22	55	42
Inca	53		28	32	29	12	40
Llucmajor	48	28		38	25	25	52
Manacor	55	32	38		50	20	77
Palma	22	29	25	50		32	27
Sineu	55	12	25	20	32		66
Sóller	42	40	52	77	27	66	

Bibliografía seleccionada

Obras de documentación:

Abulafia, David: *Un emporio mediterráneo. El reino catalán de Mallorca,* Barcelona 1996

Belgin, Tayfun (ed.): *Miró. Werke aus Mallorca* (catálogo para la exposición en el Museum am Ostwall, Dortmund, 14.8.–14.11.1999), Dortmund 1999

Borja Moll, Francesc: *Gramàtica històrica catalana,* València 1991

Bronisch, Alexander Pierre: *Reconquista und Heiliger Krieg. Die Deutung des Krieges im christlichen Spanien von den Westgoten bis ins frühe 12. Jahrhundert,* Münster 1998

Caracciolo, Marella y Francesco Venturi: *Landsitze und Stadtpalais auf Mallorca,* Hamburgo 1996

Catoir, Barbara: *Miró auf Mallorca,* Múnich/Nueva York 1995

Ferrer, Maria: *Mallorca,* Colonia 1997

Font Obrador, Bartomeu: *Fray Junípero Serra. Doctor de gentiles,* Palma de Mallorca 1998

Frade, Francisco Soriano: *Pequeña historia del turismo en las Baleares,* Palma de Mallorca 1996

Frontera, Guillem, Guillem Rosselló-Bordoy y Guillem Soler: *Palma,* Palma de Mallorca 1988

Garrido, Carlos: *Mallorca mágica,* Palma de Mallorca 1988

Graves, William: *Bajo la sombra del olivo: La Mallorca de Robert Graves,* Palma de Mallorca 1997

Hahn, Ulla y Rainer Pöschl (ed.): *Mallorca,* Hamburgo 1994

Ihnenfeld, Hartmuth (ed.): *Die Goldene Insel, Geschichten aus Mallorca,* Hahenthann 2000

Kobylánska, Krystyna (ed.): *Frédéric Chopin. Briefe,* Fráncfort del Meno 1984

König, Angelika: *Mallorca (Spanien),* Colonia 1991

Luis Salvador, archiduque de Austria: *Cuentos de Mallorca,* Palma de Mallorca *Las Baleares por la palabra y el grabado,* Palma de Mallorca 1989 *Bougie, die Perle Nord-Afrikas,* Praga 1899 *Ramleh als Winteraufenthalt,* Leipzig 1900

Llompart, Gabriel: *La Mallorca tradicional en los exvotos,* Palma de Mallorca 1988

Llompart Moragues, Gabriel, Maria Josep Mulet Gutiérrez y Andreu Ramis Puig-gros: *Mallorca: Imatge fotogràfica i etnografia. L'arxiu de Josep Pons Frau,* Palma de Mallorca 1992

Llull, Ramon: *Ars inventia veritatis,* València 1515 *Secreta secretorum,* Colonia 1592 *Ars magna,* Madrid 1999 *Llibre d'amic e amat,* Barcelona 1997

Maier, Henes y Gloria Keetman: *Con George Sand y Chopin en Mallorca,* Madrid 1999

Mestre Campi, Jesús: *Atlas de la Reconquista. La frontera peninsular entre los siglos VIII y XV,* Barcelona 1998

Moll Casasnovas, Francesc de Borja: *Cinc temes menorquins,* Ciutadella de Menorca, 1999

Oliver, Tonina y Frank Schauhoff: *Las mejores recetas de la cocina mallorquina,* Palma de Mallorca 1997

Radatz, Hans-Ingo: *Mallorquinisch Wort für Wort,* Bielefeld 1998

Samson, Jim: *Reclams Musikführer Frédéric Chopin,* Stuttgart 1991

Schlientz, Gisela (ed.): *George Sand. Leben und Werk in Texten und Bildern,* Fráncfort 1987

Schwendinger, Helga: *El archiduque Luis Salvador de Austria,* Palma de Mallorca 1999

Swaan, Wim: *Die grossen Kathedralen,* traducido del inglés al alemán por Herbert Frank, Colonia 1996

Tocabens, Joan y Jean-Pierre Lacombe Massot: *Les rois de Majorque/ Els reis de Mallorca,* Canet 1995

Völger, Gisela: *Mallorca,* Colonia 1996

Wiggershaus, Renate (ed.): *George Sand. Geschichte meines Lebens,* 6ª ed. Fráncfort del Meno 1987

Obras literarias:

Bernhard, Thomas: *Hormigón,* Madrid 1989

Darío, Rubén: *Poesías completas,* Madrid 1967

Distler, Elvira: *Mallorca, Insel des Lichts. Ein Lesebuch,* Múnich 1999

Gottwald, Christoph: *Endstation Palma. Ein Mallorca-Roman,* Colonia 1998

Graves, William: *Bajo la sombra del olivo: la Mallorca de Robert Graves,* Palma de Mallorca 1997

Nin, Anaïs: *Delta de Venus,* Barcelona 1991

Oehrlein, Sieglinde (ed.): *Mallorca. Ein literarisches Portrait,* Fráncfort del Meno 1998

Ranke-Graves, Robert von: *Adiós a todo eso,* Barcelona 1999 *Yo Claudio. Claudio el dios,* Barcelona 1999 *Claudio el dios y su esposa Mesalina,* Madrid 1935 *Collected Poems,* Londres 1948 *Relatos,* Barcelona 1999 *Geschichten aus dem anderen Mallorca,* Rappweiler 1998

Rauter, E. A.: *Mallorca, das Land hinter der Bühne,* Hamburgo 1988

Sand, George: *Un invierno en Mallorca,* Palma de Mallorca, 1999 *Le beau Laurence,* París 1870 *Diario íntimo,* Santiago de Compostela 1999 *Ella y él,* Barcelona 1999

Thelen, Albert Vigoleis: *La isla del segundo rostro,* Barcelona 1999

Theroux, Paul: *The pillars of Hercules,* Londres 1985

Villalonga, Llorenç: *Bearn o La sala de las muñecas,* Barcelona 1999

Índices

Índice toponímico

Índice onomástico

Créditos fotográficos

© 1999 Könemann Verlagsgesellschaft mbH
Bonner Strasse 126, D-50968 Colonia

Director editorial y artístico: Peter Feierabend
Dirección del proyecto: Ute Edda Hammer
Ayudante: Kerstin Ludolph
Maquetación: International Design UK Ltd., Londres
Corrección: argus Korrekturservice, Colonia
Cartografía: Astrid Fischer-Leitl, Múnich; Rolli Arts, Essen;
    Studio für Landkartentechnik, Norderstedt
Litografías: C.D.N. Pressing, Caselle di Sommacampacna

Título original: *Mallorca – Kultur und Lebensfreude*

© 2000 de la edición española:
Könemann Verlagsgesellschaft mbH
Traducción del alemán: Ambrosio Berasain Villanueva y Mireia Ginestí Rosell
    para LocTeam, S.L., Barcelona
Redacción y maquetación: LocTeam, S.L., Barcelona
Coordinación del proyecto: Anabel Martín Encinas
Producción: Mark Voges
Impresión y encuadernación: Neue Stalling, Oldenburg

Printed in Germany – Impreso en Alemania

ISBN 3-8290-2598-X

10 9 8 7 6 5 4 3 2 1